Sozialwissenschaftliche Perspektiven der Wirtschaft

von

Dr. Gertraude Mikl-Horke

Universitätsprofessorin
an der Wirtschaftsuniversität Wien

Oldenbourg Verlag München Wien

Bibliografische Information der Deutschen Nationalbibliothek

Die Deutsche Nationalbibliothek verzeichnet diese Publikation in der Deutschen
Nationalbibliografie; detaillierte bibliografische Daten sind im Internet über
<http://dnb.d-nb.de> abrufbar.

© 2008 Oldenbourg Wissenschaftsverlag GmbH
Rosenheimer Straße 145, D-81671 München
Telefon: (089) 4 50 51-0
oldenbourg.de

Lektorat: Wirtschafts- und Sozialwissenschaften, wiso@oldenbourg.de
Herstellung: Anna Grosser
Coverentwurf: Kochan & Partner, München
Gedruckt auf säure- und chlorfreiem Papier
Druck: Grafik + Druck, München
Bindung: Thomas Buchbinderei GmbH, Augsburg

ISBN 978-3-486-58250-5

Vorwort

Die Wirtschaft ist in der Gegenwart zum dominanten Faktor in politischen Entscheidungen, in der medial vermittelten Öffentlichkeit und über die Beschäftigungsprobleme auch im Leben der Menschen geworden. Die moderne Gesellschaft befindet sich seit den 1980er Jahren in einem ständigen Prozess der Veränderung, der mit Schlagworten wie Globalisierung, Neoliberalismus, Flexibilisierung etc. verbunden ist. Sie markieren nicht nur wirtschaftliche, sondern gleichzeitig soziale und politische Transformationen, die von einem so starken Wandel der Lebensstile, der Rhetoriken und Legitimationsmuster begleitet werden, dass dies nicht nur tief greifende Veränderungen der sozialen Strukturen und der gesellschaftlichen Machtverhältnisse im Innern der Staaten und in globaler Hinsicht zur Folge hat, sondern geradezu einem Kulturbruch gleichkommt.

In dieser Situation sollte eine sozialwissenschaftliche Sichtweise besonders gefragt sein. Doch die Disziplinen, die als „Sozialwissenschaften" bezeichnet werden, werden in den Universitäten und in der Einschätzung „der Wirtschaft" und weiten Kreisen der medialen Öffentlichkeit zurückgedrängt.

Die Trennung von Ökonomie und Soziologie als separate Einzeldisziplinen mit spezifischen Gegenstandsdefinitionen und Methoden hat nicht nur die Entwicklung der Sozialwissenschaften nachhaltig geprägt, sondern auch das Verständnis und die wissenschaftliche Behandlung wirtschaftlicher Probleme durch die Differenzierungen von „sozial" und „wirtschaftlich" und die Zuschreibung besonderer fachspezifischer Bedeutungen und Merkmale bestimmt. Dies führte zur Unterwerfung praktischer Probleme unter primär einzeldisziplinäre Abgrenzungen und innerwissenschaftliche Diskurskonventionen. Die Bedeutung einer sozialwissenschaftlichen Sicht ist in der Gegenwart weitgehend unklar geworden. Das Hauptinteresse dieses Buches betrifft daher die Frage, was „sozialwissenschaftlich" in Bezug auf die Behandlung von Problemen der Wirtschaft und des wirtschaftlichen Handelns meint. Zwar kam es in den letzten Jahrzehnten zu einer Annäherung zwischen der Soziologie und neueren Strömungen des Neo-Institutionalismus in der Ökonomie; das hat sich für die Soziologie und für eine sozialwissenschaftliche Interpretation der Wirtschaft allerdings nicht nur positiv ausgewirkt. Die Frage ist, welche Perspektiven eine spezifisch sozialwissenschaftliche Reflexion in Bezug auf Wirtschaft eröffnet und wie weit sich diese an den realen Problemen orientiert und damit beitragen kann, die durch die wirtschaftlich-politischen Veränderungen der letzten Jahrzehnte geschaffenen Bedingungen für das Leben der Menschen besser zu verstehen und über dieses Verständnis praktisch wirksam zu werden.

Wien, im September 2007   Gertraude Mikl-Horke

Inhalt

1 Eine kurze Geschichte von Bedarfsdeckung, Austausch und Bereicherung

Was „Wirtschaft" bedeutet, wird hier nicht mit den verbreiteten Vorstellungen über „moderne" Wirtschaft, Marktwirtschaft, Geldwirtschaft, Kapitalismus und auch nicht mit der modernen Ökonomie und deren Konzepten und Modellen identifiziert. Sie haben einen Begriff von Wirtschaft entstehen lassen, der auf das, was daran „modern" ist, abstellt und der von der Logik und der Sprache der Ökonomie bestimmt ist. Wirtschaft ist aber nicht nur „ökonomisch", wie schon Albion Small meinte (Small 1907).

Wenn man **Wirtschaft als soziale Praxis der Menschheit** versteht, also davon ausgeht, dass Wirtschaft immer ein auf Leben, Überleben und Besserleben bezogenes Handeln ist und im Rahmen von Beziehungen mit anderen, in Gruppen und Gesellschaften vor sich geht, so kann man damit nur in einem logisch-fiktiven Sinn Begriffe wie Markt, Preis, Angebot und Nachfrage, Wettbewerb, Knappheit etc. verbinden. Hingegen lassen sich drei Aspekte unterscheiden, die auf die Zielsetzungen des Wirtschaftens von Individuen, Gruppen, Organisationen und Staaten und/oder auf das soziale Ergebnis bezogen sind und gleichzeitig unterschiedliche soziale Beziehungsmuster darstellen: Bedarfsdeckung, Austausch und Erwerb bzw. Bereicherung. Die Bedarfsdeckung verbindet die Menschen in kooperativen Strukturen der Wirtschaftsgemeinschaft; der Austausch ist eine Wechselbeziehung zwischen zwei Parteien, die unterschiedliche Bedürfnisse haben; der Erwerb bzw. die Bereicherung stellt das Handeln der einzelnen, die wieder Individuen, Gruppen, Organisationen, Staaten sein können, und ihre Interessen in den Mittelpunkt.

„**Bedarfsdeckung**" wird hier verstanden als ein Prinzip der Organisation der Versorgung einer Gruppe oder Gemeinschaft mit den Gütern oder Leistungen, die in dieser als notwendige oder angemessene Ausstattung betrachtet werden. Dies schließt Veränderung und Unterschiede der Bedürfnisse ein, beruht aber nicht auf der Annahme der unendlichen und unbestimmten Ausweitbarkeit der Bedürfnisse, setzt somit eine gesellschaftliche Ordnungsvorstellung in Bezug auf die individuellen Ansprüche voraus.

„**Austausch**" bezieht sich nicht nur auf die einzelnen Tauschprozesse zwischen Individuen oder Gruppen mit unterschiedlichen Bedürfnissen, sondern beruht darauf, dass in längerfristiger Sicht ein Prinzip des Ausgleichs der Bedürfnisse und Interessen und im Hinblick auf die Verteilung der Ressourcen wirksam wird.

„**Erwerb**" bzw. „**Bereicherung**" zielt nicht auf Ordnung oder Ausgleich, sondern auf Vorteile und Gewinn der jeweiligen Akteure. Dies kann innerhalb von sozialen Ordnungen in unterschiedlicher Weise legitimiert und dadurch akzeptiert werden; etwa durch den Glauben an eine gottgewollte oder natürliche Ungleichheit zwischen den Menschen oder durch die Betonung der Leistung als Grundlage des Reichtums.

„**Wirtschaft**" verweist in diesem Verständnis auf die vielen verschiedenen Formen, in denen sich konkrete Kombinationen von Bedarfsdeckung, Austausch und Erwerb im Verlauf der Menschheitsgeschichte und in unterschiedlichen kulturellen Kontexten manifestiert haben. „**Marktwirtschaft**" ist eine dieser Formen, die als institutionelle Ordnung eines Systems von Märkten eine variable Verbindung von Austausch- und Erwerbsprinzipien darstellt, durch die auch die Funktion der Bedarfsdeckung zu einem großen Teil erfüllt wird. „**Kapitalismus**" verweist auf die Dominanz des Erwerbsprinzips in Bezug auf eine Ressource, des Kapitals, das den Besitzern desselben Vorteile bzw. eine beherrschende Stellung verschafft.

1.1   Die drei Aspekte der sozialen Praxis der Wirtschaft

Wirtschaften kann sich auf die eigene Gruppe beziehen, die Ziele richten sich dann auf ihren Bestand und die Versorgung ihrer Mitglieder; das Ergebnis wird durch die Aufteilung der Aufgaben unter ihnen sowie deren Koordination erzielt und wieder auf die Gruppenmitglieder aufgeteilt. Um Bedürfnisse decken zu können, war zu allen Zeiten der Einsatz von Arbeit notwendig. Diese war schon in den frühesten Gesellschaften in gewissem Ausmaß „geteilt", etwa zwischen Männern und Frauen, zwischen Jungen und Alten (Sahlins 1974b). Insbesondere über die Art und das Ausmaß der Arbeitsteilung sind die Wirtschaftsformen eng verbunden mit verschiedenen Strukturformen der Gesellschaften. Seit dem Übergang zur Agrarwirtschaft wurde Wirtschaft in erster Linie als „Produktion" verstanden und die damit verbundene Arbeit zur vornehmlichen Beschäftigung der meisten Menschen. Nur die Oberschichten arbeiteten nicht, konsumierten aber einen unverhältnismäßig hohen Teil des Ertrags. Die Ungleichheit der Gesellschaftsstrukturen brachte neue Bedürfnisse hervor, so dass dadurch auch die Produktionsweisen verändert und der Handel hochwertiger und exotischer Güter, die von weither geholt werden mussten, einen Aufschwung erlebte. In den modernen Industriegesellschaften sind Produktion und Konsum zwar funktional und räumlich getrennt, aber die Menschen produzieren in arbeitsteiliger Weise und im Rahmen von Organisationen Güter und Dienstleistungen, und sie sind gleichzeitig Konsumenten, wenn auch nicht derselben Güter, die sie erzeugen. In den modernen hochkomplexen Gesellschaften wird daher die Verteilung zu einer schwierigen Aufgabe.

Die „Gruppe", um die es jeweils geht, kann die Stammesgesellschaft, der Haushalt, die Körperschaft, der Staat sein. Die Art, Größe und Struktur der Gruppe hat Einfluss darauf, wie ihre Wirtschaft organisiert ist, welche Bedeutung sie im Gesamtzusammenhang des Lebens der Gruppe hat und wie sie das materielle Leben der Menschen prägt. Dies wiederum ist abhängig von der natürlichen Umwelt, vom Stand der Technologie und von der Sozialstruktur und der „Kultur" der Gruppe. Dadurch sind die Fertigkeiten und das Wissen, das für die verschiedenen Arbeiten notwendig ist, sowie die Form und der Inhalt der Beziehungen zwischen den Menschen bestimmt. **In diesem Aspekt ist Wirtschaften immer mit den sozialen Beziehungen der Menschen in der Gruppe verbunden und auch gedanklich darauf bezogen.** Ein Beispiel dafür ist die große Bedeutung des „oikos" im antiken Griechenland, aber auch in anderen Kulturen spielt das „Haus" eine bedeutende Rolle, so etwa das „ie" in Japan (Nakane 1970; Shimada 2007, 52 ff). Die Perspektive ist auf die Ordnung, die Struktur, die Kultur innerhalb der Gruppe, Organisation oder Gesellschaft gerichtet, die mit der Erbringung der Versorgungsleistungen verbunden sind. Daraus folgt auch eine externe Orientierung an anderen Gruppen oder Personen außerhalb der Eigengruppe sowie die Wahrnehmung und Interpretation von Unterschieden, die erst die Spezifität der eigenen Wirtschaftsorganisation und -kultur erkennbar werden lässt.

In der Frühzeit der Menschheitsgeschichte war auch der Tausch daher zunächst ein interethnischer, erfolgte zwischen den Gruppen, Clans, Stämmen. In dieser Form ist der Austausch vermutlich ebenso alt wie die eigene Arbeit zur Versorgung der Gruppe. Er erforderte aber besondere Rituale, um die Fremdheit zu überwinden und Vertrauen zu schaffen. Einen spezifischen Fall erwähnte schon Herodot: den stummen Tausch, der sich meist zwischen zivilisatorisch unterschiedlich entwickelten Gruppen vollzog. Darüber hinaus war der Austausch für die frühen Gesellschaften geradezu ein typisches strukturelles Charakteristikum, das sich in vielfältigen Formen zeigte, nicht nur darin, dass Vieh und andere nützliche Gegenstände ausgetauscht wurden, sondern auch Heiraten in Form eines Tausch von Frauen zwischen Gruppen und Familien erfolgte. Für Lévi-Strauss ist der sprachliche Austausch die symbolische Urform auch für andere Austauschbeziehungen, die sich aus den Verwandtschaftsstrukturen ergeben (Lévi-Strauss 1981). Gegenseitige Geschenke zwischen Stämmen und Opfer für die Götter sind andere Formen des Austauschs von großer Bedeutung für die Stellung und das Selbstverständnis der menschlichen Gruppen. Geben und Nehmen ist, das wird dabei deutlich, aber nicht nur ein Teilen dessen, was man besitzt, sondern auch ein Kampf um Ansehen und Macht, um das Erzeugen von Verpflichtung bzw. das Abtragen von Schuld.

Die Beobachtungen von Mauss, Malinowski und anderen Kulturanthropologen führten zunächst zu dem Schluss, dass zwischen dem symbolischen Tausch, bei dem es um Prestige und Ehre geht, und dem eigentlichen wirtschaftlichen Tauschhandel ein prinzipieller Unterschied angenommen wurde. Doch ist dies insofern nicht richtig, als beide eng miteinander verbunden waren, der symbolische Tausch praktisch als Aushandlungsprozess um den Vorrang bei gleichzeitiger Erhaltung prinzipiell friedlicher Beziehungen zwischen Gleichen zu verstehen war, der notwendig war, damit auch die wirtschaftlichen Tauschhandlungen vor sich gehen können. Auch wenn die Statuskonkurrenz wie beim „potlatch" dramatisch inszeniert wurde, ging es doch langfristig um den Ausgleich und die Sicherung der friedlichen Beziehungen, die den Austausch von Lebens-Mitteln ermöglichten.

Der Blick auf die Ursprünge der menschlichen Gesellschaft und Wirtschaft lässt erkennen, dass sich Wirtschaft nicht auf Ware-Geld-Tausch reduzieren lässt, dass wirtschaftlicher Austausch sehr oft auch in den modernen Gesellschaften und besonders zwischen ihnen den symbolischen Austausch zur Friedenssicherung, Vertrauensherstellung und Statusbestimmung voraussetzt. Es lässt aber auch erkennen, dass es Grenzen des Austauschs gibt, dass es

Dinge gibt, von denen man sich nicht trennen sollte, weder um der Macht und des Ansehens willen noch um des Reichtums willen, Dinge, die auch in einer Marktwirtschaft jenseits des Marktes stehen (Godelier 1999, 288 ff). Nicht alles ist Gegenstand des Gebens, manches muss behalten werden, weil es Symbol der eigenen Existenz des Individuums, der Familie, des Clans oder Stammes ist; manches kann gegeben, auch geopfert, werden als Symbol der Freundschaft, des Friedens, des Statusanspruchs, der Ehrfurcht; es verpflichtet in unterschiedlicher Weise zur Gegengabe. Manches wird gegen anderes eingetauscht, weil man dieses im Alltag oder für die Marktproduktion braucht. Dennoch sind diese Dinge nicht unabhängig von symbolischen und imaginären Elementen, ja vielfach sind diese der eigentliche Grund für den Tausch oder Kauf.

> Beim Austausch treten die Menschen oder Gruppen einander im Prinzip als gleiche Partner gegenüber, die allerdings zeitweilig und situationsbezogen um relative Vorrangstellung wetteifern; es geht daher um einen prekären und zeitlich begrenzten Ausgleich, der auch wieder aufgekündigt werden kann. In der modernen Gesellschaft findet diese Form der Beziehung ihren Ausdruck als Vertrag, der die Rechte und Pflichten der beiden Parteien festlegt sowie die Normen, unter denen beide stehen, enthält.

Das Prinzip des Austauschs ist damals wie heute, dass Menschen Güter tauschen, weil sie unterschiedliche Bedürfnisse haben, die sie nicht selbst befriedigen können oder wollen. Sie sind aufeinander angewiesen, verfolgen beim Austausch ihren jeweiligen eigenen Zweck, allerdings nicht ohne dies auch der anderen Seite in gewisser Weise zuzugestehen. Es kommt daher in einem schwierigen sozialen Prozess von gegenseitigen Abwägungen, Einschätzungen und Verhandlungen schließlich zu einem Ausgleich, und die Bedürfnisse beider Seiten werden im optimalen Fall gedeckt. Das ist sowohl diesen frühen Tauschformen eigen als auch dem Tausch auf lokalen Märkten, wie etwa dem Basar (Geertz 1992). Beim Austausch geht es stets um das sensible Austarieren von Unterschieden, um Ausgleich und gleichzeitig um Ansprüche in Bezug auf Ansehen und Prestige und deren Anerkennung durch den anderen. Das gelingt nicht immer, das prekäre Gleichgewicht kann kippen und dann kann es statt zum friedlichen Tausch, zum Kampf, zur Eroberung von Gütern, Land und Menschen mit Gewalt kommen.

Sobald Überschüsse erwirtschaftet werden, kommt es auch zur differenzierten Aneignung derselben und zur unterschiedlichen Ausstattung der einzelnen Individuen oder Gruppen. Es kommt zur Bereicherung der einen, was zu Lasten der anderen gehen kann, aber nicht zwangsläufig muss. Selbstverständlich ist der Reichtum der einen Völker und die Armut der anderen durch die Unterschiede des Habitats und der natürlichen Ressourcen begründet (Diamond 1998), aber auch die Handlungen von Individuen, Organisationen oder Staaten tragen nicht unwesentlich dazu bei. Bereicherung kann durch das Erwerbsstreben der Menschen auf Grund ihrer Leistung und ihrer Intelligenz erfolgen, sie kann auch durch Vorteile auf Grund von Position, Macht, Ansehen begründet sein, sie kann als Nebenprodukt anderer Ziele, etwa dem Streben nach politischer Macht, zustande kommen.

Das Bereicherungsstreben kann von Individuen, Gruppen oder Staaten ausgehen und es kann im Bewusstsein, andere auszuschließen oder ihnen sogar zu schaden, oder aber ohne eine solche Intention erfolgen.

Je nach den Werten und Normen der jeweiligen Kultur und der Machtverteilung innerhalb der Gesellschaft können die Bereicherung und der Erwerb durch legitime oder illegitime Mittel erfolgen, als legal oder illegal zu betrachten sein.

Kampf, Krieg, Eroberung waren über die Menschheitsgeschichte hinweg die dominierenden Wege der Bereicherung; statt Tausch erfolgte die einseitige Aneignung von Land, Gütern, Geld und Menschen. Neben dem Krieg war der Handel die wichtigste Quelle der Bereicherung, der sich auch oft des Einsatzes von Gewalt bediente. Er war vielfach selbst Ausdruck von Reichtumsunterschieden, weil er durch Unterschiede der Ressourcenausstattung begründet war bzw. den Luxus- und Prestigebedarf der Eliten deckte. Erst mit der Einbeziehung des ganzen Volkes nicht nur als Steuerzahler und sich selbst versorgende agrarische Produzenten, sondern als Käufer und Verkäufer von Gütern in die „Volkswirtschaft" wurde der Handel auf den Binnenmarkt hin orientiert und das Erwerbsstreben zum Merkmal der gesamten Wirtschaft. Philippovich meinte, der ganze Charakter der Wirtschaft wurde verschoben, dadurch, dass „das *unmittelbare* Ziel der wirtschaftlichen Betätigung im Verkehre nicht mehr Sachgütergewinnung und Bedürfnisbefriedigung ist, sondern Erlangung von Verfügungsgewalt über Verkehrsobjekte. … An die Stelle der Bedarfsdeckung tritt der Erwerb, d.h. die Erzielung von Entgelt im Tauschverkehr." (Philippovich 1893, 40)

Die drei Aspekte von Bedarfsdeckung, Austausch und Bereicherung überlappen und vermischen sich, wie man sieht, sehr oft.

Die Versorgungsleistungen der einzelnen Gruppen und Haushalte resultierten auf Grund unterschiedlicher Ausgangsausstattung bzw. Fähigkeiten oder glücklichen Zufällen meist in einer ungleichen Verteilung des wirtschaftlichen Ertrags zwischen ihnen. Der Tausch wurde oft nicht nach dem Prinzip des Ausgleichs, sondern aus dem Motiv des Gewinnstrebens betrieben. Auf der anderen Seite aber führte auch die Akkumulation von Reichtum einzelner mitunter wieder zur Erhöhung des Wohlstands der Gruppe, wenn es zu einer Redistribution oder zu erhöhter Produktionstätigkeit kam. Dennoch müssen diese Aspekte getrennt gesehen werden, denn sie beinhalten unterschiedliche Beziehungsformen zwischen Menschen: Multiple Beziehungen der Abhängigkeit oder aber der Mitgliedschaft („Bürger"); Beziehungen von Tausch- und Vertragspartnern, die prinzipiell Relationen von zwei Kontrahenten darstellen, aber gehäuft auftreten können; und Beziehungen von Reich und Arm in verschiedenen Ausprägungen je nach der Produktionsweise bzw. der Begründung von Reichtum und Armut.

Je nachdem, welchen Aspekt wir einer Geschichte des Wirtschaftens zugrunde legen, erhalten wir **unterschiedliche „Geschichten"**. Die Erzählungen vom Wirtschaften der Gruppen enthalten Hinweise auf die Arbeit, die Arbeitsteilung und die Koordination der Arbeiten in der Gemeinschaft, auf die Produktionsweise, auf die Verteilung der Erträge und Ergebnisse der gemeinsamen Arbeit, aber auch auf die sozialen Beziehungen innerhalb der Gruppe, darauf wer die Arbeiten bestimmt und leitet, wer sie ausführt, wie die Zusammenarbeit gefördert und wie die Beziehungen geregelt werden. Reflexionen, Theorien und Rezepturen über Organisation und Management, über die Regelung und Führung des Familien- oder Staatshaushalts, sind Belege für diese Problemdimension der Wirtschaft. Sie verweisen auf die Bedeutung, die die Gemeinschaft und die Zugehörigkeit zu ihr für die Menschen hat, welche Stellung die einzelnen in der Gruppe haben oder erreichen können und die Bedingungen dafür. Sie sind aber auch Erzählungen der Ausgrenzung, der Behandlung von Unterschieden und der Entstehung von Konflikten zwischen Gruppen und Individuen.

Die Geschichten des Erwerbs und der Bereicherung implizieren immer zugleich Erzählungen der Armut. Und sie sind häufig auch Geschichten von Gewalt und Krieg. Es sind Erzählungen von dem Streben nach Macht und Reichtum um ihrer selbst willen oder um das, was sie ermöglichen. Die politische Geschichtsschreibung ist voll von derartigen Erzählungen, sie lassen sich auch in der Geschichte der Wirtschaft aufzeigen, die sich dann eng mit jener der Macht, der kriegerischen Auseinandersetzungen, aber auch der unternehmerischen Erfolge verbindet. Sie finden Ausdruck in der Hervorhebung bestimmter Fähigkeiten oder Leistungen, in den Geschichten der Erfindungen, Entdeckungen, der Innovation und ihrer Verwertung. Sie sind immer darin begründet, dass einige Vorteile gegenüber anderen erringen wollen, sich nicht mit ihrer Stellung in der Gruppe zufrieden geben, nach neuen Möglichkeiten des Erwerbs suchen. Für die Ungleichheit zwischen Arm und Reich wurden in der Geschichte immer wieder verschiedene Begründungen gegeben oder Rechtfertigungen gefunden, von magisch-religiösen Deutungen über Argumente der prinzipiellen Ungleichheit der Menschen auf der Basis biologisch-physischer, ethnischer oder religiöser Theorien bis zum Leistungsprinzip und zum Marktmechanismus, so dass das pure Bereicherungsstreben stets im Gewand anderer Ursachen und Motive auftrat. Dies hängt auch damit zusammen, was als wichtig und wertvoll angesehen wird und verweist daher auf „Kultur" (Landes 1999), eine Erklärung, die vielfach für beobachtbare Unterschiede der wirtschaftlichen Lage herangezogen wurde.

Die Erzählungen vom Austausch zwischen den Menschen wurden vor allem von den Kulturanthropologen und ihren Beschreibungen ritueller Austauschhandlungen zwischen Stammesgesellschaften vorgezeichnet. Den rituellen Formen und ihrer Symbolik wurde dabei große Bedeutung zugemessen, jedenfalls größere als den alltäglichen praktischen Handlungen und dem Austausch von Gütern des Alltagsbedarfs. Diese Überbetonung der symbolischen Aspekte lässt die frühen Gesellschaften als stark ritualisiert, ihr Tun und ihre Artefakte als symbolhaft für die Gruppe und als Ausdruck für „nicht-materielle" Orientierungen erscheinen; was der praktischen Bedeutung der Wirtschaft für die Menschen dieser Gesellschaften nicht entspricht (Mikl-Horke 1997). Die Überbetonung der kultischen Aspekte erfolgte eher als Folge der Gegensatzbildung zu dem Verständnis der modernen Wirtschaft als rein rational und bar jeder symbolisch-imaginären Qualitäten. Die Konzentration auf die rituellen Aspekte verdeckte lange Zeit die Tatsache, dass diese nach modernen Auffassungen daher „nicht-ökonomischen" Transaktionen die zentrale Wirtschaftsweise der primitiven Gesellschaften war (Sahlins 1999). In ihr mischen sich unauflöslich soziale Aspekte wie das Streben nach Prestige und Ehre mit dem Austausch von Gütern. Die Logik einer Wirtschaft, die auf Ehrbegriffen und Vertrauen beruht, begründet eine „Ökonomie", die dem Prinzip der „ökonomischen Ökonomie" insofern entgegengesetzt ist, „als sein Prinzip nicht ein berechnendes Subjekt ist, sondern ein Akteur, der sozial dazu disponiert ist, sich ohne Absicht und Berechnung auf das Spiel des Tausches einzulassen." (Bourdieu 1998b, 168).

In diesen frühen Tauschhandlungen macht sich das Prinzip des Ausgleichs, der Gegenseitigkeit, bemerkbar, die in der Geschichte des Handels dann zurücktritt bzw. sich mit Erwerbs- und Bereicherungsaspekten vermischt. Erst in der Neuzeit machen sich wieder Ausgleichsprinzipien geltend, nun allerdings auf individualistischer Basis, und resultieren in der „Erzählung" der klassischen Ökonomie und in dem Mythos des Marktes als selbsttätigem Ausgleichsmechanismus der individuellen Interessen.

Wirtschaften und das Denken darüber sind parallel laufende, einander wechselseitig bedingende Prozesse. Dies wurde in einer Studie über das Verhältnis von Wirtschaft und Wirtschaftsdenken in langfristiger historischer Perspektive zu zeigen versucht (Mikl-Horke 1999). Wirtschaften als menschliches Handeln, das in den Gesellschaften und Kulturen und zwischen ihnen erfolgt, wurde auch stets auf Grund seiner großen Bedeutung für die Existenz, das Zusammenleben und die Wohlfahrt der Menschheit einer wertenden Beurteilung unterzogen.

Die Art und Weise, wie Wirtschaft gesehen, und welche Probleme in diesem Zusammenhang thematisiert wurden, hat sich seit dem Anbeginn der dokumentierten Reflexionen in seiner Form gewandelt, und zwar von moralisch-ethischen Denkweisen über theologische Auffassungen bis zur Entstehung wissenschaftlicher Theorien und Forschungsmethoden, insbesondere der modernen Ökonomie.

1.2 Oikonomia, katallagé und chrematistike

Die moderne Ökonomie entstand auf der Grundlage der spezifischen Bedingungen der europäischen Geschichte und einer langen Tradition der Reflexionen und Kommentare über Wirtschaft. Diese setzten nicht erst mit Adam Smith im 18. Jahrhundert, sondern schon in der Antike ein, als die drei Aspekte der Bedarfsdeckung, des Austauschs, der Bereicherung bei den klassischen griechischen Denkern auftauchten, deren Denken auch wesentliche Einflüsse aus dem vorderasiatischen Kulturraum erhalten hatte (Bernal 1987).

Platon, Aristoteles und Xenophon hatten Wirtschaft nicht als ein einheitliches Tun begriffen, sondern es danach differenziert, ob es sich um die Versorgung, die Produktion und das Vermögen des „oikos" bzw. und die Organisation, Verwaltung und das gute Leben der „polis" handelte oder um den Erwerb von Geld um seiner selbst willen, um Bereicherung. Sie hatten diese unterschiedlichen Handlungsweisen danach beurteilt, ob sie mit dem ethischen Ideal der Bürgertugenden und des „guten Lebens" im Sinne der „polis" vereinbar waren. Aristoteles unterschied zwischen der **„oikonomia"** (gr. für Haushaltung, Verwaltung des Hauses, auch: Ordnung, von „oikos", gr. für Haus, Haushaltung, Wirtschaft, mitunter verbunden mit

Vermögen, Familie, Heimat), der Haushaltungskunst, und der **„chrematistike"** (von „chrematikos", gr. für Erwerb oder das Geld betreffend, bzw. von „chrematisis", Erwerb), der Erwerbs- oder Bereicherungskunst. Bei ersterer ging es um die gute Verwaltung und Führung des Haushalts, bei letzterer um Erwerbsstreben, das sich auf die Anhäufung von Geld richtete, wobei Aristoteles den „chrematistes", den „Gelderwerber" bzw. „Geschäftsmann" meinte. Der Tausch konnte beidem dienen und wurde von Aristoteles danach bewertet, ob er den Bedürfnissen des Haushalts diente oder dem Gelderwerb. Er unterschied daher zwischen dem natürlichen Austausch zwischen Haushalten, um das, an dem jeweils Mangel herrschte, zu erhalten und der Produktion für den Verkauf gegen Geld. Ersterer dient dem Ausgleich der Bedürfnisse, letzterer dem Reichtumserwerb (Aristoteles 1981, 14 ff).

Den griechischen Philosophen ging es um ethische Fragen des „guten Lebens", nicht um effizientes oder rationales Wirtschaften.

Daher spielt die Frage der Gerechtigkeit bei Aristoteles eine große Rolle, er unterschied zwischen der verteilenden und der ausgleichenden Gerechtigkeit, also der Verteilung von Ehre, Geld und Gütern in angemessener Weise in der „polis", sprach aber auch vom Ausgleich ungleicher Lasten und Gewinne als Aufgabe des Staates. Die Tauschgerechtigkeit wird davon unterschieden, denn sie beruht auf dem Prinzip der Gegenseitigkeit, die die Gleichwertigkeit der Güter, nicht der Personen voraussetzt. Aristoteles sah die Geldwirtschaft nicht nur negativ, denn er sprach dem Tausch auf der Basis von Geld große gemeinschaftsbildende Wirkung zu, sofern Gegenseitigkeit und Gleichheit der ausgetauschten Werte vorliegen (Aristoteles 1985, 108 ff). Beim Tausch müssen Gabe und Gegengabe gleichwertig sein. Der eine darf daher nicht mehr erhalten als der andere, Gewinnerzielung ist hierbei nicht vorgesehen. Der Grund des Tausches besteht in den Bedürfnissen, die jedoch maßvoll sein sollen. Aristoteles sah die Grenzenlosigkeit der Wünsche als Gefahr für die Tugend und Moral und damit für den Zusammenhalt und die Stellung der „polis".

Verwerflich ist nicht der Erwerb, der zur Sicherung des Unterhalts notwendig ist, sondern der maßlose, prinzipiell grenzenlose Erwerb (von Geld) um seiner selbst willen.

Wenn Aristoteles den Tausch auch unterschiedlich bewertet, so kommt doch die Idee des Austauschs als Ausgleich, **„katallagé"** (gr. Austausch, Ausgleich), schon bei ihm vor. Man kann daher neben der Ökonomik und der Chrematistik auch die Katallaktik, wie sie als eigener Terminus allerdings erst sehr viel später im Zusammenhang mit dem freien Markttausch bei Mises und Hayek auftauchte, unterscheiden.

Der „oikos" konnte durchaus auch Reichtum besitzen, dieser wurde aber primär durch die Eigenproduktion, durch Schenkungen oder auch durch den natürlichen Tausch, durch gute Führung und Verwaltung, Sparsamkeit und „Wirtschaftlichkeit", begründet, nicht durch Verkauf und Handel zum Zwecke des Gelderwerbs. Reichtum und Gelderwerb wurden in der alten Welt daher ganz unterschiedlich bewertet; Reichtum, soweit er sich auf Vermögen und Wohlstand des „Hauses" bezog, galt als legitim, Gelderwerb als solcher jedoch als unwürdig und mit Bürgerstand und Tugend nicht vereinbar, wenn er Resultat von Handel und Gewerbe um des Gelderwerbs willen war (vgl. Finley 1993; Mikl-Horke 1999, 51 ff; Koslowski 1993; Polanyi 1979, 149-185).

Für die griechischen Philosophen war Reichtum deshalb gerechtfertigt, weil er die Beteiligung an der Führung und den Entscheidungen der „polis" und damit die Verwirklichung des antiken griechischen Lebensideals erlaubte. Er war daher auch eng mit dem Bürgerstatus verbunden, der das eigentlich kennzeichnende Merkmal der Ungleichheit war. Der Bürgerstatus war wichtiger als der rein materielle Reichtum, der auch Nachteile nach sich zog, weil man dann gezwungen war, Euergesien zu leisten, öffentliche Werke und Bauten zu finanzieren und die armen Bürger zu unterstützen.

Aristoteles' Sicht der Wirtschaft entsprach nicht der Realität, sondern war eine ethische Betrachtung dessen, was im idealen Zustand als wünschenswert und wertvoll erachtet wurde. Insofern kann man daraus entnehmen, dass die Wirklichkeit anders aussah, dass Erwerbs- und Gewinnstreben auch unter den Bürgern der „polis" weit verbreitet waren. Daher warnte auch Antisthenes, ein Schüler des Sokrates und der Begründer der kynischen Schule, vor der Überschätzung des Reichtums, predigte Selbstgenügsamkeit und Muße, und lehnte den Gelderwerb durch Handel und Gewerbe ab. Für ihn war jener wirklich reich, der Freunde, Muße und Bescheidenheit besitzt, was allerdings mit Sicherheit hieß, dass er zumindest nicht arm war.

Im Zentrum der griechischen Auffassung von Wirtschaft steht der „oikos", der aber nicht nur eine Wirtschaftsgemeinschaft darstellt, sondern eine **Haushaltsgemeinschaft**, so dass es in erster Linie um die Beziehungen zwischen Mann und Frau, Eltern und Kindern, Herren und Sklaven geht. Die Ordnung dieser Beziehungen sowie die Planung und Zielstrebigkeit in der Bewirtschaftung und Verwaltung sah Xenophon in seinem „Oikonomikos" als Voraussetzung für den Erfolg, der zu Reichtum oder Armut der Haushaltsgemeinschaft führt. Xenophon entwickelte eine praktische Anleitung für die Führung des „oikos", die durchaus realistisch-pragmatische Züge einer Art früher Managementlehre aufweist (Mikl-Horke 1999, 69 ff).

Ähnliche pragmatische Anleitungen für die effiziente Führung der ländlichen Gutswirtschaft entstanden auch im römischen Reich, so etwa Catos Schrift „De agricultura" oder Varros „De re rustica". Auch sie waren nicht repräsentativ für die römische Wirtschaft als solche, die in hohem Maße auf Tributzahlungen und Sklavenarbeit beruhte. Sie betonten das Ideal der weitgehenden Autarkie, wie es der „oikonomia" zugrunde lag, obwohl sich gleichzeitig die Wirtschaft der meisten „villae" immer mehr auf bestimmte Produkte spezialisierte, die für den Markt produziert wurden (vgl. Veyne 1995, 124 ff). Das aber war schon weitgehend gegen Ende der Zeit Roms, als der Glanz des Reiches zu verblassen begann.

1.3   Armut und Arbeit; Reichtum und Erwerb

Nach dem Zusammenbruch der antiken Welt dauerte es lange, bis sich der Austausch von Gütern und Leistungen nicht mehr nur zwischen den Gruppen und Völkern abspielte, sondern sich auch innerhalb derselben wieder belebte. Der Verlust der staatlichen Ordnung brachte zunächst den Rückfall in die politisch zersplitterte, agrarisch geprägte Wirtschaftsgesellschaft der Spätantike. Die Wirtschaft des Mittelalters stellte sich schließlich in Form eines Gegensatzes zwischen dem weiten Land mit seinen Grundherrschaftsverhältnissen und der Unfreiheit der in diesen lebenden Menschen und den entstehenden Städten mit ihrem organisierten Gewerbe und dem aufblühenden Handel dar. Die Klöster als die wichtigsten Wirtschaftsorganisationen der Epoche führten die Tradition der „oikonomia" in praktischer Hinsicht fort.

In der scholastischen Literatur des Hoch- und Spätmittelalters, die auf der Wiederentdeckung der Lehren des Aristoteles beruhte, traten die Probleme der Preisgerechtigkeit unter christlich-theologischen Aspekten in den Vordergrund. Die in der Scholastik so stark betonte Ablehnung des Zinsnehmens und des Wuchers, die sich teilweise auch auf Handelsgewinne erstreckte, wurde mit dem aristotelischen Postulat der Tauschgerechtigkeit begründet.

Sowohl theologische Diskurse als auch öffentliche Wahrnehmung waren bis weit hinein in die Neuzeit durch die Diskussionen über die Bereicherung einzelner durch Gelderwerb bestimmt.

> Das Zins- und Wucherproblem beruhte auf einer Änderung der Bedeutung von Reichtum und Armut, so dass im Folgenden kurz auf die Funktion derselben in der antiken und in der christlichen Welt eingegangen werden muss.

Die Existenz von Armut und Reichtum wurden über lange Strecken der Menschheitsgeschichte als „selbstverständlich" hingenommen; nicht so sehr weil die Menschen sie nicht wahrgenommen oder sie als richtig empfunden hätten. Aber in einer Welt, in der die eigentliche Grundlage des Reichtums auf Krieg, Eroberung, Beutemachen und Tributzahlungen beruhte, war die Verteilung durch Sieg und Niederlage bestimmt. Die Macht war in Händen bestimmter Clans oder mächtiger Familien, deren Führer bestimmten, was wem zustand. Die Helden und Stars waren die großen Krieger, ihr Reichtum war Symbol des Ansehens und der Größe des Gemeinwesens und wurde schließlich im römischen Recht folgerichtig durch die **Okkupationstheorie des Eigentums** legitimiert.

In Rom war es wichtig „Römer" und persönlich frei zu sein, aber Reichtum, vor allem wenn er in Grund und Boden bestand, galt als Kriterium der Zugehörigkeit zur herrschenden Schicht. Reichtum sollte durch ehrenvolle Mittel errungen werden und auch das Streben nach Reichtum war gut, solange man sich eines Römers würdiger Aktivitäten befleißigte: manuelle Arbeit, Handel und Gewerbe gehörten nicht dazu. Reichtum konnte durch Krieg erworben werden oder durch öffentliche Ämter, was in der Realität häufig mit Korruption verbunden war. Auch hier gibt es allerdings Gegenbeispiele wie etwa Atticus, ein Freund des Cicero, der sich durch die finanzielle Beteiligung an Handelsgeschäften und Gewerbebetrieben und die Kreditvergabe ein großes Vermögen erwarb (Mikl-Horke 1999, 103).

Die negative Bewertung dieser Erwerbsformen einte Antike und Christentum. Dies implizierte, dass selbst christliche Denker die Fakten der ökonomischen Ungleichheit weitgehend hinnahmen und schon in der Antike die **Armut als Tugend** priesen. Für Augustinus, der von der „heiligen Armut" sprach, war der Reichtum selbst kein Makel, nur das Streben nach Erwerb schien ihm genauso wie den griechischen Philosophen bedenklich. Die ungleiche Verteilung des Reichtums sah er als eine Entwicklung in der noch weitgehend heidnischen Welt der Menschen, der eine ganz andere Verteilung im Reich Gottes entspräche. Daher lehnte er eine Umverteilung des Reichtums in der Welt ab, denn das hätte Kampf und Streit zur Folge und würde den Frieden, der als Wert in den unruhigen Zeiten nach dem Fall des römischen Reiches angesehen wurde, gefährden. Er sah sogar in der Anhäufung von Reichtum bei den Mächtigen eine Chance, dass damit den Armen durch gute Werke für die Gemeinschaft, Opfer für die Kirche und Almosen geholfen werden könne.

Armut war im Mittelalter eine allgemeine Erscheinung, die eng mit persönlicher und sachlicher Unfreiheit verbunden war. Sie ist nicht zu vergleichen mit dem, was nach der Aufhebung der Leibeigenschaft und dem Übergang zur Lohnarbeit als Armut bezeichnet wurde.

Nicht die materielle oder geldliche Ausstattung stand im Vordergrund, sondern die Stellung als unfrei und abhängig. Faktisch war materielle Armut allerdings so weit verbreitet, dass sie als normale Lebensbedingung angesehen wurde. Sie wurde in christlicher Sicht sogar als Anwartschaft auf das Himmelreich interpretiert und als Lebensform der Mönchsorden, insbesondere der Bettelorden, zur christlichen Tugend erhoben. Die Ungleichheit zwischen den Menschen in der christlichen irdischen Welt wurde nunmehr als Reflex der himmlischen Ordnung interpretiert. In Abwandlung der platonischen Drei-Stände-Theorie wurde sie als hierarchische, aber in christlich-ethischem Sinn funktionale Ordnung, die jener des Himmels analog ist, verstanden (Duby 1986). Sie war eine religiöse Konstruktion, keine weltliche Ständeordnung, und reflektierte auch die tatsächlich bestehenden sozialen Differenzen nicht wirklich.

Albertus Magnus und Thomas von Aquin wehrten sich gegen die Armutslehre der Bettelorden und meinten, sowohl Reichtum als auch Armut könnten dem guten Leben im christlichen Sinn abträglich sein, wenn sie zu Müßiggang verführten. Sie verteidigten den Reichtum, der durch Arbeit geschaffen wurde und von dem der Kirche und den Armen gegeben wird. Damit nahmen sie wesentliche moderne Elemente der Ökonomie vorweg, und zwar durch die Anerkennung des Privateigentums und seine Begründung durch Arbeit. Die Scholastiker betonten aber die Sozialpflichtigkeit des Eigentums, und zwar nicht im Sinne der Barmherzigkeit, sondern auf Grund des Prinzips der Gerechtigkeit. Das Gemeinwohl[1] wird

---

[1]   Der Begriff des Gemeinwohls, des „bonum commune", durchzieht die gesamte Geschichte bis in die Gegenwart, seine Bedeutung ist jedoch weitgehend unbestimmt. Weder ist klar, ob das Gemeinwohl als Summe der individuellen Befindlichkeiten, als Mehrheitsinteresse, Resultat des Interessensausgleichs oder als eigener Wert beruhend auf „Vernunft", „Moral" oder gemeinsamen Zielen anzusehen ist (vgl. Münkler/Fischer 2002; Schuppert/Neidhardt 2002).

in christlicher Sicht den Wohlhabenden und Mächtigen als Verantwortung aufgetragen, was Thomas von Aquin damit begründete, dass der Mensch naturrechtlich gesehen ein Sozialwesen ist und daher die Verpflichtung hat, zum Nutzen des Gemeinwesens zu wirken. Dies bedeutete, dass eine Art Recht auf Almosen von Seiten der Bedürftigen angenommen wurde. Aus dem „Überfluss" sollte den Armen gegeben werden, wobei das zum Leben Notwendige sich nach der sozialen Stellung und der „üblichen" Lebensführung richtete. Die Beziehung zwischen Reichen und Armen erhielt damit den Charakter einer Gegenseitigkeit, geradezu einer Symbiose. Die Reichen unterstützten die Armen, denn die Armen waren wichtig für das Seelenheil der Reichen.

Die Bettelorden kritisierten dies allerdings und meinten, die Armen seien nicht nur für die Sicherung des Seelenheils der Reichen da. Auch verwarfen sie die verbreitete Ansicht, dass ihr Elend Strafe für ihre Sünden oder ihre Faulheit und Liederlichkeit sei. Sie zielten darauf ab, die Würde der Armen und ihren Wert vor Gott als „pauperes Christi" zu heben. Die Haltung der Bettelorden zur Armut enthielt auch sozialkritische Elemente; der Franziskaner Duns Scotus verwies sogar auf die Berechtigung der Veränderung der Verteilung, da das Eigentumsrecht von Menschen geschaffen worden sei. Derselbe Autor differenzierte ganz wie Aristoteles es getan hatte, Typen des Austauschs je nachdem, ob dieser der Deckung von Bedürfnissen oder der Gewinnerzielung diente; erstere bezeichnete er als „commutatio oeconomica", letztere als „commutatio negotiativa" (Mikl-Horke 1999, 186 ff).

In der Auffassung des Wuchers als Sünde äußerte sich aber bei den meisten christlichen Theologen die Ablehnung von Reichtum, der aus Zinsnehmen, in weiteren Interpretationen auch aus bestimmten Handelsgewinnen stammt. Thomas von Aquin, der bereits die Preisbildung durch Angebot und Nachfrage auf dem Markt begründet sah, erklärte Handelsgewinne durch die Arbeit der Kaufleute als gerechtfertigt und betrachtete den Handel als Institution, die grundsätzlich beiden Parteien zum Vorteil gereichen könne. Er verurteilte jedoch das Weiterverleihen der Gewinne gegen Zinsen sowie Preisaufschläge bei Kreditverkäufen und ähnliches als Wucher, der nicht durch Werte, die in Gütern repräsentiert sind, gerechtfertigt sei. Thomas plädierte auch für die Sicherung der Deckung der notwendigen Bedürfnisse für alle Menschen und erblickte daher insbesondere im Ausnützen der Notsituation anderer die Sünde des Wuchers. Überdies werde damit Zeit, die Gott gehöre, verkauft, m. a. W. Zeit wurde als Lebenszeit verstanden und noch nicht als von den Menschen abgelöste „objektive" Zeit.

In der Wirtschaftslehre der Scholastik deuten sich sowohl Ansätze einer Markttheorie als auch einer Wirtschaftstheorie des Staates an, die die Sicherung der Existenz der Massen und der Preisfestsetzung durch die Obrigkeit forderte. Damit kann man die Kontroverse Markt vs. Staat schon auf die Auseinandersetzungen zwischen den Theologen, die für ortsübliche Preise eintraten, und jenen vornehmlich franziskanischen und jesuitischen Theologen, die die Preisfestsetzung durch die Obrigkeit befürworteten, zurück verfolgen.

Durch die Entwicklung der Städte trafen Armut und Reichtum auf engem Raum aufeinander, denn in wechselvollen und differenzierten Formen setzte sich der materielle Reichtum, der auf Handwerk und Handel beruhte, auch als Kriterium der politischen Herrschaft in den

Städten allmählich durch; es entwickelte sich ein Patriziat, das seinen Reichtum und seine Macht selbstbewusst betonte (z. B. die „Richerzeche" in Köln) (Mikl-Horke 1999, 174). Daneben zog es jedoch immer mehr Leute aus den Dörfern und Grundherrschaften in die Städte, um ihrer Unfreiheit zu entfliehen und einen besseren Lebensunterhalt zu finden.

Die Spaltung der Wirtschaft in die grundherrlichen Gutswirtschaften einerseits und in die Welt der Kaufleute andererseits spiegelt sich in zwei weltlichen Literaturgattungen. Zum einen erfuhr die Idee der „oikonomia" eine neue Belebung unter den Bedingungen feudal-aristokratischer Grundherrschaft und manifestierte sich in Anleitungsbüchern zur Führung landwirtschaftlicher Güter. Das berühmteste ist wohl Leon Battista Albertis „I libri della famiglia" von 1443, in dem die Hausgemeinschaft und Hauswirtschaft thematisiert wurden. Hierher gehören auch die deutschen „Fürstenspiegel", die sich mit der Führung und Verwaltung der fürstlichen und königlichen Höfe befassten. Zwar waren die Fürstenhöfe eher durch ihre Verschwendungssucht und ihren Luxuskonsum bekannt, aber die pragmatisch-normativen Ratschläge der im 16. und 17. Jahrhundert auftauchenden Ratgeber für den „guten Hausvater" betonten die sparsame und vernünftig kalkulierte Verwendung der Ressourcen; in diesem Sinn schlug sich der „oikos"-Gedanke in der Betonung der Wirtschaftlichkeit nieder. Dieses verweist als Wirtschaftlichkeitsprinzip auf den sparsamen und vernünftigen Einsatz von Mitteln für Ziele. Das „Haus" wurde als autonome Institution in rechtlich-administrativer Hinsicht und als Wirtschaftseinheit verstanden und prägte insbesondere in Deutschland die Vorstellungen der Sozial- und Wirtschaftsordnung (vgl. Brunner 1968). Zum anderen hatte sich auf Grund der Ausbreitung von Handel und Kaufmannstätigkeiten eine weltliche Literatur entwickelt, die Anleitungen über die „Pratica della mercatura" (so hieß das berühmte Wert von Francesco Balducci Pegolotti aus dem 14. Jahrhundert), also über Buchhaltung, Geldverkehr, Arithmetik, kaufmännische Usancen und vieles andere mehr enthielt. Sie belegt die Ausbreitung der kommerziellen Geschäfte in Europa zwischen dem 14. und 16. Jahrhundert (Mikl-Horke 1999, 221 ff).

Unter dem Eindruck des Aufstiegs der Kaufmanns- und Handwerkskreise und auf dem Boden der Betonung der Arbeit als Tugend im Christentum kam es, wie auch schon bei Thomas, zu einer gedanklichen Verbindung von Reichtum bzw. Armut und Arbeit.

Der Franziskaner Petrus Olivi meinte, dass erst durch Arbeit und unternehmerische Leistung bewirkt würde, dass das Geld mehr Wert schaffen kann und verwies damit bereits auf die Kapitalfunktion des Vermögens.

Die Reformation verstärkte diese Tendenzen, Reichtum und Armut durch Arbeit zu begründen.

Luther wetterte gegen Ablasshandel und Wucher und hob die Dienstfunktion des Berufs und des Eigentums im Sinne der Nächstenliebe, aber auch die Verantwortung der Obrigkeit für die Förderung des Gemeinwohls hervor. Die Arbeit stellte für ihn Berufung, „vocatio Dei", im Rahmen einer idealen berufsständischen Gesellschaft dar. Er interpretierte die Drei-

Stände-Theorie des Mittelalters im Sinne einer Ordnung, in der jeder in gewissem Maße an „ecclesia", „politia" und „oeconomia" Anteil habe. „Oeconomia" ist zwar noch immer in erster Linie Haushaltung, aber der Austausch wird in Form der arbeitsteiligen Berufeordnung legitimiert.

Die Reformation erwuchs ihrerseits auf der Grundlage einer Weiterentwicklung von Handel und Gewerbe in Europa, dem Bestreben nach sozialer und politischer Anerkennung wirtschaftlicher Leistung. Dabei waren die Reformatoren keineswegs weniger kritisch gegenüber Handel und Wucher als die Scholastiker, eher mehr so, aber sie verlagerten das Problem in das individuelle Gewissen hinein. Calvin war sich der Bedeutung von Handel und Kredit durchaus bewusst, aber er sah im individuellen Gewissen und den Erfordernissen des Gemeinwohls die Grenzen für das Eigennutzstreben und den Maßstab für die Beurteilung des wirtschaftlichen Handelns. Calvin betonte die Rolle der Reinheit des Lebenswandels und der Berufsarbeit als Grundlage für die Stellung des Menschen in der Gesellschaft, die durch das Streben nach Erlangung des göttlichen Gnadenstandes bestimmt sein müsse (Mikl-Horke 1999, 252 ff). Systematische Selbstkontrolle und asketische Lebensführung, die vordem auf die Mönchsorden konzentriert waren, sollten das Handeln aller Menschen bestimmen, um sich im Hinblick auf den Gnadenstand zu bewähren, was die Ablehnung von Almosen und die ethische Verpflichtung zur Arbeit in den protestantischen Gemeinwesen zur Folge hatte.

Reichtum wurde damit als das weltliche Resultat religiös-frommer Lebensführung rehabilitiert und der Erwerb zu einer Sache des individuellen Gewissens.

1.4   Staatsreichtum und Handelsfreiheit: Der Aufstieg der Erwerbsorientierung

Das Verständnis von Wirtschaft im Sinne des „oikos" wirkte im Abendland noch lange nach und mündete in den absolutistischen Staatshaushalten, was sich auch darin ausdrückte, dass das Wort Ökonomie nun für die Wirtschaftsverwaltung des Staates und auch für die Wissenschaft von der Wirtschaft verwendet wurde. Im Zuge der Territorialisierung und Zentralisierung der Herrschaft in der Epoche des Absolutismus erweiterte sich der Begriff des „Hauses" gewissermaßen auf das ganze Staatsgebiet, was sich im Kameralismus als Verwaltung der fürstlichen „camera", Schatzkammer, und in Bezug auf die Wirtschaftspolitik im kontinentaleuropäischen Verständnis des Merkantilismus als staatlich privilegierter Exporthandel niederschlug.

Die Beurteilung der Wirtschaft auf der Grundlage moralischer Regeln bzw. religiöser Ethik erfuhr im 17. und 18. Jahrhundert eine **Säkularisierung durch die Orientierung am Reichtumszuwachs des absolutistischen Staates**, wie etwa Montchrétiens „Politische Ökonomie" belegt. Der Colbertismus im Frankreich Ludwigs XIV. war die höchste Ausformung der absolutistischen Wirtschaftspolitik, bei dem Gemeinwohl und Staatswohl identifiziert wurden. Handel und Gewerbe, die Wirtschaft des Volkes, wurden als wichtig erkannt, denn ohne diese kann kein Staat reich und mächtig sein. Die Kameralisten richteten die Aufmerksamkeit auf den Kreislauf der Wirtschaft, erkannten aber dem Staat die Aufgabe zu, für Ordnung und Lenkung zu sorgen, damit die Wirtschaft florieren kann.

Damit kam es zu einer Verbindung der „oikonomia"-Tradition mit dem „Kommerzienwesen", allerdings in engem Bezug zur zentralen Regierung und Verwaltung. Der Kameralist Johann Heinrich von Justi vereinigte die Finanzwissenschaft mit der Hauswirtschaftslehre und der Landwirtschaftslehre zur „Oekonomie" (Mikl-Horke 1999, 423). Er ordnete sie allerdings dem Ziel der „Glückseligkeit des Staates" (Matis 1981), die auf der äußeren und inneren Sicherheit und auf dem Reichtum des Staates beruhte und in diesem Sinn auch die Wohlfahrt aller Menschen des Staatesgebietes meinte, unter (vgl. Krauth 2001). Die Auffassung von Wirtschaft als „oikos", die soziale und wirtschaftliche Beziehungen umfasst, hatte sich auf den modernen Staat des 18. Jahrhunderts übertragen und dabei eine starke Erweiterung nicht nur in räumlicher Hinsicht, sondern auch in Bezug auf seinen sachlichen Gehalt erfahren. Die Wirtschaftätigkeiten, ob es sich um Landwirtschaft, Gewerbe, Manufakturen, Binnenhandel, Exporthandel, Bankgeschäft und Kreditwirtschaft handelte, standen genauso wie das Finanz- und Steuerwesen, die allgemeine Wohlfahrtspflege und die Staatsverwaltung unter der Ägide des Staates. Es fand noch bis weit ins 19. Jahrhundert und teilweise bis ins 20. Jahrhundert hinein seinen Ausdruck in den „Staatswissenschaften", aber dann auch in der imperialistischen Politik und im Begriff des Staatshaushalts.

Das Streben nach Reichtum wurde am Staat orientiert; der Reichtum des Staates stellte die Voraussetzung dar für dessen geopolitische Position. Das Bereicherungsstreben der Einzelnen richtete sich damit ebenfalls auf den Staat, man suchte etwa durch Ämterkauf in Positionen zu gelangen, die nicht nur Ansehen und Macht, sondern auch zukünftige Einkommenschancen bedeuteten, oder man war bestrebt, durch staatliche Privilegierungen, wie etwa im Fall der Handelskompanien Gewinn- und Machtchancen zu erringen.

In der aristokratischen Gesellschaftsordnung galten das Erwerbsstreben und die Betätigung in Handel und Gewerbe, manchmal sogar die Verwaltung der landwirtschaftlichen Güter für den Adel als unpassend. Gleichzeitig erhöhte sich der Geldbedarf insbesondere der Hocharistokratie beträchtlich durch die Prachtentfaltung, die als standesgemäß angesehen wurde. Insbesondere in Frankreich, aber tendenziell in allen Staaten stieg die Verschuldung des Adels, während eine Schicht des Bürgertums oder in England auch des Landadels entstand, die im Zuge der Kommerzialisierung der Landwirtschaft, der Exportwirtschaft sowie im Bankgeschäft zu beträchtlichem Reichtum gelangt war.

Ökonomische Lage auf der Grundlage der Erwerbstätigkeit und gesellschaftliche Position im System ständischer Ungleichheit, die durch Geburt und Privilegierung bestimmt war, entfernten sich voneinander, was soziale Konflikte förderte.

Großbritannien war in Bezug auf die wirtschaftliche, aber auch die politische Entwicklung seit dem 17. Jahrhundert im Vergleich zum Kontinent in einer ganz anderen Situation. Die Ansprüche der Krone waren zurückgedrängt, der Absolutismus war beseitigt worden, die Kommerzialisierung der Wirtschaft hatte große Fortschritte gemacht. Durch die Kommerzialisierung der Landwirtschaft und durch die einsetzende Industrialisierung erfasste die Geldwirtschaft allmählich die gesamte Gesellschaft.

Mit seiner Umwandlung in Geld „demokratisierte" sich der Reichtum in gewisser Hinsicht, denn er war nicht mehr auf den Besitz an Grund und Boden und die traditionellen Vorrechte auf der Basis von Geburtsstand oder Privilegierung durch den König begründet, sondern auf Gelderwerb und dies konnte durch eigenes Streben und Handeln erreicht werden.

Damit änderte sich das Wesen des Reichtums. Dieser löste sich von seiner Bindung an den Besitz von Grund und Boden, der untrennbar mit der Ungleichheit der sozialen Stellung verknüpft war. Er war auch nicht mehr ein Nebenprodukt von Macht- und Herrschaftspositionen, sondern wurde als Geldreichtum zum wichtigen Kriterium gesellschaftlichen Ansehens und von Macht. Sombart sah diese Transformation als einen langfristigen historischen Wandel, der schließlich den modernen Kapitalismus ermöglichte, darüber hinaus aber als bürgerlicher Reichtum an sich von Bedeutung ist:

„Das ist nun also der große welthistorische Wandel ... wie aus Machtreichtum sich Reichtumsmacht entwickelt. Das ist das Problem der Entstehung des bürgerlichen Reichtums." (Sombart 1922, 587).

Den Händler- und Kaufmannsschichten im England des 17. Jahrhunderts kam die dominierende Rolle in Bezug auf die Wirtschaft des Landes zu und die Kaufmannskreise gewannen zusehends an Ansehen und Macht. Ihre Proteste gegen die staatliche Privilegierungspolitik, die die großen Handelskompanien bevorzugten, und ihr Eintreten für Freihandel hatten großen Einfluss (vgl. insbes. Appleby 1978). Im „Discourse of the common weal of this realm of England" eines unbekannten Autors und in den Reden Thomas Muns („treasure follows trade") wurde klar zum Ausdruck gebracht, dass der Reichtum des Staates auf dem Handel – und dem Handelsstand – beruhte und die Wirtschaft als ein autonomes, von der Krone unabhängiges System von Austauschhandlungen anzusehen sei (Mikl-Horke 1999, 301). Reichtum bestehe nicht in der Menge Gold in der Schatzkammer des Fürsten, sondern in den Gütern, die durch die Fähigkeiten und den Fleiß der Menschen erzeugt und verteilt werden können. Handwerk und Gewerbe, Handel und der Konsum wurden als Elemente eines Systems von Austauschhandlungen verstanden.

Die speziellen Fähigkeiten und Leistungen der einzelnen in ihren verschiedenen Handwerken und Berufen wurden als Grundlage für den Ausgleich der Bedürfnisse durch Arbeitsteilung und Austausch gesehen. Dabei kam es allerdings auch zur Legitimierung des Erwerbs- und Gewinnstrebens, das geradezu als notwendig erachtet wurde, damit die einzelnen in diesem arbeitsteiligen Zusammenhang ihre Leistung einbringen.

Die Entdeckung der „Wirtschaft", nicht im Sinne der Hauswirtschaft oder Fürstenwirtschaft, sondern als Beziehungsgefüge von territorialstaatlichem Umfang, das sich ähnlich der Natur eigendynamisch auf Grund der vielen einzelnen Handlungen entfaltet, war eine revolutionär neue Idee nicht nur von wirtschaftlicher, sondern auch gesellschaftspolitischer Bedeutung. Im Gefolge der gedanklichen Lösung „der Wirtschaft" vom Staat kam es auch zur Möglichkeit, „Gesellschaft" zu denken.

Die „Kollektivsingulare" (Koselleck 1984) von „Staat", „Wirtschaft", „Gesellschaft" wurden zu begrifflichen Konstrukten mit prägender Bedeutung.

Es ist daher nicht verwunderlich, dass die moderne Ökonomie in Großbritannien entstand, indem darunter nun nicht mehr in erster Linie die Staats- oder Fürstenwirtschaft gemeint war, sondern der Ausgleich der Bedürfnisse, Fähigkeiten und Erwerbsinteressen der Menschen, die alle ohne Ausnahme als Wirtschaftssubjekte, als „merchants", verstanden wurden. Die Gesellschaft trat damit als **„commercial society"** in Erscheinung, und sie beruht, wie Adam Smith meinte, auf dem „natürlichen" Hang der Menschen zum Tauschhandel. Die Betonung lag dabei auf dem Ausgleich, was die verbreitete Rede von der „unsichtbaren Hand", von göttlicher und gleichzeitig natürlicher Harmonie belegt (vgl. Rüstow 2004, 17 ff). Diese Vorstellung ersetzte die Ordnungsvorstellung des Mittelalters und die heilenden Kräfte, die vordem den gesalbten Königen zugeschrieben wurden (Bloch 1998). Die Rede von der „unsichtbaren Hand", die lange vor Smith bereits da war, beeinflusste auch ihn; in gewisser Weise gründete sie in dem Deismus des 18. Jahrhunderts, in dem die Auffassung der Stoa wieder auflebte, und der einen optimistischen Glauben an eine natürliche und gleichzeitig vernünftige Ordnung beinhaltete (Binswanger 1998, 47 ff).

Smith' Auffassung von Nationalökonomie war nicht so stark säkularisiert wie die französischen Wirtschaftstheorien der „économistes", und sie war auch nicht so staatsfern, weil für ihn auch die „sichtbare Hand" des Staates noch wichtig war. Immerhin ging es Adam Smith um den „wealth of nations", dieser wurde zwar durch die Wirtschaftstätigkeit der einzelnen Individuen begründet gesehen, dem Staat kam aber insofern Bedeutung zu, als er die notwendigen Voraussetzungen dafür schaffen muss.

Smith sah das **Eigeninteresse** nicht, wie später der Utilitarismus, im Lust- bzw. Glücksstreben der Menschen begründet, sondern verstand es als pragmatische Orientierung in einer arbeitsteiligen kommerziellen Gesellschaft, in der es für den Ausgleich der Bedürfnisse und Interessen und für den Wohlstand aller sorgt. Er begründete dies mit seinem berühmten Satz über die arbeitsteilige Wirtschaft: „It is not from the benevolence of the butcher, the brewer, or the baker that we expect our dinner, but from their regard to their own interest." (Smith 1950, 13)

Smith erkannte das Eigeninteresse in der Wirtschaft auf Grund von Arbeitsteilung und Austausch als gerechtfertigt an, zielte damit allerdings nicht primär auf eine moralische Rechtfertigung des egoistischen Gewinnstrebens, sondern stellte eine auf der beruflichen Arbeitsteilung begründete Selbstverständlichkeit fest.

Die Betonung des Beitrags zum Gemeinwohl durch Wirtschaftstätigkeit und die Begründung des Eigentums auf Arbeit waren die Voraussetzungen für die Rechtfertigung des Eigeninteresses im Sinne der arbeitsteiligen Erwerbstätigkeit.

Smith' Sicht des Eigeninteresses bezieht nicht, wie dies in der Bienenfabel des Bernard de Mandeville erscheint, unmoralische Handlungen mit ein; das belegen auch seine Reflexionen über die „moral sentiments" (Smith 1986). Darin kam eine Vorstellung vom Individuum zur Geltung, die dieses einerseits als Mitglied einer weiteren Gemeinschaft und daher mit „moral sentiments" ausgestattet betrachtete, dessen Interessen sich andererseits auf Bedarfsdeckung und auf Erwerbsstreben richten. Zwischen diesen wird in der klassischen Ökonomie nicht differenziert, sie sind beide nicht nur legitim, sie gehen in einer kommerzialisierten Gesellschaft ineinander über. Auf Grund der „unsichtbaren Hand" des Ausgleichs durch Austausch besteht in der Theorie durch das Erwerbsstreben kein Konflikt zu anderen Bereichen des Lebens, praktisch bemerkte allerdings schon Adam Ferguson die negativen Auswirkungen der Kommerzialisierung auf die „civil society" (Ferguson 1986).

Smith teilte die Auffassung der engen Beziehung zwischen bürgerlicher Freiheit und Handelsfreiheit seines Freundes David Hume und trat für einen Staat ein, der beides ermöglichen sollte. Arbeit schafft die Werte und wird zur Grundlage der Eigentumsauffassung, die Summe der privaten Vermögen stellt den Reichtum der Nation dar und Konsum ist das Ziel allen Wirtschaftens. Smith's politische Ökonomie hatte zwei Ziele: Das Volkseinkommen so zu steigern, dass die Menschen ihr gutes Auskommen haben, und den Staat mit Einkünften für die öffentlichen Leistungen, die er im Interesse des Gemeinwohls zu bewältigen hat, zu versorgen.

Die Verknüpfung von individuellen Eigennutzinteressen und Gemeinwohl durch den Austausch war die besondere Konstellation, die die klassische Ökonomie hervorbrachte. Sie vereinte damit die drei Aspekte der Wirtschaft, indem sie die Lösung für Bedarfsdeckung und Ausgleich am Erwerbsstreben der einzelnen festmachte. Gleichzeitig ermöglichte dies, dass das Erwerbs- oder Bereicherungsstreben, das über lange Phasen der Menschheitsgeschichte und in den verschiedenen Kulturen als ethisch bedenklich bewertet wurde, legitimiert und zur Basis für die Wohlfahrt der Gemeinschaft erklärt wurde.

1.5   Ethik, Ideologie und Wissenschaft des Erwerbs

Das zentrale Problem, das die klassische Ökonomie löste, war die Legitimierung der individuellen Interessen und die Autonomisierung des wirtschaftlichen Handelns gegenüber dem Staat, der das Gemeinwohl zu repräsentieren beanspruchte hatte. Dies gelang dadurch, dass das Erwerbsinteresse und die Bereicherung einerseits durch Arbeit, zum anderen durch den Austausch als Voraussetzung für die Befriedigung der Bedürfnisse begründet wurden. Allmählich wurde dieser Zusammenhang als **„Markt"** bezeichnet und damit von seinen deistischen Wurzeln gelöst und zu einem säkularen Begriff.

Die Vorstellung von einem die gesamte Wirtschaft beherrschenden Marktprinzip verbreitete sich überaus rasch, und das obwohl es nicht weithin auf realen Bedingungen beruhte (vgl. Reddy 1984). Sie ist vielleicht auch in der Faszination mit den Prozessen auf den Börsen verbunden, die im 18. und 19. Jahrhundert sehr stark war. Darüber hinaus ist sie jedoch durch die vorausgehenden, sozio-politischen Veränderungen erklärbar, die den (alten) Staat diskreditiert und die Vorstellung einer davon unabhängigen „natürlichen" Ordnung der Menschen, der naturgesetzliche Züge zugeschrieben wurden, geschaffen hatten. Von Geldwirtschaft und einer eigendynamisch funktionierenden Wirtschaft versprach man sich nicht nur Wohlstand, sondern Freiheit (vgl. Reddy 1987). Das Problem der Verknüpfung der individuellen Interessen mit dem Gemeinwohl wurde durch das mechanische Wirkprinzip des eigendynamischen Marktes in geradezu genial einfacher Weise „gelöst", ohne ein übergeordnetes „Subjekt", Gott, König oder Staat, annehmen zu müssen. Daher kam dieser „Lösung" auch für die Grundlegung der Demokratie große Bedeutung zu. Da Grundlage dieser Vorstellung von Wirtschaft als sozialer Ordnung das individuelle Handeln freier Menschen war, konnte die Markttheorie auch mit praktischer Rationalität begründet werden. Der „Verstand" des Individuums im Sinne seiner Eigennutzorientierung ersetzte die „Vernunft" als das auf die Menschheitsgeschichte gerichtete Prinzip, als dessen Verkörperung Hegel den Staat gesehen hatte.

Die Freiheit rationaler Individuen, die als Vertragspartner zunächst einander auch als Gleiche gegenüber stehen, konnte mit dem Ideal der liberalen Demokratie verbunden werden.

Sie versprach aber auch eine Aufwertung der einfachen Menschen und ihre Anerkennung als freie Wirtschaftssubjekte.

Der **Liberalismus** entstand als die beherrschende Sozialideologie des 19. Jahrhunderts. Er zielte einerseits auf die politische Integration und Aufwertung des Bürgertums, andererseits als ökonomisches Postulat auf die Freiheit der privaten Wirtschaftsaktivitäten von den Eingriffen des Staates. Karl Polanyi bezeichnete das 19. Jahrhundert als jenes, in dem sich die Idee des freien Marktes voll durchgesetzt hatte und die Vorstellung von der modernen Wirtschaft als Marktwirtschaft begründet wurde (Polanyi 1957). Von da an war es denkbar, ideologisch das „Wohl der Wirtschaft" mit dem Gemeinwohl zu identifizieren, damit aber auch die Durchsetzung individueller Interessen zu verfolgen.

Die individuelle Bereicherung wurde als Motor des Wirtschaftsprozesses beschrieben, der zur Steigerung des allgemeinen Wohlstands führen würde.

Dale Carnegie etwa hob in einem Essay, der später den spektakulären Titel „The Gospel of Wealth" erhielt, die bedeutende soziale und kulturelle Rolle der industriellen Unternehmer in der Gesellschaft hervor. Auf der Grundlage der puritanisch-protestantischen Werte und einer daran orientierten Sicht der menschlichen „Natur" meinte er, dass die Anhäufung von Reichtum durch einzelne, die dazu die Fähigkeiten und die Energie besitzen, gut für die Gesellschaft sei, insbesondere wenn dieser Reichtum produktiv eingesetzt werde.[2] „This, then, is held to be the duty of the man of wealth: first, to set an example of modest, unostentatious living, shunning display or extravagance; to provide moderately for the legitimate wants of those dependent upon him; and after doing so to consider all surplus revenues which come to him simply as trust funds which he is called upon to administer, and strictly bound as a matter of duty to administer in the manner which, in his judgement, is best calculated to produce the most beneficial results for the community – the sum of wealth thus becoming the mere agent and trustee for his poorer brethren, bringing to their service his superior wisdom, experience, and ability to administer, doing for them better than they would or could do for themselves ..." (Carnegie 1968, 225). Erwerbsstreben und die ungleiche Verteilung von Reichtum waren also praktisch und moralisch-religiös legitimiert, sofern sie produktiv erworben und verwendet wurden und nicht dem Luxuskonsum und einem aufwändigen Lebensstil zugeführt wurden. Dass diese „innerweltliche Askese", wie sie Max Weber nannte, keineswegs von allen observiert wurde, zeigte unter anderen Thorstein Veblen in seiner „Theory of the Leisure Class" (1986). Reichtum hatte und hat in den USA jedoch eine besondere Bedeutung (Aldrich 1996).

Das neue Wirtschaftsverständnis beruhte auf einer moralischen Legitimierung; sie hatte insbesondere in Großbritannien eine säkulare sozialethische Fundierung durch den **Utilitarismus** erhalten. Dieser muss aus seiner Zeit heraus verstanden werden; er stand in der Tradition der Gemeinwohlkonzepte und hob in einer noch immer sehr ungleichen Gesellschaft den Anspruch aller Individuen auf „Glück" hervor. Gerade in England mit seiner puritanisch-protestantischen Tradition, in der Arbeitsfleiß und innerweltliche Askese in hohem Ansehen standen, richtete sie sich gegen die Vorstellung, dass die Armut der Massen auf deren Neigung zu Müßiggang und Undiszipliniertheit der Lebensführung zurückzuführen sei. Der Utilitarismus forderte „das größte Glück der größten Zahl" als sozialpolitische Maxime und verwies damit auf das Anrecht aller Individuen auf Glück, das hedonistisch als Lust aufgefasst wurde. Das Gemeinwohl wurde als die Summe der individuellen Lust-Unlust-Bilanzen, die im Sinne der Tradition der Politischen Arithmetik als berechenbar gesehen wurden, definiert.

John Stuart Mill verstand dann das Gemeinwohl nicht mehr nur im Sinne einer Addition der Glücksquanten der Individuen, sondern berücksichtigte auch die Folgen des eigenen Handelns der Individuen auf andere bzw. auf die Gesamtheit (Mill 1985). Der Mensch ist demnach nur insoweit frei, seinen Eigeninteressen zu folgen, als dadurch nicht andere bzw. das Gemeinwohl geschädigt werden. In diesem Sinn war die Ökonomie für Mill auch eine Moralwissenschaft.

---

[2]   Aus diesem Grund plädierte Carnegie auch für hohe Erbschaftssteuern, um zu erreichen, dass die Vermögen während der Lebenszeit ihrer Besitzer investiert werden.

Der Utilitarismus reklamierte die Berechtigung aller Menschen auf Glück und war eine sozialethische Auffassung, die auf das Gemeinwohl gerichtet war.

Die utilitaristisch-hedonistische Auffassung von Wirtschaft verbreitete sich allmählich im 19. Jahrhundert und wurde auch von dem deutschen Volkswirtschaftler Hermann Heinrich Gossen aufgegriffen. Dieser entwickelte 1854 ebenfalls auf der Annahme der kardinalen Messbarkeit von Lustquanten seine zwei Gesetze des Grenznutzens. Er verwies auf die Tatsache der Sättigung durch fortwährenden Genuss (Erstes Gossensches Gesetz vom abnehmenden Grenznutzen) und auf die Notwendigkeit des Ausgleichs der Grenznutzen bei mehreren Genüssen (Zweites Gossensches Gesetz).

Der **Begriff des Grenznutzens** eroberte schließlich die Ökonomie und begründete damit die neoklassische Ökonomie („marginal revolution"). Die Nutzentheorie löste das auf Bedürfnisse und Werte begründete Wirtschaftsdenken ab und baute auf der individualpsychologischen Theorie des Grenznutzens ein logisch-fiktives Modell des wirtschaftlichen Handelns und des Gleichgewichtspreises als Ausgleich von Angebot und Nachfrage im Markt. Diese formalisierten Relationen ermöglichten auch die Verwendung der Mathematik in der Ökonomie, was in Frankreich bzw. im französischen Einflussbereich zur Entwicklung mathematischer Modelle der Preisbildung (Cournot) und des Marktgleichgewichts (Walras) führte (Bauer/Eckert 1996). Auch Jevons und Edgeworth entwickelten quantitativ orientierte Ansätze, die sich mit individualpsychologisch-utilitaristischen Nutzenkonzepten verbanden. Damit gelang es, die ethischen Probleme und die politischen Konflikte in wissenschaftlich begründete Argumente der endogenen Effizienz und Rationalität in quantitativ-mathematischer Form umzuwandeln und die Ökonomie zu einer angesehenen Wissenschaft zu machen.

Dadurch dass sich die Wirtschaftstheorie der individualistisch-utilitaristischen Konzeption zur Begründung ihres Handlungsmodells bediente, erhielt dieses eine sozialethische Begründung, aber auch eine logifizierte psychologische Basis, wie sie in Mills fiktiver Annahme eines rationalen seinen Nutzen maximierenden Individuums, des **„homo oeconomicus"**, zum Ausdruck kam (Mill 1884).

Wirtschaft wurde nicht mehr auf den Staat oder die Wirtschaftsgemeinschaften bezogen, sondern als **Austauschbeziehung zwischen Individualwirtschaften** definiert, was die Mikrofundierung der modernen Wirtschaftstheorie begründete. Das bedeutete die endgültige Abkehr von der „oikos"-Idee der Wirtschaft, die in der klassischen Nationalökonomie noch nicht gänzlich vollzogen worden war. In den konventionellen Wirtschaftslehren der Zeit war überhaupt noch die Auffassung einer Gesamtwirtschaft vorherrschend, deren grundlegende Prozesse die Produktion und Konsumption darstellten; daneben sprach man von der „Verkehrswirtschaft".

Der subjektive Nutzenbegriff der Ökonomie implizierte eine Orientierung an der Konsumnachfrage; die Beziehung zwischen Bedürfnis und Ressourcen wurde zur Grundlage der Wertbestimmung der Güter, die grundsätzlich als knapp angesehen werden. **Knappheit** wurde zu einem weiteren Grundbegriff der Wirtschaftstheorie; sie ist begründet in der Unbestimmtheit der Bedürfnisse und ihrer prinzipiellen Grenzenlosigkeit und der inhärenten Knappheit des Geldes, das als Tauschmittel fungiert. Daher steht im Zentrum der modernen

Ökonomie die Preisbildung, die auf dem „Markt" erfolgt. Dieser ist eine gedachte Relation von aggregierter Nachfrage und aggregiertem Angebot, die sich an einem bestimmten Punkt im **Gleichgewicht** befindet. Dies allerdings beruht auf einer Reihe von Annahmen, wie der rationalen Nutzenmaximierung der individuellen Wahlen auf der Grundlage stabiler Präferenzen und vollständiger Information sowie der Existenz vollkommener Konkurrenz. „Der Markt" funktioniert allerdings in den meisten Fällen nicht nach dem **Ideal der vollkommenen Konkurrenz,** auf dem auf beiden Seiten viele einzelne und grundsätzlich gleichrangige Anbieter und Nachfrager aufeinander treffen sollen, um solcherart einen Gleichgewichtspreis zu generieren. Und reale Individuen verhalten sich nicht immer nutzenmaximierend und kostenminimierend, wenn sie überhaupt Kosten-Nutzenkalküle anstellen. Allerdings ist das reale Handeln der Menschen für die Geltung des Modells der Ökonomie irrelevant, denn trotz ihrer Annahme rationaler Nutzenmaximierer stehen nicht die Handlungen der Individuen im Vordergrund, sondern die Geld- und Güterströme, die durch den **preisbildenden Mechanismus von Angebot und Nachfrage** bewegt werden.

Die Faszination und der Erfolg der Ökonomie gründen gerade in ihrem fiktiv-normativen Versprechen einer gemeinsamen Realisierung aller drei Aspekte der Wirtschaft, der Bedarfsdeckung, dem Ausgleich durch Austausch und der Bereicherung. Wenngleich die Annahmen kaum der Realität entsprachen und sich die Wirtschaft nicht im Sinne der Harmonisierung der Interessen und der nachhaltigen Verbesserung der Wohlfahrt der Menschen entwickelte, blieb das Modell lange Zeit unangefochten und suchte seine Rechtfertigung in der logischen Stringenz und mathematischen Formalisierung, wodurch es sich gegen die empirische Überprüfbarkeit immunisierte. Die Funktion des Modells lag auch mehr in der Wirkung auf die Vorstellungen, die sich die Menschen über Wirtschaft und die Art, wie sie funktionieren sollte, machten. Die Verbindung von Eigeninteresse und Gemeinwohl durch die ausgleichende Wirkung des Marktmechanismus ließ die Nutzenverfolgung der Individuen nunmehr nicht nur als legitim, sondern ihr solcherart rationales Handeln sogar als Wert erscheinen. Ökonomisches rationales Eigennutzhandeln wurde als das typisch menschliche Handeln aufgefasst, so dass der „homo oeconomicus" über seine innerwissenschaftliche Funktion als rein analytischer Modellbegriff hinaus ontologische Bedeutung erhielt. Darüber hinaus weist die Ökonomie eine tief in der historischen Entwicklung der Kernstaaten Europas begründete Verknüpfung von Marktidee und liberaler Demokratie auf. Dies hat auch den **Begriff der modernen Gesellschaft** entscheidend mitbestimmt. In gewisser Weise wurden die Marktökonomie und der mit ihr verbundene spezifische Individualismus daher zur „totalen Ideologie der Moderne" (Mannheim 1995; Dumont 1991).

1.6   Kapitalreichtum und Arbeitsarmut

Die Versprechen, die die moderne Ökonomie beinhaltete, konnten jedoch nicht eingelöst werden, was sich schon sehr bald nach Smith zeigte, und in der beherrschenden Rolle begründet war, die das **Kapital** annahm. Damit wurde die Harmonisierung von Bedarfsdeckung, Austausch und Bereicherung unmöglich und einseitig letztere begünstigt. Malthus

zeichnete auf der Basis seiner Analyse von Bevölkerungsvermehrung und Nahrungsmittel-
produktion ein düsteres Bild von der Zukunft der Massen.

Damit verwies er deutlich darauf, dass der wachsende Reichtum eines Landes und der der
Masse des Volkes nicht gleichzusetzen sind, dass die Harmonie durch den Ausgleich der
Interessen nicht den Wohlstand aller, nicht einmal ihr Überleben gewährleistet.

Auch die klassischen Ökonomen wie etwa David Ricardo verloren angesichts der negativen
Auswirkungen der **Industrialisierung** und des kapitalistischen Erwerbsstrebens im 19. Jahr-
hundert ihre Zuversicht, dass das Zusammenwirken der individuellen Interessen zum Aus-
gleich und zum Gemeinwohl führen würde. Ricardo verwies auf die Interdependenz der
Einkommen der Wirtschaftsgruppen der Grundbesitzer, der Kapitaleigner und der Arbeiter-
schaft. Letztere ist auf den Arbeitsmarkt verwiesen, auf dem das Gesetz von Angebot und
Nachfrage auf Grund der spezifischen Natur der Ware Arbeitskraft zum Oszillieren um das
Existenzminimum führte (Ricardo 1994, 79 ff). Da Ricardo meinte, dass die Einkommen der
Kapitaleigner nur steigen können, wenn die Löhne sinken, aber er hohe Kapitalgewinne als
Voraussetzung für den wachsenden Reichtum des Landes ansah, wurde das Elend der arbeitenden Massen zum erwartbaren Resultat. Ricardo erkannte es jedenfalls nicht als Grund, um
den liberalen Standpunkt einer Wirtschaftspolitik des Freihandels und des freien Wettbewerbs zu verlassen.

Die neue Reichtumsmacht des „Kapitals" ließ eine neue Form der Armut und Abhängigkeit
durch die **Lohnarbeit** in den Fabriken entstehen, ohne die schon durch die agrarische Kommerzialisierung bedingte Verelendung zu beseitigen. Die Entwicklung der industriell-
kapitalistischen Wirtschaft des 19. Jahrhunderts zeigte daher eine große Ungleichheit der
Lebensbedingungen. Reichtum und Armut entwickelten sich in drastischer Weise auseinander und große Teile der Bevölkerung lebten im Elend. Statt gleichberechtigter Wirtschafts-
bürger, wie es die liberale Idealvorstellung des vollkommenen Marktes impliziert, standen
einander jene gegenüber, die nicht nur reich an Vermögen waren, sondern darüber hinaus die
Möglichkeiten zu weiterer Reichtumssteigerung in ihren Händen hielten, und auf der anderen
Seite jene, die keine Aussicht hatten, aus ihrer durch mühevolle Arbeit und Elend gekenn-
zeichneten Existenz jemals herauszukommen. Diese wirtschaftlichen Unterschiede wurden in
den Staatswesen des 19. Jahrhunderts auch durch politische Machtdifferenzen repräsentiert
und verstärkt, denn das Wahlrecht, das nun auf der Grundlage von Verfassungsrechten bestand, war an den Nachweis von Vermögen gebunden.

Die Verteilung des Reichtums erwies sich als in hohem Maße ungleich, zumal im Zuge der
Kommerzialisierung der Landwirtschaft und der Entwicklung der Industrie die Wirtschafts-
form des „oikos" zunehmend verschwand. Die Haushalte der Masse des Volkes wurden ihrer
produktiven Funktionen und damit auch ihrer sozialen und wirtschaftlichen Bedeutung weitgehend beraubt. Die Menschen mussten nun über Geld verfügen, um sich das Notwendigste
zum Überleben kaufen zu können. Durch den Lohn als Einkommensgrundlage und die Bedarfsdeckung durch die für den Markt hergestellten Industrieprodukte entstand eine doppelte
Abhängigkeit der Arbeiter von der Industrie bzw. vom „Kapital". Dies bewirkte die direkte

Bezogenheit von Reich und Arm, wie sie vordem nicht bestanden hatte, weil der Besitz oder Nicht-Besitz von Kapital den alles entscheidenden Unterschied machte.

Die Produzenten spalteten sich in Kapitaleigner und Lohnarbeiter, zwischen denen ein grundsätzlicher Interessengegensatz entstand.

Karl Marx erblickte in der Herrschaft des Kapitals, das in den Eigentumsrechten über die Produktionsmittel besteht, und in den Händen der „Bourgeoisie" bzw. der Kapitalisten konzentriert ist, das Merkmal der Epoche, das er daher als **Kapitalismus** kennzeichnete. Jene anwachsende Masse von Menschen, die kein Eigentum an den Produktionsmitteln besaßen, die also besitzlos und daher „Proletariat" waren, wurde im Verlauf der Industrialisierung unter kapitalistischen Vorzeichen zur „Arbeiterklasse", deren Mitglieder ihre Arbeitskraft wie eine Ware auf dem Arbeitsmarkt gegen Lohn zu „verkaufen" gezwungen waren. Durch den **Warencharakter der Arbeitskraft** waren die Kapitalisten bestrebt, diese zu einem möglichst niedrigen Preis zu erwerben, so dass die Löhne im Sinne von Ricardos „ehernem Lohngesetz" stets um das Existenzminimum oszillieren mussten.

Marx hatte Wirtschaft aus der Perspektive der Produktion und der Arbeitswertlehre der britischen Ökonomen betrachtet, kritisierte auch nicht die industrielle Produktion an sich, behauptete jedoch, sie könne unter kapitalistischen Vorzeichen nicht dem Wohl aller Menschen dienen; die Arbeit, die er als Grundlage aller Wertschöpfung betrachtete, werde im Kapitalismus nur zur Mehrwerterzeugung für den Kapitalisten eingesetzt. Durch die Ausweitung der Arbeitszeit über die für die Reproduktion der Arbeitskraft notwendige Dauer hinaus, kann der Kapitalist einen Mehrwert erwirtschaften, den er sich als Profit einbehält. Darüber hinaus begründet der Warencharakter der Arbeitskraft auch die Entfremdung des Arbeiters vom Produkt seiner Arbeit und letztlich von sich selbst (Marx 1968).

Entfremdung, Ausbeutung und Verelendung markieren für Marx das Schicksal des industriekapitalistischen Proletariats.

Zwischen den beiden Klassen des Kapitals und der Lohnarbeiter sah er einen antagonistischen Konflikt. Wenn die Verelendung weit fortgeschritten ist, kann dies durch den Klassenkampf den historischen Wandel der Gesellschaft bewirken. Während dies in Marx' Frühschriften, vor allem im „Kommunistischen Manifest" von 1848, durch die revolutionäre Aktion erfolgen soll, sprach er im „Kapital" von der Selbstzerstörung des Systems auf Grund der **dem Kapitalismus inhärenten Bewegungsgesetze**, die zur Konzentration des Kapitals in immer weniger Händen und den ständigen Fall der Profitrate charakterisiert sind.

Es ist ein düsteres Bild der Zukunft, dem Marx durch die Vision einer kommunistischen Gesellschaft einen Hoffnungsschimmer verlieh, jedoch ohne konkrete Hinweise über den Weg, der zu ihr führen sollte, zu geben. Dennoch war dies Orientierung genug für die verschiedenen Versuche zur Realisierung einer sozialistischen Gesellschaft. Verschiedene **sozialistische Strömungen** entstanden im Gefolge der negativen Auswirkungen des industriellen Kapitalismus, die alternative Gesellschaftsauffassungen und eine kritische Einstellung zu den bestehenden staatlichen und gesellschaftlichen Verhältnissen aufwiesen. Sie waren unterschiedlich radikal in ihren Vorstellungen der Veränderung der bestehenden Gesellschafts- und Wirtschaftssysteme. In Großbritannien entstanden pragmatische Konzepte der Selbsthilfe mit sozialliberaler oder genossenschaftlicher Orientierung, etwa der Gildensozialismus; in Frankreich entstanden marxistische und anarcho-syndikalistische Bewegungen; in Deutschland eine sozialdemokratisch orientierte starke Arbeiterbewegung.

Das entfesselte Bereicherungsstreben führte zur Erkenntnis einer wachsenden Zahl von Menschen, dass die Distanz von Arm und Reich nicht nur enorm angewachsen war, sondern auch die Ordnung bedrohende Folgen angenommen hatte. Befürworter von Sozialreformen für die Lösung der **„sozialen Frage"** kamen daher auch aus „bürgerlichen", kirchlichen und akademischen Kreisen. Dabei ging es darum, die neuen Schichten in die Gesellschaft zu integrieren und ihre schlechte wirtschaftliche Situation zu verbessern. Auch die christlichen Soziallehren entwickelten sich im Gefolge der Diskussionen um die Soziale Frage. Die katholische Soziallehre geht auf die Enzyklika „rerum novarum" zurück und ist in Wertbezügen begründet, die im Wesentlichen aus dem Dekalog stammen und als universelle Konstanten der Moral formuliert sind. Drei Prinzipien sind als grundlegend anzusehen: Solidarität, Personalität, Subsidiarität. Sie werden ergänzt durch das Gemeinwohlprinzip und das Gerechtigkeitspostulat.

Eine spezifische Strömung innerhalb der christlichen Soziallehre stellte der **Solidarismus** des Jesuiten Heinrich Pesch dar. Er suchte die Polarität von individualistischem Liberalismus und kollektivistischem Sozialismus aufzubrechen. Der Mensch, nicht der Markt, ist ihm zufolge das Subjekt und Ziel der Wirtschaft. Wie auch manche ethische Sozialisten war seine erkenntnistheoretische Position durch die Verbindung von kausaler und teleologischer Betrachtungsweise bestimmt. Er betonte die sozialpolitische Aufgabe des Staates und die gesellschaftliche Einheit der Volkswirtschaft. Seine Grundkategorie war die Solidarität, die er in eine allgemein menschliche, eine Solidarität der „Staatsgenossen" und die der „Berufsgenossen" differenzierte. Privateigentum betrachtete er neben Familie und Staat als Grundpfeiler des gesellschaftlichen Lebens, demgegenüber sind Privatwirtschaft und Konkurrenz Organisationselemente, die selbst der Ordnung durch die Gestaltungsnormen der sozialen Gerechtigkeit, des Gemeinwohls und der subsidiären Intervention des Staates bedürfen. Gustav Gundlach und Oswald von Nell-Breuning entwickelten Peschs Konzeption weiter; die Grundideen Peschs beeinflussten auch die Enzyklika „Quadragesimo anno" von 1931.

„**Solidarität"** war ein Begriff, der in vielen Strömungen eine große Rolle spielte (vgl. Bayertz 1998). Der Begriff wurde in Frankreich sogar im Code Civile von 1904 verankert und war eine der ideologischen Grundlagen der III. Republik, der auch Emile Durkheim nahestand. Er bezeichnete die wirtschaftlich begründete moralische Ordnung der modernen Gesellschaft mit dem Begriff der organischen Solidarität. Solidarität stellt dabei nicht primär ein Ideal menschlicher Gemeinschaft dar, sondern eine Tatsache, die Grundlage jeder gesellschaftlichen Ordnung ist und sich daher mit dieser verändert. In der modernen, durch berufliche Arbeitsteilung geprägten Gesellschaft wird sie durch die funktionalen Beiträge der einzelnen Gruppen zum Gemeinwohl konstituiert. Durkheims Begriff der „Gesellschaft" enthält daher eine Vorstellung, die der vom „oikos" als gleichzeitig wirtschaftlicher und sozialer Ordnung nachempfunden ist.

Auch die Verantwortlichkeit des Staates für die Sicherung des Gemeinwohls und die Ermöglichung des Interessenausgleichs wurde wieder betont. Ferdinand Lassalle vertrat einen Sozialismus, in dem der Staat eine große Rolle spielte, und traf sich zumindest in diesem Punkt mit dem Kanzler des Deutschen Reiches Bismarck, dem Schöpfer des Systems der Sozialversicherung, aber auch der Sozialistengesetze. Dessen Reforminitiativen resultierten in einer Ordnung, die in Bezug auf die Wirtschaft auf dem Prinzip der Marktwirtschaft, in der **Sozialpolitik** jedoch durch Prinzipien charakterisiert war, die dem Staat die Fürsorge für das Gemeinwohl zuwies. In der Nationalökonomie stellte Adolph Wagner das Anwachsen der Staatsausgaben fest und formulierte dies als Gesetzmäßigkeit, die zur Entwicklung eines Staatssozialismus führen müsse.

Der Erste Weltkrieg mit seiner Kriegswirtschaft und die Russische Revolution gaben sozialistischen Strömungen großen Auftrieb. Die Sozialisierung der großen Privatkapitalien wurde zu einem Anliegen der wirtschaftspolitischen Reformen nach 1918 und auch die sozial- und gesellschaftspolitischen Aspekte erfuhren eine Stärkung innerhalb der staatlichen Politik. Rudolf Goldscheid trat für Staatskapitalismus als Voraussetzung für die Sozialpolitisierung des Staates ein (Goldscheid 1917). Auch er betonte die Vorrangigkeit der Sozialpolitik in einem von der Arbeiterschaft demokratisch dominierten Staatswesen.

Sozialpolitik sollte die Hauptaufgabe des Staates sein, der die Wirtschaftspolitik dienen müsse.

Die eigene Wirtschaftstätigkeit des Staates und seine Beteiligung an den profitabelsten Branchen und Unternehmungen sollte dafür die Grundlage bieten (vgl. Fritz/Mikl-Horke 2007, 163 ff). Er und mit ihm viele andere befürworteten daher das, was dann als Gemeinwirtschaft bezeichnet wurde. Wirtschaft war in diesem Verständnis entsprechend der Tradition der „oikonomia" nicht primär durch den Markt bestimmt, sondern durch die Führung des Staatshaushalts im Interesse des Gemeinwohls. Ihr sollte auch die Entwicklung einer Finanzsoziologie dienen, um eine Wirtschaft zu ermöglichen, die schonend mit ihrer wichtigsten Ressource, dem Menschen umgeht und an Menschheitszielen orientiert ist (vgl. Goldscheid 1911; 1917). Pragmatischer und weniger teleologisch orientiert war Karl Polanyis Standpunkt eines „funktionellen Sozialismus", der neben der ökonomischen Produktivität auch die „soziale Produktivität" zu berücksichtigen habe, die auf der Verwirklichung der sozialen Rechte und des Wohlstands der Massen beruhe, für die „soziale Kosten" im Staatshaushalt entstehen (Polanyi 1922; 1925). Auch die Reformökonomen Adolph Löwe, Eduard Heimann, Emil Lederer, Jakob Marschak, Gerhard Colm, u. a. betonten die Rolle des Staates und der Politik in der Steuerung der Wirtschaft, insbesondere aber die Rolle der Sozialpolitik.

Der Sozialismus wurde weithin verstanden als „… die einer industriellen Zivilisation innewohnende Tendenz, über den selbstregulierenden Markt hinauszugehen, indem man ihn bewusst einer demokratischen Gesellschaft unterordnet." (Polanyi 1977a, 290)

Allgemein schwand nach dem ersten Weltkrieg das Vertrauen in die Selbstregulierungsfähigkeit des Marktes und die Gemeinwohleffekte einer durch die Interessen des Kapitals bestimmten Wirtschaft. Eine Vielfalt von Programmen, wie eine Gestaltung des Staates und der Wirtschaft verwirklicht werden könnten, die dem Gemeinwohl der Massen dienen könnten, entstand in der Zeit nach dem Ersten Weltkrieg vor dem Hintergrund einer allgemeinen Ernüchterung im Hinblick auf das Wirken des Marktes. Man war weithin der Meinung, dass die freie Marktwirtschaft keine Zukunft hätte und unweigerlich in **Planwirtschaft**, wenn nicht überhaupt in Sozialismus münden müsse. Nicht nur errangen sozialistische Strömungen unmittelbar nach Kriegsende und der Einführung des Kommunismus in Russland mehr Einfluss, auch unter „bürgerlichen" Intellektuellen machte sich zunehmend Pessimismus und die Ansicht breit, dass eine Kombination von Markt und Plan gefunden werden müsse, sollte nicht der Sozialismus als einziger Ausweg bleiben (Rüstow 1945).

Die Erfahrung der großen Depression hatte dann endgültig den Glauben auch vieler Vertreter der Marktökonomie in die Funktionsfähigkeit des Marktes erschüttert. Die **Krisenanfälligkeit des Kapitalismus** wurde hervorgehoben und die Notwendigkeit der Gegensteuerung betont. Die Marktwirtschaft schien in Bezug auf die Hoffnungen einer stabilen und kontinuierlichen wirtschaftlichen Entwicklung versagt zu haben. Sogar in der Tradition der liberalen bzw. neoklassischen Ökonomie stehende Wissenschafter sahen die Zukunft pessimistisch. Schumpeter übernahm Marx' Überzeugung von der Selbstzerstörung des Kapitalismus, begründete sie allerdings mit dem Abbau der in Traditionen und Institutionen verankerten Motive individueller Leistungs- und Konkurrenzorientierung. Er kritisierte nicht nur die Entstehung von großen Trusts, die das Gleichgewicht des Marktes stören, sondern auch einen tief greifenden, die bürgerlichen Werte und die Kultur zerstörenden Wandel, der gerade als Konsequenz der Erfolge des Kapitalismus aufgetreten sei. Insbesondere konstatierte er einen Zeitgeist, der durch den Verlust des Sinns für die Wirklichkeit charakterisiert sei und zu einer Reduktion des Verantwortungsgefühls und der aktiven Willensmanifestation führe und damit der Durchsetzung aggressiver Privatinteressen den Weg ebne. Nicht nur die Wirtschaft verändere sich dadurch, sondern auch die Zukunft der Demokratie sah er pessimistisch. Das aber, so meinte Schumpeter, wirke **„nicht nur auf die Zerstörung der kapitalistischen, sondern auch auf die Entstehung einer sozialistischen Zivilisation hin"** (Schumpeter 1950, 262).

1.7 Regulierte Marktwirtschaft: Keynes und der Wohlfahrtsstaat

Die Ökonomie geriet in einen Erklärungsnotstand, zumindest jene Ökonomie, die sich auf den Markt und die Nutzentheorie stützte, denn sie beruhte auf der Annahme, dass die allgemeine Wohlfahrt durch die Verbindung der drei Aufgaben und Aspekte der Wirtschaft in selbsttätiger Weise erfüllt werden können. Auf dieser Basis und auf den Wurzeln der utilitaristischen Vorstellung vom Gemeinwohl waren bereits die sog. **„welfare economics"** entstanden. Diese boten jedoch keine Lösung, da sie die Wirkungen der Wirtschaftstätigkeit bzw. von wirtschaftspolitischen Maßnahmen mit Hilfe der mikroökonomischen Theorie zu erfassen suchten und damit das Verteilungsproblem nicht lösen konnten. Wie Alfred Marshall so erkannte auch dessen Schüler Arthur Pigou, dass das wirtschaftliche Wohl einer Gesellschaft durch die Höhe, Verteilung und Stabilität des Volkseinkommens bestimmt wird und nicht automatisch durch den Mechanismus von Angebot und Nachfrage entsteht. Da Marshall und Pigou aber von der Messbarkeit und Vergleichbarkeit der individuellen Nutzen ausgingen und annahmen, dass die Wohlfahrt der Individuen in Geldquanten kardinal gemessen und die Gesamtwohlfahrt maximiert werden könne, erwies sich dieser Ansatz als nicht zielführend. Vilfredo Pareto verwarf ihn zugunsten der Annahme ordinaler Nutzenfunktionen; demzufolge kann nur festgestellt werden, ob die Besserstellung eines Individuums erfolgen kann, ohne ein anderes schlechter zu stellen („Pareto-Optimum"). Pareto ging davon aus, dass der Markt in diesem Sinn automatisch Wohlfahrtskonstellationen hervorbringe, allerdings nicht das Problem der Verteilung lösen könne, denn auch bei großen Einkommensunterschieden kann Pareto-Optimalität erreicht werden. Das **Verteilungsproblem** kann Pareto zufolge nur durch normative Entscheidungen zwischen verschiedenen möglichen Optima gelöst werden. Die diesbezügliche Diskussion brachte viele unterschiedliche Meinungen hervor, die in Kenneth Arrows Feststellung mündeten, dass es unmöglich sei, eine konsistente soziale Wohlfahrtsfunktion zu konstruieren (Arrow 1951).

Die „welfare economics" beruhten auf dem Vertrauen auf individuelle Nutzenrationalität und Marktwirtschaft. Sie stellten insbesondere in der Version von Pareto keinen Bruch mit der neoklassischen Theorie dar. Marshall und Pigou stellten zwar fest, dass der Markt auch negative Effekte erzeugt und wiesen auf die „externalities" hin, die für andere bzw. die Allgemeinheit entstehenden „externen" Kosten privaten Wirtschaftens. Aber sie blieben dennoch überzeugt davon, dass der Markt die beste Form wirtschaftlicher Organisation sei. Desgleichen diskutierten die österreichischen Nationalökonomen die Entstehung und Wirkung von Macht auf die Marktgesetze. Böhm-Bawerk wies in seinem berühmten Aufsatz „Macht oder ökonomisches Gesetz?" (Böhm-Bawerk 1975) darauf hin, dass Macht zwar sowohl von außerhalb des Marktes als auch im Innern desselben entstehe, aber die Marktgesetze deshalb nicht außer Kraft setze.

Von der herrschenden Wirtschaftstheorie war daher keine Lösung der wirtschaftlichen Probleme, die auch durch den Marktliberalismus selbst bedingt waren, zu erwarten. Der britische Mathematiker und Ökonom John Maynard Keynes richtete seine Kritik gegen die Ökonomie, die sich in mathematischen Spielen erginge, während die Welt in die Große Depression schlitterte und viele Menschen in allen Staaten arbeitslos waren. Dies veranlasste Keynes, das makroökonomische Problem von der Seite der **Beschäftigung** her zu betrachten. Er wandte sich schon 1926 in seiner Schrift „The End of Laissez-faire" gegen die Auffassung von der inhärent stabilen und sich selbsttätig im Gleichgewicht einpendelnden Marktwirtschaft und setzte dieser die Sicht einer inhärent instabilen Wirtschaft, der **keine immanente Tendenz zum Vollbeschäftigungsgleichgewicht** innewohne, entgegen (Keynes 1926). Die zyklischen Schwankungen der Wirtschaft machen daher ein antizyklisches Eingreifen des

Staates vor allem über finanzpolitische Maßnahmen notwendig, um die effektive Nachfrage anzukurbeln. Keynes setzte damit an der **Nachfrage als Motor der wirtschaftlichen Entwicklung** an und schloss daraus, dass der Staat im konjunkturellen Abschwung mehr ausgeben solle als er einnähme; die Differenz, so meinte Keynes, soll aus den in den Aufschwungphasen gebildeten Rücklagen kommen. Er befürwortete also nicht die Staatsverschuldung durch eine Politik des „deficit spending", einen Begriff, den erst Abba P. Lerner in den USA publik machte. Die erhöhten **Staatsausgaben** würden, wie Keynes 1936 feststellte, einen Multiplikatoreffekt auslösen, der sich in zusätzlicher Beschäftigung und damit Einkommen, die zum Großteil in effektive Nachfrage umgewandelt würden, niederschlagen und solcherart den Abschwung beenden würde (Keynes 2002).

Die Auffassungen von John Maynard Keynes sollten große Bedeutung entfalten und insbesondere nach dem Zweiten Weltkrieg die Wirtschaftspolitik in vielen Staaten beeinflussen. In Großbritannien und den USA verbreiteten sich die Gedanken Keynes' bereits sehr bald und prägten eine Generation von Ökonomen, die Staatseingriffe mit marktwirtschaftlichen Prinzipien verbanden und solcherart eine Synthese schufen. In den USA vermischten sich der Keynesianismus und die New Deal-Praxis mit politischen Anschauungen, die sich vom „Progressive Movement" der ersten Hälfte des 20. Jahrhunderts herleiteten, und wurden mit dem Etikett „liberal" verbunden. Franklin D. Roosevelt verteidigte seine Politik gegenüber seinen Kritikern damit, dass Liberalismus unter den Bedingungen der Wirtschaftskrise eben die größere staatliche Verantwortung erfordere mache. Seither bedeutet „liberalism" in den USA eben nicht das unbeschränkte Vertrauen in die Selbstheilungskräfte des Marktes und des Zusammenspiels der individualistischen Interessen, sondern die sozialverträgliche Ordnung des Marktes, was auch nach dem Ende der politischen Bedeutung des Keynesianismus erhalten blieb (Ward 1981).

Durch den amerikanischen Einfluss wurde der **Keynesianismus** nach dem Krieg auch in Europa verbreitet, wo er sich mit bereits vorhandenen Traditionen und Tendenzen der Staatseingriffe in die Wirtschaft und einer vielfach gemischten Wirtschaft mit hohen Staatsquoten verband (Hirschman 1989). Er wurde zur politischen Ideologie für jene, die Staatseingriffe befürworteten, und nahm unter sozialdemokratischen Regierungen, insbesondere in Skandinavien und in Österreich, verschiedene Formen eines Linkskeynesianismus an. Über den direkten Einfluss auf die Wirtschaftspolitik enthielt der Keynesianismus Elemente, die auch eine neue Kultur des Umgangs zwischen Kapital und Arbeit möglich machten. Diese war in den europäischen Gesellschaften vor dem Zweiten Weltkrieg sehr konfliktbeladen gewesen. Auf der Basis der beschäftigungsorientierten Politik von Keynes konnten die beiden Seiten jedoch eine gemeinsame Gesprächsbasis entwickeln und es entstanden verschiedene Formen der Beziehungen zwischen den Verbänden des Arbeitsmarktes und zwischen diesen und dem Staat, die in einigen Ländern, wie Schweden, Österreich und Israel in neokorporatistischen Konstellationen resultierten (Schmitter/Lehmbruch 1979).

In Großbritannien kam es nach dem Zweiten Weltkrieg unter der Labour-Regierung zu Verstaatlichungen und zum Ausbau des **„welfare state"**. In Frankreich waren kommunistische Einflüsse zunächst für Verstaatlichungswellen verantwortlich, später hingegen ging man davon ab und wandte sich der „planification", der indikativen Planung als Mittelweg zwischen Marktwirtschaft und Sozialismus zu. Überall in Europa kam es zum Ausbau der **„ge-**

mischten Wirtschaft", die sich auf das Staatseigentum an Wirtschaftsbetrieben, gemein-
wirtschaftlich betriebene Sektoren sowie Ansätze von Wirtschaftsplanung bzw. -steuerung
auf der Grundlage wirtschaftspolitischer Optimierungsmodelle oder pragmatischer Eingriffe
stützte. Die Ähnlichkeit der Wirtschaftssysteme ermöglichte auch Fortschritte in der Vereinigung der Länder Europas, zunächst beschränkt auf wirtschaftliche Kooperation in der Europäischen Wirtschaftsgemeinschaft.

Eher gering war der Einfluss des Keynesianismus in Deutschland, wo sich eine eigene liberale Wirtschaftskonzeption etablieren konnte, die zum spezifisch deutschen Modell der Wirtschaftsordnung wurde (Allen 1989). Der **„Ordoliberalismus"** der Freiburger Schule bestimmte die Wirtschaftspolitik der Bundesrepublik Deutschland unter Ludwig Erhard sehr
nachhaltig und wurde als **„Soziale Marktwirtschaft"** bezeichnet, da sie auf der Verbindung
von Liberalismus und Gemeinwohlorientierung, die auch mit der wohlfahrtsstaatlichen Entwicklung in Europa zwischen 1945 und den 1970er Jahren vereinbar war, beruhte.

Zu den Ordoliberalen zählten Walter Eucken, Wilhelm Röpke und Alexander Rüstow. Ihnen
war gemeinsam, dass sie zwar die freie individuelle Wirtschaftstätigkeit und die darauf beruhende Marktwirtschaft befürworteten, aber deren Funktionieren durch einen institutionellen
Rahmen („ordo") gewährleistet wissen wollten (Eucken 1965). Dieser sollte dafür sorgen,
dass die Entwicklung von großer Wirtschaftsmacht durch Monopole, Oligopole, Kartelle und
Preisabsprachen verhindert wird, so dass der Markt sich tatsächlich frei entfalten kann. Sie
befürworteten aber auch eine Rahmengesetzgebung, die die wesentlichen sozialen Ziele der
Gesellschaft enthalten solle, so dass sich der Markt förderlich auf das Gemeinwohl auswirken könne (Eucken 1961). Die Ordoliberalen nahmen nicht mehr an, dass sich der vollkommene Markt automatisch einstellen werde, wenn der Staat sich aus der Wirtschaft heraushält.
Sie waren daher kritisch gegen den Liberalismus, wie er sich im 19. Jahrhundert entwickelt
hatte. Alexander Rüstow sprach vom „Versagen des Wirtschaftsliberalismus" (Rüstow
1945). Hinter der Vorstellung der Eigendynamik und selbsttätigen Harmonie vermutete er
das Wirken einer „Wirtschaftstheologie", auf deren weit zurückliegende geistes- und kultur-
historische Wurzeln er verwies. Daraus, so meinte er, resultierten Passivismus, Glückselig-
keitsduselei, Unbedingtheitsaberglaube und Soziologieblindheit. Hingegen betonte er die
Notwendigkeit menschlicher Aktion in Freiheit und plädierte für einen echten Liberalismus
auf der Basis von Leistungskonkurrenz, Monopol- und Kartellverbot und Gemeinwohlorientierung. **Die Marktwirtschaft bedarf einer Rahmenordnung**; wo diese fehlt, kommt es zu
Marktversagen. Die Ordoliberalen befürworteten daher einen „dritten Weg" zwischen Kapitalismus und Kommunismus (Rüstow 2004, 43 ff).

Die Entstehung wohlfahrtsstaatlicher Politik nach dem Zweiten Weltkrieg in vielen europäischen Ländern beruhte auf der Verbreitung des Keynesianismus und der Neuorganisation der
Systeme der sozialen Sicherheit, wie sie in Großbritannien im Beveridge-Plan vorgeführt
wurden. Damit wurde die soziale Sicherheit über die schon in der Bismarckschen Sozialgesetzgebung vorgesehene Unterstützung in Notsituationen hinaus als ein ständiges und allgemeines Ziel definiert. Der Staat sollte Sorge tragen für die dauernde Sicherheit von Arbeit,
Einkommen und Wohlfahrt aller Bürger; er wurde in dieser Funktion als **Sozialstaat** in der
Verfassung verankert (Fischer 2000). Die sich bei Hegel und dem rechtsphilosophischen
Denken ausdrückende Übertragung der Funktion der Ordnung von Wirtschaft und Gesell-

schaft auf den säkularen rationalen Rechtsstaat fand damit seine praktische Ausformung im 20. Jahrhundert.

Dies wurde ergänzt durch die „staatstragende" Rolle der organisierten Arbeitsmarktparteien und ihr Ausgleichsstreben. Der Begriff der Solidarität wurde von den meisten europäischen Arbeiterbewegungen aufgegriffen, die damit ihre gesamtgesellschaftliche Funktion und die Gemeinschaft der Arbeiterklasse als wichtiger Gruppierung in den modernen Staatswesen ausdrückten. Die Gewerkschaften verwandelten sich von Protest- und Schutzorganisationen allmählich zu integrativen Kräften der Industriegesellschaft, die ein Gegengewicht gegen die Arbeitgebermacht darstellten. Es entstand ein System von Kollektivvertragsverhandlungen, um Verbesserungen der Löhne und Arbeitsbedingungen der Arbeitnehmer zu erreichen, die dann meist auch die Grundlagen für die Arbeits- und Sozialgesetzgebung lieferten. Während der Grundkonflikt des industriellen Kapitalismus zwischen Kapital und Arbeit aufrechterhalten wurde, kam es gleichzeitig zu seiner Institutionalisierung, was ein geordnetes System der Interessengruppen von Kapital und Arbeit und des industriellen Konflikts entstehen ließ (Mikl-Horke 2007, 289 ff). Die Integration der Arbeiterbewegung in die Gesellschaft und den Staat erfolgte in Form des **Kollektivvertragssystems**, aber darüber hinaus auch auf Grund der Rolle der Verbände im Rahmen der parlamentarischen Demokratie und in parapolitischen Institutionen.

In Europa entstanden Sozial- bzw. Wohlfahrtsstaaten verschiedener Ausprägung (Esping-Anderson 1990). Dies sowie die Entwicklung der Konsumgesellschaft konnten auch als eine **Transformation des Kapitalismus** zu einer Kombination aus Wohlfahrtsstaat und Massenkonsumgesellschaft auf der Basis „fordistischer" Formation der industriellen Produktion interpretiert werden (Hirsch/Roth 1986). In der Wirtschaft bedeutete der Übergang zum „Industriesystem" auf dieser Grundlage die wirtschaftspolitische Ankurbelung der Nachfrage durch Lohnerhöhungen im Kollektivverhandlungswege und die Sicherung der Einkommen durch sozialpolitische Maßnahmen. Dem Staat wurde insbesondere die Aufgabe übertragen, für die Arbeitsbeschaffung mit beschäftigungspolitischen Maßnahmen Sorge zu tragen.

Das **„Industriesystem"** mit seiner durch Macht- und Gegenmachtbildung der großen gesellschaftlichen Gruppierungen bestimmten System von „countervailing powers" (Galbraith 1952) veränderte auch die Gesellschaft. Die Lebensbedingungen differenzierten sich, so dass die Zuordnung im Sinne der beiden Klassen von Kapital und Arbeit nur einen Aspekt im Hinblick auf die Position im Arbeitsmarkt zu betreffen schien. Von Klassen sprach man lieber im Sinne des amerikanischen Begriffs der „social class", der zwar vertikale Differenzierung beinhaltet, ohne allerdings damit Gegensätzlichkeit zu verbinden. Die „Leistung" sollte Grundlage des Status in der Erwerbsgesellschaft sein, nicht der Kapitalbesitz.[3] Die Aufmerksamkeit in Bezug auf die Ungleichheit in der Gesellschaft verschob sich von der ökonomischen auf die „soziale" Ebene, in der Ansehen und Wertschätzung auf der Grundlage von Beruf und Ausbildung hervorgehoben und als Ergebnis eigenen Strebens gesehen wurden. Die Sozialstruktur der **„Leistungsgesellschaft"** bot Aufstiegschancen, wies aber dennoch eine gewisse Stabilität auf, die Zuordnungen ermöglichte und Befunde über die

---

[3] Für eine Übersicht über die Entwicklung der Diskussion zur Klassentheorie und ihre Reformulierung: Giddens 1984.

gesellschaftliche Ordnung erlaubte. Das Gemeinwohl konnte in der pluralistischen Gesellschaft nunmehr als Ergebnis eines Aushandlungsprozesses zwischen verschiedenen Gruppen unter Berücksichtigung des Leistungseinsatzes der Individuen gedeutet werden.

Hintergrund dieser Gesellschaftsvorstellung waren das relativ hohe Wachstum der Volkswirtschaften nach dem Zweiten Weltkrieg und die Entwicklung von Massenproduktion und Massenkonsum sowie die Trennung zwischen Kapitaleigentum und Management in der Führung der Unternehmen. Seit dem Ende des 19. Jahrhunderts waren große Industrieunternehmen mit starker vertikaler Integration, deren Finanzierungsbasis durch die Unternehmensform der Aktiengesellschaft erweitert wurde, entstanden. Sie wurden vorwiegend von Verwalter-Unternehmern geführt und entwickelten dauerhafte **bürokratisch-industrielle Organisationen** (Burnham 1942; Chandler 1977). Der Kapitalismus veränderte sich in seiner Struktur und in seiner Funktionsweise. Die Kapitalinteressen wurden durch die Macht der Manager, die Orientierung am dauerhaften Bestand der großen Unternehmen und deren Einbindung in einen nationalen Kontext sowie durch die für die Arbeitnehmerseite günstige Arbeitsmarktsituation einer wachsenden Volkswirtschaft in den Hintergrund gedrängt.

Die industrielle Entwicklung schien die antagonistischen Klassen des Frühkapitalismus in einer gesellschaftlichen Ordnung vereinigt zu haben, deren institutionelle Grundlage den dynamischen Ausgleich der Interessengruppen beinhaltete. In weiten Kreisen der Sozialwissenschaften traten Diskussionen über den „Kapitalismus" in den Hintergrund. Der Begriff selbst verschwand beinahe und wurde nur von kleinen Gruppen von „kritischen" Intellektuellen verwendet, wodurch er allerdings für den Rest der Gesellschaft zu einem ideologisch belasteten Terminus wurde. Man sprach lieber von der industriellen Gesellschaft, der Konsumgesellschaft, dem Wohlfahrtsstaat, von der Mittelschichtgesellschaft etc. Die Relevanz der Klassentheorie für die modernen westlichen Gesellschaften wurde unter dem Eindruck dieser Entwicklung in Frage gestellt, die Gesellschaft schien sich in Richtung auf zunehmende Einebnung der Unterschiede zwischen Reich und Arm zu bewegen.

Die Zähmung des Kapitalismus durch Staat, Verbände und Managerherrschaft ließ auch die nationalen Unterschiede seiner Entwicklung hervortreten, die durch Geschichte, Kultur, Traditionen und Konventionen in den einzelnen Ländern bedingt waren. Chandler hatte auf die Typen des „personal capitalism" in Großbritannien, des „managerial capitalism" in den USA und des „cooperative capitalism" in Deutschland hingewiesen, wie sie sich auf Grund ihrer historischen Entwicklungswege darstellten (Chandler 1990). Auch andere Länder wiesen eine ganz spezifische Ausprägung der Beziehungen zwischen Staat, Gesellschaft und Unternehmenswirtschaft auf, so etwa die skandinavischen Länder, Frankreich oder Japan als dem zunächst einzigen außereuropäisch-amerikanischen Land, das eine eigenständige Entwicklung aufzuweisen hatte. Wenn man überhaupt von Kapitalismus sprach, so wurde dieser als soziales System verstanden, das sich mit unterschiedlichen kulturellen, institutionellen und sozialstrukturellen Bedingungen verband.

Das 20. Jahrhundert erlebte eine lange Phase der Regulierung „des Marktes" in unterschiedlichen Konstellationen in den einzelnen Staaten und die Spaltung in diese mehr oder weniger organisierten Formen des Kapitalismus einerseits und in die sozialistischen Planwirtschaften andererseits. Das individuelle Erwerbsstreben schien gesamtgesellschaftlichen Anliegen untergeordnet, der Ausgleich der Interessen und Bedürfnisse durch den Staat oder durch die Kollusion der großen Gruppen der Gesellschaft geregelt und nur innerhalb dieser Grenzen wirkten die Marktkräfte.

1.8 Die globale Bereicherungsökonomie: Neoliberale Politik und Globalisierung des Kapitals

Der organisierte und regulierte Kapitalismus, der gegen Ende des 19. Jahrhunderts mit der Bildung der Organisationen der Arbeitnehmer und Arbeitgeber sowie dem Beginn staatlicher Sozialreform und Sozialpolitik einsetzte und den anarchischen frühen Industriekapitalismus durch Regelungen zum System nationaler Kapitalismen machte, der seine volle Ausformung dann nach dem zweiten Weltkrieg erhielt, geriet in den 70er Jahren des vergangenen Jahrhunderts unter Druck. Die Staatsverschuldung war in den meisten Ländern Europas gegen Ende der Periode stark angestiegen, die Inflation hoch, das Wirtschaftswachstum, das nach Kriegsende in den meisten Staaten den Aufschwung ermöglicht hatte, sank. Mit dem Ende der Wachstumsphase, der Ölkrise und der anhaltend hohen Inflation kehrte sich die Stimmung um und man begann, den Staat und die wohlfahrtsstaatliche Politik für die „stagflation" verantwortlich zu machen; Argumente vom **„Staatsversagen"** wurden immer öfter gehört. Jedenfalls erwies sich die relativ lange wirtschaftliche Aufschwungsphase nach dem Ende des zweiten Weltkriegs als eine unerfüllbare Hoffnung auf „immerwährende Prosperität" (Lutz 1984). Die Frage ist allerdings, ob daran die grundsätzliche Ineffizienz jeder staatlichen Steuerung, die besondere Form, die diese in der Ära der Wohlfahrtsstaaten annahm, oder aber notwendige Auf- und Abschwünge der Konjunkturbewegungen, die dem Kapitalismus inhärent sind, verantwortlich gemacht werden können.

In den USA, wo schon in der Nachfolge des New Deal stärker auf Regulierungsmaßnahmen als auf Verstaatlichung gesetzt worden war, hatte sich nach dem Krieg bereits wieder eine stärkere Orientierung an den Marktkräften bemerkbar gemacht; die Nixon-Administration kehrte dann allerdings zu stärkeren Lenkungsmaßnahmen wie Einkommenspolitik und Preis-Lohn-Kontrollen zurück, weil Inflation und Arbeitslosigkeit in den 60er Jahren stark gestiegen waren. Diese erwiesen sich jedoch als wirkungslos, so dass sie in den 70er Jahren wieder abgeschafft wurden. Das Ölembargo brachte weitere wirtschaftliche Krisensymptome mit sich, die das Misstrauen gegenüber der Fähigkeit des Staates zur Wirtschaftslenkung erhöhten und die Stimmung zugunsten des Marktwettbewerbs angesichts einer zur Krise aufgebauschten Rezession ansteigen ließen.

In der Politik jedenfalls errangen jene Ökonomen nun Gehör, die dem Staat und seinen Lenkungsbemühungen die Schuld anlasteten, große Aufmerksamkeit. Inmitten des allgemeinen Pessimismus in Bezug auf die Funktionsfähigkeit der Marktwirtschaft in der Zeit nach dem ersten Weltkrieg waren bereits Verfechter des Liberalismus, und zwar vor allem Ludwig Mises und Friedrich A. Hayek, die der österreichischen Schule entstammten, aufgetreten. Sie plädierten nun angesichts der anti-demokratischen Tendenzen des „realen Sozialismus" auch gegen die staatliche Lenkung im Sinne des Keynesianismus und für den Marktliberalismus, den sie als Garanten für die Erhaltung der Demokratie sahen. Hayek und die anderen Vertreter der „Austrian economics", die in die USA emigriert waren, wie Gottfried Haberler, Fritz Machlup etc. verstanden sich als **„Neoliberale"**, da sie sich zwar vom ökonomischen Liberalismus des 19. Jahrhunderts mit seinen radikalen Ausprägungen („Manchester-Liberalismus") distanzierten, aber für Wettbewerb, unternehmerisches Handeln und dynamische Marktprozesse eintraten.

Die Regierungen, die in Großbritannien und den USA in den 1980er Jahren zu konservativen Parteien übergegangen waren, umgaben sich mit Beratern, die für Marktliberalismus vertrieten. Einige ökonomische Vordenker, die für mehr Markt eintraten, konnten sich unter der Thatcher-Regierung Einfluss verschaffen wie etwa Keith Joseph und Ralph Harris (Dixon 2000). Sie empfahlen die **Abkehr vom Keynesianismus** und damit die Reduktion der Staatsausgaben, aber auch Steuersenkungen zur Stärkung der Angebotsseite, Privatisierungen und das Zurückdrängen des Einflusses der Gewerkschaften sowie den Primat der Geldwertstabilität vor der Beschäftigungspolitik. Die Thatcher-Regierung, die 1979 ins Amt gekommen war, unternahm auf der Basis dieser Konzepte eine entschiedene Wende hin zu einer neoliberalen Politik. Diese beinhaltete nicht nur den Rückzug des Staates aus der direkten Lenkung der Wirtschaft, sondern insbesondere die Privatisierung vordem verstaatlichter oder kommunaler Betriebe und die Durchflutung aller Bereiche mit Wettbewerbselementen; von besonderer Bedeutung in Großbritannien war auch nach einem lang dauernden Streik der Nationalen Bergarbeitergewerkschaft 1984 eine Gesetzgebung, die die Macht der Gewerkschaften brach. Der „Thatcherismus" legitimierte den **Abbau des Wohlfahrtsstaates**, die Privatisierungen der Staatsbetriebe und das Zurückdrängen des Gewerkschaftseinflusses mit den ideologischen Zielen einer „Demokratie von Kapitaleigentümern" (Yergin/Stanislaw 1999, 154).

Ähnliche Vorstellungen eines „universellen Kapitalismus" (Taylor 1999) waren auch in den USA sehr stark, die hier überdies auf eine stärkere Verbreitung des Aktienbesitzes in der Bevölkerung verweisen können. Auch die Institutionen der sozialen Sicherung beruhen auf dem Kapitaldeckungsprinzip, was Peter Drucker zu seinem Befund eines „Pensionsfonds-Sozialismus" bewog (Drucker 1976). Der Kapitalismus war hier auch auf Grund der Schwäche der sozialistischen Arbeiterbewegung immer wesentlich stärker in der Bevölkerung akzeptiert. Darüber hinaus kommt der ideologischen Verbindung von Markt und Demokratie eine große Bedeutung zu. Das erleichterte auch die **Rückkehr zum Marktprinzip** und zu einer das Kapital fördernden liberalen Politik. Auch in den USA kam es daher nach der gemäßigt keynesianischen Wirtschaftspolitik zu einer Wende unter der Reagan-Administration. Diese neue Wirtschaftspolitik stützte sich auf die ökonomische Doktrin des Monetarismus der Chicago-Schule und insbesondere Milton Friedmans.

Milton Friedman, liberaler Ökonom in Chicago und als einer der prominentesten Berater Präsident Reagans Exponent der „Reagonomics" trat als erklärter Gegner des Keynesianismus gegen staatliche Interventionen und für eine möglichst geringe Staatsquote ein. Er war auch durch seine Beziehung zu Hayek und anderen Vertretern der österreichischen Schule in den USA stark beeinflusst. Friedman sah den Markt als die beste aller Wirtschafts- und Gesellschaftsformen, da sie individuelle Freiheit am besten verwirklichen könne (Friedman 2002).

Seine Theorie wird als **„Monetarismus"** bezeichnet, weil die Lenkung der Wirtschaft nur über die Ausweitung oder Einschränkung der Geldmenge erfolgen soll. Dahinter steht die Annahme der inhärenten Stabilität der Marktwirtschaft, der zufolge Staatseingriffe nur Verzerrungen erzeugen. Sogar die Kontrolle von Monopolen und Kartellen wird daher kritisch gesehen, denn langfristig würde der Selbstregulierungsmechanismus des Marktes zum Gleichgewicht führen. Der Staat muss nur für funktionierende Märkte sorgen, was dieser Auffassung zufolge vor allem die Verhinderung der Organisationsmacht der Verbände, vor allem der Gewerkschaften, bedeutet. Regulierungen sind abzubauen, für möglichst alle Bereiche und Funktionen sollen **privatwirtschaftliche Lösungen** gefunden werden und sogar die Institutionen der sozialen Sicherheit werden abgelehnt, sofern sie auf dem Umlageverfahren beruhen. Desgleichen sollen Schutzrechte im Arbeitsrecht abgebaut werden, weil sie das Funktionieren des Arbeitsmarktes behindern. Friedman kritisierte auch sozialstaatlichen Einrichtungen wie staatliche Altersversorgung, sozialen Wohnbau, staatliches Gesundheitswesen, Bildungsinterventionen etc.

In die Wirtschaft soll der Staat nur durch Geldpolitik eingreifen, um die Inflationsentwicklung einzudämmen, der der Primat zuerkannt wird gegenüber der von Keynes befürworteten Beschäftigungspolitik. Das aber bedeutete gleichzeitig, dass die Wirtschaftspolitik nicht mehr auf die Entwicklung der effektiven Nachfrage gerichtet ist, sondern auf die **Förderung des Angebots** („supply-side economics"). Da vom Say'schen Theorem ausgegangen wird, wonach jedes Angebot sich seine Nachfrage findet, muss die Angebotsseite, also die Unternehmenswirtschaft, durch Steuersenkungen, niedrige Zinsen etc. gefördert werden und nicht die Nachfrage durch Sicherung und Steigerung der Masseneinkommen. Gleichzeitig verschob sich die Aufmerksamkeit von Politik und Wirtschaft in Bezug auf die für das Wirtschaftswachstum wichtigen Faktoren weg von Arbeitseinstellungen und Konsumverhalten hin zu den Entscheidungen der Kapitaleigner und der wirtschaftlichen Verwertung der neuen technologischen Möglichkeiten. Damit verbunden war auch eine stärkere Betonung der Kapitalinvestitionen und der Wertentwicklungen auf dem Aktienmarkt („shareholder-value"-Prinzip).

Seit den 1980er Jahren machte die Politik der führenden Nationen der westlichen Welt, allen voran der USA und Großbritannien, daher eine Kehrtwende und setzte wieder verstärkt auf Markt und Privatinitiative und die Bekämpfung der Inflation und der Staatsverschuldung. Dies war nicht nur eine wirtschaftspolitische, sondern auch eine ideologische Wende, denn mit dem Marktkapitalismus wurden wieder verstärkt die Ideale der liberalen Demokratie, der individuellen Freiheit und der Eröffnung individueller Wahlchancen verknüpft. Dieser **„Neoliberalismus"**, der sich im Kern auf die monetaristische Ökonomie stützt, wurde aber nicht nur zu der dominierenden wirtschaftspolitischen Konzeption und zu einer politischen Ideologie, sondern kennzeichnet gleichsam den Zeitgeist. Der Markt erscheint nicht nur als beste Ordnungsstrategie der Wirtschaft, sondern auch als Garant für Demokratie und individuelle Freiheit, als Quelle für schöpferisches Unternehmertum und Ermöglichung innovativer Dynamik, während die hohe Bewertung der Gleichheit und Sicherheit in der Periode des Wohlfahrtsstaates und des gesteuerten Kapitalismus dahinter zurücktreten.

Die wirtschaftlichen Krisenerscheinungen der 70er Jahre und die politisch-ideologische Wende in Großbritannien und den USA bewirkten auch in Europa, dass liberalökonomische Ideen besonderen Auftrieb erhielten. Reagonomics und Thatcherismus wurden auch hier zu den Schlagworten, die diese Wende charakterisierten. Die neoliberale Politik war weitgehend unabhängig davon, welche Parteien die Regierung stellten, was sich insbesondere auch in Großbritannien zeigte, als der Labour-Premier Tony Blair die Thatcher-Reformen übernahm und weiterführte. Dennoch fiel und fällt es europäischen Staaten schwerer, die Reformen durchzuziehen, was in ihren stärkeren wohlfahrtsstaatlichen Institutionen und den Verbändestrukturen begründet ist.

Weltweit kam es zum Umschwenken zu einer neoliberalen Politik unter dem Druck von Seiten der USA insbesondere auf Staaten in den Amerikas bzw. unter dem Einfluss der durch die Dominanz der USA charakterisierten internationalen Wirtschaftsorganisationen der Weltbank und des Internationalen Währungsfonds. Nicht unbeteiligt daran war auch die Diffusion des Monetarismus und der liberalen Ökonomieauffassungen über die Ausbildungssysteme und die Politikberatung der „Chicago-boys". All dies führte dazu, dass sich neoliberale Politiken unabhängig von der politischen bzw. ideologischen Ausrichtung der in der Regierung befindlichen Parteien durchsetzten (Fourcade-Gourinchas/Babb 2002).

Da marktliberale Ökonomen auch am Dialog mit Ökonomen der Sowjetunion bereits zur Zeit des Kalten Krieges beteiligt waren, hatte dieser wissenschaftliche Austausch einen nicht zu unterschätzenden Einfluss auf die osteuropäischen Ökonomen und deren Vorstellungen von Marktwirtschaft (Bockmann/Eyal 2002). Er war mitbeteiligt daran, dass sich die Transition der sozialistischen Wirtschaften in die Marktwirtschaft im Sinne einer radikalen schockartigen Abkehr von den Strukturen der Planwirtschaft abspielte. Man setzte auf Privatisierung in großem Umfang und auf die Deregulierung der Märkte. Gleichzeitig waren diese Volkswirtschaften in Mittel- und Osteuropa auch mit der globalisierten Weltwirtschaft konfrontiert, in der sie sich behaupten mussten. Das war eine doppelte Belastung durch die gleichzeitige **Transformation von einer Plan- in eine Marktwirtschaft** in einer Phase, in der diese im Westen unter neoliberalen Vorzeichen steht, und die Eingliederung in den globalisierten Wettbewerb (Lavigne 1999).

Unter vielen Ökonomen trat relativ bald eine gewisse Ernüchterung ein in Bezug auf die Erwartung, dass mit dem Übergang zu monetaristischer Wirtschaftspolitik der Königsweg zu Stabilität und Wachstum gefunden sei, da sich die Konjunktur nicht dauerhaft belebte und insbesondere die Arbeitslosenzahlen anstiegen. Das führte zum Wiedererwachen der Kritik in Form neukeynesianischer Wirtschaftsideen (Frank 1983). In der Praxis der Wirtschaftspolitik allerdings blieb die grundsätzliche Orientierung an Markt, Angebotssteuerung und Inflationsbekämpfung, Privatisierung und Reduktion des Staatsanteils beherrschend, auch deshalb, weil deren Zurücknahme durch die Prozesse, die als „Globalisierung" bezeichnet werden, kaum mehr möglich erscheint.

Die **Globalisierung** ist keine neue Erscheinung der Gegenwart und sie ist gleichzeitig doch einzigartig. In ihrem wirtschaftlichen Verständnis bedeutet sie die Ausweitung der Handelsbeziehungen, die Verlagerung der Produktionsstandorte und die telekommunikative Beschleunigung von Kapitalbewegungen weltweit, damit auch die Ausweitung der Prinzipien der kapitalistischen Marktwirtschaft, und dies erfolgt derzeit unter neoliberalen Vorzeichen. Zwar zeigte schon der Handelskapitalismus Züge der Ausweitung in globaler Hinsicht, das war jedoch zunächst noch stark begrenzt. Er weitete sich enorm aus, nachdem die Staaten sich um Expansions- und Einflussbereiche konkurrierten. Der Imperialismus wurde vorbereitet durch die Entdeckungsfahrten und die Errichtung von Handelskompanien und deren weltweites Agieren, die Entstehung von Kolonien und die Aufteilung der Welt in die Einflussbereiche Portugals, Spaniens, dann der Niederlande und Englands (Litvin 2003; Robertson 2003). Sie fand im Imperialismus um 1900 ihren Höhepunkt, wobei die „Kernstaaten" und ihr Streben nach Machtausweitung bzw. Machtkonkurrenz die treibenden Kräfte der wirtschaftlichen Expansion in andere Weltgegenden und deren zunehmende Abhängigkeit die charakteristischen Züge der kapitalistischen Weltwirtschaft waren (Wallerstein 1979). Die Kapitalakkumulation verband sich gleichzeitig mit starker politischer Macht der Kernstaaten.

Die Globalisierung der Gegenwart unterscheidet sich davon, dass sie nicht primär von den Staaten betrieben wird, sondern von **multinational operierenden Unternehmen und Finanzinstitutionen**. Sie manifestiert sich im Ansteigen des internationalen Handelsvolumens, aber auch durch weltweite Direktinvestitionen sowie vor allem in der Entstehung von Geld- und Kapitalmärkten überall auf der Erde, die durch die mikroelektronischen technischen Möglichkeiten der Kommunikation und durch die **Deregulierung der nationalen Devisenmärkte** global in „real time" funktionieren. Eine bedeutsame Voraussetzung dafür war die Abschaffung des Bretton Woods-Systems der Bindung der Währungen an den Dollar als Leitwährung. Das Währungssystem war unmittelbar nach dem zweiten Weltkrieg geschaffen worden, war aber in der Zwischenzeit durch das Schwinden der Goldreserven als Deckung des Dollars in Schwierigkeiten geraten. Ein Staat nach dem anderen deregulierte seinen Geldmarkt, so dass die Währungskurse sich frei nach den jeweiligen Handelsbilanzen gestalten können. Das resultierte in Vorteilen für die USA, die daher ihren Einfluss einsetzten, um die Deregulierung in anderen Staaten voranzutreiben (Helleiner 1994). Die Deregulierung der nationalen Geld- und Kapitalmärkte und die Möglichkeiten globaler Transaktionen in elektronisch vernetzten Kommunikationssystemen schuf Bedingungen, die nun eine zeiträumlich unbegrenzte „Zirkulationssphäre des Kapitals" entstehen ließen. Eine solche hatte Braudel zwar schon für die europäische Neuzeit als eine Ebene wirtschaftlicher Aktivitäten über der des „Alltags" und der des „Handels" konstatiert, aber erst jetzt entstand sie in wahrhaft globaler Bedeutung (Braudel 1985/1986).

Im Sinne des ökonomischen Programms des Neoliberalismus änderten auch die internationalen Organisationen wie WTO, Weltbank oder Währungsfonds ihre Strategien. Sie gingen im Hinblick auf die Entwicklungspolitik von einer Strategie der Kreditgewährung an Staaten, die nur zu wiederholten Schuldenkrisen geführt hatten, zur Förderung von Investitionen in Privatunternehmen in „emerging markets" über. Auch dies wurde durch die Deregulierung der Geld- und Kapitalmärkte möglich und löste die Konkurrenz von Kapitalinvestoren in der Dritten Welt und anderen Staaten aus. Gegengleich wuchsen die Bemühungen der Staaten, für Anleger attraktive Bedingungen im Hinblick auf Unternehmensbesteuerung, Umweltauflagen, Lohnnebenkosten bzw. spezifische Förderungen zu schaffen.

Die Globalisierung weist eine Vielzahl sehr unterschiedlicher Züge auf, was ihre wirtschaftlichen Aspekte betrifft: Ein grundlegendes Merkmal ist die **weltweite Vernetzung durch Internet und Telekommunikation**, wodurch Informationen über Güter, Ideen, Praktiken verbreitet werden und Finanztransaktionen global in „real time" erfolgen können. Sie manifestiert sich daher auch in einer ungeheuren Aufblähung spekulativer Aktivitäten, was mitunter auch das plötzliche Platzen von „Blasen" zur Folge hat. Die globalen Geld- und Kapitalmärkte haben dazu geführt, dass sich Finanzbewegungen und Produktion voneinander gelöst haben. Produktionsunternehmen können „über Nacht" die Eigentümer wechseln, fusionieren oder filetiert werden je nach den Gewinnerwartungen der Investoren. Unternehmen und Manager sind daher auch ihrerseits gezwungen, der Finanzseite ihrer Aktivitäten mehr Beachtung zu schenken, was dazu führt, dass sie sich ihrerseits als Investoren betätigen. Desgleichen stehen Banken vor dem Problem, mitunter riskante Spekulationen auf den Geld- und Finanzmärkten vornehmen zu müssen, um im Konkurrenzkampf nicht zu unterliegen. Die Rolle der multinationalen Unternehmen als „global players" beschränkt sich daher heute nicht auf die Errichtung von Betriebsstätten in Billiglohnländern, in joint-ventures und internationalen Handelsaktivitäten.

Globalisierung impliziert eine Perspektivenverschiebung weg von den Staaten und den Strukturen und Prozessen innerhalb der nationalen Wirtschaftsgesellschaften hin zu global agierenden Investoren und Börsen. Der nationale Rahmen der Regelung wirtschaftlicher und sozialer Bedingungen, wie er im Wohlfahrtsstaat gegeben war, und die Kapital-Arbeits-Arrangements des Industriesystems haben stark an Bindungskraft verloren. Die Staaten müssen um Investoren konkurrieren und tun dies durch Abbau von Steuern und Sozialabgaben, durch das möglichste Niedrighalten der Löhne, durch Beschneidung der Macht der Gewerkschaften und durch Einsparungen im öffentlichen Bereich in personeller und finanzieller Hinsicht. Da auch die Unternehmen mit Blick auf den „shareholder value" gezwungen sind, „downsizing" zu betreiben, führt dies zu einer konstant hohen Arbeitslosenquote. Die neoliberale Globalisierung hat daher ihre Schattenseiten (Stiglitz 2002; Altvater/Mahnkopf 1996)

Neoliberale Politik bedeutet keineswegs eine Einschränkung oder das Fehlen staatlicher Regelungen, im Gegenteil, die Notwendigkeit für Regulierungen steigt, wenn die direkte Kontrolle abnimmt: **Akzeleration von Gesetzesreformen und Proliferation von Regeln**, die die Freiheit der Markttransaktionen sichern sollen, sind die Folge. Ein Beispiel dafür ist etwa das britische Gesundheitswesen, das im Zuge der Bemühungen um die Schaffung interner Märkte, die damit legitimiert wurden, dass die Wahlfreiheit der Patienten erhöht werden sollte, durch verschiedene Maßnahmen liberalisiert wurde. Zur Überwachung der Leistungen und der finanziellen Gebarung wurde das „National Institute for Clinical Excellence" zuständig, das kontrollierte, ob die Krankenhäuser die kostengünstigsten Behandlungen einsetzten, die Personalressourcen ausschöpften und gleichzeitig „excellence" erzielten. Die „Commission for Health Care Audit and Inspection" ist eine weitere Kontrollbehörde, die das Leistungsverhalten in den Krankenhäusern überwachen soll (Fulcher 2005, 77). Das „outsourcing" bestimmter Dienste wie Wäschereinigung, Essensversorgung etc., die Förderung des Wettbewerbs zwischen Krankenhäusern um Patienten und gleichzeitig der Druck zu Einsparungen an Personal verschlechterten die Leistungen für die Patienten und gleichzeitig auch die Arbeitsbedingungen für die Beschäftigten. Arbeitsplätze werden „an der Front", d.h. in der unmittelbaren Betreuung der Patienten eingespart, dafür in diversen Verwaltungs- und Kontrolleinrichtungen aufgestockt. In bürokratischer Hinsicht verliert der Staat daher keineswegs seine Bedeutung, die Gesamtkosten steigen, auch wenn sie nicht immer dem öffentlichen Sektor zugeschrieben werden können, weil Leistungen an private Firmen ausgelagert wurden. Statt wirklicher Autonomie entsteht mehr Kontrolle, statt besseren Leistungen für die Patienten eine angebliche Kundenorientierung, die durch Kosteneinsparungsdruck und Arbeitsintensivierung gleichzeitig ad absurdum geführt wird. Ähnliche Entwicklungen finden sich in allen Organisationen des öffentlichen Sektors, die dem **New Public Management** unterzogen und nicht ohnehin privatisiert wurden.

Mit dem Neoliberalismus und der Globalisierung kam es zu tief greifenden Veränderungen der sozialen Strukturen, von Berufen und Beschäftigungen, von Verhaltensweisen und Lebensstilen; es kam zu regionalen Schwerpunktverschiebungen, organisatorischem Wandel durch Restrukturierung und Reengineering, so dass die wirtschaftliche Globalisierung nicht von sozialen, politischen, kulturellen Aspekten getrennt zu sehen ist. Der Perspektivenwechsel in Bezug darauf, wer in der Wirtschaft Beachtung verdient, begünstigt einseitig das Kapital. Nicht mehr die Arbeitenden und die Interessengruppen des Industriesystems bzw. die Konsumenten stehen im Zentrum der Wirtschaft, sondern die großen Unternehmen, die Finanzinstitutionen, die Kapitalmarktinstitutionen. Die Interessengruppen des nationalen Arbeitsmarktes sind geschwächt, die Arbeitsmotivation der Menschen wird durch Verunsicherung und Existenzangst ersetzt, die Arbeit wird intensiviert, während die Reallöhne stagnieren. Die Konsumenten können sich dem Abschöpfen ihres verfügbaren Einkommens durch die rasche Obsoleszenz jener Produkte, die zu Voraussetzungen der Teilnahme an den neuen Kulturtechniken geworden sind, nicht entziehen. Die Bedeutung, die der Inlandsnachfrage beigemessen wird, wird im Zuge der Ausweitung des globalen Handels zudem im Vergleich zur Exportquote geringer; die Unternehmen konzentrieren sich auf die Eroberung von Märkten in den sich rasch entwickelnden Regionen der Erde, was wieder Arbeitskräfte im Inland freisetzen hilft.

„Globalisierung" bedeutet auch, dass ganz unterschiedliche Wirtschaftsformen aufeinander treffen.

Sie meint nicht nur die globalen Kapitalmärkte oder die internationalen Handelsströme und die Verlagerung von Produktionsstätten in andere Regionen der Welt. Vielmehr treffen traditionale Wirtschaftsformen unmittelbar mit kapitalistischen Praktiken zusammen, was meist nicht zu einer Kooperation führt, sondern zum Niedergang der ersteren als „unwirtschaftlich" bzw. zu ihrer Zurückdrängung als Reste informeller oder irregulärer Wirtschaft. Darüber hinaus entstehen auf denselben technologisch-ökonomischen Grundlagen wie die offizielle Wirtschaft auch eine Ausweitung der internationalen kriminellen Ökonomie und Formen der weltweiten Finanzierung des Terrors (Napoleoni 2004; Ziegler 1998). Neben der legalen und illegalen Bereicherungsökonomie entstanden allerdings auch zahlreiche Initiativen und Projekte einer neuen transnationalen Solidarökonomie, die über die internationalen Hilfen der Staaten und die Tätigkeit der internationalen Organisationen hinausgehen und auf privaten, zivilgesellschaftlichen Aktivitäten beruhen (vgl. Beckert/Eckert/Kohli/Streeck 2004).

1.9   Abschließende Bemerkungen

Dieser notwendig verkürzte und knappe Überblick sollte zeigen, wie sich die drei Aspekte des Wirtschaftens durch die europäische Geschichte der Diskurse über Wirtschaft hindurch verfolgen lassen. Sie haben sich häufig vermischt und sind mit anderen Begriffen bezeichnet worden, haben sich in ihrer konkreten Ausformung den historischen Bedingungen angepasst und entsprechend verändert, aber sie lassen sich dennoch als konstante Züge dessen, was mit Wirtschaft verbunden wurde, erkennen. Der Erfolg der modernen Ökonomie beruhte gerade darauf, dass sie alle drei Aspekte in einer Weise zu vereinen versprach, die sozial legitim erschien und dennoch die Entfaltung der Erwerbsinteressen ermöglichte. Die klassische Ökonomie hatte dem Aspekt des Austauschs eine besondere Bedeutung zugesprochen, sollte er doch für die Gerechtigkeit der Verteilung sorgen und damit die Legitimität der Ökonomie sichern. Dass dies ein frommer Wunsch war, wurde nur zu bald klar, nachdem sich die kapitalistischen Erwerbsinteressen gegen die Ziele des Ausgleichs durchgesetzt hatten. Konnte das 18. Jahrhundert noch der Vision der harmonischen Vereinigung der drei Aspekte unter der Ägide des gesellschaftlichen Ausgleichs anhängen und sie der Wirklichkeit entgegen halten, so wurde das Erwerbs- und Bereicherungsstreben zur Realität im 19. Jahrhundert und ließ eine neue Form der Ungleichheit, neue Akteure auf der gesellschaftlichen Bühne hervortreten, die Ideologien einsetzten, um ihren Interessen und Zielen Legitimität zu verschaffen. Verschiedene Faktoren führten dann wieder zu einer stärkeren Betonung der Anliegen der nationalen Gemeinwesen und stärkten die Integration der sozialen Gruppen in die Gesellschaft. Organisation und Steuerung der wirtschaftlichen Prozesse wurden betont, Gleichheit der Chancen ausgerufen und ein System des Gleichgewichts der gesellschaftlichen Mächte geschaffen, dass routiniert und ritualisiert funktionierte.

Seit den letzten Jahrzehnten des 20. Jahrhunderts ist dieses System in Auflösung begriffen, indem den Erwerbsinteressen wieder und in bisher noch nicht da gewesenem Ausmaß Raum gegeben wurde.

> In der Gegenwart hat sich ein wesentlicher Teil der Wirtschaft in eine reine Bereicherungsökonomie verwandelt, der Druck auf alle anderen Bereiche der Wirtschaft, der Politik und des Lebens ausübt.

Immer wieder wird diese Transformation damit in Verbindung gebracht, dass „dem Markt" wieder mehr Bedeutung verliehen wurde. Doch das ist nur eine Begriffshülse, die vom Modelldenken der Ökonomie her in den Alltagssprachgebrauch übergegangen ist. Nicht der

Markt und auch nicht die Marktökonomie sind unmittelbar für die Veränderungen verantwortlich, denn die Idee des Marktes war primär der Ausgleich, das Ziel der Ökonomie das Gemeinwohl, zu dem man durch die Konstruktion eines fiktiven Modells, an dem die Wirklichkeit gemessen werden kann, beitragen wollte. Der eigentliche Antriebsfaktor der Transformation waren **die Begünstigung partikularer Interessen, die Förderung der Möglichkeiten des Erwerbs** und **die Legitimierung der Bereicherung.** Das alles erfolgte teils durch realen Druck, teils unter dem alten Glaubenssatz des Augustinus, wonach der Reichtum der einen wohl auch irgendwie allen anderen zugute kommen würde. Man stützte sich dabei allerdings nicht auf den Glauben an das Reich Gottes wie Augustinus, sondern auf die Marktökonomie.

Der britische Historiker Eric Hobsbawm hat die Periode zwischen den 50er und 80er Jahren des 20. Jahrhunderts etwas sozialromantisch verklärend als „goldenes Zeitalter" bezeichnet (Hobsbawm 1995). Das war sie mit Sicherheit nicht, aber die herausragenden Merkmale waren durch einen sozialen Konsens bestimmt, der seither latent problematisch ist, was Galbraith in seinem letzten Buch mit der Bezeichnung vom „innocent fraud" in der Ökonomie der Gegenwart ausdrückt (Galbraith 2005). Ob es sich um Betrug handelt und ob er „unschuldig" ist, soll hier nicht beurteilt werden. Jedenfalls kam damit die Erfahrung eines tiefen, durchaus auch sozialmoralischen Bruchs mit der unmittelbaren Vergangenheit, die mit Industriesystem und Sozialstaat umschrieben werden kann, zum Ausdruck. Die Gründe dafür sind zahlreich und nicht allein wirtschaftlich zu verorten. Man kann dies als normale Probleme des Übergangs, der durch technologische, ökonomische und sozialstrukturelle Veränderungen gekennzeichnet ist, auffassen, aber das suggeriert eine Zwangsläufigkeit, die so nicht stimmt.

In der Epoche des regulierten und organisierten Kapitalismus und der Wohlfahrtsstaaten war es auch zum Aufschwung und zur breiten akademischen Entwicklung der Sozialwissenschaften, insbesondere der Soziologie, gekommen. Sie passte in diese Konstellation, versprach eine wichtige Funktion für die Politik und für die Gesellschaft zu leisten, denn mit ihrer Hilfe konnten die Bedürfnisse und Interessen der Menschen ermittelt werden und solcherart zur Grundlage der Bestimmung des Gesamtwillens beitragen. Die Soziologie erfüllte eine gesellschaftlich notwendige Aufgabe entsprechend der Hypothese von Screpanti/Zamagni (2005), wonach der Erfolg ökonomischer, im weiteren Sinn auch sozialwissenschaftlicher Theorien von dem zu einer bestimmten Zeit in einer bestimmten Gesellschaft vorherrschenden Bedürfnis bzw. Problembewusstsein abhängt. Diese „externen" Gründe sind oft wichtiger als die „internen" Aspekte methodisch-theoretischer Art.

Mit der neoliberalen Wende kam auch der Aufschwung der Sozialwissenschaften ins Stocken. Ihre mangelnde Anschlussfähigkeit an die Problemstellungen „der Wirtschaft" und die Ziele der Politik scheint die Einschätzung, dass die Sozialwissenschaften eine wichtige Aufgabe für die Gesellschaft erfüllen können, zu beeinträchtigen. Dies tritt umso deutlicher im Vergleich mit der Ökonomie und ihrem politischen Einfluss und ihrer das Bewusstsein prägenden Wirkung hervor (Hall 1989). Die Ökonomie kann sich auch als Sozialwissenschaft verstehen, aber ihre Bedeutung und Wirkung lassen sie eine besondere Stellung einnehmen.

Zunächst muss aber zu klären versucht werden, was denn überhaupt unter „Sozialwissen-schaften" zu verstehen ist, welche Probleme in ihrer Entwicklung auftraten und insbesondere wie sich das Verhältnis von Soziologie und Ökonomie gestaltete und welchen Einfluss dies auf die Behandlung und Erklärung wirtschaftlicher Sachverhalte hatte.

2 Die Sozialwissenschaften und das Verhältnis von Soziologie und Ökonomie

Schon Felix Kaufmann stellte auf Grund der Unterschiede in den methodischen Konzeptionen fest, dass es keine **Einheit der Sozialwissenschaften** gäbe (Kaufmann 1999). Im Vorwort der „Encyclopedia of the Social Sciences" wird die Frage, was denn unter „social sciences" zu verstehen sei, überhaupt als unbeantwortbar bezeichnet. Es wird daher meist eklektizistisch vorgegangen und „Sozialwissenschaften" als Sammelbezeichnung für eine jeweils wieder unterschiedliche Reihe von Disziplinen, die sich auf soziale Zusammenhänge oder das Verhältnis von Mensch und Gesellschaft beziehen, aufgefasst. Meist werden dazu gezählt: Soziologie, politische Wissenschaften, Sozial- und Kulturanthropologie, Ethnologie, Pädagogik, Sozialgeschichte, Sozialpsychologie, Sozialphilosophie, Sprach- und Kunstwissenschaft, Wirtschafts- und Rechtswissenschaft. Mitunter traten diese Disziplinen oder Teilbereiche von ihnen jedoch auch unter anderen Sammelbezeichnungen auf, so dass es nicht einfach ist zu bestimmen, was Sozialwissenschaften sind. Da sich die Sozialwissenschaften als **„Wirklichkeitswissenschaften"** mit den gesellschaftlich-kulturellen und politisch-wirtschaftlichen Bedingungen ebenfalls wandeln, weil sich ihre Objekte und Problemstellungen verändern, ist zunächst ein kurzer Blick auf ihre historischen Bestimmungen bzw. auf die Geschichte der Behandlung „sozialer" Themen in den Wissenschaften angebracht.

> Aber die Ebene der Wissenschaft hat spezifische eigene Probleme begründet, die ihrerseits auf die Wahrnehmung, Interpretation und Erklärung der Wirklichkeit zurückwirkten.

Auch aus diesem Grund empfiehlt es sich, die innerwissenschaftlichen Diskussionen über Methode, Objekt und Erkenntnisziele der Sozialwissenschaften kurz zu betrachten.

2.1   Die Wissenschaften vom Sozialen und ihre Probleme

Heute ist es üblich, von Sozialwissenschaften im Plural zu sprechen; am Beginn allerdings stand die **Idee einer „Sozialwissenschaft"**, wie sie etwa bei Henri de Saint-Simon und Charles Fourier, dann vor allem im Werk von Auguste Comte auftauchte. Comte gebrauchte die Ausdrücke *„science sociale", „sociologie" und „philosophie positive"* mehr oder weniger als Synonyma für die wissenschaftliche Untersuchung von gesellschaftlicher Ordnung und sozialem Fortschritt. Sie sollte mit einer spezifischen historischen Methode verbunden sein, aber auf den Erkenntnissen aller in seinem enzyklopädischen System der Wissenschaften[4] enthaltenen vorangehenden Disziplinen aufbauen. Der Begriff der Sozialwissenschaft umfasste alle wissenschaftlichen Bestrebungen, die menschliche Gesellschaft in ihrer Entwicklung zur industriellen Zivilisation zu erfassen. Die Gesellschaft wurde als eine vom Staat abgelöste Ordnung verstanden, deren wissenschaftliche Erforschung anders als die negativen Befunde der Kritiker der alten vorrevolutionären Ordnung nunmehr „positive" Aufgaben des „prévoir pour pouvoir" im Sinne der wissenschaftlichen Grundlegung der Politik liefern sollte.

John St. Mill sprach von den **„moral sciences"**, die er vom Gegenstand her von den Naturwissenschaften trennte, aber auf die Grundlage einer einheitlichen Methodologie zu stellen suchte. Auf Grund der Komplexität der Wissenschaften vom Menschen und von der Gesellschaft müsse hierbei jedoch eine Kombination von Methoden angewendet werden, wobei die invers-deduktive Methode, deren Ziel entsprechend der britischen Tradition des Empirismus die Feststellung und Formulierung empirischer Gesetze sei, der historischen Methode Comtes entsprach. Ähnlich wie Comte sah Mill darin auch die Möglichkeit, politische Entscheidungen auf wissenschaftlicher Grundlage zu treffen, betonte jedoch auch die Chancen für die bessere Ausübung individueller Freiheitsrechte, denn er verstand alle Institutionen und Strukturen als begründet in individuellen Handlungen (vgl. Mikl-Horke 2001a, 27 ff).

Die starke empirische Orientierung der Wissenschaftskonzeption in Großbritannien führte früh zur Erhebung und Sammlung von quantitativen Daten über das Leben und die Verhaltensweisen des Volkes in der „politischen Arithmetick". Auch die „Moralstatistik" Quételets, die „Demologie" Ernst Engels und die „sociometrie" Adolphe Costes entwickelten sich auf dem Kontinent mit einer starken quantitativen Ausrichtung und verbanden sich mit Bestrebungen, Gesetzmäßigkeiten sozialer Entwicklungen festzustellen (vgl. Mikl-Horke 2001, 58 ff). Diese empirischen Strömungen stellten eine wichtige Grundlage für die methodische Ausrichtung der Sozialwissenschaften dar. Sie fanden insbesondere in den USA eine starke Verankerung, wo sich die „social science" bald als pragmatisch orientierte Sozialkunde etablierte. Die große Bedeutung, die der Behaviorismus hier gewann, stärkte in der Folge die

---

[4]   Der in der Aufklärungsphilosophie auftauchende Grundgedanke des enzyklopädischen Systems der Wissenschaften bedeutete die Neubegründung des Kosmos der Wissenschaften nach der Aufgabe des scholastischen Systems und der Ersetzung der Theologie durch die Naturphilosophie bzw. die Mathematik als Grundlagendisziplin. Er führte zur Herausgabe der „Encyclopédie" durch Diderot und D´Alembert von 1751 bis 1772.

empirische Orientierung der **„Verhaltenswissenschaften"** und stellte auch die Basis für die enge Verbindung von Sozialpsychologie und Soziologie dar.

In den deutschen Fürstentümern und im Habsburgerreich stand die Entwicklung der Sozialwissenschaften in der merkantilistisch-kameralistischen Tradition, wie sie etwa in den Werken von Johann Heinrich Gottlob von Justi oder Joseph von Sonnenfels repräsentiert ist, und war an den Problemen der Staatsführung orientiert. In Deutschland erhielt diese Staatsorientierung eine besondere Stütze durch die Geschichtsphilosophie Hegels und dessen Betonung der Rolle des Staates als Verkörperung des Vernunftideals. Die Disziplinen, die unter der Bezeichnung der **„Staatswissenschaften"** zusammengefasst wurden, umfassten vor allem Staatswirtschaftslehre, Staatsrecht, Staatsgeschichte und Statistik; sie reflektierten die Tatsache, dass sich in diesen Staaten die Aufklärung weitgehend von oben vollzogen hatte.[5]

In den Konzepten der **„Gesellschaftswissenschaften"**, wie sie von Robert von Mohl und Lorenz von Stein infolge der Ausklammerung der Rechtsphilosophie aus der historischen Rechtsschule konzipiert worden waren, machte sich der Einfluss von Hegels Verständnis der „bürgerlichen Gesellschaft" und ihres Verhältnisses zu Staat und Familie geltend. Allerdings sahen sowohl Mohl als auch Stein anders als Hegel einen Konflikt zwischen Gesellschaft und Staat, der durch die Entstehung des Proletariats und seine soziale Bewegung bedingt sei, aber nur wieder durch den Staat im Sinne der Lösung der „Sozialen Frage" gemeistert werden könne. Die Grundlage dafür sollten die Gesellschaftswissenschaften bieten, die Mohl anders als Stein zwar nicht den Staatswissenschaften zuordnete, die sich aber aus bestimmten Teilen derselben, insbesondere der Rechtswissenschaft, der Sozialpolitik, der Gesellschaftsgeschichte, der Sittenlehre, der Statistik etc. zusammensetzen sollten (Mikl-Horke 2001a, 40 ff).

2.2 Methodenauseinandersetzungen

Comte und Mill sahen noch die naturwissenschaftlichen Methoden für die Sozialwissenschaften als relevant an, wenngleich sie auch spezifisch sozialwissenschaftliche Methoden annahmen. Sie standen noch weitgehend unter dem Eindruck des enzyklopädischen Wissenschaftsverständnisses, das alle Disziplinen aufeinander aufgebaut sah. Die Auseinandersetzungen um die Methode bzw. das **Verhältnis von Objekt und Methode** waren daher ein Ergebnis des Zerfalls dieser enzyklopädischen Systeme. Dennoch blieben die Naturwissenschaften und ihre Erkenntnisweise das Vorbild für die Auffassungen von Wissenschaftlichkeit, diese konzentrierten sich jedoch allein auf die Methode, ohne eine Einheit im Objekt anzunehmen.

---

[5] Ähnliche Auffassungen fanden sich auch in Frankreich; so etwa sah Simonde de Sismondi die Verfassungslehre und die Wirtschaftslehre als die Hauptbestandteile der „sciences sociales". Pragmatische Orientierungen der Sozialwissenschaften als Grundlagen der öffentlichen Verwaltung entwickelten sich ebenso in den Vereinigten Staaten; so verstand etwa H. Ch. Carey die Ökonomie und die Jurisprudenz als die beiden Hauptdisziplinen der „social sciences".

Die Vorstellung, dass Wissenschaft durch ihre Methode bestimmt ist, ermöglichte die Trennung von Objekt und Methode, d.h. man konnte naturwissenschaftliche Methoden anwenden, ohne deshalb von der Einheit von Natur und Geist ausgehen zu müssen. Die Soziologie Durkheims etwa orientierte sich zwar an naturwissenschaftlichen Methoden zur empirischer Erfassung der „Dinge" der sozialen Welt, den sozialen Tatsachen, diese wurden aber als „geistige" Objekte im Sinne einer Moralwissenschaft definiert. Die objektivistische „naturwissenschaftliche" Zugangsweise erlaubte es, auch die geistigen, sozialen, kulturellen Objekte unabhängig vom beobachtenden Subjekt „von außen" zu erklären.

Allerdings gab es noch um 1900 naturalistische Strömungen, die nicht nur von der Einheit der Methode, sondern auch von der Einheit des Objekts („Monismus") ausgingen; sie hatten insbesondere im Gefolge der Rezeption von Darwins Forschungen und der Entwicklung der Biologie zu einer Leitwissenschaft an Bedeutung gewonnen. So definierte etwa Herbert Spencer die Gesellschaft als diskretes System, das zwar keinen Organismus darstelle, aber analog zu diesem verstanden werden könne. Ähnlich argumentierten in Deutschland Albert Schäffle und Paul Lilienfeld. Noch dezidierter vertraten die Monisten Ernst Haeckel, Wilhelm Ostwald und Ernst Mach die **Einheit von Natur und Geist** bzw. von Natur und Kultur. Auch der logische Positivismus war noch in manchen seiner Spielarten mit der Vorstellung einer Einheit der Wissenschaft in der Tradition der Leibnizschen mathesis universalis verbunden, was im Versuch, eine einheitliche logische Wissenschaftssprache zu entwickeln, kulminierte.

Auf der anderen Seite verfochten andere die Auffassung, dass sich die Methode nach dem Objekt richten müsse und die Erforschung der geistigen Welt daher eine grundsätzlich andere Methode verlange. In der Nachfolge Hegels und der deutschen Romantik sowie unter dem Eindruck der Geschichte als Leitwissenschaft entwickelte sich in Deutschland die Konzeption der **„Geisteswissenschaften"**. Sie entstanden um die Historie als Grundlagendisziplin und auf der Basis der Hervorhebung der besonderen, durch das Objekt bestimmten Methode. Der Charakter der Kultur als gemeinsame geistige Voraussetzung von Objekt und Subjekt ermögliche, so argumentierte Dilthey, eine spezifische Methode, die darauf abziele, ihren Gegen-stand nicht nur von außen beobachten und erklären, sondern ihn von innen heraus „verstehen" zu können. Als Methode der Geisteswissenschaften oder Kulturwissenschaften wurde daher die Hermeneutik bzw. die Verstehensmethode angesehen. Wie die Geschichte nicht nur „erklärt" werden kann, sondern von jeder Generation neu gedeutet wird, so verändern sich auch die Symbole und Deutungsmuster der Kultur, so dass die Geisteswissenschaften ihren Gegenstand immer wieder neu definieren müssen.

Der Antagonismus von Naturalismus und Historismus führte auch innerhalb der Geschichtswissenschaft selbst zum Streit zwischen der Ranke-Schule und Karl Lamprecht, aber besondere Bedeutung kam dem **Methodenstreit in der Nationalökonomie** zu. Dieser war allerdings kein Streit zwischen Naturalismus und Historismus, vielmehr ging es dabei um die Berechtigung theoretischen Erklärens in der Ökonomie.

Die **historische Volkswirtschaftslehre** orientierte sich an der geschichtlichen Konkretheit des sozialen und wirtschaftlichen Lebens und der verschiedenen Deutungen, die dieses in unterschiedlichen Kontexten und zu verschiedenen Zeiten erfahren. Zunächst resultierte dies in Studien über Entwicklungsstufen und Kulturvergleiche der wirtschaftlichen Bedingungen der Gesellschaften in Form der älteren historischen Schule der Nationalökonomie. Mit der Wendung zur positivistischen Historik Rankes schlug die jüngere historische Volkswirtschaftslehre unter der Führung von Gustav Schmoller eine nicht-theoretische Richtung induktiver Faktensammlung über das konkrete Wirtschaftsleben ein, deren Erkenntnisse der staatlichen Sozialpolitik Aufschluss für die Lösung der „Sozialen Frage" geben sollte.

Der Methodenstreit zwischen Gustav Schmoller und Carl Menger war entstanden, da sich letzterer gegen die Dominanz der untheoretisch vorgehenden, die Ökonomie auf Geschichte reduzierenden Volkswirtschaftslehre wehrte und für theoretische Logik in der Ökonomie eintrat. Carl Menger, der die klassische Nationalökonomie durch die Wendung zur Grenznutzentheorie erneuerte und damit ähnlich wie Leon Walras im französischen und William St. Jevons im englischen Sprachraum die neoklassische Ökonomie im Habsburgerreich begründete, verfocht den Anspruch, dass exakte Theorie nicht nur in den Formal- und Naturwissenschaften zur Anwendung gelangen könne, sondern auch in der Sozialwissenschaft, insbesondere der Ökonomie (Menger 1883).

Menger ging es aber nicht um die Übertragung naturwissenschaftlicher Vorgangsweisen, sondern um die Hervorhebung der **Besonderheit der sozialwissenschaftlichen Methode** gegenüber sowohl jener der Geschichte als auch jener der Naturwissenschaften. Er beschränkte die sozialwissenschaftliche Methode nicht auf die exakte Theorie, sondern unterschied zwei Forschungsstrategien: die exakte Theorie und die realistisch-pragmatische Forschung. Damit verband er die Forderung, dass Sozialwissenschaft sowohl in Form exakter Logik als auch als empirisch-realistische Forschung möglich sei, wobei allerdings auch letztere theoretisch begründet sein und auf empirisch-theoretische Aussagen abzielen müsse. Demgegenüber leitet sich die exakte Theorie aus Denkgesetzen und nicht aus der Wirklichkeit ab; ihre Grundlage stellte für Menger die logische Relationierung zwischen Zwecken und Mitteln dar. Die Ökonomie sah er als Kern der „Socialwissenschaft", da die logische Beziehung zwischen subjektiven Bedürfnissen und knappen Ressourcen eine exakte theoretische Vorgehensweise ermögliche.

Die **individualische Sozialwissenschaft** Mengers war auch eine Kritik an den organizistischen Analogien, die in der Soziologie der Zeit unter dem Eindruck der naturwissenschaftlichen Entwicklungen, insbesondere der Biologie, aufkamen. Menger wies Schäffles Sicht der Gesellschaft als eine Art „Sozialkörper" mit eigener Wesenheit zurück. Diesen Auffassungen stellte er die Sozialtheorie der klassischen Ökonomie entgegen, die auf das Zusammenwirken der individuellen Handlungen verwies. Menger betonte, dass die Wirtschaft eine „Complication" der Individualwirtschaften und nicht die eines „Volkes" oder einer „Gesellschaft", sofern diese als eigene Wesenheit gedacht werde, sei. Er distanzierte sich daher nicht nur methodisch von der historischen Nationalökonomie, sondern auch von der Übertragung naturwissenschaftlicher Objektdefinitionen auf die Sozialwissenschaften.

Menger fragte in Bezug auf die Entstehung von Institutionen wie Sprache, Staat, Markt etc.: „Wieso vermögen dem Gemeinwohl dienende und für dessen Entwicklung höchst bedeutsame Institutionen ohne einen auf ihre Begründung gerichteten Gemeinwillen zu entstehen?" (Menger 1883, 163). Zwar stellte er fest, dass in vielen Fällen Institutionen durch bewusste Setzung von Seiten des Staates oder der Repräsentanten des Gemeinwesens geschaffen werden, aber ihren Ursprung führte er auf individuelles Zweckhandeln zurück, d.h. er erklärte sie als das unbeabsichtigte Ergebnis des Zusammenwirkens der individuellen Handlungen. Auf der Basis dieser Sichtweise können, so meinte er, soziale Gebilde auch mit Hilfe der exakten Theorie erklärt werden, ohne Rekurs nehmen zu müssen auf organizistische Analogien oder Beschwörungen einer Ganzheit.

2.3   Kontroversen über die Ziele und das Erkenntnisinteresse der Sozialwissenschaften

Der Methodenstreit bereitete den Boden für den **Werturteilsstreit**, wie er dann im Rahmen der deutschen Ökonomie vor allem durch das energische Eintreten Max Webers für die Werturteilsfreiheit der Sozialwissenschaft ausgelöst wurde. Im Unterschied zu dieser Zielsetzung ging es den Vertretern der historischen Schule der Nationalökonomie in Deutschland um die Lösung der Sozialen Frage durch Sozialreform. Diese Orientierung der „Kathedersozialisten" an der Bewertung einzelner Erscheinungen der Zeit zum Zweck ihrer Verbesserung durch politische Maßnahmen erfolgte nicht nur auf der Basis von Datenerhebungen, sondern verband sich in der öffentlichen Präsentation auch mit persönlichen Wertungen.

Max Weber, der selbst aus der Tradition der historischen Ökonomie und Rechtswissenschaft kam, wandte sich insbesondere gegen diese Werturteile, die vom Katheder herunter verkündet wurden. Seine eigene Haltung war ambivalent, weil er einerseits zwar vehement gegen die Verkündigung von Wertungen und persönlichen Anschauungen insbesondere in der Lehre auftrat, andererseits aber nicht nur persönlich leidenschaftlich an aktuellen Problemen Anteil nahm, sondern sich auch gegen einen nur nach innen gerichteten Akademismus aussprach. Er erhoffte sich von der Soziologie nicht so sehr eine an „sozialen Problemen" orientierte Forschung, sondern vor allem die Einführung theoretischer Aspekte in die Volkswirtschaftslehre. Weber erhob daher wie Menger den Anspruch, dass Sozialwissenschaft theoretisch begründet sein müsse, um die historische Wirklichkeit sowohl objektiv erklären als auch verstehend begreifen zu können. Die Sozialwissenschaft muss aber, wie er meinte, werturteilsfrei verfahren, und er trennte daher auch streng zwischen Sozialwissenschaft und Sozialpolitik.

In den Diskussionen, die als Werturteilsstreit bekannt sind, ging es dann allerdings weniger um die Berechtigung der Werturteilsfreiheit, denn diese wurde mit wenigen Ausnahmen im Prinzip, wenn auch nicht in der rigiden Form Webers, von den meisten akzeptiert (Nau 1996).

Der eigentliche Konfliktgrund waren die unterschiedlichen Auffassungen über Ziel und Zweck der Wissenschaft zwischen jenen, die Lösungen für gesellschaftliche Probleme durch Wissenschaft anstrebten, und jenen, die vorrangig an methodischer Objektivität und innerwissenschaftlichen Diskussionen orientiert waren, wie sie schon Kant als das Ideal „reiner" Wissenschaft, die nur der Wahrheit verpflichtet ist, in seinem „Streit der Fakultäten" thematisiert hatte (Kant 1995).

Webers eigentliche Gegner im Werturteilsstreit waren nicht die historistischen Kathedersozialisten, wenngleich er Schmoller schon früh wertende Aussagen vorgeworfen hatte, sondern die marxistisch orientierten Mitglieder des Vereins für Socialpolitik. Max Adler, Carl Grünberg und Rudolf Goldscheid, allesamt Austromarxisten, waren sowohl im Werturteilsstreit in der Ökonomie als auch in der Deutschen Gesellschaft für Soziologie Webers Kontrahenten, die kurzfristig auch den Sieg davontrugen. Insbesondere ist hier auf Rudolf Goldscheid zu verweisen, der wesentlich für das Ausscheiden Webers aus der Deutschen Gesellschaft für Soziologie verantwortlich war (Mikl-Horke 2004a). Sie beanspruchten eine führende Stellung der Wissenschafter als Speerspitzen gesellschaftlicher Veränderung, die sie daher nicht im Sinne einer Arbeitsteilung den Politikern überlassen wollten. Wissenschaft sollte unmittelbar nützlich sein für die Verbesserung der sozialen Verhältnisse und der Lebenslagen der Massen, sollte selbst soziale Praxis sein. Dies versprachen sie sich insbesondere von der Soziologie, die in gewisser Weise für sie nicht nur Sozialwissenschaft, sondern soziale Bewegung und soziale Sendung war. Der eigentliche Konflikt bestand daher über die Ziele und die Funktion der Sozialwissenschaft und es war eine erbitterte Auseinandersetzung.

Die Idee, dass Wissenschaft Grundlage des menschlichen Fortschritts sein und aktiv an der Gestaltung des gesellschaftlichen Wandels mitwirken sollte, entstammte dem Aufklärungsdenken. Eine besondere Bedeutung für die Auseinandersetzung um die Ziele erhielt sie jedoch durch den wissenschaftlichen Sozialismus, wie er Karl Marx vorschwebte. Auf der Grundlage einer materialistischen Wendung der Hegelschen Geschichtsphilosophie stützte sich marxistische Wissenschaft auf die Erkenntnis von Bewegungsgesetzen der Gesellschaft aus der Analyse der Produktionsverhältnisse. Zwar können diese objektiv erkannt werden, aber die Ziele der Theorie weisen darüber hinaus auf Gesellschaftsveränderung. Die marxistische Wissenschaft distanzierte sich von der **„bürgerlichen Wissenschaft"**, die als affirmativ in Bezug auf die bestehenden sozialen, politischen und wirtschaftlichen Verhältnisse und daher als ideologisch im Sinne der Interessen der Bourgeoisie bzw. der Kapitalistenklasse aufgefasst wurde. Damit war ein Schisma innerhalb der Sozialwissenschaften zwischen „bürgerlicher Wissenschaft" und sozialistisch-marxistischer bzw. **„fortschrittlicher Wissenschaft"** begründet worden.

In weiterer Entwicklung wurde Webers Position objektiver Wissenschaft, allerdings in der Interpretation der modernen amerikanischen Sozialwissenschaft, zur dominanten Auffassung. Dies hatte auch mit den Bestrebungen der einzelnen Wissenschaften nach Abgrenzung voneinander und Anerkennung ihrer Wissenschaftlichkeit zu tun.

Die Akademisierung und Professionalisierung der Einzelwissenschaften als universitäre Fächer verlagerte die Aufmerksamkeit auf innerwissenschaftlichen Fortschritt und professionelle Anerkennung, die Frage nach den autonomen Zwecken der Sozialwissenschaft als gesellschaftliche Praxis verschwand weitgehend aus dem Bewusstsein.

Die Soziologie wurde akademisch verankert als eine Einzeldisziplin und konzentrierte sich als empirisch-theoretische Wissenschaft auf die Entwicklung ihrer Theorien, Begriffe und Methoden ohne unmittelbaren Anspruch auf gesellschaftliche Veränderung. Die „Wissenschaftlichkeit" der Methode und die möglichste Reinheit der begrifflichen Konstrukte wurden zu den Anforderungen an die Sozialwissenschaften, die sich damit weitgehend dem Problem, das Weber trotz seiner Einstellung im Werturteilsstreit noch stark beschäftigt hatte, nämlich das der „Wertbeziehung" der Sozialwissenschaft auf ihre Umwelt, versagten.

Im sog. **„Positivismusstreit"** der späten 50er und beginnenden 60er Jahre des 20. Jahrhunderts, der sich nun nicht mehr im Rahmen der Ökonomie, sondern in jenem der Soziologie abspielte, standen einander hermeneutisch-dialektische Erkenntnisweisen und die empirisch-analytische Auffassung wissenschaftlicher Methode gegenüber.[6] Erstere war vertreten durch die sog. kritische Theorie der Frankfurter Schule. Die kritische Theorie war als Neubelebung der hegelianisch-philosophischen Dimension im Marxismus in den 20er Jahren des 20. Jahrhunderts vor allem mit den Namen Max Horkheimer und Theodor W. Adorno verbunden. Ursprünglich im und um das Frankfurter Institut für Sozialforschung entstanden kam sie mit ihren Exponenten ins Exil in die USA, von wo sie nach dem 2. Weltkrieg wieder zurückkehrte und hier in den 60er Jahren eine Rolle in der Studentenbewegung und im Positivismusstreit spielte.

Auch im Positivismusstreit ging es nur vordergründig um die Methode, der eigentliche Gegensatz bestand in der Funktion und Rolle der Wissenschaft in der Gesellschaft. Horkheimer hatte schon 1937 in seiner Konfrontation von traditioneller und kritischer Theorie die Instrumentalisierung der Vernunft im Sinne von Zweck-Mittel-Kalkülen der Subjekte kritisiert und die **dialektische Beziehung von Theorie und Praxis** betont (Horkheimer 1937). Kritische Theorie steht demnach in einem bewussten Gegensatz zur „traditionellen" Theorieauffassung, die auf der Trennung von Sein und Sollen, Theorie und Praxis, Subjekt und Objekt, Gegenstand und Methode der Wissenschaft, d.h. auf das Ziel objektiver Erkenntnis gerichtet ist. Für die kritische Theorie hingegen ist Wissenschaft eine Form gesellschaftlicher Praxis, deren Annahmen und Voraussetzungen gesellschaftlich vermittelt sind und die auf die Wirklichkeit einwirkt. Diese wird im Sinne der dialektischen Einheit von Sein und Werden als historische Totalität aufgefasst.

> Wissenschaft muss sich aber nicht nur ihrer Wirkung auf die Praxis bewusst sein, sondern anders als die affirmative Theorie daraus den Anspruch ableiten, die Irrationalität der gesellschaftlichen Verhältnisse aufzuzeigen, um damit die Gesellschaft zu verändern.

Das setzt aber auch die Beschränkung der Theorie auf Wertfreiheit und Seinserkenntnis außer Kraft, kritische Theorie zielt über die Seinserkenntnis hinaus auf Sollerkenntnis und Seinsveränderung.

In Weiterführung der kritischen Gesellschaftstheorie stellte Jürgen Habermas die Frage nach dem **Erkenntnisinteresse der Sozialwissenschaft**. Das erkenntnisleitende Interesse, das bei der empirisch-analytischen („positiven") Wissenschaft auf technische Problemlösung gerich-

---

[6]   Die Bezeichnung „Positivismusstreit" ist irreführend, weil es dabei nicht um den Positivismus im Sinne der reinen Erhebung des Gegebenen ging, sondern um die unterschiedliche Wissenschaftsauffassung zwischen den Vertretern des „kritischen Rationalismus", Karl R. Popper und Hans Albert, und den kritisch-dialektischen Sozialwissenschaftlern (Adorno 1969).

tet ist, wird bei den Geisteswissenschaften durch ein praktisches Interesse an der Ermöglichung von Kommunikation, von Verständigung, ersetzt, und tritt bei der kritisch-dialektischen Wissenschaft als Interesse an der Emanzipation der Menschen aus den Bezügen der Herrschaft auf (Habermas 1973). Habermas hob hervor, dass Sozialethik durch das Ideal wertfreier Objektivität in der demokratischen Gesellschaft paradox geworden sei. Er bezog das emanzipatorische Interesse daher auf die Ebene der Kommunikation, die unter diskursethischen Gesichtspunkten von Zwang und Herrschaft frei sein solle. Den bestehenden Kommunikationsformen muss der herrschaftsfreie Diskurs als Maßstab gegenüber gestellt werden. In diesem Zusammenhang kam es auch zur Diskussion um die Systemtheorie zwischen Habermas und Niklas Luhmann, wobei Habermas diesem die affirmative Verstärkung der bestehenden Kommunikationsrealität vorwarf. Die seitdem eingetretenen Veränderungen führten jedoch dazu, dass Luhmann vom Ende der „kritischen" Soziologie sprechen konnte (Luhmann 1991).

Dies war die letzte Auseinandersetzung um die grundlegende Erkenntnisweise und die Erkenntnisziele in den Sozialwissenschaften gewesen. Sie spielte sich nicht mehr in der Ökonomie ab, die sich nur mehr peripher als Sozialwissenschaft verstand, sondern in der Soziologie, die zur zentralen Disziplin der Sozialwissenschaften geworden war. In den 1970er und 1980er Jahren gab es noch eine Fülle von Abhandlungen, die sich mit den Fragen der Logik und Methodologie der Sozialwissenschaften beschäftigten (Acham 1978; 1983; Albert 1976; Albert/Stapf 1979; Habermas 1982; Opp 2005; Topitsch 1984). Das belegt das Interesse an der Professionalisierung und wissenschaftlichen Anerkennung der Sozialwissenschaften als gleichberechtigt neben den Natur- und den Geisteswissenschaften in dieser Zeit.

Gleichzeitig nahm die Binnenorientierung an den Konventionen und Standards der „scientific community" der jeweiligen Einzeldisziplin zu. Methodenprobleme, Probleme der Definition des Erkenntnisobjekts, Theoriebildung etc. wurden zu zentralen Anliegen im Bemühen um Wissenschaftlichkeit. Dabei wurden die „Besonderheiten" der Sozialwissenschaften (Ossowski 1973), die diese durch die Gleichheit von Objekt und Subjekt stets auf die Wirklichkeit und ihre Wirkung in dieser verweist, häufig zurückgedrängt zugunsten einer Objektivität, die sich durch die Techniken der Datensammlung, durch Quantifizierung oder durch logisch-begriffliche Theoriekonstruktionen zu beweisen suchte.

2.4 Die Arbeitsteilung zwischen Ökonomie und Soziologie

Schumpeter verwies in seiner Anleitung „Wie studiert man Sozialwissenschaft?" in Bezug auf das Studium der Soziologie noch auf die „soziologischen Ausführungen" in dem gängigsten Lehrbuch der Nationalökonomie der Zeit, Eugen von Philippovichs „Grundriss der politischen Ökonomie", das unzählige Auflagen seit 1893 erlebte (Schumpeter 1915a, 27). Die Soziologie war damals noch nicht akademisch etabliert und es gab zumindest in der Einschätzung Schumpeters kaum geeignete Lehrbücher dafür. Die Ökonomie hingegen war bereits eine gut ausgebaute, etablierte Wissenschaft, die vielfach noch als die zentrale Disziplin im Rahmen der Sozialwissenschaften angesehen wurde. Daher konnte man, wenn man Aufschluss über sozialwissenschaftliche Erkenntnis erhalten wollte, damals noch immer eher in ökonomischer Literatur fündig werden als in den wenigen Lehrbüchern, die „Soziologie" im Titel führten, und das, obwohl Simmel und Weber in Deutschland oder Durkheim in Frankreich schon ihre großen Werke veröffentlicht hatten.

Allerdings änderte sich dies sehr bald, da die Soziologie allmählich als eine eigenständige Einzelwissenschaft auch akademische Anerkennung erfuhr. Dies bedingte die Abgrenzung von der Ökonomie in Bezug auf die methodische Spezifität als empirische Wissenschaft und die inhaltlich-theoretische Bestimmung ihres besonderen Gegenstands.

Die Trennung zwischen Ökonomie und Soziologie war aber auch durch die Entwicklung in der Ökonomie schon vorgezeichnet. Die neoklassischen Ökonomen waren bestrebt, den logischen Kern des Wirtschaftens herauszuarbeiten und suchten daher, alle „störenden" Elemente aus ihrem Modell auszuklammern. Damit sollten sich andere Wissenschaften beschäftigen, wobei William St. Jevons bereits 1871 meinte, die nicht erfassten sozialen und realen Aspekte sollten Gegenstand einer **„economic sociology"** sein (Jevons 1888, I.25). Damit war er wahrscheinlich sogar der erste, der diesen Begriff verwendete. Menger hatte ebenfalls gemeint, die exakte Theorie der Ökonomie solle sich auf die formale Natur der wirtschaftlichen Beziehung selbst konzentrieren (Menger 1883, 11), während er die realistischen Aspekte der empirischen Forschung zuordnete.

Von besonderer Bedeutung für die Grenzziehung zwischen Ökonomie und Soziologie war die **Aufgabenteilung**, wie sie von Vilfredo Pareto, dem bedeutenden italienischen Nationalökonomen der Walras-Schule, der aber auch einer der Begründer der modernen Soziologie war, vorgenommen wurde (Pareto 1907).

Er wies der Ökonomie die Aufgabe zu, sich mit dem logischen Handeln zu beschäftigen, die Soziologie aber sollte das nicht-logische Handeln logisch erklären.

Damit bestimmte Pareto das wirtschaftliche Handeln als logisch bzw. rational, soweit es Gegenstand der Ökonomie ist. Sein Kennzeichen ist die objektive (instrumentelle) Rationalität. Interessanterweise war es aber auch Pareto, der sich wie kein anderer bewusst war, dass das tatsächliche Wirtschaften keineswegs stets logisch-rational erfolgt. Er verwies dies jedoch in den Bereich der Soziologie, so dass eine ihm entsprechende Konzeption von Wirtschaftssoziologie die logische Erklärung des nicht-logischen Handelns in der Wirtschaft anstreben muss. Er selbst wandte sich in seinem späteren Leben der Soziologie zu und entwickelte Kategorien für die Konzeptualisierung der nicht-logischen Aspekte, die er Residuen und Derivationen nannte (vgl. Mikl-Horke 2001a, 78 f).

Pareto differenzierte zwischen dem Wirtschaften als den tatsächlich vor sich gehenden Handlungen und den **Objektdefinitionen der beiden Einzelwissenschaften Ökonomie und Soziologie**. Dies entsprach auch der Tendenz der Zeit, Erkenntnisobjekte als Gegenstandsbestimmungen der Einzelwissenschaften zu definieren und damit klar voneinander abzugrenzen. Insbesondere für die „Arbeitsteilung" zwischen Ökonomie und Soziologie und dabei wieder für die letztere als die jüngere Disziplin war dies wichtig für ihre akademische Integration.

Die Soziologen suchten ihre Wissenschaft zu etablieren und mussten dies insbesondere in Abgrenzung zur Ökonomie tun. Dies motivierte etwa Emile Durkheim dazu, Soziologie als Moralwissenschaft zu definieren und ihren Gegenstand in der **„Gesellschaft"** repräsentiert durch die auf kollektiven Vorstellungen beruhenden Normen zu sehen. Andere betonten das „Soziale" in ihrer Sichtweise, indem sie es den Begriffen des Handelns oder Verhaltens bzw. den Beziehungen beifügten. Sie definierten die zentralen Objekte als „soziales Handeln", als „soziales Verhalten", als „soziale Beziehungen" oder als „soziale Gebilde" etc. und schufen damit zusätzlichen Definitionsbedarf, um sie von „individuell", „persönlich" oder „ökonomisch" abzugrenzen.

Moral und die Orientierung am Verhalten anderer wurden nicht als Ausdruck von Rationalität betrachtet, denn dieser Begriff wurde in verengter Auslegung mit den individuellen Zweck-Mittel-Kalkülen identifiziert. „Sozial" erschien dann als das Andere von rational, als nicht-rational, und wurde mit arationalen oder irrationalen Aspekten von Gewohnheit, Glauben, Nachahmung, Gefühlen und Ideologien verbunden. Je nachdem, wovon man sich abgrenzen wollte, wurde „sozial" synonym für „nicht-rational", „normgeleitet", „milieubedingt" etc. verwendet.

Diese gegensätzlichen Bestimmungen von „sozial" und „wirtschaftlich" wirkten sich auf das Verständnis von Gesellschaft, aber auch auf jenes der Wirtschaft negativ aus.

Sie resultierten in dem Ausschluss wirtschaftlicher, aber auch politischer Bezüge aus dem Gesellschaftsverständnis und legten den Begriff der Wirtschaft so fest, wie er von der neoklassischen Ökonomie definiert worden war.

Da dieser im Modell des „homo oeconomicus" repräsentiert war, der seinen „ausschließlich individuellen" Nutzen rational zu maximieren sucht, wurde „sozial" in einen Gegensatz zu „individuell" gesetzt; dieses wurde gleichbedeutend mit „nicht-sozial" im Sinne des Ausschlusses aller gesellschaftlichen, kulturellen, politischen, kurz aller „realistischen" Umweltbezüge des Individuums verstanden.

Mill, Jevons, Edgeworth u. a. hatten der wissenschaftlichen Theorie der Wirtschaft das Konstrukt eines hedonistisch-autistisch agierenden Individuums als fiktiv-normatives Axiom zugrunde gelegt. Trotz des abstrakten Modellcharakters beruht diese Annahme jedoch auf einem psychologischen Prinzip, nicht auf einem rein logischen. Dadurch unterscheidet sich das utilitaristische ökonomische Handlungskonzept von dem, was Schumpeter als **„methodologischen Individualismus"** bezeichnet hatte (Schumpeter 1908). Dieser beruht in der für die Zwecke der wissenschaftlichen Analyse zugrunde gelegten Annahme, dass kollektive

Gebilde und Prozesse ihren Ursprung in individuellen Handlungen haben, die aber nicht in individuellen Motiven des Lustgewinns/der Unlustvermeidung bestehen müssen. Welche Inhalte die individuellen Zweckhandlungen haben, bleibt unbestimmt. Wichtig ist allein, dass es sich dabei um die Relationierung von Zwecken und Mitteln handelt. Diese logische Beziehung konstituiert die theoretische Grundlage des Handelns und mithin auch des wirtschaftlichen Handelns.

Obgleich selbst sehr an der Soziologie interessiert, differenzierte Schumpeter streng zwischen dem „rein Wirtschaftlichen", das aus sich selbst heraus erklärt werden könne, ohne auf die „erfahrungsbedingten Regelmäßigkeiten" bzw. auf Kultur und Situation Bedacht nehmen zu müssen, und dem „Gesellschaftlichen", dem er in Bezug auf das „rein Wirtschaftliche" die Rolle der „ceteris paribus"-Annahmen zuschrieb (Schumpeter 1911). Die Zukunft der Sozialwissenschaften sah Schumpeter in der Arbeitsteilung zwischen den Disziplinen und in innerdisziplinärer Theoriebildung. Gerade weil er die Soziologie als eigene Disziplin schätzte, förderte er daher auch ihre Abtrennung von der Ökonomie (Schumpeter 1915b, 133). Soweit sie sich mit der Wirtschaft beschäftigte, sollte sie eine soziologische Erklärung der Wirtschaftsgeschichte liefern.

Eine andere weit verbreitete Auffassung bezieht Wirtschaft auf Mensch-Ding-Beziehungen. Demnach stellen Güter und Geld das Objekt der Ökonomie dar. Das wirtschaftliche Handeln erscheint als primär nicht-sozial, sondern auf die Güterwelt bezogen. Damit wird einerseits die materiell-geldliche „Substanz" der Wirtschaft, andererseits die **„Verdinglichung"** der wirtschaftlichen Beziehungen durch ihre Vermitteltheit durch die Güter und das Geld betont.[7] Eine ähnliche Auffassung hatte auch Franz Oppenheimer vertreten, allerdings betonte er den rein modalen, also **auf Mittel bezogenen Charakter der Wirtschaft**, während die Ziele der moralischen Bewertung in der Gesellschaft unterliegen sollten. Sie sind daher auch Gegenstand der Soziologie, die Oppenheimer, weil er von einer Hierarchie der Ziele ausging, als die übergeordnete Wissenschaft betrachtete. Die Ökonomik stellt in seiner Sicht daher einen Teil der Soziologie dar (Ganßmann 1996).

Die Definitionen des Gegenstands der Ökonomie von Pareto, Schumpeter und Oppenheimer stellen zwar auf unterschiedliche Aspekte ab, alle drei zielen jedoch auf eine Arbeitsteilung zwischen Ökonomie und Soziologie, bei der wirtschaftliche Sachverhalte strikt von anderen Handlungsweisen bzw. Lebensbereichen getrennt werden. Wirtschaft erscheint als individuell, rational bzw. als monetärer Ausdruck von Gütern und Leistungen, und in diesem Sinn „nicht-sozial"[8] und Gesellschaft bzw. Sozialität wird unter Ausschluss der Wirtschaft, wie davor schon des Staates, konzipiert.

---

[7] Die Sicht der Wirtschaft, wonach sich diese ausschließlich auf die materielle Seite des Lebens bezieht und durch die Bewegungen von Geld- und Güterströmen bestimmt ist, hat ihren Niederschlag darin gefunden, dass der Wohlstand und das „Glück" der Nationen in Handelskennziffern, Produktivitätsindizes, BIP-Zahlen gemessen wird.

[8] Das gilt für Schumpeter und für die österreichische Schule der Nationalökonomie nicht im gleichen Sinn, weil individuelle Interessen auch die soziale Umwelt mit einschließen können.

Nach dem Niedergang der historischen Nationalökonomie, des Institutionalismus und auch der sozialistischen Wirtschaftslehren wurde die neoklassische Auffassung mit ihrer autistisch-individualistischen und utilitaristisch-logisch begründeten rationalen Wahlhandlungstheorie und der Gleichgewichtstheorie des Marktes zur dominanten Konzeption innerhalb der Ökonomie. Obwohl sie von ihren Vertretern als bewusst fiktiv und als formallogisches Modell verstanden wird, gewann sie großen Einfluss über die Grenzen der Disziplin hinaus auf das allgemeine Verständnis von „wirtschaftlich" in Politik, Medien und – mit Einschränkungen – im Geschäftsleben; sie hatte tief greifende Auswirkungen auf das Verständnis von „Wirtschaft" und von „wirtschaftlich" auch im Alltagsverständnis durch die Diffusion wissenschaftlicher Begriffe und Konzepte im Wege der Medien, durch Ausbildung und Politikberatung (Callon 1998; Breslau 2003). Das belegt die Tatsache, dass Wissenschaft, selbst wenn sie sich als rein logisch begründet gibt, dennoch immer soziale Praxis darstellt und als solche Voraussetzungen in der Welt und Wirkungen auf diese hat.

> Die Ökonomen hoben den formallogischen Charakter ihrer Annahmen durch die Anwendung der Mathematik hervor. Die Soziologen versuchten in ähnlicher Weise, „rein soziale" Gegenstandsbestimmungen zu entwickeln und gelangten zu einem inhaltlich entleerten Gesellschaftsbegriff, der ohne ökonomische und politische Bezüge auskommt, wobei dem Sozialen eine besondere Qualität zugeschrieben wurde, die aus dem Bezug auf Normen, Institutionen oder dem Interaktionsgefüge hergeleitet wurde.

Der Gegensatz zwischen Ökonomie und Soziologie lässt sich in vereinfachender und polarisierender Sicht als konträre Menschenbilder fassen. Dem Modell des „homo oeconomicus" kann in „soziologistischer" Auslegung das Menschenbild des **„homo sociologicus"** gegenüber gestellt werden (Dahrendorf 1977). Auch dieses enthält die Konstruktion eines homunculus, dessen Handeln durch die Gesellschaft bzw. die Orientierung an allgemein verbreiteten Regeln bestimmt wird. Die Gesellschaft präsentiert sich im Kern als ein Gefüge von Verhaltensnormen, die ein geordnetes Zusammenleben ermöglichen. Der Mensch macht sich diese Normen zueigen und handelt danach im Rahmen seiner jeweiligen sozialen Rolle, die als die normativ begründeten Verhaltenserwartungen seiner Umwelt auf Grund seiner Position definiert wird. Normabweichungen werden von der Gesellschaft sanktioniert und als abweichendes Verhalten definiert.

2.5   Abschließende Bemerkungen

Die Trennung und gegenseitige Abgrenzung von Ökonomie und Soziologie hatten nicht nur Auswirkungen auf das Verständnis der Begriffe „sozial" und „wirtschaftlich", sondern auch für die Sozialwissenschaften insgesamt. Die Ökonomie und die Soziologie sind die zwei in historischer Sicht für die Entwicklung der Sozialwissenschaften wohl bedeutendsten Disziplinen; ihre Auseinanderentwicklung, ja Gegensätzlichkeit in vielen Punkten hatte daher entscheidenden Einfluss auf diese.

In Bezug auf die theoretischen Annahmen, den Modellcharakter und die mathematisch-logische Methode unterscheidet sich die Ökonomie, soweit sie mit der neoklassischen Nutzen- und Markttheorie identifiziert wird, stark von den anderen Sozialwissenschaften, die sich überwiegend als empirische Disziplinen verstehen. Dies hat zu einer Distanzierung zwischen Ökonomie und den Sozialwissenschaften geführt. Die Kennzeichnung „Sozialwissenschaften", mitunter auch „Verhaltenswissenschaften" kann daher als methodisch-theoretische Ausrichtung innerhalb der Ökonomie verstanden werden, die sich entgegen den formal-mathematisch orientierten Strömungen auf empirische und inhaltlich umfassendere Orientierungen beruft, so dass die Kennzeichnung als Wirtschaftswissenschaft und Sozialwissenschaft auch die Ökonomie selbst spaltet.

Die Soziologie wurde in der Folge immer wichtiger für die Bestimmung der Sozialwissenschaften und zu deren zentraler Disziplin. Sie hat eine Reihe von theoretischen Ansätzen entwickelt, etwa den handlungstheoretischen, den institutionalistischen, den kulturwissenschaftlichen oder den systemtheoretischen Ansatz. Diese wurden zum Teil auch in anderen Disziplinen aufgegriffen und stellen interdisziplinäre Ansätze dar, die aber nicht zu einer Vereinheitlichung führen, sondern quer zur Betonung der spezifischen Gegenstandsdefinitionen stehen und damit unterschiedliche theoretische „Sprachspiele" innerhalb der einzelnen Disziplinen darstellen. Luhmann hat sie einmal als pathologische Merkmale einer „multiplen Paradigmatase" der Soziologie bezeichnet (Luhmann 1981). Ihre Uneinheitlichkeit reflektiert aber die Eigenart der Sozialwissenschaften, die sich aus den unterschiedlichen Möglichkeiten, die Wirklichkeit wahrzunehmen und zu deuten, ergibt.

Sehr oft wird daher von „Sozialwissenschaften" in Abgrenzung von der Ökonomie gesprochen. Man kann gewissermaßen von Sozialwissenschaften in einem weiteren Sinn unter Einschluss der Ökonomie und in einem engeren Sinn sprechen, was dann einen Gegensatz zur Ökonomie zum Ausdruck bringt. Das drückt sich auch in der Lehre aus, wo man den Sozialwissenschaften in Verbindungen wie Wirtschafts- und Sozialwissenschaften, Geistes- und Sozialwissenschaften etc. begegnet. Insbesondere in den Wirtschafts- und Sozialwissenschaften stehen meist die ökonomischen Fächer im Vordergrund, wobei dann allerdings mitunter auch die Wirtschaftssoziologie, Wirtschaftspsychologie, Wirtschaftsgeschichte als „Wirtschaftswissenschaften" bezeichnet werden. Umgekehrt werden die Sozialgeschichte, Sozialpsychologie, Sozialökonomie etc. zu den „Sozialwissenschaften" gezählt.

In der Geschichte der Wissenschaften ist es auch zu Kooperationen zwischen den Disziplinen und zur Übernahme von Erkenntnissen anderer Wissenschaften gekommen. Transdisziplinäre Vorgehensweisen sind immer schon weit verbreitet gewesen, um neue Perspektiven in der eigenen Disziplin zu eröffnen. Auch Paradigmen, die mehrere Sozialwissenschaften durchzogen, waren zu erkennen. Hans Albert unterschied das ökonomische, das historische, das marxistische und das strukturalistisch-funktionalistische Erkenntnisprogramm (Albert 1984).

Auch die Forderung nach interdisziplinärer Zusammenarbeit ist schon oft erhoben worden. In der Gegenwart verspricht man sich davon vielfach einen besonderen Fortschritt in Bezug auf die Lösung pragmatischer Probleme; interdisziplinäre Kooperation ist aber meist schwierig, weil die Barrieren durch unterschiedliche Methoden- und Begriffsverständnisse, aber auch durch Ängste in Bezug auf Kompetenzverluste erst in einem langwierigen Dialogsprozess abgebaut werden müssen. Während für multidisziplinäre Kooperationen nicht unmittelbar der Austausch zwischen den Disziplinen erforderlich ist, sondern die Behandlung eines Problems aus verschiedenen disziplinären Perspektiven erfolgt, setzt **Interdisziplinarität**, um fruchtbar zu sein, die transdisziplinäre Orientierung der Dialogpartner voraus.

In der Gegenwart, in der es in erster Linie auf Brauchbarkeit zur Lösung bereits vordefinierter Probleme ankommt, geht die Tendenz in Richtung auf ein Verständnis von Interdisziplinarität, das sich an wechselnden inhaltlichen **Themenschwerpunkten** ohne Bezug auf einzelwissenschaftliche Denktraditionen oder Theoriekonzeptionen orientiert. Interdisziplinarität erscheint also vordergründig durch die Themenzentrierung gegeben. Die Fragmentierung in Themenbereiche lässt sich an Auflistungen ablesen, in denen unter dem Stichwort „Sozialwissenschaften" neben den wichtigsten Fächern mit sozialem Bezug eine Reihe von Problemen angeführt werden.[9] Wenngleich die Öffnung der Sozialwissenschaften in Richtung auf die Interdisziplinarität, wie sie in dem Bericht der Gulbenkian Kommission empfohlen wird (Wallerstein 1996), sicherlich ein wichtiges Ziel ist, besteht durch die Etablierung von integrativen Forschungsprogrammen dieser Art auch die Gefahr, dass dies eine weitere Zersplitterung und Inhaltsleere der „Sozialwissenschaften" zugunsten kurzfristiger „Problemlösungen" zur Folge hat.

Für die Erkenntnis und das Verständnis von Wirtschaft haben sich die Trennung von Soziologie und Ökonomie und die teilweise Distanzierung der letzteren von den Sozialwissenschaften als problematisch erwiesen. Die disziplinspezifischen Bemühungen um Grenzziehungen und Konstitutionen eigener Erkenntnisobjekte haben eine zusätzliche Ebene innerwissenschaftlicher Probleme zwischen Beobachter und Wirklichkeit entstehen lassen, die weniger der Fokussierung der Analyse dient, als vielmehr dieser professions- und statusbedingte Konditionen aufzwingt. Diese sind auch durch Bestrebungen um Interdisziplinarität nur schwer zu überwinden. Dennoch gab und gibt es Ansatzpunkte sowohl in der Soziologie als auch in der Ökonomie zu einer Sozialwissenschaft der Wirtschaft. Mit diesen und den Zielsetzungen, Einstellungen und Perspektiven, aus denen sie erfolgten bzw. mit denen sie verbunden werden können, werden sich die folgenden Kapitel beschäftigen.

---

[9] Die Library of Congress Classification nennt unter der Class H (social sciences): Statistics, economic theory, demography, economic history, public finance, sociology, social history, criminology sowie eine Reihe von speziellen inhaltlichen Kategorien wie „industries", „labor", „finance", „family", „socialism" etc. Andere Auflistungen führen an: Anthropology, archaeology, social customs, traditions, and folklore, education, ethnicity, culture, and race, gender and sexuality, geography, history, history of the social sciences, political science, psychology, social issues and social welfare, social science news, sociology (ipl: Internet public library). Oder: Anthropology, business and management, economics, law, education, environmental sciences, European studies, human geography, politics, psychology, sociology, statistics, government policy, hospitality and catering, social welfare, sport and leisure practice, travel and tourism, womens' studies etc. (Intute 2006).

3 Ansätze zu einer Sozialwissenschaft der Wirtschaft in klassischen Konzeptionen

In diesem Abschnitt werden einige klassische Ansätze präsentiert, in denen Wirtschaft aus unterschiedlicher Perspektive mit Gesellschaft verbunden wurde: Zunächst aus der Sicht der Industriegesellschaft und der Bedingungen ihrer Ordnung, dann aus der historischen Perspektive der Entwicklung der westlichen Kultur, in der Wirtschaft sich in Denkweisen, Handlungsorientierungen und Lebensführung manifestiert. Schließlich wird die Einbettung der Wirtschaft in die Gesellschaft, wie sie in den vormodernen Sozialordnungen feststellbar ist, der Marktökonomie in der Phase des Liberalismus gegenübergestellt und Wirtschaft als politische Institution und soziale Praxis gedeutet. Herbert Spencer und Emile Durkheim, Max Weber und Karl Polanyi, letzterer mit den Einflüssen, die er von Marx empfing, repräsentieren diese unterschiedlichen Perspektiven im Verhältnis von Wirtschaft und Gesellschaft. Anschließend wird auch eine aus den Ansätzen in der Ökonomie Carl Mengers entstandene sozialwissenschaftliche Perspektive der Wirtschaft auf individualistischer Grundlage präsentiert.

3.1 Die Wirtschaft in der sozialen Ordnung der Industriegesellschaft: Spencer und Durkheim

Die Soziologie entstand in der Absicht, die spezifischen Grundzüge der modernen Gesellschaftsordnung zu erforschen und zu erklären. Sie war stark an dem nach-revolutionären Problem der Möglichkeit von gesellschaftlicher Ordnung auf Grund der Delegitimierung der aristokratisch-ständischen Strukturen orientiert und setzte ihre Hoffnungen auf die Fortschritte von Wissenschaft und Technologie. Damit begannen Diskurse der Transformation der sozialen und ökonomischen Strukturen im Sinne einer neuen gesellschaftlichen Ordnung, der „Industriegesellschaft". Saint-Simons Begriff der „civilisation industrielle" und Comtes

Konzeption ihrer sozialen Ordnung und Dynamik bestimmten die grundsätzliche Orientierung, von der aus die Wirtschaft betrachtet wurde.

Spencer charakterisierte die modernen Gesellschaften als wesentlich industriewirtschaftlich bestimmt. Er drückte die strukturellen Merkmale der Gesellschaft in Anlehnung an naturwissenschaftliche Konzepte als „System" aus und übertrug insbesondere den Gedanken der Evolution auf die superorganischen Ebenen der sozialen und der ethisch-moralischen Entwicklung (Kellermann 1976). Spencers Leistung für die Sozialwissenschaft bestand jedoch in der Entwicklung einer **Systemtheorie der Gesellschaft**. Er verstand Gesellschaft als diskrete Ganzheit, die aus den koordinierten Aktionen vieler Individuen besteht. Die einzelnen Teile dieses Systems treten scheinbar autonom auf, weisen aber in ihrem Zusammenwirken eine bestimmte „Konkretheit des Aggregatzustandes" auf, der auf Sprache, Verstand und Gefühlen beruht. Obwohl dies grundlegend andere Bedingungen sind als die physikalisch-chemischen Reaktionen, unterliegt der Zusammenhang denselben Organisations- und Entwicklungsgesetzen der zunehmenden Kohärenz, Heterogenität, Integration und Bestimmtheit wie organische Systeme. Sie begründen die Ausdifferenzierung des Ganzen in Subsysteme im Sinne funktionaler Beziehungen. Er unterschied das innere System, das die Funktion der Erhaltung durch Anpassung an die „Nahrung" hat, das äußere System als Regelungs- und Kontrollsystem zwischen den Subsystemen und in Bezug auf die Umwelt, das intermediäre System der Verteilung, des Transports und der Kommunikation (vgl. Mikl-Horke 2001a, 33).

Als **Theoretiker der Industriegesellschaft** machte Spencer klar, dass die neue Ordnung im Gegensatz zu früheren Formen eine funktionale war, die auf Arbeitsteilung und beruflicher Differenzierung beruhte und in der der Austausch auf friedlichem Wege erfolgt. Die wirtschaftlichen Aspekte wurden solcherart in die sozialstrukturellen Merkmale der neuen Gesellschaft übersetzt.

Als Herausgeber des „Economist" war Spencer auch mit den Diskursen über Wirtschaftspolitik vertraut und nahm eine liberalistische Haltung ein, die sich aber durchaus mit seiner naturwissenschaftlich orientierten Gesellschaftsauffassung vertrug. Der Zusammenhang individueller Aktionen ließ sich mit der evolutionären Selbstregulierung des Systems verbinden und stützte die Argumentation zugunsten des freien Marktes als Garant freier und friedlicher Entwicklung auf der Basis demokratisch-liberaler Prinzipien.

Auch Emile Durkheim beschäftigten die Probleme des Übergangs und die Frage, wie gesellschaftliche Ordnung zustande kommt. Er meinte, soziale Ordnung sei auf Moral gegründet und die „Moral beginnt ... dort, wo die Bindung an eine ... Gruppe beginnt." (Durkheim 1967, 87). Moral, wie Durkheim sie verstand, ist ein objektiver Tatbestand, der auf der Bindung der Menschen an eine Gruppe, sei dies die Familie, die Berufsgruppe oder die Gesellschaft beruht, denn in diesen entstehen auf Grund der Entwicklung gemeinsamer Vorstellungen Regeln des Verhaltens, die das Handeln der einzelnen lenken und beschränken. Durch den sozialen Wandel kommt es zur Erosion von Regeln und gemeinsamen Vorstellungen, so dass pathologische Erscheinungen auftreten. Sie manifestieren sich in einer Zunahme abweichender Verhaltensweisen wie etwa die hohe Selbstmordrate, die er als Ausdruck des Nachlassens der Wirksamkeit von Normen interpretierte, als einen Zustand der „Anomie", der Regel- und Normlosigkeit. **Die Moral ist begründet in den kollektiven Vorstellungen und ihrer obligatorischen Wirkung durch ihre Verankerung im Bewusstsein der Menschen.**

Dadurch kann Moral im Sinne eines selbsttätigen Sanktionsmechanismus „funktionieren", was aber, wie Hans Albert aufzeigte, eine Analogie zum Marktmechanismus darstellt (Albert 1967).

Durkheim hatte sich mit seiner Betonung der gesellschaftlichen Ordnung und ihrer Konstitution als „kollektives Unbewusstes" (König 1978, 134) jedoch anders als Spencer bewusst gegen die individualistische liberale Ökonomie gewandt. Er betonte die Ganzheit der Sozialordnung als Realität sui generis und hob als Argument gegen die zentrale Rolle des individuellen Eigennutzstrebens in der Ökonomie die Wirkung der Moral hervor, die in Form von Normen und Institutionen den einzelnen als Zwang von außen gegenüber tritt, aber damit gleichzeitig den Zusammenhalt und die Ordnung der Gesellschaft bewirkt. „Gesellschaft" ist daher das Insgesamt aller Überzeugungen, Einstellungen und Wertvorstellungen, die in Regeln und Normen das Handeln der einzelnen am Ganzen orientieren. Dieses Menschenbild verband sich dann bei Durkheim auch kongenial mit seinen späteren Studien zu primitiven Gesellschaften und den Arbeiten der Durkheim-Schule.

In Bezug auf die moderne Gesellschaft mit ihrer komplexen **Arbeitsteilung** meinte er, dass es die Komplementarität der Funktionen verschiedener Berufsgruppen und deren moralische Basis sei, die Ordnung ermögliche. Durkheim definierte die soziale Ordnung der neuen Gesellschaft daher als eine funktionale, d.h. als **Funktionszusammenhang der arbeitsteilig differenzierten Berufsgruppen**. Dieser erfordert eine neue Moral, die auf den Werten und Normen der Berufsgruppen beruht. Gerade die gegen die Individualisierung und Mikrofundierung der Ökonomie gerichtete Betonung der Normen und der sozialen Ordnung reflektierte die wirtschaftliche Arbeitsteilung und den Zusammenhang der Funktionen.

Funktionale Differenzierung und funktionale Integration sind die Aspekte, auf denen Durkheim die neue Ordnung begründet, so dass die Wirtschaft der Gesellschaft zwar ihre Strukturprinzipien vorgibt, jedoch die Auseinandersetzung mit der Funktionsweise der Wirtschaft verhindert wird.

Was man als „Wirtschaftssoziologie" der Durkheim-Schule manchmal bezeichnet hat, resultiert in der Unterordnung der Wirtschaftswissenschaft unter die Soziologie und ihre starke Betonung der institutionell-moralischen Ordnungsperspektive (Durkheim 1908). Wirtschaftliche Institutionen, mit denen sich Durkheim etwa in der „Physik der Sitten und des Rechts" (1991) beschäftigte, werden als Ausdruck der normativen Ordnung gedeutet, die ihrerseits auf der funktionalen Notwendigkeit der sozialen Regulation ökonomischer Beziehungen durch Vertrag, Eigentum und Beruf beruht.

So wird auch die zentrale Kategorie der modernen Ökonomie, der Preis, als etwas dem Individuum Äußerliches definiert und der kollektive Charakter der Preisbildung betont. Durkheim erklärte den Preis als einen dem Einzelnen als Datum von außen gegenüber tretenden Tatbestand, der auf kollektiven Vorstellungen von Gerechtigkeit und Angemessenheit beruhe und nicht auf das individuelle Handeln zurückgeführt werden könne (vgl. Beckert 1997, 103 ff).

Preise kommen demzufolge nicht durch das rationale Zusammenwirken der individuellen Handlungen zustande, sondern durch die kollektiven Vorstellungen über Angemessenheit und Legitimität. Sie wirken daher auf die Individuen als normativer Zwang von außen. Zwar gab Durkheim zu, dass die kollektiven Vorstellungen im Bereich der Wirtschaft weniger determinierend wirken als in anderen Lebenszusammenhängen (Durkheim 1938, vii), aber sie sind keineswegs unwirksam. Auch François Simiand hob hervor, dass die Nutzenschätzung nicht individuell, sondern durch das soziale Milieu, die Klassenlage und Statusinteressen bestimmt ist und der Tausch auf den gesellschaftlichen Institutionen beruht. Er charakterisierte die Wirtschaft einer Gesellschaft als Gesamtheit von Institutionen, aber auch als ein System von Austauschbeziehungen mit evolutionären Tendenzen zu zunehmender Komplexität (vgl. Daheim 1981).

Die Perspektive Durkheims, die die Wirtschaft von der normativen Ordnung einer arbeitsteiligen Gesellschaft her betrachtet, lässt wenig Spielraum für individuelle Interessen und subjektives Handeln. Sie wird als Funktion der Gesamtheit der Gruppe oder Gesellschaft gesehen, so dass jedes Handeln, das nicht den Zielen und Institutionen der sozialen Ordnung entspricht, als potentiell deviant erscheint.

Mit diesem Ansatz konnte zwar die Struktur der Industriegesellschaft erfasst werden, aber nicht die Dynamik ihrer Wirtschaft, die auf Marktprozessen beruht.

Wenngleich Durkheim die moderne Gesellschaft, ihre Probleme und die Art und Weise, wie sie sozialwissenschaftlich untersucht werden können, erforschte, bot diese Perspektive wesentlich mehr Anwendungsmöglichkeiten für vormoderne segmentäre Gesellschaften, was sich dann in den letzten Werken Durkheims und in denen der Durkheim-Schule, allen voran in den Forschungen von Marcel Mauss über die „Gabe" zeigte (Mauss 1990). Mauss sah die Geschichte der Menschheit durch kollektive Austausch- und Verpflichtungsordnungen gekennzeichnet und betrachtete die moderne Gesellschaft als Sonderentwicklung. Da Durkheim die Gesellschaft als eine moralische Institution begriffen hatte, begründete dies eine Sicht, die auch die Wirtschaft als kollektive Bewusstseinsbildung begriff. Dies bot Ansatzpunkte sowohl für eine kritische Sicht der modernen Gesellschaft mit ihren individualistischen und säkularen Merkmalen, wie sie im „Collège de France" der 30er Jahre vertreten wurde, als auch für eine wissenssoziologische Betrachtung, wie sie in der Religionssoziologie Durkheims schon enthalten war.

3.2 Wirtschaftliches Handeln im Rationalisierungsprozess der abendländischen Kultur: Max Weber

Weber hatte keinen Gesellschaftsbegriff entwickelt, der wie der Durkheims von einer eigenen Realität der sozialen Ordnung ausging, sondern das Handeln und dessen subjektiven Sinn in den Mittelpunkt seines Denkens gerückt.

Darin war er von Ferdinand Tönnies und seiner einflussreichen Differenzierung von „Gemeinschaft" und „Gesellschaft" beeinflusst, der in Anlehnung an Henry Maine die sachlichen Vertragsbeziehungen hervorhob, die „Gesellschaft" bestimmen. Auch war Webers Intention daher nicht auf die umfassende Bestimmung der modernen Gesellschaft gerichtet. In den Vorbemerkungen zu dem Kapitel „Die soziologischen Kategorien wirtschaftlichen Handelns" in „Wirtschaft und Gesellschaft" (Weber 1985) merkte Weber an, dass er nur Definitionen für weit verbreitete Begriffe und Beschreibungen der einfachsten soziologischen Beziehungen in der Wirtschaft anbieten wollte. Weder sollten seine Ausführungen eine Wirtschaftstheorie sein, noch intendierte er die Konzeption einer Wirtschaftssoziologie.

Weber ging von dem Begriff des **„wirtschaftlich orientierten Handelns"** aus, das verschiedene historische Formen aufweisen kann, aber jedenfalls ein „seinem gemeinten Sinn nach an der Fürsorge für einen Begehr nach Nutzleistungen orientiertes" Handeln ist (Weber 1985, 31). Es kann auch primär an anderen Zwecken orientiert sein, wobei aber die wirtschaftlichen Folgen mitbedacht werden oder es kann zwar primär wirtschaftsorientiert, aber nicht friedlich sein wie etwa im Fall von Handelskriegen. Von diesen beiden Formen setzte er **„Wirtschaften"** als „primär wirtschaftlich orientiertes Handeln und friedliche Ausübung von Verfügungsgewalt" ab. Webers Begriff des wirtschaftlich orientierten Handelns umfasst alle in der Geschichte vorfindbaren Formen, allerdings wird dann das „eigentliche" Wirtschaften als friedlich und primär an Bedarfsdeckung orientiert verstanden.

Das „Wirtschaften" differenzierte er weiter in **„rationales Wirtschaften"**, das zweckrational und planvoll erfolgt, und in „traditionales Wirtschaften", das er als nicht planvoll begriff, weil es nach schon immer befolgten Regeln vor sich geht. Er ging also nicht davon aus, dass Wirtschaften notwendig immer rational erfolgt, aber die spezifisch moderne Form charakterisierte er durch den Idealtypus des zweckrationalen Handelns. Darunter verstand er ein bewusstes Planen des Einsatzes von Mitteln für Ziele durch die Handelnden. Das impliziere, so meinte Weber, dass rationales Wirtschaften nicht nur Mittel beträfe, wie es etwa der Begriff der „Wirtschaftlichkeit" zum Ausdruck bringt, sondern eine vorsorgliche Wahl zwischen Zwecken bzw. alternativen Zielen und den dafür jeweils verfügbaren oder beschaffbaren, jedenfalls knappen Mitteln darstelle.

Im „Grundriss" (Weber 1990) wird deutlich, dass Weber Ökonomie im Sinne abstrakter Wirtschaftstheorie auf der Basis der Nutzenlogik und rationaler Kalkulation verstand (vgl. Swedberg 1999). In Bezug auf die Ziel-Mittel-Konzeption des wirtschaftlichen Handelns orientierte sich Weber neben Marshall an den Nachfolgern Mengers, insbesondere Böhm-

Bawerk und Wieser. Knappheit stellte für ihn folglich eine analytisch-logische Kategorie dar und begründete seine Meinung, dass die Grenznutzentheorie nicht auf der Psychologie gründen könne (Weber 1988b). Er sah sie allerdings weniger als logische, denn als pragmatische Konzeption. Weber übernahm auch Mengers weiten Begriff des wirtschaftlichen Gutes, was sogar in einer Vorwegnahme der Vorstellung, die der heute gängige Begriff des Sozialkapitals repräsentiert, resultierte; er meinte, dass auch „soziale Beziehungen, welche als Quelle gegenwärtiger oder künftiger möglicher Verfügungsgewalt über Nutzleistungen geschätzt werden" (Weber 1985, 34), Gegenstand wirtschaftlicher Wahl werden können.

Webers Begriff des **„sozialen Handelns"** als ein seinem gemeinten Sinn nach auf andere bezogenes Tun umfasst auch wirtschaftliches Handeln in den meisten seiner Formen. Auch dieses erscheint daher als ein Handeln, das nicht nur von außen beobachtbar zwischen Individuen abläuft, sondern auf der Grundlage eines subjektiven Sinns verstehbar ist.

Diesen suchte er jedoch auch idealtypisch zu erfassen, wobei er dem zweckrationalen Handeln nicht nur Bedeutung im engeren Zusammenhang der Wirtschaft zuwies, sondern dieses als das typische Handeln in der modernen Gesellschaft verstand.

Anders als für Durkheim ist es aber nicht in einem kollektiven Bewusstsein, das in Normen wirksam wird, begründet, sondern ist ein individuelles Handeln, das ganz wie in der österreichischen Schule auf den subjektiven Zwecken der Menschen beruht.

Neben der rationalen Orientierung an den Zwecken unterschied Weber ein an Werten und deren Umsetzung orientiertes rationales Handeln und schloss auch affektive und traditionale Handlungsmotive im realen Wirtschaftsprozess nicht aus. Aber er differenzierte strikt zwischen rationalen und nicht-rationalen Handlungen. Auch der Tausch ist erst dann rational, wenn er marktgängige Güter betrifft, bei denen eine „Geldabtauschchance" im Sinne einer am Handeln aller potentiellen Tauschinteressenten orientierten Marktlage besteht. Da Weber meinte, private Haushalte würden nicht rational tauschen, weil sie die Güter rein subjektiv bewerten, setzte er Unternehmen als die typischen rationalen Wirtschaftssubjekte voraus.

Weber stellte daher, was ihn von den neoklassischen Ökonomen unterscheidet, **die kapitalistische Unternehmung** ins Zentrum des Wirtschaftsprozesses des modernen Kapitalismus. Zweckrationalität wird für Weber typisch repräsentiert durch die Kapitalrechnung der Unternehmung und den Markttausch unter Anwendung der Geldrechnung. Dies rechtfertigt es erst, von der modernen Wirtschaft als Kapitalismus zu sprechen.

Geldverwendung allein, so meinte er, begründet noch keine rationale Wirtschaft, sondern erst die Geldrechnung und insbesondere die Kapitalrechnung kennzeichnen den modernen rationalen Kapitalismus.

Die Rationalität der Unternehmung manifestiert sich nicht nur in der Berechnung von Investitionen und Rentabilität, von Kostenwirtschaftlichkeit und Produktivität, sondern sie entwickelt auch **eine rationale Organisation**, eine bürokratische Struktur, in der unpersönliche

Regeln von Funktionen, Positionen und Instanzen die Beziehungen auf der Grundlage rational-legaler Autorität ordnen und leiten.

Relativ wenig findet sich in Webers Schriften über den Markt. In einem unvollendeten kurzen Kapitel über „Marktvergesellschaftung" (Weber 1985, 382 ff) meinte er, dass sich durch die Geldwirtschaft die einzelnen Tauschakte in ihrem Zusammenhang in den Markt transformieren. Diesen bezeichnete er zwar als die unpersönlichste Form der Vergesellschaftung, gleichzeitig betonte er aber die institutionellen und ethisch-moralischen Grundlagen, die erst sein Funktionieren im Sinne der sozialen Ordnung ermöglichen. Der Markttausch beruht auf Vertragsbeziehungen zwischen Einzelwirtschaften, was die gesellschaftlichen Institutionen des Vertragsrechts und des Eigentumsrechts voraussetzt. Den Markt sah er daher nicht als einen asozialen Mechanismus, wohl aber als einen, in dem Gefühle und Gesinnungen wenig Bedeutung haben, sondern Zweckrationalität typisch für das Handeln der Marktsubjekte ist.

Er verstand „Markt" als Mit- und Nacheinander rationaler Vergesellschaftungen zwischen aktuellen Kontrahenten, möglichen Interessenten und der gesellschaftlichen Ordnung, bezog also auch die Zeit neben Institutionen und staatlicher Politik ansatzweise mit ein.

Weber unterschied zwischen der materialen, am Ergebnis orientierten, und der formalen Rationalität. Die erstere bezeichnete Weber selbst als vieldeutig, da hier ethische und politische Ziele hineinwirken können, nach denen das Ergebnis des Wirtschaftens beurteilt werden kann. Da dies die Einbeziehung von Werturteilen betrifft, neigte Weber dazu, „zweckrational" im Sinne formaler Rationalität zu begreifen. Letztere kommt in der Betonung der Rechenhaftigkeit zum Ausdruck, die für ihn mehr noch als das konkrete Ergebnis von Bedeutung ist. Die **formale Rationalität** ist begründet in der Rolle des Geldes, das für Weber wie auch für Simmel konstitutiv für die Marktvergesellschaftung war. Es ermöglicht die Rechenhaftigkeit aller wirtschaftlichen Transaktionen, die Verwandlung aller „wirtschaftlichen" Werte in Geld. Dies nahm schon Robert Wilbrandt als Angriffspunkt seiner Kritik und meinte: Kann man denn aus dem Hauptbuch oder der volkswirtschaftlichen Gesamtrechnung ablesen, ob die Ziele erreicht wurden? (Wilbrandt 1926, 176).

Für Weber – wie auch für Menger – war die Rationalität zunächst eine subjektive, d.h. ein für das handelnde Individuum sinnvolles Zweck-Mittel-Verhältnis. Die **subjektive Rationalität** kann sich jedoch stark von der objektiven unterscheiden, worauf ja auch Pareto hingewiesen hatte. Weber folgte nicht dem radikalen Subjektivismus von Mises', sondern ließ objektive Rationalität zu. Er verwendete dafür auch die Bezeichnung „Richtigkeitsrationalität", die er auf methodisch-systematischer Analyse begründet sah. Sie war gewissermaßen der Prüfstein für die subjektive Rationalität. Man kann vermuten, dass Weber sich bewusst war, dass wirtschaftliche Entscheidungen in den meisten Fällen unter Ungewissheit fallen, so dass das Ergebnis etwa im Sinne von Erträgen oder Gewinnen nicht notwendig auf die Rationalität oder deren Absenz zurückgeführt werden kann. Da Geschäftsentscheidungen nicht immer „richtigkeitsrational" getroffen werden können, bleibt aber immer noch die formale Rationalität im Sinne der Rechenhaftigkeit, die konstitutives Merkmal der Unternehmung mit Kapitalrechnung ist.

Der Rationalität im Sinne von Planung und Kalkulation kommt solcherart bei Weber große Bedeutung zur Bestimmung des idealtypisch modernen Wirtschaftens zu. Das hat auch Auswirkungen auf seine Sicht des Kapitalismus, den er weniger durch die Gewinnsucht der Kapitalisten bestimmt sah, sondern durch die rationale Kalkulation und Berechnung. So betrachtet zeigt die moderne Wirtschaftsweise enge Zusammenhänge mit der Entwicklung rationaler Wissenschaft, Technik, mit der Rationalisierung des Rechts und der Verwaltung, die auch jenes den Kapitalismus repräsentierende Gebilde, die planvoll organisierte Unternehmung mit ihrer Kapitalrechnung, hervorbrachte.

Der Kapitalismus erscheint damit als Produkt eines Rationalisierungsprozesses, der die gesamte abendländische Kultur der Neuzeit durchzog, und zu dessen Entwicklung und Ausformung die Wirtschaft ihrerseits beitrug.

In der Entwicklung des modernen Kapitalismus, den Weber somit als Kulturerscheinung auffasste, manifestierte sich der epochale Rationalisierungsprozess als Zunahme der Zweckrationalität des Handelns und der Rechenhaftigkeit der Transaktionen.

Die Wirtschaftstheorie selbst wird dann zum Ausdruck dieses Rationalisierungsprozesses, sie fasst seine reinen Merkmale idealtypisch zusammen.

Daher, so meinte Weber, würde sich die Wirklichkeit des Wirtschaftens immer mehr den Annahmen und logisch-rationalen Zügen der ökonomischen Theorie annähern. Die „besondere Bedeutung der ‚abstrakten Wirtschaftstheorie' für das Verständnis des ‚modernen Wirtschaftslebens'" beruhte in Webers Sicht daher darauf, „dass ihre Sätze für dieses nicht nur die normative, sondern auch die empirische Geltung besitzen." (Norkus 2001, 77) Obgleich selbst der historischen Nationalökonomie verbunden und historisch argumentierend, gelangte Weber solcherart zu einer Begründung der neoklassischen Modelltheorie als konzeptuelle Vorwegnahme des immer rationaler werdenden Wirtschaftsprozesses. Damit historisierte Weber das neoklassische Modell und verknüpfte es gleichzeitig mit den soziokulturellen Faktoren zu einer Interpretation der Geschichte.

Der Begriff des Kapitalismus wird von Weber als **soziokultureller Idealtypus** gefasst, der die wesentlichen Merkmale des historischen Gebildes hervorhebt. Wirtschaft wurde nicht herausgelöst aus der gesellschaftlichen Entwicklung und ihre Ausdifferenzierung aufgezeigt, sondern sie erscheint als Produkt und gleichzeitig Produzentin des historischen Rationalisierungsprozesses der abendländischen Kultur. Als Kulturerscheinung betrifft diese Entwicklung jedoch in erster Linie die geistige Ebene des Lebens. Wie Werner Sombart in seinem umfangreichen Werk über den „modernen Kapitalismus" (1922) gelangte auch Weber zu einer nicht-materialistischen Auffassung, in der die Wirtschaftsethik und Wirtschaftsgesinnung als wesentlicher Faktor angenommen wurde, der diese Entwicklung vorantrieb und in dem sie sich auch ausdrückte.

Das Wirtschaftshandeln bei Weber erweist sich durch den Bezug auf den Rationalisierungsprozess der Kultur und durch seine Verankerung in der methodischen Lebensführung nicht
als „nur-wirtschaftlich". Zwar entwickelt sich im modernen Wirtschaftsleben immer stärker
eine spezifische rationale Orientierung; diese ist aber nicht unverbunden mit den anderen
Lebensbereichen, ist durch sie beeinflusst und wirkt auch auf diese ihrerseits ein. Da Rationalisierung für ihn eine allgemeine Kulturerscheinung der westlichen Welt war, wurde Rationalität zu einer die gesamte methodische Lebensführung durchziehenden Haltung, in der
sich insbesondere die **Veralltäglichung der protestantischen Ethik** spiegelte (Schluchter
1988). Daher wurde Rationalität auch zu einem Wert an sich, der das Handeln in allen Bereichen des Lebens motiviert. Wirtschaftliches Handeln wurde von Weber daher auch nicht als
„rein individuell" gesehen, wenngleich er dieses entsprechend der Wirtschaftstheorie als
Handeln einzelner Wirtschaftssubjekte verstand, aber es verbindet sich als reales Tun durch
die Gemeinsamkeit der Kultur und der Lebensführung stets mit der Gesellschaft. Wirtschaft
war daher für Weber in der Regel soziales Handeln, denn es impliziert die sinnhafte Orientierung an anderen, nicht nur an den konkreten Konkurrenten, Kunden, Mitarbeitern, Lieferanten etc., sondern auch an der Umwelt und der Vorwelt, die vermittelt sind durch Normen,
Institutionen, Konventionen und Traditionen. Darüber hinaus hat auch die Wirtschaftstätigkeit ihre kulturellen Traditionen entwickelt, die über die Gegenwart hinaus auf das Handeln
orientierend einwirken, es aber auch sinnhaft mit Gesellschaft und Kultur verbinden. Weber
zeigte in seinen Werken von der „Wirtschaftsethik der Weltreligionen" (Weber 1988e) über
die Kategorienlehre in „Wirtschaft und Gesellschaft" bis zur „Wirtschaftsgeschichte" (Weber
1924) immer wieder die historisch-kulturelle Bedingtheit der Wirtschaft wie auch ihre eigene
Rolle im gesamten Rationalisierungsprozess auf.

Die Auffassungen Webers sind immer wieder Ansatzpunkt für Diskussionen in verschiedenen Disziplinen und Forschungsbereichen geblieben, und Webers Schriften kommt bis heute
eine anhaltend große Bedeutung zu. Sie fanden insbesondere durch Talcott Parsons Eingang
in die amerikanische Sozialwissenschaft und erfuhren hierdurch ihre Einordnung als „klassische" Werke der Soziologie. Parsons hatte Weber auch als Begründer der Wirtschaftssoziologie bezeichnet (Parsons 1947), was allerdings nur im Sinne seiner **Vermittlung von historischer Ökonomie und sozialwissenschaftlicher Theorie** zutrifft. Während bisher seine
Bedeutung für die moderne Soziologie hervorgehoben worden war, mehren sich nunmehr die
Stimmen, die Webers Orientierung an der neoklassischen Wirtschaftstheorie hervorheben
und ihn daher wieder in einige Distanz zu soziologischen bzw. wirtschaftssoziologischen
Perspektiven rücken (Hennis 1987; Norkus 2001; Peukert 2004). Sogar Swedberg, der Weber als einen der Begründer der Wirtschaftssoziologie betrachtet, betont dennoch seine Bedeutung als Ökonom in dem weiten Verständnis der „Sozialökonomik" (Swedberg 1999;
2003b).

3.3   Die Wirtschaft als politische Institution und soziale Praxis: Von Marx zu Polanyi

Karl Marx hatte eine präzise Analyse des Kapitalismus als gesellschaftliches System entwickelt, die auf Weber wie auf andere Sozialwissenschaftler anregend gewirkt hatte. Durch seine Begründung des Kapitalismus in der Geschichte und Kultur Europas hatte Weber den Kapitalismus aus einem politischen Produkt der Klasseninteressen zu einer historischen Selbstverständlichkeit gemacht. Für Marx hingegen war der Kapitalismus das einseitige Ergebnis der politischen und ökonomischen Macht des Kapitals. Weder war er notwendiges Produkt historischer sozialer Praxis noch war er begründet in einer gemeinsamen Kulturerfahrung der Menschen in Europa. Da er alle Produktionsweisen, die Sklavenhaltergesellschaft der Antike, die asiatische Despotie, die feudale und die kapitalistische Produktionsweise durch Ungleichheit, Herrschaft und Ausbeutung bestimmt sah, durchzieht die Spaltung in Herrschende und Beherrschte jede historische Gesellschaft. Diese ist jedoch stets gleichzeitig eine ökonomische, politische und kulturelle Differenzierung.

Marx sah den **Kapitalismus als gesellschaftliche Konstellation der Produktionsverhältnisse**, der durch den Grundkonflikt zwischen Kapital und Arbeit bestimmt ist, und der die ständisch-feudale Gesellschaft in eine **Klassengesellschaft** transformierte. Marx idealisierte allerdings die vormodernen Produktionsverhältnisse nicht, sondern sah die Wirtschaft auf allen Stufen der Entwicklung als auf Ungleichheit und Kampf begründet. Der Klassenkampf wird aber auch als Agens der gesellschaftlichen Transformation begriffen, wodurch der Klassenbegriff zum dynamischen Prinzip der Erklärung historischen Wandels und der Überwindung der bestehenden Verhältnisse wird. Die Erkenntnis der gemeinsamen Klassenlage (Klassenbewusstsein) resultiert im Klassenhandeln, das sich auf Grund der Interessengegensätze als Klassenkampf darstellt.

Marx verstand **„Klasse" als totalen Begriff**, der sowohl ökonomisch-materielle als auch sozio-politische und kulturell-ideologische Differenzierungen umfasst. Die Marxsche Klassentheorie beschränkt sich nicht auf die Feststellung ökonomischer Ungleichheit in Form von Einkommen bzw. Vermögen, sondern impliziert gleichzeitig auch politische Ungleichheit auf Grund der Beherrschung des Staates durch die Bourgeoisie und soziokulturelle Aufstiegsbarrieren, die Klassenzugehörigkeit zum Schicksal machen. Die kapitalistische Dynamik führt darüber hinaus aber auch zu einer Umwertung aller Werte, denn in allen Bereichen des Lebens setzt sich das Kapital mit seiner Logik von Geld-Ware-Geld durch. Da die Klasse der Kapitalisten auch den Staat kontrolliere, so meinte Marx, können seine Interessen in Normen, Institutionen und Strukturen umgesetzt werden. Die Kapitalisten müssen dafür allerdings ihre Interessen für das Allgemeinwohl ausgeben, so dass die Ideologie des Kapitals die vorherrschende Auffassung der Gesellschaft wird.

Diese politische und kulturelle Bedeutung der Produktionsverhältnisse, die Marx hervorhob, veränderte sich durch die Integration der Arbeiterbewegung und die Entstehung und weitere Entwicklung des Industriesystems. Man sah daher die Möglichkeit der Transformation des Kapitalismus in eine Ordnung, an deren Gestaltung sowohl Kapital und Unternehmen als auch Arbeiterklasse und Konsumenten teilhaben und in der die Wirtschaft sozialen Zielen dient. So plädierte Rudolf Goldscheid für eine „Menschenökonomie", die sparsam und förderlich mit der wichtigsten wirtschaftlichen Ressource, dem Menschen, umgeht und in der die Wirtschaft auf die Ziele der Höherentwicklung der Menschheit ausgerichtet ist (Goldscheid 1911).

Auch Karl Polanyi, der an den Debatten der 20er Jahre über die Möglichkeit einer rationalen Rechnungslegung im Sozialismus als einer der Kontrahenten von Ludwig Mises teilgenommen hatte, strebte einen „funktionellen Sozialismus" an, also ein System, das maximale Produktivität mit der Sicherung sozialer Rechte verbindet. Die Bezeichnung „funktional" soll anzeigen, dass Polanyi das marxistische Konzept der Klassengesellschaft für überholt hielt, denn die Interessenkonflikte bestehen nicht zwischen zwei Personengruppen, sondern zwischen zwei unterschiedlichen Positionen der Individuen als Produzenten und Konsumenten. Er schlug vor, dass der funktionelle Interessenausgleich zwischen den beiden unterschiedlichen Interessen, der der Produzenten und der der Konsumenten, die aber die gleiche Personengruppe darstellen, durch gesonderte Willensvertretungen herbeigeführt werden solle (Polanyi 1922; 1925). Funktional soll dieses System auch deshalb sein, weil durchaus die Förderung der Produktivität ein wichtiges Ziel sei, allerdings gleichzeitig auch eine Stärkung der sozialpolitischen Ziele des Gemeinwohls erforderlich sei. Polanyi differenzierte zwischen der technischen Produktivität und der **sozialen Produktivität**; letztere ist auf die Sicherung der Gemeinnützigkeit der Produkte und auf die als soziale Rechte erkannten Leistungen bezogen. Parallel dazu differenzierte er zwischen naturalen Kosten (Löhne und Rohstoffpreise) und sozialen Kosten, die aus der Umsetzung der sozialen Rechte erwachsen.

Wie viele seiner Zeitgenossen aus allen Lagern sah er die Gesellschafts- und Wirtschaftssysteme im Übergang vom Kapitalismus zum Sozialismus, in einer „Great Transformation" (Polanyi 1977a) in Richtung auf eine Verbindung von Plan und Markt. Er hielt die Alternative von Marktwirtschaft und marktloser Wirtschaft für überholt und stellte sich als Vertreter einer dritten Variante neben den orthodoxen Marxisten und den „bürgerlichen" Vertretern der liberalen Marktwirtschaft in eine Reihe mit den Gildensozialisten und Reformökonomen wie Eduard Heimann und Jakob Marschak.

Anders als Weber sah Polanyi auch die Wirtschaftstheorie nicht im Zusammenhang eines langfristigen okzidentalen Rationalisierungsprozesses, sondern als Reflex einer relativ begrenzten historisch-politischen Phase, die mit dem Aufstieg des Liberalismus verbunden war. Sie war für ihn daher mit einer bestimmten politischen Orientierung verbunden, die es ermöglichte, dass ihre Konzepte vom Markt und vom individuellen Handeln zu allgemeinen Vorstellungen über Wirtschaft wurden.

Polanyi betrachtete die Marktökonomie als historisches Produkt des 19. Jahrhunderts und sah sie nur als adäquate Erklärung der Realität der Wirtschaft, soweit das politische System vom ökonomischen Liberalismus beherrscht war.

Dieser habe mit seinem ökonomischen Determinismus und seine Hervorhebung des Marktsystems die Ansichten über den Menschen und die Gesellschaft verzerrt und damit die Lösung der Probleme der modernen Zivilisation erschwert (Polanyi 2005).

Auf der Grundlage seiner wirtschaftshistorischen und kulturanthropologischen Studien gelangte Polanyi dann zu einem weiten Verständnis von Wirtschaft und zu der Erkenntnis, dass die Marktlogik nicht auf vormoderne Gesellschaften übertragen werden kann, was er mit Befunden aus diesen Studien zu belegen suchte (Polanyi 1979). Wenngleich es in allen Gesellschaften Märkte gab, waren diese lokal und meist auch zeitlich begrenzte Erscheinungen, und der Handel bzw. die wirtschaftlichen Tauschakte waren Ausdruck der sozialen und politischen Verhältnisse und wurden oft mit religiösen Aspekten verbunden.

Die Wirtschaft in allen früheren Gesellschaften war „eingebettet" in die sozialen und politischen Strukturen und in die religiösen Vorstellungen (Polanyi 1979, 135).

Godelier (1990) formulierte dies in Anlehnung an Marxsche Begrifflichkeiten ähnlich, indem er meinte, in diesen Gesellschaften würden das Verwandtschaftssystem, die Religion oder das Herrschaftssystem als Produktionsverhältnisse funktionieren.

Den Anspruch der neoklassischen Ökonomen, für die die Markttheorie als logisches Modell auf alle Gesellschaftsformen anwendbar ist, hielt er für unhaltbar und wies darauf hin, dass der logische Charakter der Wirtschaftstheorie Resultat der Isolierung der „rein individuellen Motive" und der Heraushebung des Marktes als eigendynamischem Mechanismus sei, die es in der Form in den frühen Gesellschaften nicht gab.

Dadurch sei die Illusion spezieller ‚ökonomischer Motive', des Hungers bzw. des Gewinnstrebens, entstanden, die sich jedoch nur unter den Bedingungen des Marktsystems isolieren lassen. Demgegenüber gibt es, so meinte er, in anderen gesellschaftlichen Organisationsformen keine solche Isolierung spezifisch ökonomischer Antriebe des Handelns der Menschen, sondern ihr Tun erfolgt, um ihren sozialen Status, die gesellschaftlichen Ansprüche und die Anerkennung und Stellung zu sichern. Materielle Güter werden primär in Bezug auf die gesellschaftlichen Beziehungen gewertet. Gestützt auf die Forschungen Malinowskis und Richard Thurnwalds u. a. meinte er, dass man weder von egoistischen Antrieben noch von einer Neigung zum Tausch oder Handel, wie Smith angenommen hatte, sprechen könne. „In der Regel ist das produktive oder ökonomische System in solch einer Weise organisiert, dass kein Individuum durch Hunger (oder die Angst vor diesem) angetrieben wird, um an der Produktion teilzunehmen. Sein Anteil an den gemeinsamen Nahrungsmittelvorräten ist ihm sicher, unabhängig von seinem Anteil an den produktiven Anstrengungen der Gemeinschaft." (Polanyi 2005, 329). Das beschränke sich nicht nur auf die sog. primitiven Völker, sondern finde seine Fortsetzung auch in historischer Zeit; überall sei, wenn auch in unterschiedlicher Form und auf diversen Grundlagen religiöser, administrativ-bürokratischer, politischer Art das ökonomische System in das Gesellschaftssystem eingebettet und überall seien daher Stolz und Prestige, Rang und Status, öffentliche Verehrung und private Reputation die Antriebe für die Teilnahme an der Produktion.

Anders als Weber hob Polanyi nicht die Rationalität der handelnden Menschen als Produkt eines epochalen Rationalisierungsprozesses hervor, sondern betonte die politische Zurückdrängung des Staates aus der Wirtschaft im Zeitalter des Liberalismus als Grundlage für die Entstehung einer Vorstellung vom Markt als einem selbst steuernden Mechanismus. Diese Transformation vollzog sich mit großer Geschwindigkeit und löste eine Kettenreaktion aus, die den harmlosen lokalen Markt zu einem Angebots-Nachfrage-Mechanismus machte, der die Gesellschaft in ihrer Gesamtheit der Institution des Marktes unterordnete. Die Institution des Vertrags trat an die Stelle des Status, der nun durch das Einkommen bestimmt wurde. Dies veränderte auch die Ansichten über den Menschen und die Gesellschaft. Der Mensch wurde zweigeteilt, in einen „materiellen" Teil, das Wirtschaftssubjekt, und in einen „ideellen" Teil, in dem seine sonstigen Motive wie Frömmigkeit, Moral, Solidarität, Ehre etc. angesiedelt sind. Dies spaltete auch sein Leben in zeitlicher und räumlicher Hinsicht, in die Erwerbssphäre und in den Alltag. Dieser Dualismus ist jedoch nicht in der theologischen Anthropologie oder der Philosophie begründet, sondern in der Tatsache, dass die Gesellschaft selbst in dualistischer Weise organisiert ist. Der liberale Kapitalismus hatte als Reaktion auf die industrielle Revolution die spezifische Entwicklung einer „ökonomischen Gesellschaft" zur Folge, die neben die Lebenswirklichkeit der Menschen trat und diese beherrscht (Polanyi 1979, 133).

Diesem Dualismus entsprechend hielt Polanyi der durch die Wirtschaftstheorie begründeten formallogischen Bedeutung von „wirtschaftlich" die sachlich-substanzielle Auffassung entgegen, bei der die Betonung auf der Versorgung mit den „Lebensmitteln" liegt, was auf die konkreten Umweltbedingungen und die Aktivitäten, wie sie sich zur Überlebenssicherung in Gruppen bzw. Gemeinschaften vollziehen, verweist (Polanyi 1979, 209 ff).

Die **Einbettung der Wirtschaft in die historischen Gesellschaften** war durch die Dominanz der Gruppe in ihren verschiedensten Ausprägungsformen, insbesondere in Form des Prinzips des **„Haushalts"** bestimmt. Neben diesem gab es Polanyi zufolge verschiedene wirtschaftliche Integrationsweisen, die er mit den Begriffen der Reziprozität, der Redistribution und dem Markttausch kennzeichnete (Polanyi 1979, 219 ff). **Reziprozität** herrscht in jenen Gesellschaften vor, in denen nur geringe soziale Macht- und Positionsunterschiede bestehen und in denen das wirtschaftliche Handeln sich an dem Überleben und der Versorgung der Gruppe orientiert und erfordert symmetrisch angeordnete Gruppierungen. **Redistribution** setzt ein politisch-administratives Zentrum voraus, findet sich in den alten despotischen Reichen, aber auch in realsozialistischen Systemen, und beruht auf der Verteilung der Aufgaben und der Güter durch eine zentrale Instanz, ist also gleichzeitig auch Befehlswirtschaft. Neben Haushaltung, Reziprozität und Redistribution spielte auch der **Markttausch** in den historischen Gesellschaften eine Rolle, allerdings mit lokal oder regional beschränkter Bedeutung.

Diese drei Integrationsformen finden sich in den realen Gesellschaften meist vermischt vor. In allen Fällen jedoch ist die Wirtschaft ein institutionalisierter Prozess, wobei Polanyi den Prozesscharakter auf die Bewegung von Gütern und Geld bezog, während die Institutionen die gesellschaftlichen Verhältnisse zwischen Personen und Gruppen widerspiegeln. Diese sind ihrerseits, wie Polanyi meinte, durch einige wenige Formen, eben Haushaltung, Reziprozität, Redistribution und Austausch bestimmt, die Wirtschaften im sozialen Verband auf

Dauer ermöglichen. **Der Markt als das dominante Prinzip der modernen Wirtschaft entstand erst durch die Transformation von Boden, Arbeit und Kapital in Waren**. Der politische Aufstieg des Liberalismus befreite die wirtschaftlichen Transaktionen von allen sonstigen Bezügen, insbesondere von staatlichen Regelungen und Eingriffen, und ermöglichte die Entstehung der Marktwirtschaft, die eine Tendenz zur Ausweitung auf immer weitere Lebensbereiche zeigt.

Die Gesellschaft transformierte sich dadurch in die Marktgesellschaft, was ihrer „Einbettung" in die Wirtschaft gleichkommt, wie Polanyi meinte, denn alle Lebensbereiche werden von den Prinzipien, die für den Markttausch gelten, durchzogen. In dieser Weise gewann auch der Begriff der „Gesellschaft" seine moderne Bedeutung.

Aus der Sicht der **Wirtschaft als eingerichteter Prozess** wird klar, dass die Formen des Wirtschaftens nicht aus der Eigendynamik bzw. der besonderen logischen Natur des Wirtschaftens selbst heraus entstehen können, sondern immer eine Verbindung ökonomischer Gegebenheiten mit politischen Entscheidungen darstellen. Wirtschaft und Politik werden von Polanyi daher als aufeinander bezogen verstanden.

Obwohl Polanyi, der dem Austromarxismus nahe stand, und die Exponenten der österreichischen Schule, Ludwig Mises und Friedrich A. Hayek, sehr unterschiedliche Standpunkte in Bezug auf die Rolle des Marktes repräsentierten, stimmten sie dennoch in einem Punkt überein, i.e. **dass „der Markt" Resultat von politischen Entscheidungen ist**. Dass der Markt als Kern der modernen Wirtschaft auf institutionellen Grundlagen und Voraussetzungen beruht, wurde von Soziologen immer wieder betont und auch von Ökonomen nicht geleugnet. Man meinte damit jedoch die in langfristigen Prozessen entstandenen Institutionen, die den Markt somit als „notwendige" Entwicklung erscheinen lassen. Polanyi sah in der Marktwirtschaft jedoch nicht den End- oder vorläufigen Höhepunkt einer evolutionären Entwicklung, sondern ein historisch begrenztes Intermezzo. Darin unterscheidet sich seine Sichtweise von derjenigen Webers, der doch einen evolutionären Entwicklungsverlauf trotz aller historischen Brüche und Sonderwege erblickte und die auf Markt und individueller Zweckrationalität beruhende Wirtschaftstheorie quasi als Vorschau auf die zukünftige Realität auffasste. Diese unterschiedliche Sicht der Entwicklung beruht auf der stärkeren Betonung der Politik als Faktor wirtschaftlicher Entwicklung durch Polanyi, insbesondere auch im Hinblick auf die gestaltende Kraft der sozialen Bewegungen. In seiner Sicht ist der Markttausch daher erst im 19. Jahrhundert zum dominanten Integrationssystem der modernen Gesellschaft geworden. Daraus folgt in der Tat, dass die Marktwirtschaft als eine sehr spezielle Erscheinung in der Menschheitsgeschichte gesehen werden muss.

In Bezug auf das sachliche Verständnis der konkreten Wirtschaft bedeutet Polanyis Betrachtungsweise, dass sie erlaubt, die wirtschaftlichen Handlungen, Strukturen und Prozesse nicht nur auf die Konzeption von Markt und Nutzen zu beziehen, sondern gleichzeitig auch Haushaltung, Reziprozität und Redistribution als Formen konkreter Wirtschaftätigkeit einzubeziehen, selbst dann wenn die dominante Integrationsweise durch den Markttausch bestimmt ist. Damit bietet diese Perspektive auch die Möglichkeit, Formen zu erfassen, die heute gemeinhin als „informell", nicht-offiziell oder als Dritter Sektor angesprochen werden, sowie das „materielle Leben" anderer Kulturen besser zu verstehen. Sie macht aber auch deutlich, dass der Vorrang von „Markt" oder „Staat" eine politische Entscheidung ist, wie auch die konkrete Ausformung ihrer Verknüpfung in einem bestimmten historischen Wirtschaftssystem durch das Zusammenwirken von kulturellen, institutionellen und politischen Faktoren erfolgt.

3.4 Individualistische Sozialwissenschaft der Wirtschaft

Der Individualismus, der sich in der europäischen Geschichte in vieler Hinsicht aufweisen lässt, entwickelte Formen einer **„individualistischen Sozialphilosophie"** (Pribram 1912). Sie hat vielfältige und weit zurückreichende Wurzeln in der europäischen Geistes- und Kulturgeschichte genauso wie in der Sozial- und Wirtschaftsgeschichte und war seit Humanismus und Renaissance mit der **Herausbildung des „Individuums" als Akteur der soziokulturellen Entwicklung** verbunden (Meyer/Jepperson 2000). Vielleicht drückt sich darin auch eine bereits früh erkennbare Durchdringung des Lebens mit wirtschaftlichen Kategorien aus, wie Louis Dumont meint (Dumont 1991). Jedenfalls manifestierte sich die individualistische Perspektive aus Gründen, die oben schon anzudeuten versucht wurde, in besonderer Weise in der Reflexion über Wirtschaft, die in der klassischen Nationalökonomie auf das Handeln der einzelnen Wirtschaftssubjekte und ihr Zusammenwirken begründet wurde.

Die klassische Ökonomie in ihren Anfängen hatte das Individualinteresse als die nach Sitte und Recht vertretbare Orientierung des privaten Kaufmanns verstanden. Ihr ging es primär um die Befreiung von staatlichen Interventionen, weshalb die Freiheit des individuellen Handelns besonders betont wurde. In dem mehr politisch-kulturell als wirtschaftlich ausgerichteten Liberalismus der Habsburgermonarchie herrschte unter den Liberalen wie Carl Menger, der sowohl an der älteren historischen Schule der Nationalökonomie als auch an der klassischen Ökonomie britischer Provenienz orientiert war, ein ähnlicher Begriff des Individualismus vor.

Die Vorstellung vom Individuum in Carl Mengers Werken ist eine andere als die des „homo oeconomicus" der neoklassischen Theorie von Jevons, Edgeworth, Walras etc. Diese beruhte auf dem Utilitarismus, der das Individuum im Sinne einer hedonistischen Psychologie als Wesen gedeutet hatte, das nach Lustgewinn und Unlustvermeidung strebt. Durch die Verbindung dieser Auffassung mit dem Individualismus der Ökonomie kam es zu einer Deutung des Eigennutzstrebens, das sich auf das isoliert gedachte Individuum beschränkte ohne den Bezug auf Gesellschaft und Staat, der noch die klassische Ökonomie ausgezeichnet hatte. Das Streben der Individuen nach Maximierung des Lustgewinns wurde zur formallogischen Annahme der Ökonomie, und da Lustgewinn nur vom Individuum erfahrbar ist, konnten „rein individuelle" Interessen angenommen werden. Dies kapselte die Theorieannahmen geradezu gegenüber der Vielfalt von Einflüssen aus der Umwelt ab. Der individuelle Nutzen im Sinne des Lustzuwachses löste auch die Orientierung am Wert der Güter ab und ermöglichte die

Formulierung von Nutzenfunktionen in mathematischer Form, was das Modell gegenüber der Kritik weitgehend immunisierte.

Während sich die neoklassische Wirtschaftstheorie utilitaristisch-mathematischen Zuschnitts damit aus der Zuordnung als Sozialwissenschaft verabschiedete und zu einer formalisierten Wirtschaftswissenschaft auf der Grundlage hedonistischer Individualpsychologie wurde, verstand sich die österreichische Schule der Nationalökonomie dezidiert als eine Sozialwissenschaft auf individualistischer Grundlage.

In seinen „Grundsätzen der Volkswirtschaftslehre" von 1871 befasste sich Menger mit der Lehre vom Gut und vom Wert, mit dem Tausch, dem Preis, der Ware und dem Geld. Der Begriff des Nutzens kommt nicht vor; Menger spricht vielmehr von Tausch- und Gebrauchswerten und deren subjektiver Bewertung. Auch vom Markt ist bei Menger nicht die Rede und wenn, dann nur in Form von geregelten Konzentrationszentren wirtschaftlicher Aktivitäten, wie sie lokale Märkte, Messen, Börsen darstellen.[10]

Mengers Individualismus, seine Betonung der **Wirtschaft als „Complication" der Individualwirtschaften**, beruhte auf der Ablehnung der Annahme einer eigenen Wesenheit des „Volkes", der „Gesellschaft". Er kannte die Schriften Durkheims noch nicht, aber seine Ablehnung der Annahme sozialer Ganzheiten hätte sich auch gegen die Begriffe der kollektiven Vorstellungen in Durkheims Soziologie richten können.

Menger verband mit den individuellen Zwecken in Bezug auf wirtschaftliche Güter und den Tausch- und Geldverkehr keine inhaltliche Bestimmung, sondern verwies auf die subjektive Zwecksetzung. Seine Grenzwerttheorie sollte eine primär logische Theorie sein, während die inhaltlichen Aspekte der subjektiven Motive wie Lustgewinn, Gewinnstreben etc. nicht relevant waren. Menger wies explizit darauf hin, dass das subjektive Handeln zwar nicht am öffentlichen Interesse (Menger 1871, 253) orientiert ist, sondern von der Erkenntnis des eigenen Interesses ausgeht, aber alles Mögliche umfassen kann, jedenfalls alles was für das Individuum wertvoll und erstrebenswert ist, auch wenn es sich um „eingebildete Güter" (Menger 1871, 4) handelt. Die subjektiven Motive können daher ganz unterschiedlicher Art sein; sie beziehen sich nicht nur auf egoistische Ziele, sondern umfassen alles, was für ein Individuum wichtig ist, und das inkludiert auch seine Gruppe, seine Familie, seine Freunde etc.

Diese „sozialen" Motive werden aber im individuellen Handeln aktiviert, nicht aus diesem herausgelöst und als „soziale Beziehungen", „soziale Tatsachen" etc. den Individuen gegenübergestellt. Sie gehen etwa in die Art und Weise ein, wie die Individuen Werte von Gütern oder Kosten interpretieren.

---

[10] In wirtschaftlicher Hinsicht war Menger auch keineswegs ein reiner Theoretiker, denn er hatte vor seiner Berufung an die Universität Wien als Beamter des österreichischen Ministerpräsidiums Übersichten zur Marktlage verfasst.

Menger war sich auch bewusst, dass die individuellen Zweckhandlungen zu verbreiteten Gewohnheiten und schließlich zur Entstehung formeller Normen und Institutionen führen können. In den Ausführungen Mengers finden sich immer wieder Hinweise auf die sozialen Unterschiede und ihre Auswirkungen auf die Bedürfnisse, Wertschätzungen und die Absatzbedingungen.

Auch Böhm-Bawerk stellte fest, dass die Aufgabe der Preistheorie einmal die ist, das reine Modell auf der Basis der Nutzentheorie zu entwickeln, zum anderen aber, den Einfluss darzulegen, den die typischen Motive der Gewohnheit, Sitte, Billigkeit, Humanität, des Stolzes etc. auf die Preisbildung gewinnen (nach: Mises 1933, 163). Damit hatte er die Differenzierung angesprochen, die Menger zwischen exakter Theorie und realistischer Forschung auf theoretischer Grundlage eingeführt hatte (Menger 1883). Beide werden anerkannt, aber der Ausbau der exakten Theorie hat Vorrang. Daher konnte Böhm-Bawerk in seinem Aufsatz „Macht oder ökonomisches Gesetz?" auch argumentieren, dass zwar in realistischer SichtMachtverhältnisse in der Wirtschaft große Bedeutung haben, aber das reine Modell dadurch nicht außer Kraft gesetzt werde (Böhm-Bawerk 1975).

Friedrich von Wieser war sicher der „soziologischeste" unter den österreichischen Ökonomen, was schon im Titel seines Hauptwerkes, „Theorie der gesellschaftlichen Wirtschaft", zum Ausdruck kommt. Er wies darauf hin, dass die Menschen auch in ihren wirtschaftlichen Handlungen, ihren Bedürfnissen und Zielen immer gesellschaftlich geprägt sind, und meinte:

> „Der volkswirtschaftliche Prozess ist ein gesellschaftlicher Prozess und er muss daher dieselben Probleme aufwerfen, die für alles gesellschaftliche Handeln gelten." (Wieser 1914, 110).

Das Erwerbsstreben und die Ansprüche der Individuen stehen daher immer in Beziehung zu ihrer Umwelt und Zeit; richten sich nach allgemein verbreiteten Vorstellungen und Ansichten über Rechtmäßigkeit und Angemessenheit. Als irrig sah er an, die Individuen so aufzufassen, „als ob sie innerlich ganz auf sich selbst gestellt wären und ganz aus ihrem eigenen Willen heraus ihre Handlungen vollzögen"; demgegenüber stellte er fest: „die Menschen handeln immer in wechselseitiger Fühlung, sie handeln unter dem mehr oder weniger gefühlten Einfluss gesellschaftlicher Freiheitsmächte oder Zwangsmächte ..." (Wieser 1914, 120/1). Vielmehr handelt es sich daher um einen „gesellschaftlichen Egoismus", womit Wieser allgemeine Einschätzungen und Erwartungen darüber, was man in einer bestimmten Gesellschaft oder Umwelt verlangen kann und darf, bezeichnete (Wieser 1914, 117). Auch erwähnte er das „gesellschaftliche Bedürfnis" nach Anerkennung und Status als einen mächtigen Antrieb des Menschen, das sich etwa im Prestigekonsum, aber auch im Streben nach Macht äußere.

Er betonte die gesellschaftliche Erziehung zur Wirtschaft, also die Tatsache der wirtschaftlichen Sozialisation und deren Bedingtheit durch die Klassenlage, die er **Schichtung** nannte. Besondere Beachtung schenkte Wieser der **Macht** und der Machtungleichheit zwischen den Menschen und hob die Notwendigkeit hervor, diese Tatsache zu berücksichtigen. Für ihn stehen das Problem der Macht und das der Ungleichheit in enger Beziehung zueinander und stellen auch ein Anliegen der Ökonomie dar: „Eine Wirtschaftstheorie, welche das Problem der Macht untersucht, darf über die Tatsache der Schichtung nicht hinweggehen." (Wieser 1914, 115).

Von besonderem Interesse sind die Ansätze zu einer Preissoziologie, die sich in Wiesers Werk finden. „Der Preis ist eine gesellschaftliche Bildung, aber er ist es nicht schon dadurch, dass er durch die übereinstimmende Wertschätzung der Gesellschaft abgemessen wird, sondern er ist es als Ergebnis eines gesellschaftlichen Kampfes, der um den Besitz der angebotenen Vorräte zwischen Personen verschiedener Wertschätzung und verschiedener Nachfragekraft geführt wird, und in welchem das Höchstgebot der Grenzschicht den Ausschlag gibt." (Wieser 1914, 136). Er stellte eine **„Schichtung der Preise"** fest, die er durch einen „geschichteten Grenznutzen" bestimmt sah, d.h. Luxusgüter erzielen besonders hohe Preise, um andere auszuschließen, Massengüter müssen Preise haben, die dem Grenznutzen der wenig Begüterten entsprechen, was zur Folge hat, dass der reiche Käufer nur nach dem Maß der Armen für die Ware zahlt. Das Ausnützen jedes vorübergehenden dringenden Bedarfs in Form von Preisänderungen verletzt in Wiesers Sicht „den gesellschaftlichen Geist des Preiskampfes". Nicht nur findet ein solches Verhalten keine Legitimitätsgrundlage in der Gesellschaft, es führt auch letztlich nicht zum Erfolg, weil die Preisschwankungen das Vertrauen der Kunden schädigen. Wieser nahm daher relativ stabile Preisstrukturen an, wies aber auf die Preisverschiebungen hin, die durch die Änderung der Sozialstruktur bzw. der Einkommensschichtung entstehen.

Wieser verwendete immer wieder den Ausdruck vom **„gesellschaftlichen Sinn der Wirtschaft"** und meinte damit ihre Funktion für die Versorgung und Wohlfahrt aller Menschen. Den Begriff des Nutzens bezog er nicht nur auf den Zustand erreichter Bedürfnisbefriedigung und die Vorsorge für zukünftige Bedürfnisse, sondern auch auf die Fürsorge für fremde Bedürfnisse, das Mitgefühl, sowie auf die Gemein- oder Kollektivbedürfnisse, die Menschen als Mitglieder von Gemeinschaften haben. Die gegebenen Verhältnisse sah er durchaus kritisch und verurteilte die „kapitalistische Übermacht in der modernen Volkswirtschaft", sprach sogar von einer „Volkswirtschaft wider das Volk" (Wieser 1914, 284). Als ihre Hauptverursacher sah er das Großkapital und sein Bestreben der monopolistischen Marktbeherrschung, wobei er insbesondere die Großunternehmen als problematisch betrachtete. Er sprach auch die Notwendigkeit an, dass diese eine spezielle Verfassung erhalten sollten, um ihre Aktivitäten in legitime Bahnen zu lenken. Anders als die neoklassische Theorie britischer und französischer Prägung zollte Wieser daher dem Unternehmen durchaus Beachtung und thematisierte insbesondere das Problem der Führung und der internen Organisation.

Darüber hinaus trat er angesichts der **Übermacht der Großunternehmen und des Kapitals** sowie der Schwäche der Massen für Interventionen des Staates ein; der Wirtschaftspolitik übertrug er die Aufgabe, den Schutz des allgemeinen Interesses zu gewährleisten. Allerdings dürfe das Eingreifen des Staates nicht die „ungeschriebene private Wirtschaftsverfassung" (Wieser 1914, 276), wie sie sich über die gesamte Geschichte entwickelt habe, ausschalten und in einer Befehlswirtschaft münden. Wenngleich Wieser in manchen Passagen wie ein sozialistischer Autor klingt und auch keine Berührungsängste in Hinblick auf die Auseinandersetzung mit Marx oder anderen sozialistischen Autoren erkennen lässt, trat er doch für die Beibehaltung des Prinzips der Konkurrenz und der Marktwirtschaftsordnung ein, befürwortete aber **das wirtschaftspolitische Eingreifen des Staates im Gemeininteresse**, so dass sein Werk folgerichtig mit einer Theorie der Staatswirtschaft schließt.

Wiesers Werk stellt über seine sozialkritischen Auffassungen hinaus einen wenig beachteten Ansatz zur effektiven Verbindung von ökonomischer Theorie mit sozialen Faktoren dar, der in dieser Form keine Fortsetzung fand. Die Theorie der Preisschichtung und des Zusammenhangs von Preisniveau und Sozialstruktur fanden genauso wenig eine weiterführende Bearbeitung wie die Probleme der extern und intern verursachten Machtverhältnisse in der Wirtschaft und der sozioökonomischen Ungleichheit. Diese Themen finden sich in den Diskussionen um die Beziehung von Wirtschaft und Gesellschaft in dieser Deutlichkeit weder in den sozioökonomischen noch in den soziologischen bzw. wirtschaftssoziologischen Diskursen. Die Unterschiede von Reichtum und Armut und ihre Voraussetzungen und Folgen für Wirtschaft und Gesellschaft waren auch kein vorherrschendes Thema bei Durkheim oder Weber gewesen und sie traten in der Folge noch mehr zurück.

Die Einflüsse Wiesers auf seinen Schüler Joseph A. Schumpeter sind nicht zu übersehen; wie dieser setzte letzterer sich mit zahlreichen unterschiedlichen Einflüssen auseinander, insbesondere auch mit Marx. Die Verbindung, die Wieser zwischen Gesellschaftstheorie und Ökonomie herzustellen versuchte, hat wohl auch zu Schumpeters eigenen soziologischen Interessen beigetragen (Schumpeter 1953).[11] Die Einflüsse Wiesers lassen sich auch noch in seiner, allerdings ins Pessimistische gewendeten Befassung mit dem Sozialismus und seiner Sicht der Entwicklung des Kapitalismus erkennen. Auch er sah insbesondere die Rolle der Großunternehmen und ihren Beitrag zur **Erosion der moralisch-motivationalen Elemente des Unternehmertums** kritisch, die er neben sozialen Erscheinungen wie dem Zerfall der Familie anführte (Schumpeter 1950). Während Schumpeter aber den Verfall der moralisch-institutionellen Grundlagen des Kapitalismus beklagte, hatte Wieser wesentlich radikalere sozialkritische Töne angeschlagen.

Schumpeters Denken hatte eine starke Prägung durch die österreichische Schule der Nationalökonomie erhalten, was sich in einigen Merkmalen zeigt: Das betrifft zum einen die schöpferische Rolle des Unternehmers und zum anderen die Orientierung an Erscheinungen wie Konjunkturen und Krisen, die sich nicht mit dem Gleichgewichtsmodell der neoklassischen Theorie vereinbaren lassen. Schumpeters Interessen galten der Analyse wirtschaftlicher Entwicklung, den Grundlagen des Kapitalismus und der modernen Unternehmung, wobei er historische, soziologische und ökonomische Sichtweisen verband. Das lässt sein Werk für Wirtschaftssoziologen als sehr interessant erscheinen. Durch den Einfluss Wiesers und seiner eher randständigen Position innerhalb der österreichischen Ökonomie hatte sich Schumpeter andererseits schon von dieser weitgehend entfernt. Als Ökonom hatte er in den USA überdies neue Impulse erhalten, einmal durch die Verbindung der neoklassischen Ökonomie mit dem Keynesianismus sowie die Diskussionen über die Möglichkeit eines Markt-

---

[11] Trotz ihrer soziologischen Neigungen standen die österreichischen Ökonomen der Soziologie ihrer Zeit skeptisch gegenüber. Zwar waren viele von ihnen Mitglieder im „Institut Internationale de Sociologie" von René Worms, aber ihre Soziologieauffassung beruhte auf dem Individualismus, während die Soziologie stark von kollektiven Orientierungen beherrscht war, sei es jenen organizistischer, funktionalistischer oder sozialistischer Tendenz.

sozialismus und zum anderen durch die in der angloamerikanischen Wirtschaftstheorie damals bereits stärker verbreiteten mathematischen und ökonometrischen Methoden. Beide Aspekte wurden in den durch die „Mises-Hayek-Theorie" dominierten „Austrian economics" abgelehnt.

Die Zurückweisung mathematischer Methoden hatte die österreichische Ökonomie nicht nur von der neoklassischen Theorie, in der formale Aspekte immer stärker zur Geltung kamen, differenziert, sondern auch von einer anderen Entwicklung, die Wurzeln in der österreichischen Theorie hatte: der **Spieltheorie**. Die österreichischen Ökonomen hatten die gegenseitige Beobachtung der Marktteilnehmer, die wechselseitige Interpretation ihrer Situation und ihrer Handlungen hervorgehoben. Diese Sichtweise liegt auch der mathematischen Spieltheorie, wie sie vor allem von John v. Neumann und Oskar Morgenstern entwickelt wurde, zugrunde (Neumann/Morgenstern 1944). Oskar Morgenstern hatte in Wien am Kreis um Mises teilgenommen und dessen Überzeugung von der subjektiven Rationalität des Handelns akzeptiert. Die Spieltheorie ist ein mathematischer Ansatz, der die Interdependenz von Entscheidungen zwischen strategisch Handelnden abbildet und Lösungen aufzeigt.

Im Rahmen der weiteren Geschichte der österreichischen Schule übernahmen Ludwig Mises und Friedrich A. Hayek die dominante Stellung. Sie betonten weit stärker als Wieser die liberale Position und setzten sich vehement in einen Gegensatz zu Sozialismus und zu Interventionen des Staates in die Wirtschaft.

Ludwig Mises war Vertreter der dritten Generation der österreichischen Schule der Nationalökonomie nach Böhm-Bawerk und Friedrich Wieser. Er war in verschiedener Hinsicht, insbesondere auf Grund seines kompromisslosen Eintretens für den Liberalismus, aber auch wegen seiner rigorosen Auffassung vom logischen Charakter der Ökonomie auf subjektiver Grundlage sehr einflussreich im Hinblick auf die weitere Entwicklung der „Austrian economics" in den USA als einer eigenständigen Strömung abseits vom „mainstream".

Mises meinte, dass die Grenznutzentheorie am subjektiven Nutzen und daher im Unterschied zur klassischen Theorie nicht am Tauschwert aus der Kaufmannsperspektive ansetze, sondern am Gebrauchswert der Konsumenten. Das aber bedinge die Annahme einer Vielzahl sehr unterschiedlicher Motive, so dass es unsinnig sei von der Differenzierung in „wirtschaftliche" und andere Motive auszugehen. Zweifellos sind die Motive des Kaufmanns und des Konsumenten sehr verschieden, und ihre „Rationalität" ist daher auch eine andere, aber immer eine subjektive. Mises bezog sich auf Motive wie Bevorzugung auf Grund ethnischer Zugehörigkeit bei Käufen, Geschmack bei der Auswahl von alternativen Angeboten, Statusansprüche und -erwartungen, Beiträge zu Kirchen etc. und meinte, dass Handlungen dieser Art in konventioneller Auslegung als unwirtschaftlich erscheinen, weil nicht zum billigsten Preis gekauft wird oder Aufwendungen gemacht werden, die keine unmittelbare Gegenleistung zur Folge haben. Für Mises sind diese Aktionen aber auch rational, weil jeder Mensch, sofern er bewusst eine Handlung setzt, immer vergleiche und bewerte. „Es geht eben nicht an, die durchaus aus der Betrachtung des Handelns des Geschäftsmannes gewonnene Maxime auf das Handeln der Verbraucher, das in letzter Linie alle Wirtschaft leitet, anzuwenden." (Mises 1933, 165). Vielmehr müsse man, egal ob man das Bild des Geschäftsmanns oder das des Letztverbrauchers vor sich habe, von der **subjektiven Rationalität des Handelns** ausgehen. „Durch ihren Subjektivismus wird die moderne Theorie objektive Wissenschaft. Sie wertet das Handeln nicht, sie nimmt es so hin, wie es ist, und erklärt die Markterscheinungen nicht aus dem ‚richtigen' Handeln, sondern aus dem gegebenen Handeln. Sie strebt nicht danach, die Austauschverhältnisse zu erklären, die sich unter der Voraussetzung bilden würden, dass die Menschen sich ausschließlich von bestimmten Motiven leiten lassen und dass andere Motive, die sie tatsächlich leiten, nicht wirken, sondern sie will die Bildung der Austauschverhältnisse begreifen, die wirklich auf dem Markte erscheinen." (Mises 1933, 169).

Zwar meinte Mises, dass es für das Verständnis der wirtschaftlichen Vorgänge durchaus angebracht sei, zwischen dem Handeln, das der Geldrechnung zugänglich ist, und dem übrigen Handeln, das man in diesem Sinn als „außerwirtschaftlich" bezeichnen kann, zu unterscheiden. Insbesondere kann dies für das Individuum selbst wichtig sein, um sich klar zu machen, aus welchen Motiven es gehandelt habe. Aber, so meinte Mises, „gerade die Wert- und Preislehre, die Katallaktik, die theoretische Nationalökonomie, darf diese Scheidung nicht vornehmen." (Mises 1933, 167). Diese erstaunliche Umkehrung dessen, was man im Hinblick auf das Modell des homo oeconomicus erwarten würde, wird von Mises damit erklärt, dass es für die Nationalökonomie gleichgültig sei, aus welchen Motiven ein Kauf, ein Geschäft, erfolgt, sofern es sich in Nachfrage umwandelt.

Ludwig Mises war von Webers Begriff des subjektiven Sinns des Handelns beeinflusst und sah seine subjektivistische Theorie daher zunächst als „Soziologie". Er kritisierte jedoch Webers historische Relativierung, die zu der idealtypischen Begriffsbildung führte, und hob den a priori Charakter der subjektiven Rationalität hervor. Darauf aufbauend formulierte er eine metatheoretische Handlungslogik, die **„Praxeologie"**, die er auf dieselbe Stufe stellte wie die Aussagenlogik und die Mathematik, aber als eine spezielle Logik des Handelns, der Praxis, begriff. Da die Handlungslogik im Bereich des Wirtschaftlichen am besten ausgebaut ist, schrieb Mises der Nutzentheorie der Wirtschaft eine besondere Rolle innerhalb der Praxeologie zu, so dass die ökonomischen Entscheidungen als Modell für die Erklärung des Handelns in allen anderen Situationen herangezogen werden können (Mises 1949). In seinem Sinn ist Ökonomie daher das Kerngebiet derjenigen Wissenschaften, die sich mit dem Handeln befassen.

Hayek tendierte stärker zu sozialphilosophischen Reflexionen. Das kommt etwa in seiner Hervorhebung des „wahren" Individualismus gegenüber den utilitaristischen und rationalistischen Konzeptionen zum Ausdruck. Ersterer knüpft an die Auffassungen von Locke, Hume, Smith, aber auch von Edmund Burke, Alexis de Tocqueville und Lord Acton an.

Hayek stellte explizit fest, dass dieser Individualismus primär eine Theorie der Gesellschaft ist und daher nicht auf einem Begriff des Individuums als isoliert und selbstbezogen basiert, allerdings auch nicht einer Auffassung entspricht, die individuelles Handeln nur als Epiphänomen der Gesellschaft begreift (Hayek 1949, 6).

Die individuellen Interessen beschränken sich daher nicht auf eigennützige Zwecke, sondern beziehen sich auf alles, was Menschen anstreben oder was sie bewegt. Und das umfasst auch ihre soziale Umwelt, an der sie sich orientieren und durch die sie geprägt und beeinflusst werden.

Das eigentliche Problem sah Hayek in dem beschränkten **Wissen** der Individuen über ihre eigenen Kreise hinaus und formulierte es in der Frage, „whether we can allow him to be guided in his actions by those immediate consequences which he can know and care for or whether he ought to be made to do what seems appropriate to somebody else who is supposed to possess a fuller comprehension of the significance of these actions to society as a whole." (Hayek 1949, 14). Wenngleich daher der einzelne nur über beschränktes Wissen verfügt, so ist die Annahme eines „höheren" Wissens fiktiv und potentiell freiheitsgefährdend.

Die einzige Möglichkeit herauszufinden, was richtig und was falsch ist, ist daher diese Entscheidung einem sozialen Prozess zu überlassen, in dem jeder versuchen kann, was er vermag: dem Austauschprozess.

Vernunft ist für Hayek nicht ein Besitz eines bestimmten Individuums, einer Organisation oder einer staatlichen Behörde, sondern stellt sich als ein kontinuierlicher Prozess von Versuch und Irrtum dar, bei dem individuelles Handeln ständig überprüft und korrigiert wird durch die Reaktionen der Umwelt, durch Konkurrenz und Nachfrage. Regeln sind zwar wichtig für das geordnete Interagieren der Menschen, aber sie sollen möglichst flexibel sein und die Individuen nicht unter irgendein „intelligent design" zwingen.

Das markanteste Unterscheidungskriterium zwischen den „Austrian economics" und den neoklassischen Ökonomen besteht darin, dass sich erstere von der Gleichgewichtsvorstellung des Marktes und den damit verbundenen Annahmen der vollkommenen Konkurrenz, vollständigen Information und der Stabilität der Präferenzen distanzierten und die Mathematisierung der Ökonomie kritisierten, da sie die Fundierung der Wirtschaft in den subjektiven Handlungen und ihrem Zusammenwirken durch die spezifischen Erfordernisse der formalen Methode überdecke. Entgegen der Gleichgewichtstheorie wies Hayek darauf hin, dass die wirtschaftliche Dynamik gerade darauf beruhe, dass das Gleichgewicht nicht erreicht werde. Maßgebend seien daher die freien individuellen Wahlen, nicht die Ableitungen aus dem mathematischen Gleichgewichtsmodell. Da die Parameter für das Handeln der Marktteilnehmer nicht vorweg bekannt seien, können sie sich erst durch den Marktprozess bilden.

Vollkommene Konkurrenz sei eine widersprüchliche Fiktion, da unter diesen Bedingungen überhaupt kein Wettbewerb mehr stattfinde. Wettbewerb und damit unvollkommene Konkurrenz aber sei die notwendige Bedingung für die Marktprozesse.

Sie warfen der neoklassischen Gleichgewichtstheorie eine statische Orientierung vor, die es nicht schaffe, die Dynamik der Marktprozesse zu erklären. Dies aber ist das Ziel der ökonomischen Theoriebildung, wie Mises und Hayek sie sahen; ihre Theorie wurde daher auch als **„market process theory"** bekannt.

In gewisser Weise blieb die ursprüngliche Sicht der Wirtschaft als konkrete Austauschhandlungen zwischen den einzelnen Wirtschaftssubjekten bei den Ökonomen der österreichischen

Schule von Menger bis Hayek erhalten. Mises machte keinen Unterschied zwischen Reziprozität und Markttausch, wie dies Polanyi vornahm. Er verstand die Austauschhandlungen als auf dem Prinzip der Reziprozität aller zwischenmenschlichen Beziehungen beruhend, implizierte damit allerdings keine sozialemotionale Bedeutung, sondern meinte die Gegenseitigkeit, die schon Aristoteles als Grundlage für die Tauschgerechtigkeit angenommen hatte.

Mises und Hayek verwendeten für die Marktprozesse auch die Bezeichnung **„Katallaktik"**, womit sich andeutet, dass ein Ausgleich der Interessen, Bedürfnisse und Bewertungen durch die freien Austauschhandlungen angenommen wird, der aber nicht im Sinne eines Gleichgewichtszustandes zu verstehen ist.

> „Markt", das sind die Austauschhandlungen der Menschen auf der Grundlage ihrer subjektiven Bewertungen, und er ist daher eine soziale Tatsache, ja geradezu die Verkörperung von Sozialität.

Seine Merkmale sind die Ungewissheit, vor der sich Individuen sehen, wenn sie handeln, und die Dynamik der durch die individuellen Aktionen hervorgerufenen Prozesse.

Die Auseinandersetzungen mit sozialistischen Konzepten der Planung und keynesianischen Ideen der Wirtschaftstätigkeit des Staates rückten den Charakter des Marktes als freier Austausch in den Vordergrund und dieser wurde von Mises und Hayek eng mit den gesellschaftlich-politischen und institutionellen Voraussetzungen der Freiheit im Sinne des demokratischen Gemeinwesens verbunden; das verlieh dem Markt zusätzlich zu seinem Charakter als sozialer Prozess der Interaktion auch noch eine politisch-ideologische Bedeutung als Garant der Freiheit.

Hayek unterschied zwischen „Markt" und „Wirtschaft". Der Markt war für ihn gleichbedeutend mit der **„spontanen Vergesellschaftung"** frei ihre Interessen verfolgender Individuen bzw. steht für „arbeitsteilige Interaktions- und Kooperationsgeflechte, die in ihrem Umfang und ihrer internen Differenziertheit von niemandem absichtlich angestrebt wurden und von keiner zentralen Lenkungsinstanz koordiniert werden" (Kley 1992, 13). Seine Auffassung vom Markt enthält daher auch eine Sozialtheorie, für die „Markt" und „freie Gesellschaft" identisch sind. Für die Freiheit des individuellen Handelns gibt es in der „spontanen Vergesellschaftung" auch Regeln, diese dürfen jedoch nur möglichst wenig Zwang enthalten. Der Markt beruht in Mises' und Hayeks Sicht auf bestimmten rechtlich-institutionellen und sozio-politischen Voraussetzungen, die jedoch nur sein autonomes Funktionieren gewährleisten sollen.

Dem „Markt" in diesem Sinn stellte Hayek den Begriff „Wirtschaft" gegenüber, mitunter auch den der „Organisation" als für bestimmte Zwecke absichtlich gebildetes und planvoll strukturiertes Gebilde. „Wirtschaft" ist demnach organisiert und beruht auf der Konstellation der sozialen Gruppen und Klassen, deren Beziehungen zum Staat und auf den Formen, in denen der Staat auf die Wirtschaft einwirkt. Während „Markt" eine ganz bestimmte Gesellschaftsordnung impliziert, gibt es daher verschiedene Möglichkeiten, wie „Wirtschaft" organisiert und strukturiert sein kann.

Hayek betonte insbesondere die Vorteile, die der **Markt als Generator von „Wissen"** bietet. Während in der Planwirtschaft der Wissensstand der Planer die Grenze für das wirtschaftliche Wachstum darstellt, sah Hayek die Hauptvorteile der liberalen Marktwirtschaft in der optimalen Nutzung der in einer Gesellschaft verstreut vorhandenen Informationen, die in Wissen, Fähigkeiten und Fertigkeiten der Menschen beruhen, und dadurch innovative Entwicklungen ermöglichen. Dabei wirkt das System der Marktpreise als Kommunikationssystem, das eine spontane soziale Ordnung in einem evolutionären Prozess entstehen lässt (Hayek 1937; 1945).

Gerade diese Auffassung lässt aber auch eine Bedingung des Handelns stärker hervortreten, die in der neoklassischen Ökonomie zwar auch gesehen wird, aber nur wenig berücksichtigt wird; das ist die Tatsache, dass **Handeln unter Ungewissheit** erfolgt. Den Marktprozess verstand Hayek als intersubjektiven Interpretationsprozess, denn die Marktteilnehmer erfahren erst durch die je vorläufigen Ergebnisse desselben, also die jeweiligen Preise, wonach sie suchen sollen. Ungewissheit ist ein konstitutives Merkmal von Märkten, das aber gerade deren Dynamik begründet.

Während die neoklassische Ökonomie trotz der Einsicht Knights, dass wirtschaftliche Entscheidungen unter Risiko oder Ungewissheit getroffen werden, oft von vollständiger Information oder zumindest von der Möglichkeit der Zuordnung von Wahrscheinlichkeiten ausgeht, stellt Ungewissheit nicht nur eine realistischere Annahme dar, sondern, wie Beckert argumentiert, auch einen Ansatzpunkt für die soziologische Erklärung wirtschaftlichen Handelns (Beckert 1996). Ungewissheit, die nicht auf Risiko reduziert werden kann, bedeutet, dass soziale Faktoren wie Normen, Traditionen, Institutionen, Nachahmung, Macht und Einfluss neben der Suche nach Daten für die Orientierung der Individuen maßgebend werden. Darin erblickte Hayek aber nicht die eigentliche Erklärung für Handeln und Markt.

Das Individuum der Marktprozesstheorie sucht zwar nach Informationen auf verschiedenen Wegen, diese sind jedoch nicht ausschlaggebend für seine Entscheidung, denn diese sind allen, die danach suchen und Zugang dazu haben, zugänglich. Der auf dem Markt Handelnde ist aber bestrebt, einen Vorteil oder eine neue Chance zu entdecken und kann sich daher nicht auf Informationen, die auch seinen Konkurrenten zugänglich sind, stützen. Er wird daher letztlich bewusst nach dem Prinzip von Versuch und Irrtum handeln, um im Wettbewerb einen Vorteil zu gewinnen; die Bereitschaft und Fähigkeit, sich trotz Ungewissheit auf eine Handlungsstrategie einzulassen, die mit dem Begriff „alertness" bezeichnet wird, macht die Qualität des Unternehmerischen aus. Der „Unternehmer" ist für Mises und Hayek jeder Marktteilnehmer, nicht nur der Führende in einem Unternehmen, sofern er diese Eigenschaft besitzt.

Der Marktprozess ist für Hayek ein Entdeckungsprozess, in dessen Verlauf etwas Neues entsteht. Das bezeichnet er als „Wissen".

Das „Wissen", das auf dem Markt erworben wird, ist daher nicht primär ein Faktenwissen, sondern eine Entdeckung neuer Chancen auf Grund der jeweiligen vom Markt vermittelten Informationen und des unternehmerischen Handelns.

Auch die Konkurrenz wird als Such- und Entdeckungsprozess verstanden, in dem die Marktteilnehmer einander beobachten, das Verhalten der jeweils anderen interpretieren, aber nicht um sich wie diese zu verhalten, sondern um dem eigenen Erwerbsstreben zu folgen (Hayek 2002). Irrtum ist unvermeidlich, wenn die Zukunft ungewiss ist, aber der Markt „bestraft" den Handelnden und zwingt ihn, aus seinen Fehlern zu lernen. Marktprozesse setzen daher auch Mechanismen der Selbstkorrektur in Gang, die sich gerade aus dem bei Ungewissheit unvermeidlichen Vorgehen nach dem Prinzip von Versuch und Irrtum ergeben. Damit ist der Markt ein Mechanismus zur Produktion von Wissen und zur Förderung von Lernprozessen.

In der weiteren Entwicklung wurden diese Merkmale der Ungewissheit, des unternehmerischem Handelns und der „rivalrous competition" zur Grundlage der „Austrian economics" als einer heterodoxen Ökonomie. Die Nachfolger von Mises und Hayek weisen aber auch interne Unterschiede auf. Auf der einen Seite orientierten sich die Libertären wie Murray Rothbard stark an Ludwig Mises und dessen profundem Misstrauen gegen den Staat. Rothbard betrachtete wie Mises das Staatshandeln als Grundlage einer neuen Kastengesellschaft und folgte Mises auch in dessen Handlungstheorie (Rothbarth 1997). Auf der anderen Seite vertrat Ludwig Lachmann einen extremen Standpunkt der Ungewissheit und der subjektiven Interpretation, wobei er sich auf auf G.L.S. Shackle und Max Weber berief (Lachmann 1971; 1991). Am einflussreichsten ist Israel Kirzner, der sich an Hayeks Konzept des Wissens und der dynamischen Rolle des Unternehmers orientiert (Kirzner 1973; 1992; 1997). Ihnen allen ist aber gemeinsam, dass sie Gesellschaft und individuelles wirtschaftliches Handeln miteinander verbinden und Markthandeln als gegenseitige Beobachtung, Interpretation und Interaktion verstehen. Am deutlichsten drücken dies O'Driscoll/Rizzo aus, die betonen, dass „... prices and markets function as part of a social system, not in isolation" (O'Driscoll/Rizzo 1985, 106). Der Markt ist für sie das Zusammenwirken der konkreten individuellen Handlungen auf der Basis der unterschiedlich sozialisierten und sozial verorteten Personen, er ist kein abstraktes Modell und auch kein „ausdifferenziertes" System.

Die „Austrian economics" weisen Elemente auf, die eine Beachtung durch die Wirtschaftssoziologie nahe legen und sie sehen vielfach auch selbst eine enge Verbindung zu dieser. Insbesondere die Ungewissheit, die subjektive Wahrnehmung von Kosten und Preisen, die Einführung eines nicht-linearen Zeitbegriffs und die interpretative Analyse von Marktsituationen bieten hier gemeinsame Ansatzpunkte. Überdies sind die gegenwärtig viel diskutierten Bedingungen des Unternehmertums und die Dynamik der Marktprozesse Aspekte, die der Betrachtungsweise der „Austrian economics" entsprechen (vgl. Boettke/Storr 2002; Liljenberg 2005).

3.5   Abschließende Bemerkungen

Die vier Ansätze, die hier paradigmatisch hervorgehoben wurden, enthalten Elemente einer Sozialwissenschaft der Wirtschaft, die aber keine Vollendung durch ihre weitere Entwicklung und Ergänzung gefunden haben. Durkheims Behandlung der Wirtschaft aus Sicht der beruflichen Arbeitsteilung und des moralischen Zusammenhalts der Gesellschaft verwies auf die Priorität sozialer Ordnung gegenüber den trennenden Aspekten der modernen individuellen Nutzenorientierungen. Webers Sicht des kulturellen Rationalisierungsprozesses band die Wirtschaft in die Geschichte ein und ließ sie doch als eine der treibenden Kräfte in diesem Prozess erscheinen. Polanyis Betonung der Einbettung der Wirtschaft in die Gesellschaften ließ die durch die theoretische Isolation der Wirtschaft in der Marktökonomie und durch die politische Konstellation des liberalen Kapitalismus geschaffene einseitige Herauslösung des Marktes als logische Konstruktion und politische Entscheidung erkennen.

Die individualistische Perspektive der Menger-Schule und ihrer Nachfolger in den Austrian economics band die sozialen und kulturellen Kontexte in ihre Konzeption des individuellen Handelns ein, brach mit dem homo oeconomicus-Modell und der neoklassischen Markttheorie, stellte aber den gesellschaftlichen Ganzheitsvorstellungen das unternehmerische Konkurrenzhandeln als Motor des Wirtschaftsprozesses entgegen. Dieser Auffassung geht es nicht um die Einbindung, Einbettung oder Unterordnung der Wirtschaft in Bezug auf die Gesellschaft, sondern um die Bedingungen der wirtschaftlichen Veränderung durch Innovationen und Wettbewerb. Dieser Zielsetzung sind die Hinweise auf Moral, Normen, Schichten und Macht untergeordnet, aber sie werden nicht ausgeklammert. Der Ansatz der österreichischen Nationalökonomie unterscheidet sich auch von den anderen durch die zentrale Stellung, die der Markt oder besser: die Marktprozesse einnehmen; diese werden nicht im Sinne eines fiktiven Modells verstanden, sondern als politisch-institutionell begründete soziale Prozesse, die durch individuelles Handeln vorangetrieben werden. Damit wird der Markt konkretisiert als zugleich wirtschaftliche und soziale dynamische Ordnung.

Demgegenüber ist der Markt in den anderen Ansätzen, soweit er überhaupt behandelt wird, weitgehend ident mit der durch die Wirtschaftstheorie konstituierten Vorstellung eines abstrakten Mechanismus, der selbsttätig funktioniert. Auch bei Polanyi liegt eine solche Verwendung vor, allerdings stellt er ihr die konkreten Märkte in vormodernen Gesellschaften gegenüber. In seiner Konzeption des Marktes im liberalen Kapitalismus drückt sich dessen Identifizierung mit dem Modell der Wirtschaftstheorie aus, wie sie auch für Weber zutraf. Die Differenzierung der sachlichen und der formalen Definition von Wirtschaft bewirkt eine Ambivalenz und Spannung in Polanyis Konzeption, die durch wechselnde theoretische und disziplinäre Orientierungen begründet sind (Block 2003). Sie führen zu einer gewissen Unsicherheit bezüglich des Verhältnisses von Märkten und modernen Gesellschaften. Zum einen betonte Polanyi die Entbettung der wirtschaftlichen Prozesse, zum anderen klingt aber die Möglichkeit der Einbettung des Marktes auch in modernen Gesellschaften an; diese jedoch hängt von der Rolle des Staates und seiner Politik ab.

4 Ausdifferenzierung und Interpenetration

Die Sicht der Wirtschaft von der Industriegesellschaft und ihrer Organisation der Produktion her betonte die funktionale Differenzierung der gesellschaftlichen Strukturen und deren institutionell-kulturelle Integration. Diese Betrachtung des Gesamtzusammenhangs der Gesellschaft und des funktionalen Beitrags der Wirtschaft erfolgte dann allerdings nicht mehr unter Annahme einer eigenen Realität der sozialen Ganzheit, sondern wurde durch eine mikrosoziale Dimension, die Gesellschaft auf die Interaktionen ihrer Mitglieder gründete, ersetzt.

Unter dem Eindruck von Cassirers und Rickerts Betonung von Relations- bzw. Funktionsbegriffen als Grundlage der theoretischen Sprachen hatten Georg Simmel und später Karl Mannheim und Leopold von Wiese die Beziehungen als Grundtatsache des Sozialen definiert. Die sozialen Beziehungen wurden von Simmel als „Wechselbeziehungen" verstanden und seiner formalen Soziologie zugrunde gelegt. In behavioristischer Wendung finden sie sich in der amerikanischen Soziologie und Sozialpsychologie im Begriff der „Interaktion" als Wechselbeziehung zwischen Akteuren. Dadurch entsteht ein „social mind", ein Sozialbewusstsein, das als Ergebnis der Interaktionen im Sozialisationsprozess nicht auf die Motive und Absichten der Individuen reduzierbar ist. Dieser Begriff war in der frühen amerikanischen Soziologie, etwa bei Henry Giddings und Albion Small, stark vertreten. Durch den Einfluss der pragmatistischen Philosophie erfuhren diese Ansätze eine weitere Entwicklung insbesondere durch George H. Mead und seinen Sozialbehaviorismus, der James' Differenzierung in Subjekt-Ich und Objekt-Ich aufgriff und zur Grundlage seiner Sozialisationstheorie und seiner Auffassung von der intersubjektiven Konstitution der Wirklichkeit machte (vgl. Mikl-Horke 2001a, 186 ff).

In der Folge entwickelte sich die Vorstellung von der Interaktion als Grundelement des Sozialen in drei Varianten: Zum einen als objektiv und empirisch erforschbarer Aktions-Reaktionszusammenhang, zum anderen im Sinne des symbolischen Interaktionismus von Mead als Untersuchung der in der Interaktion eingesetzten Symbole und der wechselseitigen Deutungsprozesse durch die Akteure, und schließlich verband sich der Begriff der Interaktion auch mit dem durch Spencer und die Entwicklungen in den Naturwissenschaften bekannten Konzept des Systems. Das soziale System wurde als auf den Wechselbeziehungen und Interaktionszusammenhängen zwischen den Menschen beruhend aufgefasst.

Wenngleich sich gerade die Marktbeziehung als ein besonders geeigneter Anwendungsfall der interaktionistischen Analyse präsentiert, führte dies nicht zu einer neuen sozialwissenschaftlichen Betrachtung wirtschaftlicher Prozesse als soziale Interaktionen, sondern umgekehrt zum Verständnis von „nicht-ökonomischen" Beziehungen des Alltags als Austausch-prozesse. In der Soziologie kam es zur Entwicklung von Interaktionsanalysen von Prozessen in Kleingruppen und zu Konzepten der Gesellschaft als Interaktionssystem. Darauf beruht auch die konzeptuelle Verknüpfung von Interaktions- und Systemkonzepten zu einer univer-salen Theorie des Handelns und der Gesellschaft durch Talcott Parsons, der damit die **Wirt-schaft als Interaktionszusammenhang und als ein strukturelles Subsystem der Gesell-schaft** definierte. Parsons' Ansatz stellt eine Synthese der klassischen Soziologie Durkheims, der Konzeption Webers und der neoklassischen Ökonomie dar.

4.1   Wirtschaft als Subsystem der Gesellschaft

Talcott Parsons hatte sich in seiner Frühzeit besonders mit der Ökonomie Alfred Marshalls auseinander gesetzt und hatte den Methodenstreit in der amerikanischen Nationalökonomie zwischen der neoklassischen Theorie und den institutionalistischen Ansätzen miterlebt. Er studierte bei Taussig und Schumpeter in Harvard, aber auch bei dem funktionalistischen Kulturanthropologen Malinowski in England und bei Edgar Salin in Deutschland. Er hatte daher eine gute Fundierung in verschiedenen Bereichen und Richtungen der Sozialwissen-schaften und setzte sich schon in seiner Frühzeit mit der Beziehung zwischen Soziologie und Ökonomie auseinander (Parsons 1931; 1932). Er betrachtete diese als **Problem der Anbin-dung der „nicht-ökonomischen" Faktoren an die „ökonomischen" Aspekte**. Parsons suchte also einerseits die Trennung zwischen Ökonomie und Soziologie im Sinne Paretos, aber auch im Sinne der individualistisch-kollektivistischen Spaltung zu überwinden; die Definition von „ökonomisch" und „nicht-ökonomisch", von der er ausging, setzte jedoch andererseits gerade diese Trennung voraus.

In „The Structure of Social Action" von 1937 untersuchte Parsons die Soziologie Durkheims, die Theorie Paretos und die Ökonomie Marshalls als „positivistische" Ansätze sowie das Werk Webers, das er auf den idealistischen Wurzeln der deutschen Sozialwissenschaft be-gründet sah und versuchte, den Funktionalismus Durkheims, die Handlungstheorie Webers und die Paretosche Systemtheorie mit Elementen neo-klassischer Ökonomie zu einer neuen Synthese zu verbinden.

Als gemeinsames Element aller dieser Ansätze ortete er den Begriff des Handelns und entwi-ckelte einen **„action frame of reference"** als theoretisch-begriffliche Grundlage für eine Integration der Sozialwissenschaften (Parsons 1937, 730). Die „Handlung" definierte Par-sons als zielorientiertes, normativ geregeltes und von Bedürfnissen motiviertes Verhalten in Situationen. Im Zentrum steht die Orientierung der Akteure an der Situation, die er durch die Orientierung an Bedürfnissen einerseits, an Werten und Normen andererseits bestimmt sah. Der Handelnde wirkt auf seine Umwelt als Verhaltensorganismus ein, stellt als Persönlich-keit ein konkretes empirisches Handlungssystem dar, dessen jeweilige Ziele in Hinblick auf seine Motivorientierung und Wertorientierung durch die soziale und kulturelle Umwelt und die Situation beeinflusst werden. Ein konkretes System des Handelns, an dem mehrere Ak-teure beteiligt sind, bildet sich daher aus den motivationalen und kulturellen Elementen der sich vollziehenden Handlungen. Es weist eine Struktur auf, die das Bedürfnissystem der

Verhaltensorganismen, die Persönlichkeitssysteme der beteiligten Individuen, das Kultursystem, welches in den Handlungen eingebaut ist, und das Sozialsystem der interaktiven Prozesse zwischen den Handelnden umfasst. All dies wirkt jedoch dahin, Handeln in Übereinstimmung mit den Normen zu bringen: „... action is, in fact, the process of alteration of the conditional elements in the direction of conformity with norms." (Parsons 1937, 732)

Auf der Grundlage dieses Begriffssystems gelangte Parsons schließlich unter Einbeziehung von Anregungen vor allem von Seiten der Kybernetik, der Systemtheorie, der Kulturanthropologie und der Kleingruppenforschung zur Formulierung seiner strukturfunktionalen Systemtheorie (Parsons 1951). Parsons war einerseits bemüht, ein **Kodifizierungsschema der Handlungswissenschaften** zu entwerfen, war andererseits aber daran interessiert, die Struktur und Ordnung der Industriegesellschaft in einer umfassenden Theorie zu erfassen. Seine Sicht war daher eher statisch, auf die Skizzierung eines Tableaus der Teilbereiche und ihrer Beziehungen ausgerichtet.

Handlungssysteme und Sozialsysteme sind dabei in der Weise miteinander verschränkt, dass bestimmten Elementen Funktionen für die Erhaltung und Entwicklung des Systems zugeschrieben werden. Sie entsprechen den vier Funktionen, die Parsons auf allen Ebenen differenzierte: Anpassung, Integration, Strukturerhaltung, Zielerreichung, und wirken den zentrifugalen Tendenzen der Elemente entgegen. Sozialsysteme, die Subsysteme von Handlungssystemen darstellen, gleichzeitig aber aus einer Menge von Handlungssystemen bestehen, weisen auf allen Ebenen, vom primären System der Gruppe bis zur Gesellschaft als dem umfassendsten Sozialsystem, daher eine Differenzierung in vier Subsysteme auf. **Auf der Ebene der Gesellschaft erfüllt die Wirtschaft die Funktion der Anpassung an die Umwelt**, das politische System die Funktion der Zielerreichung, die Kultur bzw. das Wertesystem, die Erhaltung der latenten Verhaltensmuster und die Bewältigung der Konflikte und die Institutionen die Integration der Gesellschaft.

Die Annahme war, dass die moderne Gesellschaft durch die Ausdifferenzierung spezialisierter Bereiche des Handelns charakterisiert ist, deren Funktionen durch die Erhaltungs- und Entwicklungsbedingungen sozialer Systeme festgelegt sind. Im Verlauf der Entwicklung der modernen Gesellschaften, so meinte Parsons, sei es zur Steigerung der Autonomie und Selbststeuerung der einzelnen Bereiche der Gesellschaft gekommen: das politische Gemeinwesen, die Wirtschaft, das Wertesystem und die „societal community" entwickelten eigene Praktiken, Institutionen, Symbole und Sprachen, Werte und Ziele, die zu einer teilweisen Selbständigkeit und Selbstkonstruktion dieser Bereiche führten. Gleichzeitig entstanden als Gegenkräfte zur Ausdifferenzierung neue Integrationsmechanismen, die vor allem durch den funktionalen Beitrag dieser Bereiche zur Erhaltung und Entwicklung des Ganzen bestimmt sind.

Während traditionale Gesellschaften demzufolge durch die Orientierung des Handelns ihrer Mitglieder an gemeinschaftlichen Zielen, an zugeschriebenen Statuskriterien von Geburt und gesellschaftlicher Stellung und persönlichen, partikulären Aspekten charakterisiert sind und sich überdies mit diffuser und gefühlsbetonten Orientierungen der Mitglieder verbinden, werden moderne Gesellschaften durch die besondere Bedeutung der Leistungsorientierung, der individuellen Interessen und universellen Regelungen und durch sachliche gefühlsneutrale Haltungen bestimmt.

Mit dem Wirtschaftssystem im Besonderen beschäftigte sich Parsons in Kooperation mit Neil J. Smelser in „Economy and Society" (1956). Dieses Buch widmeten die Autoren Max Weber und dem englischen Ökonomen Alfred Marshall, weil deren Werk bei zusammenfassender Betrachtung ein hohes Maß an Annäherung von Soziologie und Wirtschaftswissenschaft zum Ausdruck gebracht habe.

Wirtschaft wird auch hier als ein Subsystem der Gesellschaft definiert, das die Funktion der Anpassung an die Umweltbedingungen erfüllt. Sie nimmt Inputs aus anderen Systemen wie Werte, Institutionen, Zielbestimmungen auf und steht als funktionales Subsystem in ständigem Austausch mit dem Institutionensystem, dem politischen System und mit der Kultur.

Das **Wirtschaftssystem** muss seinerseits die vier funktionalen Erfordernisse aller Systeme erfüllen und ist daher strukturiert in

- das Produktionssubsystem, das auch die Verteilungsfunktion beinhaltet (Zielerreichung),
- das organisatorische Subsystem der Unternehmerfunktion (Integration),
- das Finanzierungs- und Investitionssubsystem (Anpassung) und
- das Subsystem der Wirtschaftsmotivation (Strukturerhaltung).

Den eigentlichen Kern des Wirtschaftssystems stellt demzufolge die **Finanzierungs- und Investitionsfunktion** dar, womit Parsons der dominanten Rolle des Kapitals in den modernen Gesellschaften Rechnung trägt.

Die Subsysteme des Wirtschaftssystems stehen durch **„boundary interchanges"** nicht nur unter einander, sondern auch mit den anderen Systemen der Gesellschaft in Verbindung und Austausch. Die Wirtschaft hat ihre eigenen Ziele, spezifischen Integrationsmechanismen und besonderen Wertorientierungen entwickelt und wirkt durch diese „interchanges" auf die anderen Bereiche der Gesellschaft ein. Aber auch das Wertesystem, das Recht, die Politik wirken ihrerseits auf die Wirtschaft. Das Vertragsrecht stellt als Input des gesellschaftlichen Rechtssystems die Basis für die Marktprozesse dar, die aber auch auf spezifischen Werten, individuellen Motiven und Bedürfnissen beruhen. Das Wertesystem und die Politik beeinflussen die Wirtschaft durch die Internalisierung der Kultur und die Manifestationen der politischen Macht.

Die Theorie kann damit sowohl die teilweise Selbststeuerung der Wirtschaft als auch ihre Einbindung in die Gesellschaft darstellen, denn mit der Systembildung werden die Grenzen markiert und über die Austauschprozesse die Verbindung zu anderen, nicht-wirtschaftlichen Bereichen angezeigt. Alle Systemprozesse wirken aber in Richtung auf die Erhaltung der Grenzen, so dass auch die „boundary interchanges" die Unterschiede zwischen den Systemen trotz der bzw. gerade durch die Austauschprozesse reproduzieren. Damit wird deutlich, dass das Verständnis von Wirtschaft in dieser Theorie sowohl durch die moderne Ökonomie als auch durch einen utilitaristisch orientierten Behaviorismus geprägt ist. Die strukturfunktionale Theorie der Wirtschaft übernimmt die ökonomische Auffassung von Wirtschaft und baut sie in ihr Begriffssystem ein; sie bietet keine alternative Theorie der Wirtschaft, reduziert sie aber auch nicht auf das neoklassische Marktmodell, sondern ist mehr an makroökonomischen Elementen des Keynesianismus einerseits und Elementen von Marshalls Betonung der Organisation und Schumpeters Hervorhebung der Motivation und der Rolle des Unternehmers andererseits orientiert. Letztere wird jedoch weniger im Hinblick auf die innovatorische Funktion des Unternehmers als vielmehr dessen integrierende Rolle gesehen.

Die Einordnung der Wirtschaft als ein Strukturbestandteil der Gesellschaft verweist darauf, dass wirtschaftliches Handeln auf die Erhaltung und Verbesserung der Versorgung der sozialen Gesamtheit bezogen wird. Gleichzeitig geht es jedoch auch um die Erhaltung des Systems Wirtschaft als solches, so dass dessen Abgrenzung zu den anderen Bereichen hervorgehoben werden muss. Das **Systemgleichgewicht** der Interdependenz der Elemente muss auf allen Ebenen immer wieder hergestellt werden, worin man einen Reflex der Gleichgewichtstheorie des Marktes sehen kann (Zafirovski 2006, 86), aber Parsons' Systembegriff beruht auf teilweise naturwissenschaftlichen, teilweise kybernetischen Grundlagen.

Die Bedeutung der strukturfunktionalen Systemtheorie liegt vor allem in ihrer Leistung in Bezug auf die Kodifikation soziologischer Begriffe. Sie ist keine explikative Theorie, sondern ein **Begriffssystem**. Für die Sozialwissenschaft ist der Beitrag dieser Theorie in erster Linie in der Differenzierung und Ordnung der relevanten Kategorien zu sehen. Die Theorie kann keine Kausalerklärungen liefern, aber sie vermag die Vielzahl der Aspekte aufzuzeigen, die in wirtschaftlichen Prozessen eine Rolle spielen und die Beziehungen zwischen diesen feststellen, allerdings in funktionalistischer Sichtweise und auf der Ebene einer Universaltheorie. Parsons beabsichtigte nicht, eine Wirtschaftssoziologie als Teildisziplin zu konzipieren, sondern die **Kongruenz von Wirtschafts- und Systemtheorie** zu zeigen (Beckert 1997, 199 ff). Der Ansatz erlaubt eine interdisziplinäre Zugangsweise, da Kategorien aus Soziologie und Ökonomie begriffssystematisch kombiniert werden. In gewisser Weise wird dabei die Wirtschaftstheorie der „allgemeinen Theorie des Handelns" untergeordnet, was die Ökonomen, an die sich Parsons eigentlich gewandt hatte, denn auch mit Skepsis quittierten.

Das neue Interesse an der Beziehung von Wirtschaft und Gesellschaft hat in der Gegenwart auch zu einer Wiederaufnahme der Diskussion über „Economy and Society" geführt. Zafirovski sieht in Parsons/Smelsers Konzeption eine Möglichkeit, die Kluft zwischen den beiden Disziplinen von Soziologie und Ökonomie zu überbrücken. Er identifiziert diese als Trennung von zwei Perspektiven, von „catallactics", in deren Zentrum der Markt steht, und von „sociologics", deren Kernbegriff die Gesellschaft darstellt (Zafirovski 2003). Neben Parsons sieht Zafirovski auch Weber und Schumpeter als Vertreter einer diese beiden Perspektiven verbindenden Auffassung. Eine Überwindung der dadurch konstruierten Polarisierung zwischen „sozial" und „wirtschaftlich" kann jedoch nicht so erfolgen, dass die Annahmen des ökonomischen Modells unberührt bleiben und nur eine kollektive Dimension der Normen und Institutionen, der „Gesellschaft" dagegen gesetzt wird. Die Polarisierung kann nur dann überwunden werden, wenn Markt und soziale Strukturen so aufeinander bezogen werden, dass die grundlegenden Begriffe von „rational", „individuell", „sozial", „wirtschaftlich", Interesse und Zweck bzw. Nutzen eine neue Interpretation erhalten.

Der „institutionalized individualism" Parsons' (Zafirovski 2006, 96) verweist darauf, dass die individuellen Motive durch die kulturellen, institutionellen und sozialen Einflüsse des gesellschaftlichen Kontexts beeinflusst sind. Auch der Markt kann als soziale und institutionelle Struktur begriffen werden, die nicht nur durch Konkurrenz und Knappheit bestimmt ist. Zafirovski erblickt in dieser Theorie auch ein Potential für die Erfassung der sozio-ökonomischen Dynamik und tritt den Meinungen entgegen, die in Parsons' Behandlung der Wirtschaft nur die Übernahme der ökonomischen Kategorien in ein begriffliches Handlungs- und Systemschema sehen (Holton/Turner 1989; Granovetter/Swedberg 1992; Stolting 1986; Hodgson 2001). Beckert meint daher, dass Parsons' theoretisches Konzept zu Unrecht beiseite geschoben wurde, denn die Analyse der Wirtschaft könnte von der Einsicht Parsons' in die Wechselbeziehungen und Austauschprozesse zwischen Wirtschaft und Gesellschaft profitieren (Beckert 2006a).

4.2   Funktionale Differenzierung und Autopoiesis der Zahlungen

Der Ausdifferenzierungsdiskurs in der Soziologie wird in Luhmanns Systemtheorie konstruktivistisch gewendet und im Sinne selbstreferentieller Sinnsysteme gedeutet. Durch die Verwendung des Begriffs der Autopoiesis wird die funktionalistische Systemtheorie von einer Perspektive der Einheit und Ganzheit der Gesellschaft auf eine um die Ausdifferenzierung von Medien generierte „operative" Emergenz von Funktionssystemen umgestellt. An die Stelle der Setzkastensystematik mit ihrer Begründung in einem gesellschaftlichen Container-Modell (Nassehi 2003, 159 ff) tritt die Selbstreferenz auf Grund von Kommunikationszusammenhängen, die sich im Prozess der systemischen Operationen selbst erzeugen.

Luhmann behandelt die Wirtschaft wie alle Funktionssysteme als ein soziales System, das durch funktionale Differenzierung von Kommunikationen und autopoietische Prozesse mit operativer Schließung entsteht. Die Ausdifferenzierung dieses Systems erfolgte jedoch erst und nur soweit, als die Kommunikationen einen spezifisch wirtschaftlichen Charakter annahmen. Luhmann sieht dies in der allgemeinen Verbreitung des Kommunikationsmediums Geld begründet, weil sich darin eine bestimmte Art kommunikativen Handelns manifestiert:

Zahlungen. In der Annahme von Geld zur weiteren Verwendung liegt das Betriebsmotiv der Wirtschaft, die laufende Wiederbeschaffung von Geld ist ihr Motor, nicht der Tausch von Geld gegen Güter oder Leistungen.

Wirtschaft wird von Luhmann als **sinnhafte Reduktion der Komplexität der Welt auf monetäre Prozesse** gedeutet (Luhmann 1988). Das Geld ist das spezifische Medium der Wirtschaft und die Elemente und Grundoperationen im System Wirtschaft sind Zahlungen, durch die die Wirtschaft ihre Einheit als sich selbst produzierendes und reproduzierendes System gewinnt. Zahlungen haben im rekursiven Zusammenhang der Wirtschaft keinen anderen Sinn, als wiederum Zahlungen zu ermöglichen.

Zahlungen entstehen aus Zahlungen und bringen neue Zahlungen hervor.

Würden keine Zahlungen mehr erfolgen, dann würde die Wirtschaft aufhören, als ausdifferenziertes, funktional autonomes, autopoietisches System zu existieren. Die Grundoperationen der Wirtschaft stehen daher unter dem ständigen Zwang der Selbsterneuerung. In diesem kontinuierlichen Ermöglichen von Zahlungen durch Zahlungen liegt der Grund für die rekursive Geschlossenheit und für den autopoietischen Charakter der modernen Wirtschaft. Profit entsteht daher nicht aus dem Tauschakt, sondern dadurch, dass die Zahlung dem Zahlenden selbst zugute kommt. Dadurch wird ein Prozess der Selbststeuerung in Gang gesetzt, da eigene Zahlungen die Chancen für Zahlungsgewinne erhöhen.

Autopoietische Systeme sind geschlossene und immer zugleich auch offene Systeme. Sie sind geschlossen durch ihre Eigenschaft der rekursiven Zirkularität, das ist die Fähigkeit dieser Systeme, ihre Elemente stets nur aus ihren Elementen zu produzieren und zu reproduzieren. Durch diese Form selbstreferentieller Geschlossenheit können sich autopoietische Systeme in stärkerem Masse der Beeinflussung durch ihre Umwelt entziehen. Autopoietische Systeme sind aber immer zugleich offene Systeme, da sie ihre ständige Selbstreproduktion nur in einer Umwelt, d.h. nur in Differenz zu und Abgrenzung von einer Umwelt vollziehen können.

Die Generalisierung des Mediums Geld bedeutet auch, dass nicht nur derjenige, der Geld hingibt, sondern auch derjenige, der dafür ein Gut oder eine Leistung gibt, diese in Geld denken muss. Beide Seiten einer Tauschbeziehung müssen sich ihre jeweilige Leistung monetarisiert vorstellen. Das aber bedeutet, dass alles, was überhaupt wirtschaftlich relevant ist, auf einen Geldausdruck reduziert wird. Durch die Durchmonetarisierung aller Transaktionen entwickelte die Wirtschaft ihre Systemrealität, indem sie eigene Werte, Zwecke, Normen und Rationalitätskriterien herausgebildet hat, an denen sich das wirtschaftliche Handeln orientiert und durch die es definiert ist. Die Ausdifferenzierung erfolgte daher sowohl im Sinne der Ausbildung eigener Medien und Elemente als auch auf der Ebene der Vorstellungen und der Begriffsbildung.

Die Wirtschaft ist auch gedanklich durch die Differenzierung von wirtschaftlich und nichtwirtschaftlich entstanden und wurde zu einem Sinnsystem, das von der „Welt" getrennt gedacht wird. Damit bezog Luhmann sowohl die Sinnerfahrung realer Prozesse als auch die Wirtschaftstheorie in die Systemkonstitution „Wirtschaft" mit ein.

Zugleich wird die Wirtschaft dadurch gegen direkte externe soziale Kontrollen, gegen Forderungen und Interventionen anderer gesellschaftlicher Systeme sowie gegen Übergriffe des Privatlebens etwa durch Freundschaftsbeziehungen, Bedürfnisse der Familie etc. abgeschirmt. Moralische, ethische und ästhetische Gesichtspunkte bleiben in der ausdifferenzierten, relativ autonomen Wirtschaft weitgehend außer Betracht, so dass die Wirtschaft von Rücksichtnahme auf andere gesellschaftliche Systeme entlastet ist. Damit können Wertorientierungen, Normen und Rollen anderer Subsysteme, die für den Rationalitätsfortschritt in der Wirtschaft nicht geeignet sind und die Erfüllung ökonomischer Funktionen beeinträchtigen würden, ausgegrenzt werden.

Der hohe Rationalitätsgewinn der Wirtschaft gegenüber anderen Bereichen ermöglicht einen weiten Spielraum für verhältnismäßig freie, auf wirtschaftliche Ziele ausgerichtete Entscheidungen, für die effiziente Spezialisierung auf rein wirtschaftliche Funktionen. Dies hat der Wirtschaft einen Vorrang vor anderen Funktions- und Sinnsystemen verschafft und sie zum dominanten Sinnsystem der Gesellschaft werden lassen, was sich etwa auch darin äußert, dass der Verweis auf wirtschaftliche Notwendigkeiten und Sachzwänge als allgemeine Legitimation für Handlungen und Maßnahmen akzeptiert wird.

Die Differenz zwischen Werten und Preisen erscheint in systemtheoretischer Sicht als Folge der Ausdifferenzierung des Systems. Während Werte die gesellschaftliche Relevanz wirtschaftlichen Geschehens darstellen, reflektieren die Preise durch ihre Generalisierung und monetäre Quantifizierung die wirtschaftliche Funktion und ermöglichen Autopoiesis, ohne dass Einigung über den wirklichen Wert der Güter erzielt werden muss.

Die Funktion der Wirtschaft besteht in der Konditionierung der Beziehungen zwischen der weltbedingten Knappheit der Güter und der artifiziellen Knappheit des Geldes. Das System erzeugt allerdings selbst „Knappheit", um sich von Umwelt abzugrenzen. Daher kommt dem Geldmarkt als „Eigenmarkt" der Wirtschaft eine besondere Stellung zu, denn er weist ein Höchstmaß an Selbstreferenz auf. Weder Bedürfnisse oder Waren sind für ihn Voraussetzung, er operiert weitgehend ohne einen Zusammenhang mit der äußeren Umwelt.

Die Entwicklung von ausdifferenzierten Funktionssystemen führt dazu, dass die Form der gesellschaftlichen Differenzierung umformuliert wird. Schon in der Industriegesellschaft kam es zu einer Umdeutung von Arm und Reich in „Kapital und Arbeit", nunmehr entsteht eine Primärdifferenzierung nach Inklusion/Exklusion. Sie unterscheidet sich von jener in Klassen oder Schichten dadurch, dass sich Ausschluss oder Eingliederung auf jedes einzelne Funktionssystem beziehen und daher eine komplexe Kombination möglich ist, die keine eindeutige Zuordnung von Individuen erlaubt.

Die Dominanz des Wirtschaftssystems ist vor allem durch die systemisch begründete Knappheit des Geldes bestimmt und manifestiert sich dadurch, dass die Prozesse der Exklusion meist von der Wirtschaft ausgehen und sich dann in anderen Funktionssystemen fortsetzen, denn der Mangel an Geld bedingt auch den Ausschluss aus bzw. die Benachteiligung in anderen Systemen wie Bildung, Recht, Kunst und Kultur etc. Da überdies nach Meinung von Luhmann Organisationen nur mit Geld funktionieren können, werden alle anderen Funktionssysteme vom Wirtschaftssystem abhängig. Aus der „Wirtschaft der Gesellschaft" ist daher in Wahrheit die Gesellschaft der Wirtschaft geworden.

Luhmann versteht den Markt entgegen den Vorstellungen der Wirtschaftstheorie nicht selbst als System von Austauschprozessen zwischen Angebot und Nachfrage, sondern als Grenze, die durch die Wahrnehmung des Konsums aus der Sicht der Produktion bzw. der Verteilungsorganisation definiert wird (Luhmann 1988, 73). Damit wird der Markt als Nachfragepotential nach den Gütern bestimmter Produktions- und Handelsfirmen begriffen, die miteinander in Konkurrenz treten, also nicht als zweiseitiger Austauschmechanismus. Vielmehr sieht das Unternehmen sich selbst und die Konkurrenten im Spiegel des Marktes. Der Markt wird dann zur wirtschaftsinternen Umwelt der partizipierenden Systeme im Wirtschaftssystem. Oder: „Als Markt wird mithin das *Wirtschaftssystem selbst* zur Umwelt *seiner eigenen Aktivitäten*" (Luhmann 1988, 94).

Der Markt steht nicht im Kern von Luhmanns Behandlung der Wirtschaft, was zur Folge hat, dass die Differenzierung zwischen Marktwirtschaft und Planwirtschaft ausgeklammert und in die Sphäre der Politik verwiesen wird. Hierher gehört auch die oft mit Markt verbundene Vorstellung von „Freiheit", wobei Luhmann allerdings meint, dass es für den Konsumenten diese weder in der Planwirtschaft noch in der Marktwirtschaft gäbe, weil er immer mit Preisen konfrontiert ist, die er nicht bestimmen kann. Darin ähnelt Luhmanns Argumentation der Durkheims, der den Preis als soziale Tatsache betrachtete, die als äußerer Zwang auf das Individuum einwirkt. Luhmann trifft daher die überraschende Feststellung, dass auch eine zentral geplante Wirtschaft eine Marktwirtschaft sei, wobei das gesamte System als Kooperation organisiert ist und Preise keine Informationen über Tauschbedingungen und Konkurrenz enthalten.

Luhmanns Theorie ermöglicht solcherart den Vergleich von Wirtschaftssystemen, ohne auf das Merkmal Markt als zentrales Unterscheidungskriterium zurückgreifen zu müssen, denn für ihn ist Wirtschaft durch Geld und Zahlungen konstituiert. Das bedeutet aber auch, dass „der Markt" geradezu als deus ex machina hinter den Zahlungen gedacht werden muss, er selbst aber nicht erfasst werden kann. Er stellt sozusagen den Motor dar, der das Fahrzeug „Wirtschaft" am Laufen erhält. Die Konzentration auf Zahlungen erlaubt es, auch Staat und die Schaffung von Zahlungsfähigkeit durch Arbeit zu inkludieren. Luhmanns Wirtschaft umfasst Unternehmen, Staat und Haushalte, allerdings nur soweit diese in die Zahlungskreisläufe mit einbezogen sind. Er umfasst aber darüber hinaus auch Transaktionen, die üblicherweise nicht mit „Wirtschaft" assoziiert werden: Bestechung, Erpressung, Lösegeld etc., denn auch diese beruhen auf Zahlungen.

Luhmann löst den Begriff aus seiner engen Bindung an Produktion und Markttausch. Das ermöglicht die Berücksichtigung zusätzlicher Aspekte, allerdings ist die vollständige Beschränkung von Wirtschaft auf Zahlungen problematisch. Das macht zwar Luhmanns Wirtschaftsbegriff umfassender, als es der der Marktökonomie ist, aber gleichzeitig auch begrenzter, denn er bezieht sich nur auf Geldwirtschaft, lässt damit jene Transaktionen, die informell und ohne Geld abgewickelt werden, außer Betracht. Diese können auch unterhalb der Zirkulationssphäre des Geldes und des Kapitals in der modernen globalen Wirtschaftsrealität vorkommen.

Luhmann weist auch explizit darauf hin, dass sein Begriff der Wirtschaft Reziprozität und Aspekte wie Motivation, Wertschätzungen, sozialen Rang ausschließt, um Autonomie und Selbstregulierung zu erreichen. Luhmann sieht darin aber auch einen Vorteil, da damit Hilfsbereitschaft, Freundlichkeit, Glauben etc. wieder „privatisiert" werden, d.h. aus der Wirtschaft als System ausgeklammert und ihrer monetären Logik entzogen werden können. Sie können auch als Gegenpole zu einer „diabolischen" Kritik der Geldsymbolik verwendet werden (Luhmann 1988, 243) durch die Hineinnahme der Beobachtung in das System, das sich dann selbst beobachtet und reflektiert. Solcherart kann das Risiko, das man selbst auf Grund eigener Handlungen trägt, auch von den Gefahren für jene, die von den Entscheidungen betroffen sind, unterschieden werden.

Luhmanns Theorie stellt die **Selbstreferenz und Selbstproduktion der Wirtschaft** als Sinnsystem in den Mittelpunkt, nicht die Grenz- bzw. Austauschprozesse zwischen den Systemen, wie Parsons. Statt Interdependenz und Interpenetration zwischen den Subsystemen der Gesellschaft wird die spezifische Autopoiesis des Systems der Zahlungen hervorgehoben. Die Wirtschaft wird sinnhaft auf ihre „innere Logik" beschränkt. Gleichzeitig werden die Kommunikationen in der Wirtschaft entblößt von allen persönlichen, sozialemotionalen, kulturellen Bedeutungsübermittlungen und auf die bloße Geldtransaktion reduziert. In gewisser Weise repliziert dies die Exklusion aller nicht ökonomischen Elemente aus der reinen Wirtschaftstheorie, überträgt dies jedoch von der Ebene der innerwissenschaftlichen Modellkonstruktion auf die der alltäglichen Sinnerfahrung und der Deutung der Welt durch Systembildung, weshalb sich das System auf dieser Ebene selbst beschreiben kann. Dabei muss man unwillkürlich auch an Max Weber denken, der durch die Feststellung der Approximation der Wirklichkeit an die Nutzentheorie Ähnliches schon behauptet hatte. Die selbstreferentielle Theorie der Zahlungen stellt die Reflexionstheorie der Wirtschaft, eine Reflexion des Systems im System, dar. Die systemtheoretische Untersuchung der Wirtschaft, so meint Baecker (1988, 54), interpretiert die Reflexionsleistungen der ökonomischen Theorie als Informationen über das System, die ihrerseits auf Grund der Differenzen, die bei der Behandlung der Probleme eine Rolle spielen, beurteilt werden.

Luhmanns Theorie hat gegenüber der Parsons' den Vorteil, dass sie die Subsysteme der Gesellschaft nicht auf vier Funktionen reduziert, sondern die ständige Selbsterzeugung von zusätzlichen Funktionssystemen ermöglicht, sofern diese die autopoietische Selektivität und Selbstreferenz aufweisen. Die Identifikation der gesamten „Wirtschaft" mit Zahlungen ist gerade auch deshalb befremdlich, weil mit dieser Theorie eigentlich ein spezielles Funktionssystems innerhalb der Wirtschaft, das in der Gegenwart große Bedeutung erhalten hat, die globalen Geld- und Kapitalmärkte, sehr gut erfasst werden könnten. Einen Anfang hat Baecker mit der Untersuchung der Banken und ihrer Transaktionen gemacht (Baecker 1988).

Auf der Theorie Luhmanns aufbauend entwarf Baecker einen Theorierahmen der Wirtschaftssoziologie, allerdings in der expliziten Absicht, Wirtschaft wieder mit Gesellschaft zu verbinden (Baecker 2006). Dabei wird Wirtschaft in der Gesellschaft die **Funktion der Knappheitskommunikation** zugeordnet. Die Kommunikation von Knappheitsreduktion und Knappheitssteigerung erfolgt im Rahmen der Zahlung und wird als Gegenstand der Wirtschaftssoziologie identifiziert. Das Geld fasst Baecker aber nicht als Inbegriff einer rationalen Kommunikation auf bzw. als Element eines abstrakten Systems Wirtschaft, sondern bezieht es auf Gesellschaft. Anders als Luhmann bezieht Baecker Märkte und die Handlungsbedingungen für sie in seine Betrachtung ein (Baecker 1988). Er versteht Märkte als Strukturen, in denen die Kommunikation von Knappheit stattfindet, und stützt sich dabei auch auf Harrison S. White's wechselseitige Beobachtung der Konkurrenten in Produktionsmärkten. Allerdings mahnt er die Berücksichtigung der Bedürfnisse ein, die der eigentliche „gesellschaftliche Tatbestand" seien, weshalb Haushalte, Unternehmen und Märkte als heterogene Elemente eines Netzwerks miteinander verbunden werden müssen. Damit versuchte er, die systemtheoretische Auffassung der Wirtschaft mit den neuen Entwicklungen der Marktsoziologie zu verbinden. Die Ausdifferenzierung der Wirtschaft bedeutet seiner Auffassung zufolge nicht, dass Wirtschaft zu einem abstrakten Mechanismus wird, der der Gesellschaft „von außen" ihren Willen aufzwingt. Sie bleibt ein Teil der Gesellschaft, was auch die Grenzprozesse, wie sie in Parsons/Smelsers Konzeption vorgesehen sind, wieder mehr ins Zentrum der Betrachtung Baeckers rückt.

4.3   System vs. Lebenswelt

Das Ausdifferenzierungsparadigma findet sich auch in kritischer Wendung bei Jürgen Habermas. Während Marx Kapital und Arbeit als die zentralen Begriffe, die gleichzeitig den fundamentalen Gegensatz der Klassen im Kapitalismus repräsentieren, verstand, tritt diese „materialistische" Orientierung in der kritischen Theorie seit Max Horkheimer und Theodor Adorno zurück und wird bei Jürgen Habermas durch die Differenz von Geld und Sprache, Markt und Interaktion beschrieben (Habermas 1981). Diese begründen unterschiedliche Orientierungen des Handelns. Habermas differenzierte **erfolgsorientiertes und verständigungsorientiertes Handeln**. Ersteres stellt instrumentelles Handeln dar, wenn es sich auf Dinge richtet, in sozialen Situationen aber wird es zu strategischem Handeln. Der Handelnde sucht auf Grund seiner Erwartungen in Bezug auf die Absichten und Aktionen seines Gegenübers vorteilhaft auszusteigen, seine Interessen durchzusetzen. Demgegenüber ist ein am Ziel der Verständigung orientiertes Handeln auf die Kommunikation selbst bezogen.

Das instrumentelle und das strategische Handeln sind die typischen Handlungsweisen im „System", das in der Wirtschaft durch Geld, in der Politik durch Macht medial vermittelt ist. Demgegenüber ist kommunikatives Handeln auf lebensweltliche Erfahrung bezogen. Der Begriff der Lebenswelt geht auf die Phänomenologie von Husserl zurück und wurde von Schütz, Berger und Luckmann in die Soziologie eingeführt. In Habermas' Sicht wird der Begriff mit der Bedeutung einer Kommunikationsgemeinschaft im Sinn von G. H. Mead verbunden. Die Lebenswelt ist dann ein Kontext von Verständigungsprozessen, in denen die Medien Sprache und Interaktion vorherrschen.

Im Zuge der Modernisierung, so argumentierte Habermas, sei es zu einer **„Kolonialisierung der Lebenswelt" durch das Erwerbssystem** gekommen. Dieser Einbruch des Systems in die Lebenswelt erfolgte mittels der Medien Geld und Macht, den typischen Merkmalen von Wirtschaft und Staat, in die Privatsphäre und in die Sphäre der Öffentlichkeit. Geld verbindet sich mit Macht und wird in einer Gesellschaft, die sich über den Erwerb organisiert, zum dominanten Kriterium sozialer Ungleichheit, bestimmt aber auch die zwischenmenschlichen Beziehungen und die Kommunikation zwischen den Menschen. Während Marx von der Verwandlung von allem und jedem in Waren durch den Kapitalismus und seine Orientierung

am Tauschwert und Geld gesprochen hatte, drückt Habermas dies als Pervertierung lebensweltlicher Verständigung aus.

> Die Wirtschaft hat sich mit Hilfe der Medien Geld und Macht als Erwerbssystem aus der
> Lebenswelt ausdifferenziert und diese dann im Prozess seiner Ausweitung in alle Lebens-
> bereiche unterwandert. Dadurch wird das kommunikative, auf Verständigung gerichtete
> Handeln der Lebenswelt durch das strategische Handeln des Erwerbssystems durchsetzt
> und verdrängt, welches damit gleichzeitig ein Bewusstsein seiner Selbstverständlichkeit
> erzeugt. Auch in der Lebenswelt, in Alltag, Privatsphäre und in der gesellschaftlichen Öf-
> fentlichkeit werden daher instrumentelle und strategische Kommunikationsformen vor-
> herrschend, die an Geld und Macht orientiert sind.

Die kulturelle und politische Dominanz des Wirtschaftssystems führt zu Pathologien der
Lebenswelt, die sich in der Verdinglichung von kommunikativen Beziehungen und in der
Fragmentierung des Alltagsbewusstseins manifestieren. Diese systemisch induzierten Pathologien sollen Gegenstand einer kritischen Gesellschaftstheorie sein, die sich in der Gegenwart nicht mehr am Konflikt von Kapital und Arbeit als Grundauseinandersetzung der Gesellschaft orientieren könne, sondern in der Konfrontation der Systemanforderungen und der
Lebensweltbezüge bestehe.

Im Zentrum der Auffassungen von Wirtschaft bei Luhmann und Habermas steht das Geld,
dem wie schon bei Georg Simmel große kulturelle Bedeutung zugemessen wird. Da wirtschaftliche Transaktionen in Geld ausgedrückt werden und wirtschaftlicher Erfolg in Geldgrößen gemessen wird, wandelt sich der Charakter des Geldes vom Mittel der Wirtschaft
zum eigentlichen Zweck des Wirtschaftens und zum Maßstab des Lebenserfolgs; es entsteht
eine „Geldideologie" (Kellermann 1994). Deutschmann hat sogar auf die geradezu religiöse
Bedeutung des Geldes in der modernen Gesellschaft bzw. auf seine Rolle als Religionsersatz
hingewiesen (Deutschmann 1999). Die Zahlungen, die für Luhmann die Elemente des Systems darstellen, erscheinen aus der Sicht von Habermas als **Verdrängung lebensweltlicher
Verständigung durch monetäre Relationen**. Habermas geht es nicht um die Erklärung der
Funktionsweise der Wirtschaft, für ihn stehen die Monetarisierung und deren Auswirkungen
auf die lebensweltliche Kommunikation im Zentrum. Wirtschaft wird als vergeldlichte
Kommunikation verstanden, die aus der Lebenswelt ausdifferenziert ist, diese aber gerade
deshalb unterwandert und beherrscht. Bedeutsam erscheint die Frage der Wechselwirkung
von Geld und Macht in diesem Prozess.

4.4 Abschließende Bemerkungen zur Ausdifferenzierungsperspektive

Die Ausdifferenzierungsperspektive betrachtet Wirtschaft aus der Sicht der „Gesellschaft" und der Probleme ihrer Erhaltung, Entwicklung und Veränderung. Daher wird auch „Wirtschaft" als eine Gesamtheit gedacht, die bei Parsons im Sinne der funktionalen Ausdifferenzierungen von Handlungen als Subsystem der Gesellschaft definiert wird. Demgegenüber tritt uns bei Luhmann und Habermas Wirtschaft als ein funktionales Sinn- bzw. Kommunikationssystem entgegen, das auf die geldlich vermittelten Relationierungen reduziert ist.

Bei Parsons wird Wirtschaft mehr durch die Zusammenhänge der Produktions- und Verteilungsleistungen definiert, für Luhmann und Habermas wird sie auf sich selbst reproduzierende Zahlungen bzw. auf Geld als Kommunikationsmedium bezogen. In allen diesen Ansätzen geht es nicht um die konkreten wirtschaftlichen Austauschprozesse, sondern um ihre Verortung als Elemente eines gedachten Systems von Begriffen. Sie erklären daher nicht die Wirklichkeit der Wirtschaft, sondern soweit sich die Theorien überhaupt auf diese beziehen, ist es die Wirklichkeit der Vorstellungs- und Diskursrealitäten, deren Selbstbezüglichkeit als Begriffssystem formuliert wird.

Während bei Parsons zwar einerseits die Eigenständigkeit der einzelnen Subsysteme durch die Ausbildung spezifischer Institutionen, Ziele und Werte als Begründung für ihre Ausdifferenzierung behauptet wird, andererseits doch auch der wechselseitige Austauschprozess zwischen den Subsystemen hervorgehoben wird, liegt der Fokus bei Luhmann auf der Selbsterzeugung und Eigendynamik der einzelnen Funktionssysteme, deren Zahl überdies unbegrenzt erweiterbar ist. Die Gesellschaft hat daher sehr variable Konturen, sie wird eigentlich nur zur Hintergrundfolie für die Ausdifferenzierungsprozesse. Der Markt wird nicht als Gegenstand der Reflexion des Zahlungssystems betrachtet, wird in die Sphäre der Politik verlagert, was einerseits durchaus seine Berechtigung hat, andererseits aber „die Wirtschaft" entpolitisiert. Ebenso wird sie „entsozialisiert", weil alle emotionalen, persönlich-zwischenmenschlichen und sozial-kommunikativen Elemente eliminiert werden. Diesbezüglich versuchte Baecker durch seine Anknüpfung an die neue Wirtschaftssoziologie eine Rückführung von der semantisch-kognitiven Dimension des autopoietischen reinen Funktionssystems in die Welt der sozialen Beziehungen.

Bei Parsons sind Erwerbs- und Bereicherungsstreben noch den grenzüberschreitenden Interdependenzen zwischen den Subsystemen auf allen Ebenen unterworfen, die das System im Sinne eines Ausgleichs im Gleichgewicht halten.

Bei Luhmann und Habermas hat sich „Wirtschaft" durch das Geld unabhängig gemacht von den Einwirkungen anderer Funktionssysteme bzw. der Lebenswelt und kann aber seinerseits alle anderen Bereiche penetrieren.

Die Befunde gleichen sich bei Luhmann und Habermas in Bezug auf die Dominanz des Wirtschaftssystems, seine Konstitution durch Geld und seine Unterwanderung der Lebenswelt. Aber in allen diesen Theorien erscheint dies als geradezu zwangsläufiger Prozess einer apokalyptischen Selbststeuerung, die als Kolonialisierung der Lebenswelt problematisiert bzw. auf die Ebene des Eigen-Sinns des Systems projiziert wird.

Die Theorie Parsons' hat aus der Sicht der Verbindung von Wirtschaft und Gesellschaft den Vorteil, dass eine wechselseitige dynamische Verbindung zwischen den einzelnen funktional differenzierten Elementen angenommen wird, dass sich also wirtschaftliche Veränderungen in einem Wandel der Institutionen des Rechtssystems, der politischen Ziele und der Wertvorstellungen niederschlagen und umgekehrt diese, wenn sie sich wandeln zu wirtschaftlichen Effekten führen. Wirtschaftliche Veränderungen können daher als gesellschaftliche Prozesse aufgefasst werden, die politische Neuorientierungen erfordern, durch institutionelle Verankerungen abgesichert und legitimiert werden und sich auch in einer neuen Bewertung im Denken der Menschen und in ihren Verhaltensmustern niederschlagen müssen. Die Ausdifferenzierungsperspektive, wie sie in der Theorie von Parsons entwickelt wurde, reduziert Wirtschaft aber nicht auf politische, institutionelle und kulturelle Faktoren, sondern lässt auch die Selbsterzeugung des Subsystems Wirtschaft zu, die sich aus ihrer Anpassungsfunktion an die vorhandenen Ressourcen und die Umwelt ergibt. Technische Innovationen, unternehmerische Initiativen, neue Managementmethoden und neu erschlossene Ressourcen können dementsprechend zu einer aktiven Anpassung der Wirtschaft führen. Vorausgesetzt wird allerdings ein Interdependenzmechanismus, der diese Prozesse auslöst und steuert, also ein Markt. Die Selbststeuerung des Marktes wird bei Parsons aber dadurch wieder eingeschränkt, dass er auf allen Ebenen der funktionalen Differenzierung wechselseitige Einflüsse zwischen Produktion, Organisation, Finanzierung und Motivation und den politischen, institutionellen und kulturellen Systemelementen annimmt.

Dies ermöglicht Einsichten in Bezug auf die Wechselwirkungen zwischen einzelnen Bereichen und Funktionen der Wirtschaft und gesellschaftlichen Bezügen, setzt allerdings auch deren Differenzierung voraus.

Das aber bedeutet doch wieder, dass „wirtschaftliche" Elemente als „nur ökonomisch" aufgefasst werden müssen und die kulturelle, symbolische, emotionale Bedeutung wirtschaftlicher Handlungen, von Gütern und Geld als Interdependenzeffekte verschiedener Zuständigkeitszonen der „Gesellschaft" erscheinen.

5 Konvergenzen in Ökonomie und Soziologie

Nicht alle Ökonomen waren oder sind mit dem neoklassischen Modell zufrieden. Viele halten zwar am Modell fest, sehen es aber als ein fiktiv-normatives Kriterium für den Vergleich mit den realen Prozessen, wieder andere haben versucht, das Modell in verschiedener Hinsicht zu erweitern. Manche wandten sich der empirischen Wirtschaftsforschung zu, andere suchten ihre alternativen und gegensätzlichen Konzepte gegen die Übermacht der Orthodoxie zu behaupten. Es gelang ihnen jedoch kaum, das Bild von der Ökonomie zu verändern oder sie als eine Palette unterschiedlicher Auffassungen und Strömungen im Bewusstsein der Öffentlichkeit zu verankern. Obwohl es eine ganze Reihe von „heterodoxen" Ökonomiekonzeptionen gibt, sind diese in Bezug auf die Wahrnehmung von Ökonomie so gut wie unsichtbar. Das betrifft nicht nur marxistische bzw. radikale Ansätze oder evolutionäre, konventionstheoretische, regulationsökonomische Konzeptionen, sondern sogar eine der Gründerschulen der neoklassischen Theorie, die „Austrian economics" sowie in den letzten Dezennien auch den Keynesianismus, der davor eine Synthese mit der Neoklassik gebildet hatte. Aber auch jene Ökonomen, die sich im Großen und Ganzen dem „mainstream" verbunden fühlen, haben immer wieder Modifikationen im Hinblick auf eine größere Realitätsnähe einzuführen gesucht und errangen auch Beachtung. Diese beziehen sich einmal auf Änderungen der Annahmen des Handlungsmodells und zum anderen auf die Berücksichtigung von politischen und institutionellen Faktoren. Auch Bestrebungen einer Verbindung von Soziologie und Ökonomie und die Berücksichtigung von Werten und von Aktivitäten außerhalb der offiziellen Wirtschaft sind zu verzeichnen.

5.1 Modifikationen des Handlungsmodells der Ökonomie

Das **Handlungsmodell der neoklassischen Ökonomie** geht bekanntlich davon aus, dass rationale Individuen ohne jegliche Beeinflussung oder Beeinträchtigung durch ihre soziale Umwelt ihre Kosten/Nutzen-Kalküle unter Bedingungen vollkommener Information und stabiler Präferenzen anstellen. Das Modell ist reduktionistisch, formalisiert und fiktiv-normativ. Es entstand allerdings unter ganz anderen Bedingungen der wissenschaftlichen und politisch-ökonomischen Situation. Damals war es wichtig, den logischen Kern der Ökonomie herauszuarbeiten, um den Anspruch einer exakten Wissenschaftlichkeit zu rechtfertigen.

Diese Notwendigkeit besteht seither nicht mehr in dem Ausmaß, daher wurde auch von Seiten der Ökonomen versucht, das Handlungsmodell zu ergänzen oder zu erweitern, ohne seinen Modellcharakter aufzugeben.

Probleme ergaben sich insbesondere im Hinblick auf die Rationalitätsannahme. In der Ökonomie ist Rationalität seit langem Gegenstand einer regen Diskussion, wobei durchaus auch ein Bewusstsein dafür entwickelt wurde, dass nicht alles menschliche Handeln in wirtschaftlichen Bezügen als rational gelten kann, und dass insbesondere in Bezug auf Probleme des Handelns unter Risiko oder Ungewissheit die Bedeutung von Rationalität unbestimmt wird. Daher suchten manche Ökonomen nach Möglichkeiten einer Modifizierung des Handlungsmodells des homo oeconomicus.

Herbert A. Simon kritisierte die Annahmen der vollkommenen Information, der stabilen Präferenzen und der Befähigung zum rationalen Kosten-Nutzen-Kalkül der neoklassischen Theorie und suchte diese durch realistischere Annahmen über „Verhaltensorganismen" in ihrer Umwelt zu ersetzen: „... the task is to replace the global rationality of economic man with a kind of rational behavior that is compatible with the access to information and the computational capacities that are actually possessed by organisms, including man, in the kinds of environments in which such organisms exist." (Simon 1955, 99).

Simon meinte auf der Basis seiner verhaltenswissenschaftlichen Auffassung, durch begrenzte menschliche Fähigkeiten und Informationsdefizite käme es zu einer Reduktion vollkommener Information, so dass auch die Rationalität nur eine begrenzte sein kann („bounded rationality"). Das bedeutet aber auch, dass nicht Nutzenmaximierung, sondern „satisficing", also das Erreichen eines zufrieden stellenden Niveaus das Ziel des wirtschaftlichen Handelns unter diesen Bedingungen sein kann.

Die Individuen suchen dann nur nach einer guten, nicht nach der besten Lösung; Entscheidungen sind besser oder schlechter im Hinblick auf das gegebene Anspruchsniveau, aber es gibt in der Regel nicht ein bestes und einzig rationales Optimum (Simon 1957). Simon hat auch ähnlich wie Weber darauf hingewiesen, dass Rationalität nicht nur nach Maßgabe der Erreichung des Zieles oder Zweckes des Handelns zu bewerten ist, sondern auch als „procedural rationality" auf die Logik des Prozesses der Entscheidungsfindung bezogen werden kann.

Eine andere Sichtweise vertritt der Chicagoer Ökonom und Soziologe Gary S. Becker. Er erhob den **Anspruch, alles Verhalten auf der Basis des neoklassischen Handlungsmodells erklären zu können**, musste dieses im Zuge der Anwendung auf soziales Handeln jedoch ein wenig verändern. Von den ökonomischen Verhaltensannahmen ließ Becker die Fixierung auf Marktpreise fallen und ersetzte sie durch Schattenpreise, d.h. die Opportunitätskosten der Verwendung knapper Ressourcen, die sich aus den Bewertungen der nicht gewählten alternativen Verwendungen ergeben, und ließ unvollkommene Information zu, behielt jedoch die Annahme stabiler Präferenzen und der Nutzenmaximierung bei. Er argumentierte, dass sich die Kernaxiome von Maximierung, Marktgleichgewicht und stabilen Präferenzen nicht nur auf die Nachfrage nach Waren anwenden lassen, sondern auch auf den

Kinderwunsch, die Zeitverwendung, die Ausbildung, das kriminelle Verhalten und die diskriminierenden Handlungen. In allen diesen Entscheidungen spielen „Preise" eine große Rolle, die sich aus den möglichen Alternativen errechnen lassen (Becker 1976).

Die Entscheidung für Ausbildung beruht auf einem Kalkül, bei dem individuelle Investitionen in die eigene Ausbildung den erwarteten Arbeitsmarkt- und Einkommenschancen gegenüber gestellt werden. Da dies logisch dem Modell der Investitionsentscheidungen von Kapitaleignern entspricht, wurde dafür der Begriff **„Humankapital"** geprägt. Becker verstand unter Humankapital über die Ausbildung hinaus auch Investitionen in die Gesundheit, in den Aufbau sozialer Beziehungen, in die Werterziehung der Kinder etc., also alles das, was die marktgängige Qualität der Arbeitskraft ausmacht, ihre Erhaltung und Weiterentwicklung fördert. Der Theorie zufolge wäre es für ältere Menschen etwa rational, nicht mehr in neues Wissen und eigentlich auch nicht mehr in Gesundheit zu investieren, da sie sich keine Umsetzung in Einkommenschancen erwarten können. Das Individuum der Theorie wägt die Kosten und Nutzen von Investitionen in sein Humankapital ab, wobei Becker zwar meint, dass sich Kosten und Nutzen nicht in Geld ausdrücken müssen, sondern sich auf die eingesetzte Zeit bzw. die Entwicklung der eigenen Persönlichkeit beziehen können. Allerdings führte Becker gleichzeitig Beispiele an, in denen die private und soziale Rendite von Investitionen in das Humankapital für verschiedene Personengruppen in Geldgrößen errechnet wurde (Becker 1963). Da die geldlich-quantitative Berechnung einen stringenteren Eindruck erweckt, reduzierte sich in der Folge der Humankapitalbegriff auf die monetären Kosten-Nutzen-Kalküle, d.h. auf jene Investitionen in Ausbildung und Gesundheit und jene Erträge, die sich geldlich beziffern lassen. In der Anwendung auf die Investitionen von Unternehmen in die „human resources" und von Volkswirtschaften in das Bildungssystem und das Gesundheitssystem reduzierte sich der Humankapitalbegriff schließlich vollends auf monetäre Berechnungen.

Besonders in Bezug auf die Erklärung des Konsumverhaltens wurde die Annahme stabiler Präferenzen immer wieder kritisiert und auf die Wirkung von Werbung, Mode, Sucht und Gewohnheitsverhalten hingewiesen, die zu Änderungen in den Wünschen und Wertvorstellungen führen. Stigler/Becker zeigten aber, dass auch Unterschiede des Geschmacks als Kosten-Nutzenkalkül definiert werden können (Stigler/Becker 1977). Für Menschen, die gerne klassische Musik hören, ist es rational, in ihr persönliches Musikkapital zu investieren, was als Folge eine Steigerung des spezifischen Musikkonsums nach sich zieht.

Anders als Mises verbindet Becker mit seiner Anwendung des Modells auf soziales Verhalten keineswegs den Anspruch, eine universale Erklärung menschlichen Handelns anzustreben (Becker 1976). Der ökonomische Ansatz impliziert nicht die empirische Verhaltensannahme, dass der einzelne ausschließlich durch Eigennutz oder materielles Gewinnstreben motiviert sei, denn es gehe der ökonomischen Theorie ganz allgemein nicht um die Erklärung von Motivationen, sondern um den Nachweis, dass die Theorie auf alle möglichen Gegenstandsbereiche anwendbar ist (Becker/Becker 1998). Beckers Auffassung ist, dass menschliches Verhalten nicht nach Objekten getrennt untersucht werden sollte, sondern dass bestimmte Verhaltensprinzipien als generell gültig anzusehen sind. Darin liegt die integrative Bedeutung dieser Theorie in Bezug auf das Verhältnis von „sozialem" und „ökonomischem" Verhalten.

Die Anwendung der Wirtschaftstheorie auf „soziale" Gegenstandsbereiche wurde von manchen als **„ökonomischer Imperialismus"** apostrophiert (Aretz 1997). Der Anspruch der (neoklassischen) Ökonomie, auch Erklärungen für nicht-ökonomische Tatbestände zu liefern, durchbrach die disziplinäre Arbeitsteilung, wie sie sich im Zuge der Akademisierung der Sozialwissenschaften entwickelt hatte und stellte eine Herausforderung für die Soziologie dar. Ihre Reaktion war gespalten: Von so manchem Soziologen wurde der Vorstoß der Ökonomen kritisch gesehen, andere entwickelten eine Vorliebe für die „clean models" der rationalen Nutzentheorie gegenüber den „dirty hands" der empirischen Sozialforscher (Hirsch/Michaels/Friedman 1987). Einerseits kam es daher zur Übernahme des ökonomischen Ansatzes, andererseits versuchten die Soziologen dann ihrerseits, mit ihren Erklärungen in die Kernbereiche der Wirtschaftstheorie vorzudringen.

Die Auffassung, auch soziales Handeln als rational begründet zu erklären, hat zur Entwicklung einer „ökonomischen" Soziologie oder besser: **Rational Choice-Soziologie** geführt. Diese weist eine Bandbreite der Erklärungsansätze auf, die von der einfachen Übernahme der neoklassischen Nutzentheorie, ihrer psychologischen Grundlagen (Homans 1964) oder ihrer logischen Aspekte (Boudon 1998) bis zu interpretativen Auseinandersetzungen mit Rationalität reicht (Esser 1991).

Unter die Soziologen, die sich einem ökonomischen Programm verpflichtet sehen, muss vor allem James S. Coleman gezählt werden, der eine universelle Sozialtheorie auf der Basis der Rezeption der neoklassischen und neo-institutionalistischen Ansätze der Ökonomie entwickelte, die er auch in mathematische Form zu bringen suchte (Coleman 1990). Coleman verfolgte mit seiner Sozialtheorie nicht eine Verbindung von Ökonomie und Soziologie, sondern die **Nutzung ökonomischer und wirtschaftsrechtlicher Konzepte für die Erklärung der modernen Gesellschaft**. Er stützte sich auf die Grundbegriffe der Akteure, der Ressourcen, der Interessen und der Kontrollrechte. Auf der makrosozialen Ebene differenzierte Coleman Herrschafts- und Autoritätssysteme, soziale Austauschsysteme und Vertrauenssysteme. Die Wirtschaft ist durch das Austauschsystem des Marktes charakterisiert, in der Gesellschaft dominieren die Vertrauenssysteme in Form direkter reziprozitärer Beziehungen zwischen den Menschen oder indirekter Verbindungen, die durch intermediäre Akteure wie Berater, Unternehmer, Funktionäre, Experten, Medienetc. hergestellt werden. Allerdings, so Coleman, entstehen auch in der Gesellschaft **„soziale Märkte"**, die nicht mittels Geld, sondern auf der Grundlage von sozialem Status funktionieren. Damit erfolgt auch eine Einbindung der Vertrauensbeziehungen in die ökonomischen Strukturen, die durch die Relationen zwischen den verschiedenen Vertrauensgebern, -nehmern und -vermittlern entstehen. Colemans Werk belegt den Einfluss der Ökonomie, insbesondere der „rational choice"-Theorie einerseits und der Institutionen- und Organisationenökonomie andererseits, auf die (amerikanische) Soziologie seit den 70er Jahren (Baron/Hannan 1994).

5.2   Der ökonomische Neo-Institutionalismus

Werte, Normen und Institutionen spielen auch in der Ökonomie eine Rolle, und zwar schon lange vor dem Neo-Institutionalismus. Sie wurden in der historischen Nationalökonomie und im Institutionalismus von Commons und Veblen berücksichtigt, aber auch neoklassische Ökonomen wie Marshall oder Carl Menger waren sich der Beziehungen zwischen Normen und Institutionen einerseits und dem Markt bewusst. Joseph Schumpeter hatte die institutionellen Grundlagen als Voraussetzungen der Funktionsfähigkeit der modernen Wirtschaftsgesellschaft betont. Auch Friedrich A. Hayek und die Austrian economics sind sich der Bedeutung der Institutionen und des politischen Prozesses für die Wirtschaft bewusst, was sich in ihrer Auseinandersetzung mit Sozialismus und Keynesianismus zeigte. Hayek sah den Konnex zwischen Wirtschaft und Gesellschaft und warnte vor den Auswirkungen wirtschaftlicher Planung auf die sozialen Verhältnisse. Die Konzeption Hayeks stellt den Markt in engen Bezug zu den politischen Grundlagen für Freiheit und Demokratie, die er als untrennbar mit Marktwirtschaft verknüpft verstand. Ebenso erkannten die Ordoliberalen wie Eucken, Rüstow und Röpke die Bedeutung der institutionellen Ordnung für die Wirtschaft; über die Ermöglichung von Marktprozessen hinaus traten sie für die institutionelle Absicherung der sozialen Ziele der Gemeinschaft ein, die auch durch wirtschaftliche Mittel erreicht werden sollen. Sie ähnelten in diesem Sinn den Reformökonomen, die allerdings weitergingen und für eine Orientierung der Wirtschaft an den sozialen Zielen eintraten.

Die neo-institutionalistischen Ökonomen gehen davon aus, dass sich der moderne Kapitalismus auf der Basis von Institutionen, die sich im Laufe der europäischen Geschichte herausgebildet hatten, entwickelte und dass die Funktionsfähigkeit des Marktes auf einer **institutionellen Ordnung gründet, die auf Eigentumsrecht und Vertragsrecht beruht**. North/Thomas (1989) erklärten die wirtschaftliche Entwicklung des Abendlandes seit dem Mittelalter durch die auf Grund spezifischer historischer Bedingungen entstandenen effizienten Eigentumsrechte („property rights"), die ihrerseits wieder bedingten, dass vertragliche Beziehungen an die Stelle von standesspezifischen und statusbezogenen Relationen traten. Dadurch konnte einerseits Vertrauen in Markttransaktionen aufgebaut, andererseits durch Sanktionen bzw. Sanktionsdrohungen die Ordnung langfristig aufrecht erhalten werden. Sie schufen die Voraussetzungen für die Entstehung der modernen Unternehmen und der industriellen Marktwirtschaft.

Die meisten Ökonomen geben zu, dass der Markt und die Rationalität auf sozialen, institutionellen, kulturellen und politischen Voraussetzungen beruhen, sehen diese aber als Rahmenbedingungen, die das reine Modell nicht außer Kraft setzen. Während die neoklassische Theorie zunächst davon ausging, dass der Markt keine Kosten erzeugt, erkannte Ronald Coase, dass dies nicht der Fall ist. Er war von der Markttheorie ausgegangen, hatte aber erkannt, dass der Markt nur unter bestimmten Bedingungen reibungslos funktioniert und dass Markttransaktionen Kosten verursachen. Diese können „normale" Kosten sein wie Kosten der Geschäftsanbahnung, Kosten für Vertragsabschlüsse, Transportkosten, Bankspesen etc., aber auch solche, die aus nicht erwartbaren Ursachen wie der Nichterfüllung oder verspäteten Erfüllung von Verträgen, Lieferungen, Abnahme, kriminelles Verhalten etc. entstehen. Dahinter stehen institutionelle, soziale und ökonomisch-strukturelle Bedingungen, die die Effizienz des Marktes und der Interdependenzen von Angebot und Nachfrage einschränken und als **„Betriebskosten des Wirtschaftssystems Markt"** angesehen werden können (Coase 1960). Normen ermöglichen nicht nur Erwartungen in Bezug auf das Verhalten der anderen Marktteilnehmer und reduzieren damit Ungewissheit, ihre Nicht-Einhaltung kann hohe

Kosten durch Sanktionen nach sich ziehen, was sich als Transaktionskosten des Marktes niederschlägt.

Die „Institutionen des Kapitalismus" (Williamson 1990), die Normen und Regeln, die die Funktionsweise des Marktes sicherstellen, und die Rechtsgrundlagen, auf denen die moderne Unternehmung beruht, spielen in den neo-institutionalistischen Ansätzen daher eine große Rolle. Sie werden in diesen allerdings im Hinblick auf ihre Effizienz und unter Kostengesichtspunkten betrachtet. Da angenommen wird, dass rationale Akteure die Vor- und Nachteile in Betracht ziehen, die der Erwartung zufolge aus dem Befolgen oder Nicht-Befolgen von Regeln erwachsen werden, können bestimmte Normen, die etwa die freie Verfügung des Eigentums durch sozial- und arbeitsrechtliche Bestimmungen einschränken, negative Effekte auf die wirtschaftliche Entwicklung eines Landes haben (North 1992).

Der ökonomische Neo-Institutionalismus geht davon aus, dass Normen kostensenkend wirken, weil sie Such- und Informationskosten ersparen, allerdings nur dann, wenn sie den wirtschaftlichen Interessen entsprechen. **Normen können daher danach unterschieden werden, ob sie effizient sind oder die wirtschaftlichen Transaktionen durch hohe Kosten beeinträchtigen.** Die Verknüpfung zwischen Normen und Interessen kann als ein Problem der ökonomischen Theorie der Politik gesehen werden. Normen werden dann als Resultat von Wahlen betrachtet, die der Annahme der **Public Choice-Theorie** zufolge die relevanten Interessen abbilden. Der auf Basis der paretianischen Wohlfahrtsökonomie entwickelte Public Choice-Ansatz gründet in dem sog. Arrow-Paradoxon, der Unmöglichkeit, auf Grund der Aggregation individueller Werte bzw. Präferenzordnungen zu konsistenten Wohlfahrtsentscheidungen im Sinne gesellschaftlicher Ordnung zu gelangen (Arrow 1951). Schon Pareto hatte daraus geschlossen, dass das Verteilungsproblem politische Entscheidungen verlange. Das richtete die Aufmerksamkeit auf politische demokratische Prozesse, die nun mit Hilfe der neoklassischen Handlungslogik als rationale Wahlen erklärt wurden, die auf einem **„politischen Markt"** ausgeglichen werden. Objekte des Tauschs sind im politischen Bereich die Stimmen der Wähler gegen die Wahlversprechen der Politiker. Buchanan/Tullock stützten sich in ihrem „Calculus of Consent" (1962) auf eine Rechtstheorie, die Rechte als Handlungsmöglichkeiten in Bezug auf Besitz versteht. Die Stimme jedes einzelnen Wählers ist somit ein marktgängiges Eigentumsrecht, das er an diejenige Partei „verkauft", von der er sich den größten Nutzen verspricht. Auf diese Weise gelangte man zu einer ökonomischen Theorie der Politik oder auch zu einer Ökonomie des kollektiven Handelns etwa von Gewerkschaften (Olson 1968). Die Organisation muss darauf achten, dass ihre Mitglieder ihre Nutzenerwartungen mit den Zielen des Verbandes identifizieren.

Normen und Regeln des Verhaltens spielen vor allem in jenen Kooperationsbeziehungen, wie sie für die Erfüllung der Produktionsfunktion erforderlich sind, eine große Rolle; dabei entstehen Informations-, Überwachungs- und Sanktionskosten, um die Einhaltung der Normen zu gewährleisten. Für die Ökonomie sind Normen und Institutionen daher Daten, die die Wirtschaftssubjekte bewusst in ihre rationalen Kalküle mit einbeziehen müssen. Sie ermöglichen dadurch, dass sie stabile soziale Beziehungen und Kommunikationsformen begründen, das Funktionieren von Kooperation, ohne Kosten für ständig neue Aushandlungsprozesse zu generieren.

Während die Organisation für die Soziologie immer schon ein wichtiger Forschungsgegenstand war, existierten Unternehmungen in der neoklassischen Theorie, die vom individuellen Handeln ausgeht, allerdings lange Zeit nicht, da Organisationen mit Hilfe der individualistischen Konzeption nicht erfasst werden konnten. Erst als Coase die **Entstehung von Unternehmen als Wahlentscheidung des „make-or-buy" auf der Basis von Transaktionskosten des Marktes** erklärte, kam es zur Entstehung der ökonomischen „theory of the firm" (Coase 1937), die durch die Arbeiten von Oliver Williamson zu einer der Grundlagen des ökonomischen Neo-Institutionalismus wurde (Coase 1984; Williamson 2000).

Der Neo-Institutionalismus in der Ökonomie und in der Neuen Wirtschaftsgeschichte unterscheidet sich von dem ursprünglich von Veblen, Commons, Mitchell vertretenen Institutionalismus dadurch, dass die Institutionen auf kostengünstige Problemlösungen gesellschaftlicher Probleme zurückgeführt werden. Gesellschaftliche Regeln, die die soziale Ordnung aufrechterhalten, werden hierbei nicht auf ein Gemeininteresse, Staatsinteresse, auf kollektive Wertvorstellungen etc. zurückgeführt, sondern auf die individuellen Interessen (Brennan/Buchanan 1993).

Diese Erklärung von Normen und Institutionen als Kostenproblem ermöglichte die Integration von Organisationen und Institutionen in die Ökonomie.

Der ökonomische Neo-Institutionalismus hat das Marktmodell der Neoklassik insofern erweitert, als aufgezeigt wurde, dass auch Normen und Institutionen die Effizienz von Transaktionen durch die Senkung von Kosten erhöhen können. Sie ersparen die Notwendigkeit, in jeder Situation die gegenseitigen Positionen immer wieder neu aushandeln und definieren zu müssen. Organisationen können in Situationen hoher Transaktionskosten des Marktes kostengünstiger sein. Die Annahmen von Opportunismus und unvollständiger Information machten das Modell der neoklassischen Wahl wirklichkeitsrelevanter, ohne allerdings von der grundsätzlichen Perspektive der Wirtschaftstheorie abzuweichen. Soziales Verhalten, Normen, Institutionen, Organisationen werden als Gegenstände ökonomisch-theoretischer Erklärung auf der Grundlage der Kosten/Nutzen-Rationalität erfasst.

Regeln in diesem Sinn sind etwas anderes als das, was in der Soziologie unter Normen verstanden wird; es sind Spielregeln, die nur solange gelten, als die einzelnen darin einen Nutzen für sich sehen bzw. Kosten vermeiden können. Allerdings übernahm der ökonomische Neo-Institutionalismus in jüngerer Zeit Begriffe und Konzeptionen aus der Soziologie, so dass manche Kommentatoren hierin eine Konvergenz mit dem soziologischen Neo-Institutionalismus erblicken (Beckert 2002b; Schmid/Maurer 2003; Nee 1998).

5.3   Sozioökonomie, Sozialökonomie

Tendenzen zu einer transdisziplinären Erweiterung und Modifikation des ökonomischen Handlungs- und Marktmodells waren und sind auch unter Ökonomen vorhanden. Ein Ökonom, der immer wieder Grenzüberschreitungen zwischen Ökonomie, Politikwissenschaft und Soziologie vornahm, ist Albert O. Hirschman. Er schlug vor, das Handlungsmodell der Ökonomie durch Faktoren wie Loyalität, Moral, Ideologien zu erweitern sowie unterschiedliche Aktionsstrategien von „exit" bzw. „voice" angesichts von Effizienzproblemen in Organisationen anzunehmen (Hirschman 1970). Auch Konzepte wie Herbert A. Simons „bounded rationality", Nelson/Winters evolutionärer Zugang (Nelson/Winter 1982) oder George Åkerlofs „psycho-socio-anthropo-economics" (Åkerlof 1984) beruhen auf disziplinübergreifenden Perspektiven. Sie können zu dem vielfältigen Gebiet der „behavioral economics" gezählt werden, obgleich diese Bezeichnung eher auf die empirisch-pragmatische Orientierung verweist als auf bestimmte theoretische Ausrichtungen (vgl. Tomer 2007). Diese Ansätze haben auch ihr Forum in verschiedenen Zeitschriften, insbesondere dem Journal of Socio-Economics gefunden.

Eine Diskussion über die Integration zwischen Ökonomie und Soziologie, die über die Übernahme von Konzepten und Theorien hinausgeht, entwickelte sich insbesondere seit den 80er Jahren (Abell 2003; Keizer 2005). Initiativen, deren Anliegen in der Wiederanknüpfung von Ökonomie und Soziologie besteht, haben sich auch bereits in Form von „scientific communities" konstituiert, die institutionelle und organisatorische Verankerungen in Form von Zeitschriften, Archiven, regelmäßigen Konferenzen etc. haben.[12] Sie treten unter verschiedenen Bezeichnungen auf wie „social economics", „socio-economics", „economics and sociology", was darauf hinweist, dass diese Tendenz vielfach von Ökonomen ausgeht, die mit dem Reduktionismus der Wirtschaftstheorie brechen wollen.

Im Besonderen soll hier auf den Ansatz von Amitai Etzioni kurz eingegangen werden, der ein Konzept skizzierte, das von der Verbindung von sowohl sozialen als auch ökonomischen Motiven des Verhaltens im Wirtschaftsleben ausgeht. Er nannte es das **I & We-Paradigma**, das er der individualistisch-utilitaristischen Theorie, wonach alles wirtschaftliche Verhalten als Resultat eines Kosten-Nutzen-Kalküls erklärt wird, entgegen setzte (Etzioni 1988). Durch die Einführung einer „moral dimension" verwies er auf die Tatsache, dass wirtschaftliches Handeln immer auch soziale Aspekte aufweist. Er versteht dies ähnlich wie es die Kantsche Gegenüberstellung von Pflicht und Neigung implizierte, als einen ständigen Konflikt zwischen zwei Prinzipien, die nicht wechselseitig aufeinander reduzierbar sind: dem Eigennutzstreben und den moralischen Verpflichtungen; diese stellen für Etzioni separate Motive des Handelns dar. Daher spricht er von „divided selves" zwischen Lustgetriebenheit und moralischer Verpflichtung und der daraus folgenden Tendenz, dass Menschen immer mehrere mit-

---

[12]   Zu erwähnen sind insbesondere Zeitschriften wie: Review of Social Economy, American Journal of Economics and Sociology, International Journal of Social Economics, Forum für Social Economics, Journal of Socio-Economics (früher: Journal of Behavioral Economics), Socio-Economic Review, Society and Economy, Economic and Social Review (s. Azar 2007). Im deutschen Sprachraum ev. zu nennen: Jahrbuch für Wirtschafts- und Sozialwissenschaften, Zeitschrift für Sozialökonomie.

einander konfligierende Motive gleichzeitig verfolgen, was ihr Verhalten inkonsistent machen kann. Allerdings kann man gegen diese **Dualität der Handlungsantriebe** vorbringen, dass damit das Schisma zwischen „individuell=ökonomisch" und „sozial=emotional bzw. moralisch" nicht überwunden, sondern vielmehr verstärkt wird. „Sozial" bedeutet in diesem Zusammenhang daher nicht „interaktiv", sondern wird mit einer bestimmten „Qualität" von Gemeinschaftsbezug bzw. Wir-Orientierung verbunden.

Darüber hinaus trifft Etzioni die Annahme, dass Menschen über beschränkte intellektuelle Kapazitäten verfügen und nur in relativ geringem Maß bei ihren Entscheidungen durch Wissen bestimmt sind, während er gefühlsmäßigen Faktoren eine große Rolle zuschreibt, woraus Fehler und unüberlegte Handlungen folgen. Etzioni geht damit über die Annahme von „bounded rationality", also begrenzter Rationalität, wie sie Herbert A. Simon getroffen hatte, hinaus; für ihn ist Verhalten zum überwiegenden Teil nicht-logisch begründet, muss aber nicht notwendig zu Ineffizienz führen.

Etzioni betont die Notwendigkeit eines Paradigmenwandels, der die Spaltung zwischen der individualistisch-liberalen Weltsicht repräsentiert durch die neoklassische Ökonomie mit ihrer ausschließlichen Fokussierung auf die „rein wirtschaftlichen Faktoren" einerseits und der Sozialwelt andererseits überwindet und nennt dieses Paradigma „Socio-Economics". Die Kennzeichnung „Socio-" steht Etzioni zufolge jedoch nicht nur für „sociology", sondern allgemein für Sozialwissenschaften, soweit sie sich den Beziehungen von Gesellschaft und Wirtschaft widmen, also über die Soziologie hinaus auch Teilen der Psychologie, Anthropologie, Geschichte, Politikwissenschaft etc.

„Socio-Economics" geht von unabhängigen sozialen Variablen über Verhalten, Einstellungen, Wertvorstellungen von Menschen aus und analysiert auf dieser Basis ihr wirtschaftliches Handeln. Etzioni fragt etwa: Sind Menschen mit konservativer politischer Einstellung eher zum Sparen geneigt? Welche Auswirkungen haben entfremdende Arbeitsbedingungen auf die Arbeitsleistung? Über diese und ähnliche Fragestellungen hinaus geht die Sozioökonomie auch grundsätzlich davon aus, dass der Markt nicht getrennt von Gesellschaft und Politik gesehen werden kann. Etzioni betont die Bedeutung der Macht für die wirtschaftlichen Verhältnisse und ihren Niederschlag in sozialen Strukturen, wobei es nicht nur um die wirtschaftliche Macht, sondern auch um die politische Macht geht.

Die Wirtschaft wird daher ähnlich wie von Parsons als Subsystem des Gesellschaftssystems verstanden, was sich nicht nur in den institutionellen Voraussetzungen des Funktionierens von Marktprozessen zeigt, sondern darüber hinaus auch in der Bedeutung, die das Agieren im politischen Feld, etwa der Lobbyismus, für den wirtschaftlichen Erfolg bestimmter Gruppen haben. Weder Wettbewerb noch Marktprozesse als solche führen in Etzionis Sicht zum Ausgleich, sie sind nicht selbsterzeugend, sondern beruhen zu einem bedeutenden Teil auf externen Bedingungen wie den institutionellen und politischen Gegebenheiten, aber auch auf dem Verhältnis der relativen Stärke von sozialen Bindungen einerseits und Konkurrenzneigung andererseits, das in einem sozialen System besteht und dem Wert, der in einer Kultur den wirtschaftlichen Zielen gegenüber jenen des Zusammenhalts und der Stabilität zugeordnet wird.

Die Wirkung von Etzionis Denken resultierte in der Gründung der „Society for the Advancement of Socio-Economics" im Jahr 1999 und des „Socio-Economic Review". Über die Entwicklung eines *sozio-ökonomischen Paradigmas* soll die Grundlage für die Etablierung der Sozioökonomie als akademische Disziplin, aber auch für die Beeinflussung der öffentlichen Politik und des Verständnisses und Handelns der Entscheider und Akteure im Wirtschaftsbereich gelegt werden (Etzioni 2003).

Etzionis Vorstellungen stehen hier nur paradigmatisch für Konzeptionen der Sozioökonomie, sie sind auch nur zum Teil repräsentativ für letztere, da andere Vertreter unterschiedliche Sichtweisen und Schwerpunktsetzungen aufweisen. Auf all diese Differenzierungen kann hier nicht eingegangen werden. Insbesondere hervorzuheben ist allerdings, dass sich das Konzept der „socio-economics" als eine alternative Konzeption der Ökonomie versteht, nicht als Wirtschaftssoziologie (vgl. Etzioni/Lawrence 1991).

Ähnliche Gedanken wurden auch von Amartya K. Sen vorgebracht, der ebenso sowohl den Eigennutz als auch das „commitment" als Grundlagen des Verhaltens der Menschen in der Wirtschaft hervorhebt (Sen 1987a). Ansetzend an der Kritik der utilitaristischen Grundlegung der Wohlfahrtsmessung ersetzte Amartya Sen diese durch eine nicht-individualistische Wohlfahrtsfunktion. Während die Wohlfahrtsökonomie ihr Optimum auch bei hoher Ungleichheit erreichen kann, verbindet Sen gesellschaftliche Wohlfahrt mit der Prämisse einer **Präferenz für Gleichheit** (Sen 1975). Damit weist er darauf hin, dass es immer um die Bestimmung der zentralen Punkte der gesellschaftlichen Ordnung durch eine ethische Theorie geht (Sen 1982).

Im Zusammenhang mit den Diskussionen um den **Lebensstandard** stellt Sen fest, dass der in dieser verwendete Begriff des Nutzens unterschiedlich interpretiert werden kann: Einmal als Wert an sich, etwa als Glück oder Lust, zum anderen als Instrument, mit dem andere Dinge bewertet werden können: der Nutzen eines Gutes. Anders ausgedrückt: Besteht der Lebensstandard in einem Maß an Glück oder Befriedigung oder in der Ausstattung mit Gütern? Sen kommt zu dem Schluss, „… that the standard of living is really a matter of functionings and capabilities, and not a matter directly of opulence, commodities or utilities" (Sen 1987b, 16). Die Begriffe „functionings" und „capabilities" definiert Sen als Leistung im Sinn von erreichten Lebensbedingungen und Leistungsbefähigung als Möglichkeiten der Bestimmung des eigenen Lebens, die Freiheit der Wahl implizieren. Damit wies Sen die Annahme der Einheitlichkeit des Nutzens zurück und auch die Identifizierung von Lebensstandard und Wohlergehen („well-being"). Insbesondere jedoch weist er auf das Verhältnis von Freiheit und Gleichheit hin, das er dann in „Inequality Reexamined" (Sen 1992) in zwei polare Gleichheitsforderungen fasst: die Gleichheit in Bezug auf Freiheiten und Rechte und die Gleichheit der Einkommen oder des „Nutzens". Beides kann nicht gleichzeitig gefördert werden, denn die Forderung nach gleichen Chancen beinhaltet die Möglichkeit der Ungleichheit der Einkommen, die Forderung der Gleichheit der Nutzen die Aufgabe von Gleichheitsrechten in Bezug auf Freiheiten. Es kommt daher auf die Wahl der zentralen Variablen an, um die es gehen soll: Reichtum, Glück, Freiheit, Rechte etc.

Sen versucht Freiheit und Gleichheit auf einen Nenner zu bringen, indem er Ungleichheit durch die Möglichkeiten der Beeinflussung des eigenen Wohlergehens definiert und das objektivierte Nutzenmaß durch „capabilities to achieve something valued" ersetzt. Er begründet dies durch die grundlegende Unterschiedlichkeit der Menschen und ihre daraus folgende Heterogenität in Bezug auf die Wertschätzung unterschiedlicher Dinge. Diese „capabilities" beziehen sich nicht auf Güter oder Einkommen per se, sondern verweisen auf „functionings", die als konstitutive Elemente des menschlichen Wohlergehens angesehen werden können. Jeder Mensch ist sozusagen ausgestattet mit einem „capability set", alternativen Ausstattungen, aus denen das Individuum wählen kann, was es für sein Wohlergehen einsetzen will. Armut ist dann zu sehen als „capability failure" im Sinne von ungenügenden Verwirklichungschancen, kann also nicht auf niedriges Einkommen allein reduziert werden (Sen 1992; 2000).

Das Bewusstsein hinsichtlich der Notwendigkeit, wieder zu einer engeren Verknüpfung ökonomischer und sozialwissenschaftlicher Zugangsweisen zu kommen, sowie insbesondere auch die Berücksichtigung moralisch-ethischer Aspekte scheinen gestiegen zu sein. Auf der Basis von Habermas' Differenz von Erwerbssystem und Lebenswelt sucht etwa Peter Ulrich (1986) ökonomische Rationalität und lebenspraktische Vernunft wieder in einer praktischen Sozialökonomie auf der Grundlage der kommunikativen anstelle der utilitaristischen Ethik zu vereinen, um die eigendynamische Autonomie der Wirtschaft einzuschränken. Auch mit der Aufmerksamkeit, die die Zivilgesellschaft bzw. der sog. dritte Sektor der Wirtschaft auf sich gezogen haben, traten sozialpolitische und solidaristische Aspekte in den Vordergrund, die zum einen mit dem wirtschaftlich relevanten Verhalten der Non-Profit-Organisationen verbunden wurden, zum anderen mit den ökonomischen Voraussetzungen und Folgen sozialpolitischer Maßnahmen. Diese Aspekte werden gewöhnlich mit der Bezeichnung „Sozialökonomie" verbunden.

5.4 Wirtschaftssoziologie: Anfänge und empirische Forschungen

Die Wirtschaftssoziologie ist gegenwärtig eines der am stärksten präsenten und sich weiter entwickelnden Gebiete innerhalb der Soziologie. Doch das ist sie noch nicht lange, denn vor den 1980er Jahren war sie so gut wie nicht vorhanden bzw. nur ein Begriff, der auf verschiedene Ansätze bezogen wurde. So bezeichnete Parsons etwa Max Webers Werk als „economic sociology" (Parsons 1947), gelegentlich wird auch im Hinblick auf Durkheim oder manche seiner Schüler die Bezeichnung Wirtschaftssoziologie verwendet (Wolff 1971). Die Klassiker der Soziologie können als Ansatzpunkte einer Wirtschaftssoziologie insofern gesehen werden, als ihr Verständnis von Gesellschaft und sozialem Handeln noch in enger Verbindung mit der Wirtschaft als einem der bestimmenden Faktoren des gesellschaftlichen Wandels stand, auch wenn sie bereits versuchten, einen eigenen Gegenstand der Soziologie zu konstituieren.

Die Chancen zur Entwicklung einer Wirtschaftssoziologie waren daher in der ersten Hälfte des 20. Jahrhunderts, als die Auseinandersetzung mit den Zielen des Wirtschaftens und über das Verhältnis von Ökonomie und Soziologie noch im Gange waren, relativ gut gewesen. Neben Max Weber ist auf Werner Sombart, Georg Simmel, Ferdinand Tönnies zu verweisen, oder auch auf die Austromarxisten Max Adler oder Rudolf Goldscheid, auf Ökonomen wie Robert Wilbrandt, Jakob Marschak, Emil Lederer, Eduard Heimann u. a. (Mikl-Horke 1999, 553 ff). Die disziplinäre Trennung von Ökonomie und Soziologie hatte auch eine Diskussion über die Beziehung dieser Disziplinen angeregt (vgl. Åkerman 1938; Sombart 1930). Adolph Löwe urgierte die Entwicklung einer sozialpolitisch orientierten Wirtschaftssoziologie, wobei er vor der Überspezialisierung warnte und an Oppenheimer und Mannheim anknüpfend für die konstruktive Synthese von Ökonomie und Soziologie eintrat (Forstater 2002; Lowe 1935). Sein Wirken führte 1941 zur Gründung der Zeitschrift „American Journal of Economics and Sociology".

Diskussionen über die Beziehung von Soziologie und Ökonomie und die Möglichkeiten einer Wirtschaftssoziologie häuften sich in den folgenden Jahrzehnten und resultierten in wichtigen Werken wie vor allem Parsons/Smelsers theoretischem System, Smelsers weiteren Bemühungen um die Wirtschaftssoziologie (Smelser 1963) oder Wilbert E. Moores „Economy and Society" von 1955. Schumpeter meinte von der Wirtschaftssoziologie, dies sei ein „Grundgebiet ..., auf dem sich weder Wirtschaftswissenschaftler noch Soziologen bewegen können, ohne einander ständig auf die Füße zu treten" (Schumpeter 1965, 59). Diese Erwartung erfüllte sich jedoch nicht, was wohl auch an den historischen Ereignissen der Zeit lag und an der Tatsache, dass die Wohlfahrtsstaaten die soziale Problematik des Kapitalismus nicht hervortreten ließen; vielmehr erschien er gezähmt, und die Wirtschaft durch Wachstum bestimmt.

Gottfried Eisermann, der sich selbst sehr um das Verhältnis von Soziologie und Ökonomie bemühte, sah die Situation der Soziologie und der Wirtschaftssoziologie im Besonderen sehr pessimistisch, denn seiner Meinung kam es dazu, dass „die Soziologie immer mehr als Restbestand dessen wirkte, was die Wirtschaftstheorie nach Aussonderung des allein zu exaktwissenschaftlicher Bearbeitung Befähigten zurückließ, ein über sein eigentliches Forschungsobjekt und die anzuwendenden Methoden tief unsicheres Residuum." (Eisermann 1957, 5). Auch wenn diese düstere Sicht nicht zutraf, weil sich die Soziologie unter dem Einfluss der amerikanischen Sozialwissenschaften der empirischen Erforschung der modernen Gesellschaft verschrieb, verweist die Aussage doch darauf, dass die Ansätze zu einer Wirtschaftssoziologie als Wiederanknüpfung von ökonomischen und soziologischen Perspektiven kein Echo gefunden hatten.

In der Soziologie kam es zur empirischen Erforschung einer Reihe von Erscheinungen, die in engem Zusammenhang mit der Entwicklung der Industriegesellschaft standen. Daraus entstanden Forschungsbereiche, die zu weitgehend selbständigen Teildisziplinen der Soziologie wurden. Die sozialen Strukturen und Beziehungen in der Industriegesellschaft, die Verhaltensweisen der Arbeitenden und der Konsumenten sowie die sozialen Prozesse in Organisationen erhielten besondere Aufmerksamkeit. Diese Sozialforschungsbereiche konstituierten sich als Arbeitssoziologie, Industriesoziologie, Berufssoziologie, Betriebssoziologie bzw. Organisationssoziologie und Konsumsoziologie.

Die **Industrie- und Arbeitssoziologie** entstand auf Grund der Probleme der industriellen Produktionsweise und dem Arbeitsverhalten der Industriearbeiter in den großen Industriebetrieben (vgl. Mikl-Horke 2007, 88 ff). Die Industriearbeiter waren eine neue Gruppe in der Wirtschaftsgesellschaft und ihre Einstellungen und Verhaltensweisen interessierten daher auch mit Hinblick auf die Kulturmuster der neuen Gesellschaftsform. Eine wichtige klassische Untersuchungen war die von Max Weber 1912 geleitete Enquête über „Auslese und Anpassung der Arbeiterschaft in der geschlossenen Großindustrie" gewesen. Auf der Grundlage von Forschungen über psychophysische Wirkungen der Arbeitsbedingungen erkannte man, dass die Produktivität nicht nur durch technische und ökonomische Rationalisierung und die Taylorisierung der Arbeit zu steigern ist, sondern auch von der Motivation der Arbeitenden abhängt. Die Hawthorne-Studien, die der experimentelle Psychologe Elton Mayo in den 20er Jahren des vergangenen Jahrhunderts in den USA durchführte, ergaben dann, dass die sozialen Beziehungen, die Führungsfähigkeiten und das Betriebsklima als wichtige Determinanten der Arbeitsleistung anzusehen sind. Die Human Relations-Bewegung beeinflusste sowohl die Arbeits- als auch die Organisationssoziologie und wirkt in gewisser Hinsicht bis in die Gegenwart, insbesondere in Bezug auf Themen wie Betriebsklima, Führungsstil, Arbeitsmotivation. Auch die Folgen der Arbeitsmarktentwicklung, insbesondere das Problem der Arbeitslosigkeit wurden untersucht. In der Gegenwart sind es die neuen Entwicklungen der flexiblen Arbeitswelt, die den Schwerpunkt der soziologischen Beschäftigung mit Arbeit und Beruf auf Probleme der Beschäftigung verlagerten (vgl. Mikl-Horke 2007, 251 ff; Erbès-Seguin 1995).

Durch ihre Konzentration auf die Probleme der industriellen Arbeitswelt beschäftigte sich die Soziologie auch mit den Industriebetrieben, mit der Struktur und dem Wandel von Organisationen, mit betrieblichen Konflikten und Voraussetzungen der Kooperation. Die **Betriebssoziologie**, wie sie von Götz Briefs konzipiert worden war, hatte den Betrieb noch als Ort des Aufeinandertreffens der ökonomisch bestimmten sozialen Gruppierungen definiert (Briefs 1934). Unter dem Eindruck der US-amerikanischen Forschungen über die informelle Organisation unter der Perspektive der Führungsprobleme ließ die internen Verhaltensweisen, Beziehungsstrukturen und die **Dynamik der sozialen Organisation** in den Vordergrund treten. Erkenntnisse, die man aus diesen Forschungen bezog, wurden dann auch auf andere Organisationen übertragen und resultierten in theoretischen Aussagen über die soziale Dynamik der Organisationsentwicklung. Die Überzeugung herrschte weithin vor, dass betriebliche Effizienz und Arbeitszufriedenheit gemeinsam zu verwirklichende Ziele seien (vgl. Mikl-Horke 2007, 111 ff). Die Untersuchungen der industriellen Arbeitsbeziehungen und -konflikte, der Auswirkungen industrieller Technologie und der Kontrolle der Arbeit implizierten in der Regel keine grundlegende Kritik am Industriesystem oder am Kapitalismus.

Die **Konsumsoziologie** entstand zunächst auf Grund des großen Interesses an der Erforschung des Konsumentenverhaltens im Gefolge der Entwicklung der „Konsumgesellschaft" und der Erkenntnis der Bedeutung der Massennachfrage für das Wirtschaftswachstum. Dies begünstigte die Entwicklung der psychologischen Motivforschung, aber auch jener Untersuchungen, die den Einfluss „sozialer" Faktoren auf das Kaufverhalten der Verbraucher aufzeigten. Die Annahme dabei war die, dass das Konsumverhalten durch außerökonomische und vielfach nicht-rationale Einflüsse und Motive bestimmt ist, wobei die Orientierung an Meinungen und Verhaltensweisen der sozialen Umwelt als besonders wichtig betrachtet wurde. Die Konsumsoziologie als solche verstand sich nicht primär als Datenlieferantin für Unternehmen und Markt, sondern suchte die Strukturen und den Wandel der Lebensweisen in der Industriegesellschaft zu erfassen.

Mitunter erhob sich auch Kritik an der Erklärungsweise der Ökonomie. Hans Albert stellte der neoklassischen Ökonomie den Begriff einer „Marktsoziologie" entgegen und kritisierte den Modell-Platonismus einer reinen Entscheidungslogik, der eine methodologische Umwandlung in eine empirisch-analytische Disziplin erfordere (Albert 1967). Er zielte also nicht auf eine eigene soziologische Disziplin ab, sondern auf die empirische Neubegründung der Ökonomie.

In den soziologischen Untersuchungen über verschiedene Aspekte der Industriegesellschaft lag die Betonung auf der Erforschung der Verhaltensweisen, der Meinungen und Einstellungen von Arbeitenden und Konsumenten, aber es kam nicht zu einer Beschäftigung mit den Kernbereichen der Wirtschaft, mit Markt, Preisen, Konkurrenz, die zentrale Inhalte der Ökonomie darstellen. Die Intentionen waren auf die empirische Erfassung der Rahmenbedingungen der Wirtschaft oder der nicht-ökonomischen Aspekte der empirischen Wirklichkeit der Wirtschaft, nicht auf die Auseinandersetzung mit den wirtschaftstheoretischen Annahmen gerichtet. Die Grundannahmen der Ökonomie blieben unangetastet und die soziologischen Untersuchungen beschränkten sich auf die empirische Ergänzung in Bezug auf jene Bereiche, die zwar als wirtschaftlich relevant gelten konnten, aber nicht im Zentrum der wirtschaftstheoretischen Konzeption standen.

Die speziellen Soziologien wurden manchmal unter dem Titel **„Wirtschaftssoziologie"** zusammengefasst, die damit im Sinne eines Sammelbeckens der speziellen Soziologien der Wirtschaft verstanden wurde. Dabei kann man auch eine „allgemeine Wirtschaftssoziologie" (Burghardt 1976; Hillmann 1988) annehmen, die die begrifflichen und theoretischen Grundlagen für die empirischen Spezialdisziplinen aufbereitet und deren Ergebnisse wieder in begrifflich-theoretischer Hinsicht verarbeitet. Sie stellt solcherart die Verbindung zwischen der Allgemeinen Soziologie und den speziellen Soziologien dar.

Gelegentlich tauchte die Bezeichnung „Wirtschaftssoziologie" auch als eine eigene spezielle Soziologie auf, die sich den soziologischen Aspekten des wirtschaftlichen Verhaltens, den institutionellen und kulturellen Voraussetzungen der Wirtschaft widmete und Vergleiche von Wirtschaftsstrukturen oder Wirtschaftssystemen umfasste (Fürstenberg 1970; Heinemann 1987; Pierenkemper 1980; Reinhold 1980; Türk 1987). Die „Wirtschaftssoziologie" sollte an den theoretischen Annahmen, den begrifflichen Konstrukten und den methodischen Grundlagen der Soziologie orientiert sein. Die meisten Lehrbücher der Wirtschaftssoziologie definierten diese daher als die „Übertragung und Anwendung soziologischen Wissens auf ökonomische Tatbestände" (Kutsch/Wiswede 1986), wobei „ökonomisch" deutlich von „sozial" getrennt wurde; die Aufgabe wurde in der Ergänzung der Ökonomie durch empirisch begründete soziale Faktoren gesehen (Buß 1985).

Fürstenberg sah die Aufgabe der „positiven" Einzelwissenschaft Wirtschaftssoziologie darin, „die sozialen Vorgänge beim Wirtschaften, die daraus entstehenden Institutionsformen und -

strukturen sowie die den Bereich der Wirtschaft mit der Gesamtgesellschaft integrierenden sozialen Ordnungssysteme zu untersuchen" (Fürstenberg 1970, 6). Er gab allerdings bereits Hinweise über die Entwicklung der Ökonomie und des Verhältnisses zwischen dieser und der Soziologie im Hinblick auf die Entstehung wirtschaftssoziologischer Problemstellungen. Auch die Bedeutung, die neben der Befassung mit dem wirtschaftlichen Verhalten und den Wirtschaftsinstitutionen insbesondere der Analyse und dem Vergleich der Wirtschaftsdynamik zukommen muss, wurde hervorgehoben.

Dem **Markt** als konstitutivem Teil der modernen Wirtschaft wandten bereits Lars Clausen und Klaus Heinemann besondere Aufmerksamkeit zu. Clausen bezeichnete den Markt als Prozess des antagonistischen Austauschs sozialer Sanktionen im Sinn des Nullsummenspiels. Er betonte auch die Bedeutung der Macht im Hinblick auf die Möglichkeiten zur Sanktionsumleitung, die Preisbildung, und jene des Erfolgs für den Lernprozess im Versuchs- und Irrtumsspiel des Marktes, was deutliche Anklänge an Hayeks Sicht der Marktprozesse suggeriert. Clausen setzte dem Markt in diesem Sinn den „synagonistischen Tausch" des kooperativen n-Summenspiels entgegen, bei dem beide Teile Vorteile haben (Clausen 1967). Heinemann differenzierte zwischen dem Markt als Idealtyp und dem Markt als Realtyp, der das Produkt seiner Einbettung in eine Gesellschaft ist und daher in jeder Gesellschaft andere Funktionen erfüllt. Marktinteraktionen sind dadurch gekennzeichnet, dass sie in offenen Situationen unter ständig wechselnden Partnern vor sich gehen, was bestimmte Einstellungen und Fähigkeiten voraussetzt. Er stellte auch die Wirkung von Marktbeziehungen über den Tausch von wirtschaftlichen Gütern hinaus fest (Heinemann 1976). Heinemann kritisierte die Vernachlässigung von Geld, Markt, Eigentum, Preisbildung und wirtschaftlicher Entwicklung in der soziologischen Forschung und sah in Parsons' strukturell-funktionaler Theorie eine Möglichkeit, diese wieder zu berücksichtigen. Allerdings warnte er bereits davor, die Vorstellung von der Autonomie der wirtschaftlichen Sphäre in die Soziologie zu übernehmen, was zu einem Nebeneinander von Systemen und Subsystemen führe. Empirische Untersuchungen, insbesondere interkulturelle Vergleiche, sollen der Absolutsetzung des Marktes entgegenwirken. Diese müssen daher auf theoretischen Verknüpfungen von Normen, Interessen und Macht beruhen (Heinemann 1972).

Aber noch 1987 meinte Heinemann, die Wirtschaftssoziologie besitze nicht den Status eines eigenständigen, in sich abgeschlossenen Gebietes soziologischer Forschung und über ihren Gegenstand und sein wissenschaftliches Verständnis bestehe kein Konsens; das Problem der Konstituierung einer Wirtschaftssoziologie ortete er darin, dass die Konzeption, die auf die Zusammenhänge zwischen Wirtschaft und Gesellschaft gerichtet war, nur die Rahmenbedingungen wirtschaftlichen Handelns hervorheben konnte und nicht dieses selbst untersuchte (Heinemann 1987).

Alle diese Diskussionen und Befunde zogen nur wenig Aufmerksamkeit auf sich, zumindest im Vergleich zu den Untersuchungen über Konsumverhalten, Organisationen und Arbeitssoziologie. Was „Wirtschaftssoziologie" über die speziellen Soziologien mit Wirtschaftsbezug hinaus sein sollte, blieb lange Zeit ungewiss. Das veränderte sich erst seit den 80er Jahren des 20. Jahrhunderts und brachte die „neue" Wirtschaftssoziologie hervor, aber auch Ansätze einer stärkeren sozialwissenschaftlichen Ausrichtung innerhalb der Ökonomie, die Hoffnungen auf eine Wiederanknüpfung zwischen Ökonomie und Soziologie weckten.

5.5   Die neue Wirtschaftssoziologie

Der Aufschwung der Wirtschaftssoziologie manifestierte sich insbesondere im Jahr 2001 in der Einrichtung einer eigenen Sektion für „economic sociology" in der American Sociological Association sowie in einer Reihe von Lehrbüchern und Sammelwerken, die der Disziplin Tradition und Ausrichtung zu geben bestrebt sind (Beckert/Zafirovski 2006; Biggart 2002; Dobbin 2004; Granovetter/Swedberg 2001; Guillén et al. 2002; Martinelli/Smelser 1990; Smelser/Swedberg 2005; Swedberg 1993; Swedberg 2003a; Trigilia 2002). Auch in Europa kommt es insbesondere seit den 90er Jahren des vergangenen Jahrhunderts zu zahlreichen empirischen Untersuchungen über wirtschaftliche Themen, deren theoretische Orientierung allerdings schwerer zu bestimmen ist, da die „neue Wirtschaftssoziologie" hier nicht auf ungeteilte Zustimmung stößt, weist diese doch Züge auf, die mit den in den USA verbreiteten Wirtschaftsauffassungen eng verbunden sind. Die europäischen Studien verbinden sich daher stärker mit institutionalistischen Akzenten. Aber auch hier kam es jedenfalls zu einem verstärkten Interesse an der Wirtschaftssoziologie, was sich in der Einrichtung einer Sektion für Wirtschaftssoziologie im Rahmen der European Sociological Association manifestierte. Dass die Wirtschaftssoziologie eine starke Entwicklung als ein rasch wachsender Forschungsbereich erlebt, zeigt sich auch in den soziologischen Zeitschriften, in denen Wirtschaftsthemen immer häufiger auftauchen, und in einer großen Zahl von internationalen Tagungen, die sich mit diesen Fragen beschäftigen.

Auch neue Hoffnungen in Bezug darauf, dass sich zwischen Ökonomen und Soziologen wieder eine Gesprächsbasis und ein intellektueller Austausch entwickeln könnten, keimten auf (Swedberg 1990). In diesem Sinn einer Wiederanknüpfung der beiden Disziplinen ist Swedbergs Bemühen um die Etablierung der Wirtschaftssoziologie zu sehen. Er wurde gewissermaßen zum Vermittler, aber auch zum Historiographen der wieder belebten Wirtschaftssoziologie. In seinen „Principles of Economic Sociology" (2003) charakterisiert Richard Swedberg seine Auffassung von Wirtschaftssoziologie als Kombination der Analyse von sozialen Beziehungen und von wirtschaftlichen Interessen, die sich aus Webers Sicht wirtschaftlichen Handelns und dem Begriff des Interesses herleiten, wobei auch Einflüsse von Schumpeter integriert werden, mit dem sich Swedberg neben Weber im Besonderen befasst hat (Swedberg 1994). Auch für Zafirovski sind Webers Sozialökonomik und Schumpeters soziologische Tendenzen richtungweisend (Zafirovski 2003, 39). Swedbergs Ansatz wie auch die Konzeptionen von Zafirovski und Beckert (1997) sind daher breiter angelegt und stärker an den sozialwissenschaftlichen Traditionen insbesondere der europäischen Soziologie orientiert als dies bei den Hauptrepräsentanten der neuen Wirtschaftssoziologie der Fall ist.

Der Anstoß zu diesem Aufschwung der Wirtschaftssoziologie aber ging von den USA aus.

Im Anschluss an und als Reaktion auf den „ökonomischen Imperialismus" und den Aufstieg der Institutionen- und Organisationenökonomie war es ausgehend von den USA seit den 80er Jahren zur Entstehung einer „neuen" Wirtschaftssoziologie gekommen, die sich von der bisherigen soziologischen Behandlung der Wirtschaft deutlich unterscheidet, weil sie sich nicht mehr auf die sozialen Implikationen und Rahmenbedingungen wirtschaftlichen Handelns beschränkt, sondern die Wirtschaft in ihren Kernaspekten von Markt und Preisbildung als legitimen soziologischen Erkenntnisgegenstand betrachtet.

Die Soziologen verloren ihren Respekt vor den Kernthemen der Ökonomie und begannen, diese empirisch zu untersuchen, wobei sie sich in Bezug auf ihre theoretisch-begrifflichen Grundlagen sowohl von ökonomischen als auch von soziologischen Bezügen inspirieren ließen. Einen interessanten Ansatz zur Erklärung des Marktverhaltens von Firmen entwickelte Harrison White auf der Basis von ökonomischen Modellen, insbesondere der Signalling-Theorie, der von großer Bedeutung für die Entwicklung der neuen Wirtschaftssoziologie wurde (White 1981).

Als Gründungsaufsatz der neuen Wirtschaftssoziologie gilt jedoch Mark Granovetters Aufsatz „Economic action and social structure" von 1985. Darin kritisierte er sowohl die unter- als auch die übersozialisierte Sicht des Verhaltens als im Prinzip gleichermaßen wenig geeignet, da beide das Handeln weitgehend „atomistisch" und „mechanisch" erklären, die einen auf der Grundlage sozial isolierten Nutzenstrebens, die anderen durch Bezug auf verdinglichte soziale Kategorien. Er wandte sich damit zwar auch gegen Parsons' Sicht, vor allem aber gegen die Behandlung der „sozialen" Bedingungen der Wirtschaft, wie sie im Rahmen des ökonomischen Neo-Institutionalismus und anderer moderner Ökonomen erfolgt, die sich auf „soziale" Einflüsse beziehen. Sie behandeln soziale Faktoren, indem sie individuelle Verhaltensweisen zusammenfassen. Damit, so Granovetter, benutzen sie übersozialisierte Konzepte, um eine untersozialisierte atomistische Sicht von Wirtschaft zu begründen (Granovetter 1985, 487).

Zwar sah Granovetter auch auf Seiten mancher Ökonomen eine Erweiterung der Vorstellung rein individueller Nutzenmaximierung und eigendynamischer Marktgleichgewichtsideen durch das Interesse für die Rolle von Vertrauen und Institutionen in wirtschaftlichen Transaktionen, wie sie vor allem die neo-institutionalistischen Ökonomen aufweisen. Allerdings hängen auch sie Granovetter zufolge nach wie vor einer untersozialisierten Auffassung des Menschen an, so dass Vertrauen, Normen und Werte für sie zu strategischen Variablen im Kosten-Nutzen-Kalkül werden.

Unter- und Übersozialisierung gleichen sich daher insofern, als sie die mittlere Ebene der konkreten Beziehungen, in denen sich Wirtschaften abspielt, außer Betracht lassen.

Dem Bestreben der Ökonomen, ihren Erklärungsansatz als Grammatik menschlichen Handelns überhaupt auszugeben, diesem „ökonomischen Imperialismus" trat Granovetter entgegen und beanspruchte, eine **genuin soziologische Analyse der Wirtschaft** zu entwickeln. Er zielt daher nicht auf eine Kritik der Ökonomie oder ihre empirische Ergänzung, sondern auf eine empirische Theorie, die gegenüber dem ökonomischen Modell eine größere theoretische Erklärungskraft und Prognosefähigkeit besitzen soll. Daraus folgt, dass sich die „neue" Wirtschaftssoziologie mit den Kernannahmen und Konzeptionen der Ökonomie auseinander setzen muss und sich nicht nur auf die Untersuchung der sozialen Rahmenbedingungen wirtschaftlichen Handelns beschränken darf, wie sie die bisherigen Soziologien wirtschaftlicher Sachverhalte charakterisiert hatte (Granovetter 1990).

Granovetter betonte den **interaktiven Charakter der Wirtschaftsprozesse** und meinte, man könne nicht am Handlungsmodell der Nutzentheorie ansetzen, weil damit die sozialstrukturellen Bedingungen dieses Handelns nicht berücksichtigt werden können. Das Ziel der neuen Wirtschaftssoziologie ist es daher nicht aufzuzeigen, dass Menschen nicht immer oder nicht ausschließlich rational handeln, sondern dass sie durch die sozialen Aspekte wirtschaftlicher Situationen und den institutionellen Kontext beeinflusst werden, auch wenn sie rational und nutzenorientiert kalkulieren.

Granovetter argumentierte, dass wirtschaftliches Handeln in den modernen Gesellschaften „eingebettet" ist, und zwar zum einen in den institutionellen Strukturen und Kulturmustern, zum anderen in den sozialen Beziehungen und Interaktionen der Menschen. Der Begriff der „Einbettung" wurde zu einem zentralen Konzept für die neue Wirtschaftssoziologie.

Aber Granovetter verwendet den Begriff anders als Karl Polanyi, denn er betont insbesondere die interaktiven Prozesse des Wirtschaftens, die Einbettung des Handelns in die mikrosozialen Beziehungen. Granovetter wehrte sich gegen die grundsätzliche Trennung von vormodernen und modernen Wirtschaftsformen, wie sie Polanyi sah, und suchte einen Mittelweg zwischen der „starken" Position der Einbettung, die kaum eine Erklärung anderer Wirtschaftskulturen mithilfe der ökonomischen Begriffe ermöglicht, und der simplen Übertragung der Markttheorie auf diese (Granovetter 1993). Er empfahl daher genaue detaillierte Analysen der komplexen Zusammenhänge von sozialen und ökonomischen Motiven und Handlungen in konkreten Situationen.

„Embeddedness" zeigt an, dass „the behavior and institutions to be analyzed are so constrained by ongoing social relations that to construe them as independent is a grievous misunderstanding" (Granovetter 1985, 482).

Drei Annahmen bestimmen daher wirtschaftliches Handeln und wirtschaftliche Institutionen in Granovetters Sicht:

1. Die Verfolgung ökonomischer Ziele wird begleitet von der nicht-ökonomischer Ziele wie Geselligkeit, Anerkennung, Status, Macht.
2. Wirtschaftliches Handeln ist sozial situiert und kann daher nicht durch individuelle Motive allein erklärt werden; es spielt sich in einem sozialen Kontext ab, der die Individuen beeinflusst und der von diesen ihrerseits aktiv mit gestaltet wird.

3. Wirtschaftliche Institutionen entstehen nicht automatisch auf Grund externer Umstände, sondern sind sozial konstruiert; sie entwickeln sich auf der Grundlage der praktischen Wirtschaftsbeziehungen und werden im Rahmen derselben immer wieder gedeutet und modifiziert.

Wirtschaftliche Transaktionen erfolgen zu einem großen Teil innerhalb eines Gefüges mehr oder weniger dauerhafter sozialer Beziehungen, was in der Ökonomie, die von isolierten Tauschakten ausgeht, nicht berücksichtigt wird. Diese bedingen die Vermischung von individuellen Interessen mit Emotionen und anderen nicht-ökonomischen Motiven und Einstellungen sowie die aus den Beziehungen erwachsenen gegenseitigen Erfahrungen und Erwartungen. In den wirtschaftlichen Transaktionen manifestieren sich daher auch Aspekte der gegenseitigen Wahrnehmung, der Interpretation der Situation, Routine sowie Einstellungen und Gefühle wie Vertrauen, Verpflichtung, Mitgefühl, Prestige- und Geltungsstreben, Reputationsstreben etc. Die neuen Wirtschaftssoziologen behandeln diese Aspekte jedoch nicht primär in Bezug auf die individuellen Handlungsantriebe, sondern im Hinblick auf ihre Bedeutung für die sozialstrukturellen Bedingungen der wirtschaftlichen Interaktionen.

Die Beziehungen und Strukturen der Wirtschaft werden in sozialen Situationen durch die subjektiven Deutungen und das Handeln der Menschen aktiviert und verändert. Auch die institutionellen Regeln und kulturellen Muster erhalten ihre reale Bedeutung und Wirkung erst im Rahmen der sozialen Beziehungen und Aktionen der Menschen.

> Einbettung in diesem Sinn bedeutet daher nicht eine einseitige Bestimmung wirtschaftlichen Handelns durch den kulturell-institutionellen Komplex, sondern gleichzeitig die ständige Reproduktion und Veränderung der Strukturen durch das Handeln.

Die institutionellen und strukturellen Aspekte werden vermittelt durch die interpretativen Prozesse im situativen Handeln. Moral, Kultur und Normen existieren nicht abgehoben von menschlichen Handlungen, sondern erhalten erst durch diese ihre Ausformung und Wirkung. Sie entstehen durch soziale Kommunikation und werden interpretiert und modifiziert im Prozess der sozialen Interaktionen (Granovetter 1991).

> „Soziale" Motive und soziale Beziehungen werden in das wirtschaftliche Handeln integriert, sie werden nicht als Gegensatz zu den Aspekten des rationalen Wirtschaftens und Gewinnmaximierens gesehen, sondern als inhärente Bestandteile auch des effizienten und effektiven Markthandelns (Granovetter 2005b).

Soziale Beziehungen beeinflussen die ökonomischen Handlungen, ermöglichen, erleichtern oder behindern sie. Persönliche, ethnische oder lokale Herkunft, die Mitgliedschaft in bestimmten Zirkeln und Verbindungen z. B. schaffen besondere Vertrauensvorschüsse, die Geschäftsabschlüsse erleichtern, den Markteintritt vorbereiten, Unternehmensverflechtungen begründen. Verwandtschafts- und Freundschaftsverbindungen etwa können auch hilfreich sein, wenn Unternehmen zu gründen sind.

Das allerdings bedeutet auch die strategische Nutzung von sozialen Beziehungen zum Zweck der Erzielung wirtschaftlicher Vorteile.

Die Einbettung in soziale Beziehungen und Situationen widerspricht daher nicht der Annahme wirtschaftlicher Nutzenrationalität, diese ist vielmehr selbst in die sozialen Beziehungen eingebettet und auf diese bezogen.

Auch soziale Beziehungen unterliegen daher rationalen Erwägungen, genauso wie umgekehrt die Objekte und Ziele rationalen Handelns durch die sozialen Strukturen beeinflusst werden. Die neue Wirtschaftssoziologie, wie sie Granovetter, White und Burt repräsentieren, vertritt eine pragmatische Orientierung gegenüber der Wirtschaft; sie versucht Beiträge zur Erforschung der Bedingungen wirtschaftlicher Leistungsfähigkeit der Unternehmen und Märkte zu liefern. Allerdings zeigte sich in der folgenden Vielzahl von Untersuchungen, dass dies zu einer gewissen Überbetonung der instrumentellen Orientierung führte, der nach Meinung Granovetters besonders durch die allzu starke Konzentration auf die Netzwerkanalyse, aber auch die Untersuchungen zum Begriff des Sozialkapitals bedingt sind (Granovetter 2002, 53 f).

5.6 Einbettung, Netzwerke, Sozialkapital, Vertrauen: Schlüsselkategorien der Wirtschaftssoziologie und darüber hinaus

Der Begriff der Einbettung hat in der Gegenwart einen zentralen Stellenwert in den sozialwissenschaftlichen Konzepten und Analysen der Wirtschaft. Er stellt die grundlegende Perspektive dar, aus der Markt, Wirtschaft, Kapitalismus betrachtet werden. Ursprünglich von Granovetter in die Diskussion eingebracht, hat er eine Bedeutung weit über die neue Wirtschaftssoziologie erlangt. Dabei kam es insbesondere in den institutionalistischen ökonomischen oder soziologischen Ansätzen auch wieder zu einer Renaissance des Einbettungsbegriffs, wie ihn Polanyi verwendet hatte.

Die Perspektive der Einbettung scheint zunächst in einem Gegensatz zu jenen Ansätzen zu stehen, die von der Ausdifferenzierung der Wirtschaft aus der Gesellschaft ausgegangen waren. Tatsächlich liegt die Betonung auf dem Aufzeigen von sozialen, institutionellen und kulturellen Faktoren, die Wirtschaftshandeln und Wirtschaftssysteme prägen, während die funktionalistischen Konzepte die Spezifität der Wirtschaft zu zeigen suchten. Dennoch setzt „Einbetttung", zumindest in der Weise, wie sie in der neuen Wirtschaftssoziologie verwendet wird, voraus, dass zunächst etwas Spezifisches wie „der Markt" oder das individuelle rationale Handeln vorhanden ist, dessen Integration in einen Kontext aufzuzeigen ist.

„Einbettung" in der neuen Wirtschaftssoziologie verbindet sich mit der Vorstellung von multilateralen Beziehungen, die als Netzwerke betrachtet werden. Die Netzwerkanalyse ist die bevorzugte Methode der Erforschung von Beziehungsaspekten in wirtschaftlichen Transaktionen in vielen Studien der neuen Wirtschaftssoziologie.

Die Idee liegt implizit bereits den Konzepten der Wechselbeziehungen bei Simmel oder der Interaktionen in der amerikanischen Sozialwissenschaft zugrunde. Als methodisches Instrumentarium wurden Netzwerke insbesondere in kommunikationstheoretischen Studien, im Bereich der Konsumforschung, in der Humangeographie und im Rahmen der Agrarsoziologie entwickelt und angewandt. Der Netzwerkbegriff erhielt dann insbesondere durch die Entwicklung der mikroelektronischen Kommunikationstechnologie eine spezifische Bedeutung im Sinne vernetzter Kommunikationsstrukturen.

Die Netzwerkanalyse erbringt formalisierbare Befunde über soziale Interaktionen und kommt gleichzeitig den Vorstellungen endogener Dynamik sozialer Systeme entgegen. Sie erlaubt daher, Komplexität formalanalytisch zu konkretisieren und darzustellen (Thompson 2004).

Als grundlegend für die Anwendung im Rahmen der Soziologie können Granovetters Studie „Getting a Job: A Study of Contacts and Careers", die 1995 in zweiter Auflage erschien, sowie sein Aufsatz „The Strength of Weak Ties" angesehen werden (Granovetter 1973). Weil er die ökonomische Vorstellung von der rationalen Arbeitssuche unter vollkommener Information nicht akzeptieren konnte, fasste Granovetter die Jobsuche als Prozess auf, in dem **soziale Beziehungen als Ressource der Informations- und Arbeitsbeschaffung** aufgefasst werden. Arbeitsökonomen hatten zwar bereits im Rahmen von Mobilitätsstudien herausgefunden, dass Individuen sowohl mittels formaler als auch informeller Methoden zu einem Job kommen. Zu den informellen Methoden zählt insbesondere die Informationsbeschaffung durch Kontakte zu Bekannten und Verwandten. Allerdings beschränkten sich diese Untersuchungen weitgehend auf „blue-collar workers" und gingen nicht auf die konkreten Prozesse ein.

Granovetter untersuchte die Kontakte von männlichen Arbeitsuchenden professioneller, technischer und Managerberufe im Raum Boston näher. Er erforschte, auf welche konkrete Weise die Individuen Kontakte zu welchen Bezugspersonen aufnehmen und nutzen. Dabei unterschied er zwischen „strong ties" und „weak ties"; erstere sind enge Bindungen zwischen einer relativ kleinen Anzahl von Personen, zwischen denen starke gefühlsmäßige Relationen bestehen; „weak ties" hingegen sind lose Kontakte zu Personen, die meist ihrerseits in anderen engeren Netzwerken Beziehungen unterhalten.

In der Untersuchung zeigte sich, dass die nützlichsten Kontakte sich aus beruflichen Beziehungen ergaben. Die Beziehungsnetze der in ihrer Arbeitssuche besonders erfolgreichen Personen, so fand Granovetter, zeichneten sich durch Selbstreproduktion und durch einen Multiplikatoreffekt aus (Granovetter 1995, 133), d.h. es handelte sich um lange Zeit bestehende Beziehungen, die zu weiteren Kontakten führten. Die Personen in der Versuchsgruppe verfügten über derartige Netzwerke, wenn auch in unterschiedlichem Ausmaß. Bei anderen Berufsgruppen ist dies jedoch in weit geringerem Maß der Fall. Als soziale Ressourcen müssen dann die Familien- und Bekanntenbeziehungen dienen, die weniger positive Auswirkungen auf die Arbeitssuche haben. Netzwerke erzeugen auch Exklusion, weil sie Barrieren für die Einbeziehung Außenstehender schaffen. Jene Individuen, die nicht über entsprechende Netzwerke verfügen oder die keinen Zugang zu diesen finden, müssen sich daher mit den am schlechtesten bezahlten Jobs begnügen. Für Granovetter war klar, dass „better jobs are found through contacts, and the best jobs, the ones with the highest pay and prestige and affording the greatest satisfaction to those in them, are most apt to be filled in this way." (Granovetter 1995, 22).

Diese und ähnliche Erkenntnisse führten zur Feststellung, dass „weak ties" in wirtschaftlichen Beziehungen von großer Bedeutung für den Zugang zu Märkten, Institutionen und Informationen sind.

Die Untersuchung der berufsbezogenen Netzwerke hat auch Implikationen für die internen Beziehungen im Unternehmen, weil die Orientierung der Betriebe an einer Kernbelegschaft die Konzeption eines internen Arbeitsmarktes hatte entstehen lassen. Daher sind Netzwerke auch für die Karriere innerhalb der Organisation von großer Bedeutung und die Arbeitsbeziehung selbst kann nicht allein als eine Vertragsbeziehung und auch nicht durch den Grundkonflikt zwischen Arbeit und Kapital erklärt werden. Tatsächlich bestehen in Unternehmen zahlreiche informelle Netzwerke, die über die seit den „Human Relations"-Studien bekannten informellen Gruppen, die sich auf Produktionsarbeiter beschränkten, hinausgehen. Sie können „sponsor-protegé"-Elemente enthalten bzw. auf Grund von gemeinsamer lokaler Herkunft, absolvierten Schulen etc. bestehen (Granovetter 1988). Auch Unternehmen ihrerseits setzen auf Netzwerke bei der Einstellung von Mitarbeitern, da sie sich insbesondere bei höherrangigen Positionen und Qualifikationen nicht auf die formalen Kanäle der Rekrutierung allein verlassen wollen.[13]

Granovetter hatte die Kategorisierung der Individuen seiner Stichprobe nach der Zugehörigkeit zu einer „social class" ausgeklammert, denn er suchte nicht nach Gründen für die soziale und ökonomische Ungleichheit. Granovetters Intention war primär darauf gerichtet, mit der systematischen Erforschung von Netzwerkbeziehungen den Beitrag soziologischer Untersuchungen für die ökonomische Analyse der Arbeitsmobilität hervorzuheben. Er erwartete sich eine Steigerung der Erklärungskraft „from a merger of the economists' sophistication about

---

[13]   Allerdings wies etwa Ted Mouw darauf hin, dass die Untersuchung einzelner Unternehmen in diesem Zusammenhang andere Ergebnisse erbrachte als die Arbeitnehmer-Surveys, die keine kausale Verbindung zwischen Netzwerkbeziehungen und Arbeitsmarktvorteilen aufwiesen. Auch die Tatsache, dass Individuen meist ihre Freunde in den gleichen Kreisen finden, zeigt, dass die positive Wirkung von Beziehungen für verschiedene Schichten unterschiedlich zu werten ist: Bereits erfolgreiche Personen haben in hohem Maße „gute" Beziehungen, die ihren Erfolg und ihr Prestige auch ohne direkte Arbeitsmarktwirkungen erhöhen, während das für die Masse der Arbeitnehmer nicht anzunehmen ist. Dennoch bestreitet auch Mouw nicht die Bedeutung sozialer Netzwerke für den Arbeitsmarkt, allerdings sind dafür genaue und differenzierende Forschungen notwendig, um die intuitiven Annahmen zu untersuchen. Siehe: Mouw 2003.

instrumental behavior and concerns with efficiency, and the sociologists' expertise on social structure and relations and the complex mixture of motives present in all actual situations" (1988, 199).

Diese strukturelle Analyse auf der Basis des Netzwerkkonzepts wurde vor allem durch die Arbeiten von Ronald Burt, Harrison White sowie von Walter W. Powell/Laurel Smith-Doerr weiter entwickelt (Burt 1983; 1992; Powell/Smith-Doerr 2004). Powell/Smith-Doerr unterscheiden Informationsnetze, die Aufschluss geben über den Zugang zu und den Fluss von Informationen, Machtstrukturen auf Grund von Kapitalverflechtung oder organisatorischer Integration, sowie Vertragsbeziehungen und Produktionsnetze, die den Zusammenhang von vor- und nachgelagerten Produzenten wiedergeben. Voraussetzung dafür, dass die Netzwerkmethode analytisch wertvolle Ergebnisse erbringen kann, ist die klare Definition der Merkmale und ihre Zuordnung zu den Positionen in den Netzen. Powell/Smith-Doerr wiesen jedoch auch darauf hin, dass Netzwerke nicht nur als analytische Instrumente verwendet, sondern auch als Strategien der Kontrolle eingesetzt werden können.

Kritisch in Bezug auf die Netzwerkperspektive, die eine grundlegende Rolle für die methodische Orientierung der neuen Wirtschaftssoziologie spielt, ist einzuwenden, dass dadurch quantitativ-strukturelle Aspekte stärker betont werden als die Art und Qualität der Beziehungen. Jede einzelne Beziehung zwischen zwei Knoten im Netzwerk hat ganz besondere Charakteristika, die jedoch in der Regel nicht erfasst werden. Dies hat seinen Grund in der Netzwerkanalyse, die im Rahmen der kommunikationstheoretischen Diffusionsforschung entwickelt wurde, zu der auch Granovetter Beiträge geliefert hat, die sich mit dem Schwellenphänomen in der Verbreitung von Ideen und Strategien beschäftigten (Granovetter/Soong 1983).

Der Begriff des **Sozialkapitals** ist gegenwärtig eines der am meisten verwendeten Konzepte in den Sozialwissenschaften. Er wurde von Coleman im Anschluss an Beckers Konzept des Humankapitals verwendet (Coleman 1988), aber auch von Bourdieu im Rahmen seiner Theorie der Kapitalsorten geprägt (Bourdieu 1983). Darüber hinaus hat insbesondere der Politikwissenschaftler Putnam viel für die Verbreitung des Begriffs beigetragen (Putnam 2000). In seinem Verständnis bezieht sich Sozialkapital auf die staatliche Ebene und wird durch Faktoren wie politische Stabilität, funktionierende Institutionen, niedrige Kriminalitätsraten, stabile Familienstrukturen, Begrenzung von Armut und sozialen Konflikten etc. beschrieben.

Auf der mikrosozialen Ebene meint Sozialkapital die Anzahl, Struktur und Qualität der sozialen Beziehungen, allerdings – da es sich um „Kapital" handelt – im Hinblick auf den Nutzen, den „Investitionen" in diese Beziehungen dem Individuum oder dem Unternehmen bringen.

> Der Begriff des Sozialkapitals hat einen funktional-pragmatischen Charakter, d.h. er wird im Sinn einer Ressource verwendet, die eingesetzt wird, um die Performanz und Effizienz im Sinne von Karriere, Unternehmensgewinnen oder Wirtschaftswachstum zu verbessern.

Davon zu unterscheiden ist allerdings die Verwendung des Begriffs des sozialen Kapitals bei Pierre Bourdieu, der ihn als einen Faktor sozialer Ungleichheit behandelt. Für die Verwendung im Rahmen der neuen Wirtschaftssoziologie war insbesondere die Auffassung von Coleman richtungsweisend.

Den Begriff des sozialen Kapitals definierte Coleman als jene **in den sozialen Beziehungen enthaltenen, produktiv einsetzbaren Ressourcen**, über die Akteure verfügen können. Soziale Beziehungen werden zunächst als Austauschprozesse zwischen den Akteuren verstanden, die zu Gleichgewichtszuständen, wie sie aus der Markttheorie bekannt sind, tendieren (Coleman 1990, 300 ff). Neben dem Austausch kann es auch zur einseitigen Übertragung von Kontrolle kommen, wenn ein Akteur meint, seine Interessen nicht mehr durch eigenes Handeln allein realisieren zu können, sondern dadurch, dass er andere damit beauftragt („agency"). Macht wird zur Anfangsausstattung eines Akteurs mit Ressourcen, die ihrerseits wieder Handlungs- und Verfügungsrechte darstellen und damit Macht in Autorität verwandeln. In jenen Fällen, in denen sie nicht durch Konsens hinsichtlich der Ziele zwischen „principal" und „agent" begründet ist, muss sie durch Überwachung, Sanktionsandrohung oder durch Anreize aufrecht erhalten werden. Die Notwendigkeit von Normen erklärt Coleman durch das Auftreten von „externalities", also von (meist negativen) Effekten des Handelns von Akteuren auf andere. Es besteht daher eine Nachfrage nach Normen bzw. nach Kontrolle über die Verursacher dieser Effekte.

Normen, Kontrollrechte, Ansehen, Vertrauen, Macht, Autorität stellen soziale Ressourcen dar, die auch als „soziales Kapital" eingesetzt werden können, d.h. um den Menschen Vorteile zu verschaffen dadurch, dass sie Verpflichtungen, Erwartungen und Vertrauenswürdigkeit erzeugen.

Während Humankapital in bestimmten Attributen und/oder Fähigkeiten von Akteuren selbst besteht, erwächst Sozialkapital etwa aus gegenseitigen Verpflichtungen, die Erwartungen auf Gegenleistungen begründen, aus Reputation oder auf Grund von Vertrauen. Zwischen beiden Formen des immateriellen Kapitals bestehen enge Beziehungen, so etwa kann Sozialkapital dazu dienen, die Schaffung von Humankapital zu fördern und umgekehrt (Coleman 1988). Coleman hatte den Begriff des sozialen Kapitals auch auf Organisationen und Gesellschaft bezogen und es dann etwa in der Rechtssicherheit und in der Stabilität der persönlichen Beziehungen gesehen.

Burt sieht die Akteure grundsätzlich mit drei Arten von Kapital ausgestattet: Finanzkapital, Humankapital und soziales Kapital. Letzteres verbindet Burt mit dem Begriff der Sozialstruktur, die durch Netzwerke von Kontakten in Konkurrenzfeldern („arenas") bestimmt wird (Burt 2002). Beziehungen und Kontakte vermitteln Chancen für den Einsatz von Finanz- und Humankapital für die Akteure.

Soziales Kapital ist für Burt der entscheidende Faktor für den Erfolg, weil es direkt darauf abzielt, den Markt unvollkommen zu machen, also Wettbewerbsvorteile zu erzielen.

Auch das mit Geschäftsbeziehungen verbundene Risiko kann durch Erhöhung des Vertrauens auf Grund der Bildung und Nutzung von Netzwerken gesenkt werden. Für bestimmte Branchen und Berufsgruppen (Werbung, Finanzberatung, Kulturbetriebe etc.) ist das Sozialkapital sogar so wichtig, dass dafür eigene Spezialisten tätig werden. Allerdings sind auch im Unternehmen selbst nicht nur „human resources", sondern auch „social resources" vorhanden, die produktiv genutzt werden können, so dass das Sozialkapital der Mitglieder zu jenem des Unternehmens, des Vereins etc. wird.

Burts Untersuchung über „Structural Holes" setzt direkt an Granovetters Erkenntnis der Bedeutung von „weak ties" und „strong ties" an: Während die Streuung von „weak ties", also von Beziehungen mit geringem affektivem Potential, über zahlreiche Netzwerke als wichtige Ressource für die Informationsbeschaffung anzusehen ist, sind „strong-ties" die Grundlage für gegenseitige Verpflichtungen und dauerhafte Bindungen. Diese starken Beziehungsnetze sind dicht in Bezug auf die Häufigkeit von Kontakten, dazwischen finden sich **„strukturelle Löcher"**. Burt konnte nun zeigen, dass die zwischen engmaschigen Beziehungsclustern bestehenden „Löcher" von größter Bedeutung im wirtschaftlichen Wettbewerb um Informationen und Marktvorteile sind für jene, die es schaffen, sie zu überbrücken. Burt sieht die Überbrückung von solchen Kommunikationslöchern als die effizienteste Form der Informationsbeschaffung für Wettbewerbsvorteile (Burt 1992).

Netzwerkgeneriertes Sozialkapital kann Vorteile in Bezug auf Informationsbeschaffung und Kontrolle der Aktionsparameter auf dem Markt erbringen, aber auch die Kreativität und das Lernen fördern. **Soziale Beziehungen erleichtern auch die Diffusion von Innovationen.** In der soziologischen Management-Literatur wird das häufig als „Ansteckung" („contagion") bezeichnet und als irrationales Verhalten der Rationalitätsannahme der Ökonomen gegenübergestellt (Abrahamson 1991; Mikl-Horke 2005). Burt wies darauf hin, dass es sich weniger um ein irrationales Nachahmungsverhalten der Manager handelt, als um die Erhaltung und Förderung der eigenen Position im Netzwerk (Burt 1987). Die frühe Übernahme neuen Wissens stellt für die Individuen in den Netzwerken einen strategischen Vorteil dar, kann ihnen, wenn sie unter den ersten sind, die eine später erfolgreiche Innovation übernehmen, eine führende Rolle in ihrer Organisation bzw. unter den Unternehmen der Branche und/oder Region verleihen. Allerdings ist die Stellung der Individuen/Organisationen innerhalb des Netzwerks wichtig dafür, ob Zugang zu Informationen von außen möglich ist und ob diese von Nutzen für die Gruppe sind. In der Regel haben Personen mit guter Insiderposition Zugang zu Außenkontakten, die für die Gruppe als solche relevant und vorteilhaft sind. Randständige Individuen, etwa junge Manager oder Frauen, die neue Ideen haben, müssen Sozialkapital von den Insidern leihen, indem sie sich mit einem strategischen Partner verbünden. Da die jeweiligen Netzwerke über unterschiedliche Informationen verfügen, kommt dem Brückenschlag zwischen ihnen, also der Überwindung der strukturellen Löcher, besondere Bedeutung zu. Burt nennt dies „brokerage" und sieht darin auch das Wesen des Unternehmerischen; er definiert „network entrepreneurs" als Individuen, die interpersonale Brücken über strukturelle Löcher in Märkten und Organisationen hinweg schlagen.

Unternehmer sind in diesem Sinne jene, die über das effektivste Sozialkapital verfügen.

Die Kooperation im Innern kann durch die **Schließung des Netzwerks nach außen** gefördert werden, da dadurch die Identität der Gruppe erhöht wird. Allerdings bringt dies auch Gefahren, da man sich damit von Informationen und Anregungen von außen abkapselt. Daher müssen einander die Schließung von Netzwerken („closure") und das **Überbrücken der Löcher** („brokerage") zwischen den Gruppierungen ergänzen, da sich die Vorteile sonst ins Gegenteil verkehren können. Auch sind „closure" und „brokerage" von unterschiedlichem Vorteil je nachdem, ob es sich um einen Markt mit vielen oder wenigen Konkurrenten, mit starken Verbindungen zwischen Firmen oder mit engen Verbindungen innerhalb des eigenen Netzwerks handelt. Außenkontakte bringen Vorteile für Individuen mit wenigen Konkurrenten, für Gruppen mit engen internen Beziehungen zwischen den Mitgliedern und in Märkten, in denen Organisationen eng miteinander verflochten sind.

Die Einbettung wirtschaftlicher Aktionen in soziale und persönliche Beziehungen kann das **Vertrauen** und die gegenseitige Loyalität erhöhen, so dass die Beziehungen zwischen den Firmen nicht nur als rationale Anpassungen an wirtschaftliche Bedingungen zu erklären sind. Die strukturellen Netzwerke führen auch zu einer Änderung der Qualität von Beziehungen, wobei insbesondere der Entstehung und Erhaltung von Vertrauen große Bedeutung zukommt (Fukuyama 1995; Gambetta 1988). Der Begriff des Vertrauens wird in der Ökonomie und der Wirtschaftspsychologie stark diskutiert, wobei eine instrumentell-rationale Sicht vorherrscht, d.h. es geht um den **Beitrag, den das Bestehen von Vertrauen zwischen Marktteilnehmern für deren wirtschaftlichen Erfolg hat**. Die Wirtschaftssoziologie definiert Vertrauen durch die relativ dauerhaften Beziehungen zwischen Wirtschaftssubjekten. Vertrauen als Voraussetzung und Folge stabiler und dauerhafter Wirtschaftsbeziehungen beruht auf Ordnung, welche die Produktion von Gütern und Leistungen auf Dauer ermöglicht, die Verteilung der Ressourcen und Erträgen regelt und die Unterschiede in Bezug auf die Konsum- und Akkumulationschancen legitimiert.

Jens Beckert hat Vertrauen als **Beziehung zwischen Vertrauensnehmern und Vertrauensgebern** definiert. Es setzt ein mit „den performativen Akten des Vertrauensnehmers, mit denen dieser den Eindruck der Vertrauenswürdigkeit zu erzeugen versucht und durch die der Vertrauensgeber zu seiner einseitigen Vorleistung motiviert wird" (Beckert 2002a). Der Vertrauensgeber muss das Vertrauen haben, dass der andere seine Vorleistung nicht ausbeutet. Das „Vertrauensspiel" kann dann im Sinne des dramaturgischen Handelns als wechselseitige Signale und deren Interpretation gesehen werden. Die Selbstdarstellungen als „vertrauenswürdig" spielen in Marktbeziehungen eine große Rolle, weshalb sie in Form von Strategien entwickelt werden.

Vertrauen muss jedenfalls als eine wechselseitige strategische Interaktion verstanden werden und kann nicht als eine Qualität oder Substanz aufgefasst werden, die Vertrauensgeber „besitzen".

In den wechselseitigen Interpretationen des Verhaltens spielen auf jeder Seite allerdings jeweils unterschiedliche Elemente eine Rolle, und zwar Tradition, Identität der Intentionen auf Grund enger persönlicher Kontakte, die Möglichkeiten der Verhaltenskontrolle durch Macht bzw. Normen, die Sanktionsimplikation auf Grund bestehender Institutionen oder rationale Nutzenerwägungen insbesondere bei Interesse an dauerhaften oder wiederholten Interaktionen.

Sozialkapital und Vertrauen sind zentrale Begriffe der gegenwärtigen Diskussion um wirtschaftliches Handeln, wobei zwei Aspekte besonders hervorzuheben sind: Zum einen ihre Verwendung über die Disziplinen hinweg, so dass sie geradezu zu Bindegliedern der diskursiven Verknüpfung geworden sind; zum anderen die pragmatisch-instrumentelle Sichtweise, die damit meistens verbunden ist und sich darin ausdrückt, dass mit ihrer Analyse unmittelbar die Frage verbunden wird:

Wie beeinflussen Sozialkapital und Vertrauen die wirtschaftliche Effizienz?

Granovetter hat diese Überbetonung der instrumentellen Sicht, die dadurch in die neue Wirtschaftssoziologie hineingetragen wird, gesehen und auch kritisch kommentiert (Granovetter 2002), andererseits suchte auch er zu zeigen, dass die Analyse sozialer Strukturen wichtig für wirtschaftliche Effizienz ist (Granovetter 2005b).

5.7 Abschließende Bemerkungen

Die Wirtschaftssoziologie stellt derzeit ein stark wachsendes Forschungsgebiet dar und die Studien, die sich mit wirtschaftlichen Aspekten befassen, sind sehr vielfältig, sowohl methodisch als auch in Bezug auf ihre theoretischen Annahmen. Seit Granovetters Initialzündung kam es zu einer derartigen Ausweitung der Beschäftigung mit wirtschaftlichen Problemen innerhalb der Sozialwissenschaften, dass das Feld kaum mehr zu überblicken ist. Die „neue" Wirtschaftssoziologie abzugrenzen unter allen Untersuchungen, die derzeit in Bezug auf wirtschaftliche Themen durchgeführt werden, ist nicht leicht. Aus diesem Grund wurden die vorangehenden Ausführungen in erster Linie auf Granovetter selbst begrenzt. Diese Vorgangsweise ist jedoch nicht für alle Studien, die derzeit in dem boomenden Gebiet wirtschaftssoziologischer Forschung unternommen werden, charakteristisch. Man kann der neuen Wirtschaftssoziologie aber nicht absprechen, den Anstoß zu dieser Entwicklung gegeben zu haben.

Die Arbeiten von Granovetter, White, Burt u. a. haben wesentlich dazu beigetragen, dass sich die Soziologen selbstbewusst an die Analyse wirtschaftlicher Tatbestände heranwagten. Sie haben auch die Scheu vor der Beschäftigung mit ökonomischen Theorien und Konzepten beseitigt und eine forschungspragmatische Annäherung zwischen „ökonomischen" und „soziologischen" Ansätzen ermöglicht. Soziologen, die sich mit wirtschaftlichen Themen befassen, tun dies heute in der Regel nicht ohne eine gewisse Kenntnis der wichtigsten ökonomischen Konzepte, und Ökonomen nehmen zunehmend soziologische Theorien in Anspruch, um wirtschaftliche Fragen zu behandeln. Das stellt unbestreitbar einen Vorteil und Fortschritt gegenüber dem distanzierten Verhältnis zwischen Ökonomie und Soziologie in der Vergangenheit dar. Allerdings zeigt sich dadurch auch eine starke Beeinflussung durch den

Denkstil und die Problemsicht der Ökonomie. Auf der anderen Seite haben auch Ökonomen, insbesondere die neo-institutionalistischen Ökonomen manche Konzepte der Wirtschaftssoziologie aufgegriffen, so etwa die Perspektive der Einbettung und den Netzwerkbegriff. Die gegenseitige Beeinflussung ist insbesondere im Hinblick auf die Untersuchung des Markthandelns von Unternehmen sehr stark, was im folgenden Kapitel über die Märkte zum Ausdruck kommt.

Granovetter hat in dem Aufsatz von 1985 klar gemacht, dass er die realen wirtschaftlichen Prozesse im Sinne von „ongoing social relations" versteht. Allerdings gelingt es ihm nicht ganz, deutlich zu machen, dass wirtschaftliche Beziehungen soziale Beziehungen sind, weil er gleichzeitig zwischen „ökonomischen" und „sozialen" Motiven des Handelns unterscheidet. Granovetters Sicht einer Vermengung „sozialer" und „wirtschaftlicher" Motive in den wirtschaftlichen Beziehungen scheint zwar in Richtung auf eine Integration zu gehen, tatsächlich bleibt jedoch fraglich, was „sozial" bzw. „wirtschaftlich" eigentlich meint; so wird nicht klar, ob soziale Motive persönlich-emotionale Beweggründe oder status- und machtbewusste Ziele oder beides bedeuten kann. „Sozial" erscheint auf Grund der Verlagerung auf die mikrosoziale Ebene für „zwischenmenschlich" oder „sozialemotional" zu stehen, wodurch „wirtschaftlich" im Kontrast dazu als sachlich-rational bzw. individuell-eigennutzbezogen erscheinen muss. Dadurch werden das „Wirtschaftliche" und das „Soziale" zu Eigenschaften menschlichen Verhaltens, ganz ähnlich wie die „zwei Seelen in einer Brust"-Auffassung Amitai Etzionis. Wie sie sich im Handeln tatsächlich vermischen, bleibt weitgehend unbestimmt, so dass Uzzi von einem **„paradox of embeddedness"** spricht (Uzzi 1997).

Hier wäre auf Hayeks Verständnis von Individualismus und Mises' subjektiv rationales Handeln hinzuweisen, aber auch auf die von Weber und Schumpeter beeinflusste Sichtweise Richard Swedbergs (2003a) in Bezug auf das Verhältnis von Interessen und Strukturen bzw. Institutionen. Swedberg stellt fest, dass das soziologische Verständnis von Interesse sich von dem in der Ökonomie gebräuchlichen individualistischen und tautologischen Begriff des Interesses im Sinne von Nutzen und Präferenzen unterscheiden muss.

> Interessen sind sowohl materiell als auch ideell orientiert und sie sind grundsätzlich sozial, weil sie sich auf einen gesellschaftlichen Zusammenhang beziehen und die Akteure zugleich mit ihren eigenen auch die Interessen der anderen berücksichtigen müssen.

Er greift damit auf einen Begriff des Interesses zurück, der durch das Nutzenkonzept der neoklassischen Ökonomie verdrängt worden ist. In Swedbergs Verständnis sind Interessen nur innerhalb und durch soziale Beziehungen zu verwirklichen. Soziale Beziehungen und Strukturen sind die Basis für die Stärke und Durchsetzungskraft von Handlungen und beeinflussen dadurch auch die wirtschaftlichen Entscheidungen. Interessen bringen ihrerseits ein dynamisches Element in die Analyse der sozialen Beziehungen, die dadurch als veränderbar begriffen werden können.

Wirtschaftliches Handeln und soziales Handeln sind zwei Perspektiven derselben Sache, das eine tritt dann in den Vordergrund, wenn das materiell-monetäre Ergebnis, das andere, wenn der Prozess, wie man dazu kam, betrachtet wird.

Wenn ich bei einem Händler kaufe, der mir sympathisch ist oder den ich schon lange kenne, obwohl ich mir bewusst bin, dass dieser nicht den niedrigsten Preis verlangt, dann liegt dennoch ein wirtschaftliches Handeln vor, weil ich ja gekauft habe, aber auch ein soziales Handeln. Erst wenn wirtschaftliches Handeln mit bestimmten „wirtschaftlichen" Motiven identifiziert wird, entsteht das Problem der Gegenüberstellung von „wirtschaftlich" und „sozial". Beckerts Kritik, wonach das Vorgehen, das an den Motiven des Handelns ansetzt, als nicht zweckmäßig erscheint, weil man dabei notwendig auf die Differenz von „ökonomisch" und „sozial" und damit auf das Problem der Rationalität stößt, ist daher zutreffend (Beckert 1997, 33).

6 Sozialwissenschaftliche Perspektiven von Markt und Unternehmen

Der Markt ist ein zentraler Begriff, dem man in der modernen Wirtschaftssoziologie häufig begegnet. Man kann sie daher sogar als „Marktsoziologie" bezeichnen, da sie sich eingehend mit konkreten sozialen Beziehungen und Prozessen auf verschiedenen Märkten beschäftigt. Man sollte annehmen, dass der Markt auch für die Ökonomie ein zentraler Erkenntnisgegenstand ist; das stimmt jedoch nicht ganz, weil er für sie nicht Objekt, sondern Voraussetzung ist. Aber auch in dieser Hinsicht gibt es Ausnahmen.

6.1 Markt und Märkte in ökonomischen Theorien

In der ökonomischen Theorie wird der Markt als Preisbildungsmechanismus und nicht als Sozialstruktur gesehen.

Er wird durch das Aufeinandertreffen von „Nachfrage" und „Angebot" als geld- und mengenmäßiger Ausdruck für Kauf- und Verkaufsakte von Anbietern und Nachfragern aufgefasst. Die zentrale Relation ist die zwischen Käufern und Verkäufern, die durch Konkurrenzbeziehungen auf beiden Seiten des Marktes ergänzt wird und deren Relationen den Preis bestimmen, der im Zentrum der modernen Wirtschaftstheorie steht. „Der Markt" ist dann in empirischer Hinsicht die Agglomeration und Bewegung von Güter- und Geldströmen, die in Mengen- oder Geldausdrücken erfasst wird. Er kann für einzelne Produktmärkte oder Märkte für Dienstleistungen spezifiert sein oder umfassend für die ganze nationalstaatliche, supranationale oder globale Wirtschaft errechnet werden. In der neoklassischen Wirtschaftstheorie ist der Markt die Konstellation von Angebot und Nachfrage, deren Bewegungen unter vollkommener Konkurrenz, vollständiger Information und stabilen Präferenzen der Marktteilnehmer irgendwann zu einem Preis führt, bei dem er „geleert" werden kann.

Der Markt der Ökonomie ist daher einmal eine gedachte und in mathematischen Gleichgewichtsformeln darstellbare Abstraktion und zum anderen eine quantitativ-monetäre Rechnungsgröße.

Die Existenz des Marktes wird vorausgesetzt, denn er stellt in dieser Auffassung ein logisches Prinzip dar, das man nach Meinung vieler Ökonomen auf jeden wirtschaftlichen Austausch und darüber hinaus auch auf alle möglichen politischen oder sozialen Probleme anwenden kann. Seine Struktur spielt keine Rolle, denn er wird durch die axiomatischen Annahmen des neoklassischen Modells vorgegeben und ist daher nicht selbst Objekt der Erklärung. Nur sein Ergebnis in Form des Preises interessiert die neoklassischen Ökonomen; die Preistheorie ist der zentrale Kern der Gleichgewichtstheorie des Marktes.

In der mainstream-Ökonomie ist der Markt kein sozialer Prozess zwischen Marktakteuren, sondern ein logisch-quantitatives Problem. Der Markt kann durch diese Sichtweise daher nicht erklärt werden, sondern nur sein Ergebnis. Die moderne Ökonomie ist eine Markttheorie und keine Theorie des Marktes; er selbst bleibt im Dunkeln oder wie es Lie ausdrückt:

„The market, it turns out, is the hollow core at the heart of economics" (Lie 1997, 342).

Allerdings gab und gibt es auch in der Ökonomie andere Auffassungen, so etwa bei den Nachfolgern Mengers. Der Markt als logisches Prinzip des Handelns, so meinte Mises, entfaltet sich immer dann, wenn die Freiheit der Austauschhandlungen gewährleistet ist, und er fasste „den Markt" daher als ein politisches Problem auf. Die „Austrian economics" gehen auch davon aus, dass der Markt einen sozialen Prozess darstellt, der auf Austauschhandlungen zwischen Wirtschaftssubjekten auf der Grundlage ihrer subjektiv rationalen Interessen beruht. Man könnte auch bezüglich der Struktur der Märkte auf Alfred Marshall verweisen, deutlicher jedoch kommt der Versuch, „den Markt" zu strukturieren bei Piero Sraffa zum Ausdruck.

Piero Sraffa hatte entgegen der Annahme, dass sich im Gleichgewichtspunkt von Angebot und Nachfrage ein einheitlicher Preis einstellen müsse, den Preis als Funktion des Verkaufsvolumens definiert, so dass der einzelne Betrieb seine Produktion statt an einem gegebenen Preis an der Nachfragekurve orientieren müsse (Sraffa 1926). Damit aber verschwindet der homogene Markt, in welchem dem einzelnen Betrieb nur wenig Bedeutung in Bezug auf die Preisbildung zukommt, und der Markt bzw. der Preis wird auf das Unternehmen bezogen; **der homogene Markt zerfällt in die vielen einzelnen Märkte für jeden Betrieb**, denn für den Käufer ist es keineswegs gleichgültig, bei welchem Produzenten er kauft: die Macht der Gewohnheit, persönliche Bekanntschaft, Vertrauen in die Qualität der Produkte, räumliche Nähe, die Orientiertheit des Betriebes an bestimmten Bedürfnissen, Möglichkeiten des Kredits, das Prestige eines Produkts, seine besonderen Merkmale, seine Ausgestaltung etc. können dann dem Betrieb einen spezifischen Markt verschaffen, der einem Monopol ähnlich ist. Die ökonomische Konsequenz ist, dass nach dieser Theorie jeder Betrieb zu einem eigenen Preis verkaufen kann.

Unter diesen Bedingungen ist auch der Wettbewerb etwas völlig anderes als das, was in der Gleichgewichtstheorie mit dem Begriff der vollkommenen Konkurrenz bezeichnet wird. Die bestimmende Variable wird die Nachfrageelastizität, die im Falle des Wettbewerbs größer ist als beim Monopol, so dass beide nur Formen von Marktkonstellationen darstellen. Sraffas Kritik entzog der Gleichgewichtstheorie des Marktes mit ihrem Einheitspreis den Boden. Diese Theorie wurde daher auch zum Ausgangspunkt der **Konzeptionen unvollkommener Konkurrenz**, wie sie von Edward Chamberlin und Joan Robinson entwickelt wurden (Chamberlin 1933; Robinson 1933). Robinson, die Sraffa folgte, verwies darauf, dass die Käufer sich über den Preis hinaus noch an einer ganzen Reihe anderer Faktoren wie Standort, Service, Reklame etc. orientieren. Chamberlin meinte, dass die Produkte miteinander konkurrierender Firmen nicht identisch sind, und zwar auf Grund von Produktdifferenzierung durch Markennamen, Qualität und Art der Verarbeitung, Reputation der Firma und ähnliches. Beide zeigen auf, dass die Güter verschiedener Unternehmen nicht substituierbar sind, und zwar auf Grund von Merkmalen der Produkte, des Betriebes, der Vermarktung oder auch infolge von Zuschreibungen der Käufer.

Die Marktformentheoretiker wiesen darauf hin, dass der vollkommene Markt eine eher seltene Form darstellt und konkrete Märkte durch Monopole, Oligopole etc. bestimmt sind. Chamberlin formulierte den Begriff der **monopolistischen Konkurrenz**, also einer Verbindung zwischen Wettbewerb einerseits und betrieblichen Monopolstellungen andererseits. Die Betriebe machen einander Konkurrenz, weil sie einen größeren Anteil am Markt haben wollen, aber sie haben in begrenzter Form auch ein Monopol auf Grund der Produktdifferenzierung. Das bedeutet aber auch, dass die verschiedenen Anbieter nicht nur über den Preis miteinander konkurrieren, sondern auch über die Qualität ihrer Produkte, die Werbung, den Service, den Standort, den Aufbau von Stammkunden und vieles andere mehr.

Trotz der offenkundigen Realitätsnähe dieser Theorie blieb aber die Vorstellung vom vollkommenen Markt für die Ökonomie weiterhin grundlegend, denn bei näherer Betrachtung weist die Theorie der monopolistischen Konkurrenz Probleme auf, zumindest wenn man sie unter der Perspektive der Theoriebildung betrachtet. Diese liegen zum einen in der Tatsache, dass die Betriebe ihre Nachfragekurve nicht kennen, zum anderen darin, dass Qualität nicht messbar ist. Da die Betriebe in dieser Sicht alle unterschiedlich sind in Bezug auf Produkt, Kosten, Nachfragestruktur etc. ist kein Gleichgewichtspunkt für den Markt zu bestimmen, sondern die Analyse kann nur Monopolpreise aufzeigen (Napoleoni 1968, 52). Auch für die Situation des Oligopols, bei dem es nur einige wenige Konkurrenten gibt, lassen sich keine Kosten- und Nachfragekurven spezifizieren, so dass die Betriebe sich aneinander orientieren müssen, da jede Aktion jeder Firma alle anderen beeinflusst. Dabei kommen dann Faktoren wie Machtverhältnisse, Strategien, Absprachen, Verflechtungen etc. ins Spiel, die mit den Mitteln der ökonomischen Theorie nicht abzubilden sind. Die Theorien von Sraffa, Robinson und Chamberlin berücksichtigen zwar die realen Gegebenheiten besser als die Gleichgewichtstheorie, da sie aber mit den quantitativen und formalen Methoden der neoklassischen Ökonomie nicht erfasst werden konnten, konnten sie in diese nicht eingebaut werden. Das war aber die Intention gewesen, d.h. man wollte die neoklassische Markttheorie modifizieren, nicht mit ihr brechen, sondern die Preistheorie erweitern.

Mit dem Problem der **Ungewissheit** haben sich Frank H. Knight, George L. S. Shackle und andere in der Ökonomie beschäftigt, aber ebenfalls im Rahmen der neoklassischen Theorie und im Sinne eines üblen Streichs, den die Realität dem Modell spielt. Ungewissheit soll daher möglichst beseitigt werden (Knight 1921; Shackle 1949). In jüngerer Zeit hat George Åkerlof auf das Problem der Ungewissheit in Bezug auf die Qualität im „market for ‚lemons'" (Åkerlof 1984, 7 ff) etwa am Beispiel des Gebrauchtwagenmarktes als Folge der asymmetrischen Information zwischen Käufer und Verkäufer hingewiesen. Auch er bricht jedoch nicht mit der Gleichgewichtstheorie, sondern verweist auf die Voraussetzung von Vertrauen in Form von informellen Garantien für Qualität in bestimmten Märkten.

Ungewissheit als Tugend von Märkten haben nur die Vertreter der österreichischen Schule der Nationalökonomie bzw. der „Austrian economics" oder „Neo-Austrian economics" in den USA, auf die bereits oben eingegangen wurde, angenommen. Sie brachen radikal mit der Vorstellung von der vollkommenen Konkurrenz und der vollständigen Information sowie, wenn auch weniger radikal, mit der Gleichgewichtsannahme der neoklassischen Theorie und gelangten zu einer anderen Auffassung vom Markt, die auf die konkreten Marktprozesse abzielt. Ihre Perspektive ist auf die Dynamik des Marktes gerichtet, die sich erst aus den konkreten Versuchen der Marktteilnehmer ergibt, den Markt unvollkommen zu machen.

> Die Konkurrenz als konkrete Aktionen von unternehmerischen Wirtschaftssubjekten steht in dieser Sicht im Mittelpunkt des Marktes, der als dynamischer Prozess der Veränderung aufgefasst wird.

Dabei, so argumentieren etwa O'Driscoll/Rizzo (1985) im Gefolge von Hayek und Kirzner, spielen nicht nur sozialstrukturelle Aspekte der Situation eine Rolle, sondern auch die subjektive Interpretation durch die Marktteilnehmer. Diese müssen unter Bedingungen der Ungewissheit agieren, ihre Fehler und Irrtümer, lösen erst den Lernprozess in Bezug darauf, was „rational" ist, aus. Die Ungewissheit macht es auch notwendig, sich an Normen, Institutionen und dem Verhalten anderer zu orientieren, allerdings nicht in Form einer passiven Anpassung, sondern im Wege von subjektiven Interpretationen und Reflexionen. Dabei spielen die **intersubjektiven Kommunikations- und Konstitutionsprozesse**, die sich nicht nur auf die Preise beziehen, sondern auch auf Institutionen, Rollenerwartungen und Routinen, die für die konkrete wirtschaftliche Situation relevant sind, eine bedeutsame Rolle in der Sicht der neueren Vertreter dieser Auffassung.

Beide alternativen Sichtweisen des Marktes, die Betonung seiner Konkurrenzstrukturen und die seines dynamisch-reflexiven Prozesscharakters, fanden zwar auch Eingang in die Wirtschaftssoziologie, stehen jedoch nicht im Vordergrund, denn diese erhielt den stärksten Einfluss von der Organisationenökonomie und der neoklassischen Sicht der wirtschaftlichen Institutionen mit ihrer Konzentration auf das Verhältnis von Unternehmung und Markt.

6.2 Unternehmen und Markt in der Transaktionskostentheorie und in der ökonomischen Soziologie

Auf Grund der Annahme der Vollkommenheit des Marktes gab es in der Ökonomie auch lange Zeit keine spezifische Erklärung für Unternehmen, dem wichtigsten Phänomen der modernen Industriegesellschaft; diese wurden zusammen mit Einzelakteuren als individuelle Wirtschaftssubjekte verstanden. Allerdings hatte schon Ronald Coase in einem berühmten Aufsatz aus den 30er Jahren des vergangenen Jahrhunderts versucht, eine ökonomische Erklärung von Unternehmungen zu geben, und argumentiert, dass **Unternehmen entstehen, wenn die Kosten der Markttransaktionen zu hoch sind** (Coase 1952). Sind sie hoch, kann es ökonomisch rationaler sein, die Leistungen selbst zu erstellen und sie nicht über den Markt anzukaufen. Dieser Aufsatz wurde zum Ausgangspunkt der sog. **„theory of the firm"**, nachdem Coase's Ausführungen wieder entdeckt worden waren. Es muss jedoch betont werden, dass es sich dabei um eine Markttheorie der Unternehmung handelt, denn Coase setzt am Markt an und kommt von daher zu einer Erklärung der Entstehung von Unternehmen. Als Folge davon erscheint letztere als Ergebnis rationaler Kosten/Nutzen-Kalküle, die die Entscheidung „make-or-buy" begründen. Markt und Organisation können daher als alternative Möglichkeiten der ökonomischen Funktion definiert werden, zwischen ihnen besteht gleichwohl nicht eine grundsätzliche Differenz der Substanz, sondern ein fließender Übergang. Folgerichtig werden Unternehmen auf der Grundlage der Markttheorie erklärt und in ihrer Struktur auch selbst als interne Märkte aufgefasst.

Coase hatte bereits die Grundlage für die Entstehung der **Transaktionskostentheorie** gelegt, indem er auf die Kosten des Marktes hingewiesen hatte (Coase 1960). Oliver Williamson entwickelte die von Ronald Coase aufgeworfene Beziehung zwischen den Transaktionskosten des Marktes und der Übernahme von Funktionen im Unternehmen weiter und legte diese Sichtweise in einem Buch mit dem bezeichnenden Titel „Markets and Hierarchies" (Williamson 1975) nieder. In dieser Sicht stellen die Transaktionen und nicht die Güter die elementaren Einheiten der Analyse dar. Die Transaktionskosten sind das ökonomische Äquivalent für Friktionen, wie sie aus mechanischen Systemen bekannt sind. Sie resultieren aus den Vertragskosten, aber auch aus Informationsdefiziten und dem Opportunismus der Kontrahenten, die in Konflikten, Fehlfunktionen, Verzögerungen, Schäden etc. resultieren.

Williamson geht von zwei Annahmen über die „menschliche Natur" aus: Er nimmt eine nur begrenzte Rationalität im Sinne der „bounded rationality", wie sie Herbert Simon definiert hatte, sowie die Wahrscheinlichkeit opportunistischen Handelns der Akteure an. **Opportunismus** geht über die Annahme der Nutzenorientierung hinaus, denn es wird hier davon ausgegangen, dass Akteure ihre Vorteile „with guile", also heimtückisch, verfolgen, damit bewusst und absichtlich Nachteile für die anderen Wirtschaftssubjekte in Kauf nehmen. Auch das Ausnützen von Möglichkeiten, die allgemeine Regelungen bieten, zum eigenen Vorteil und ohne Rücksicht auf andere, das sog. „free-rider"-Verhalten spielt hierbei eine

Rolle. Das war in der ursprünglichen Annahme des individuellen Handelns nicht enthalten, einfach weil die sozialen Wahrnehmungen keine Rolle spielten. Mit der Annahme möglichen opportunistischen Verhaltens kommen daher indirekt Aspekte der sozialen Beziehungen in die ökonomische Erklärung des wirtschaftlichen Handelns hinein.

Die Unternehmung wurde nun auch für die Ökonomie als Organisation und Hierarchie sichtbar, deren Struktur, Größe und Funktionen aber rational bestimmt werden können und nicht aus extra-ökonomischen Bedingungen bei der Gründung oder Entwicklung oder aus anderen Beweggründen und Zielsetzungen resultieren. Durch den Vergleich von Markttransaktionen und intraorganisationalen Leistungen können die „efficient boundaries" zwischen jenen Operationen, die effizienter innerhalb des Unternehmens erstellt, und jenen, die vom Markt zugekauft werden sollten, bestimmt werden (Williamson 1981). Damit wird der Übergang von Markt zu Organisation fließend und als Ziel ist die Bestimmung der effizienten Unternehmensgröße anzusehen. Interessant ist, dass dabei die Nachfrageseite bzw. die Konsumenten keine Rolle spielen und nur indirekt einbezogen werden.

Sowohl die Organisation als auch der Markt verursachen Kosten, die in den sozialen und institutionellen Kontextbedingungen begründet sind. Die Transaktionskostentheorie bezog damit auch diese in die Erklärung mit ein, so dass der Markt nicht einfach als ein logischer Mechanismus von Angebot und Nachfrage verstanden wird, sondern als auf einem rechtlich institutionalisierten Beziehungsgefüge begründet. Dieses wird jedoch nicht danach beurteilt, wieviel „Markt" es überhaupt zulässt, sondern welche Kosten es für Markttransaktionen verursacht. Daher verband sich der Forschungsbereich der „organizational economics" auf der Grundlage der Transaktionskostentheorie auch mit einer kostenökonomischen Erklärung der Institutionen und wurde zu einem Teilbereich der „new institutional economics". Williamson führt aus, dass es die institutionellen Bedingungen sind, die über die Effizienz von Markt und Organisation entscheiden. Dies bezieht sich vor allem auf die Ausformung der grundlegenden „ökonomischen Institutionen des Kapitalismus", das Vertragsrecht und das Eigentumsrecht (Williamson 1990).

Marktbeziehungen werden als Vertragsbeziehungen verstanden, aber auch das Unternehmen selbst wird im Sinne eines Netzes interner Verträge gesehen (Alchian/Demsetz 1972). Die Binnenstruktur der Unternehmung rückte durch die Ansätze der „principal-agent"-Theorie, der Theorie der Verfügungsrechte und der Transaktionskosten ins Blickfeld.

Der rechtswissenschaftliche Ansatz der „agency theory" erlangte große Bedeutung im Rahmen der ökonomischen Erklärung der Organisation. Er versteht die Unternehmung als auf individuellen Verträgen beruhend, wobei das Faktum der Hierarchie durch die Unterscheidung von „principal" und „agent" repräsentiert wird. Der Agent, sprich: Mitarbeiter, verpflichtet sich zwar, im Interesse des Unternehmens zu handeln, aber gleichzeitig hat er auch eigene Interessen. Darüber hinaus kann der Prinzipal nicht vorweg erkennen, ob der Agent über die Eigenschaften verfügt, die einen Einsatz im Interesse des Unternehmens erwarten lassen bzw. ob er keine anderen Intentionen verfolgt. Zudem kann der Agent seine Interessen und auch gewisse Handlungen während seiner Vertragsbeziehung verbergen. Es besteht also ein Informationsdefizit auf Seiten des Unternehmers. Um sicher zu stellen, dass der Agent die Ziele des Unternehmens verfolgt und nicht etwa „shirking" betreibt, können Kontrollinstrumente eingesetzt werden oder Anreize geboten werden. Dienlich sind auch der Aufbau von Vertrauen, ein gutes Betriebsklima, Führungskompetenz etc. In der Wirtschaft hat diese Theorie Relevanz für Makler, Broker, Manager, die für andere Geschäfte führen oder abschließen, aber insbesondere auch für die Arbeitgeber-Arbeitnehmer-Beziehung in Unternehmen (Jensen/Meckling 1976). Auf die besonderen Merkmale von Arbeitsverträgen im Vergleich zu Geschäftsverträgen, die sich aus der Asymmetrie der Macht zwischen Arbeitgeber und Arbeitnehmer im Arbeitsverhältnis ergeben, wird nicht eingegangen. Das Unternehmen erscheint als eine Summe von Verträgen, die Kontroll- und Handlungsrechte regeln.

Da die „agency"-Theorie nur auf die spezifische principal-agent-Relation abstellt, bleiben andere Beziehungen ausgeklammert, insbesondere soziale Beziehungen im Unternehmen, wie sie die organisationssoziologischen Forschungen behandeln, in deren Zentrum die betriebliche Organisation als soziales System steht, außer sie verursachen Kosten. Die Transaktionskostentheorie kennt interne Organisationskosten der Hierarchie, die durch „structural dilemmas" auf Grund von Autoritätsstrukturen, Kompetenzstreitigkeiten und Normkonflikten entstehen. Die „agency"-Theorie hat auch Relevanz für das Verständnis der Eigentumsrechte und ihrer Übertragung in Form von vertraglich begründeter Delegation bestimmter Teile daraus, aus denen für die „agents" Verfügungs- und Kontrollrechte abgeleitet werden können. Da es bei den Prozessen, die aus der Übertragung von solchen Verfügungs- und Kontrollrechten erwachsen, zu Kosten kommt, muss darauf geachtet werden, dass jenen Kontrollrechte übertragen werden, die diese am effizientesten verwerten können; das Ziel der ökonomischen Theorie der Organisation ist es, Aufschluss über die effiziente Verwendung von „human assets" zu erhalten.

Diese Sichtweise hat Eingang in die Soziologie gefunden, vor allem durch ihre Rezeption durch Coleman, für den die komplexe Ordnung der modernen Gesellschaft auf der Ebene der Beziehungen zwischen natürlichen Personen und auf der der Beziehungen zwischen kollektiven Akteuren begründet ist. Die letztere erachtet er für die moderne Gesellschaft als typisch, denn die „corporate actors", worunter er nicht nur Wirtschaftsunternehmen, sondern auch Verbände, Vereinigungen und staatliche Körperschaften zählt, sind die typischen rationalen Akteure; sie werden zum Zweck der Aggregierung der Ressourcen und Interessen der Prinzipale und der Realisierung der Interessen durch Einsatz der Ressourcen mittels Organisierung der Agenten geschaffen, wofür die Übertragung von Handlungs- und Kontrollrechten die Grundlage bildet. **Die Organisation ist in dieser Sicht daher das Handlungssystem der „corporate actors".** Damit schließt sich Coleman der Sicht der Organisationsökonomen an, wonach Individuen, Organisationen und Märkte auf der Basis von Vertragsbeziehungen miteinander verbunden sind und der bestimmende Faktor in der Kosteneffizienz besteht.

Die Unternehmung selbst erscheint als Markt, worauf insbesondere die Ökonomen des Arbeitsmarktes hingewiesen haben, die sie als eine Struktur interner Arbeitsmärkte charakterisierten. Diese Auffassung der Organisation als charakterisiert sowohl durch Markt als auch durch Hierarchie spielt auch in der neuen Wirtschaftssoziologie eine Rolle, so dass nach

Ansicht von Eccles/White (1988) daher sowohl „Autorität" als auch „Preise" interne Entscheidungsvariablen darstellen. Die innerhalb von Unternehmungen entstehenden „Preise" werden in dieser Sicht als Resultate von Interaktionsprozessen gedeutet.

Verhalten und Interaktionen haben auch die verhaltenswissenschaftlichen Ansätze der Organisation hervorgehoben, die **das Unternehmen als mikropolitischen Konzentrationspunkt diverser Interessen, die durch Aushandlungsprozesse zum Ausgleich gebracht werden**, auffassen. Herbert A. Simon und Cyert/March sehen das Unternehmen als einen Ort des Aufeinandertreffens verschiedener Interessen, was auch die Berücksichtigung von Konflikten involviert (Cyert/March 1963). James March definierte daher das Unternehmen als eine politische Koalition, wobei er sich nicht nur auf die internen Interessengruppen bezog, sondern darüber hinaus auch externe Gruppierungen und Organisationen wie Gewerkschaften, Kunden, Regierungsstellen, Handelsorganisationen etc. berücksichtigte. Diese Auffassung ähnelt wieder stark den ursprünglichen Ansätzen der deutschen Betriebssoziologie, aber auch dem gegenwärtig diskutierten „stakeholder"-Ansatz (Donaldson/Preston 1995).

6.3   Entgrenzung und Einbettung: Markt und Unternehmen in der Wirtschaftssoziologie

Die gegenwärtige Wirtschaftssoziologie beschäftigt sich vorzugsweise mit dem Markt, denn dies ist der Kern der modernen Wirtschaft aus der Sicht der modernen Ökonomie und kann daher den Anspruch begründen, eine soziologische Erklärung von Marktbeziehungen, Preisbildung und Unternehmenshandeln anzubieten. Die Perspektive der Organisationenökonomie wird daher weitgehend übernommen, da Markt und Unternehmen aufeinander bezogen werden und das Problem der Effizienz eine große Rolle spielt.

> Der Markt resultiert in dieser Sicht aus dem Handeln der Unternehmen bzw. der für sie agierenden Individuen, während die andere Seite des Marktes, insbesondere die soziale Struktur der Nachfrage in Konsumgütermärkten, wenig Beachtung findet. Dies führt daher nicht zu einer Diskussion der Angebots-Nachfrage-Strukturen, der Marktformen, sondern zur Analyse der Beziehungen zwischen Firmen. Unternehmen schaffen sich ihre Märkte und sie beobachten einander in diesem Prozess, um ihre Position in Relation zu anderen Firmen zu finden (White 1981).

Die bevorzugten Untersuchungsobjekte sind daher Unternehmen und ihr Markthandeln, die Beziehungen zwischen Unternehmen und die soziale Struktur spezifischer Märkte.

Die Betrachtung von „Unternehmen" anstelle von „Organisation" ist für die Soziologie etwas weitgehend Neues, wenn man davon absieht, dass schon Max Weber auf die Kapitalrechnung als typisches Merkmal der modernen Unternehmung hingewiesen hat, das die Außenbeziehungen des Betriebes voraussetzt. Max Weber hatte sich nicht nur in seiner Bürokratietheorie mit der Rationalisierung der internen Funktionen und Prozesse beschäftigt, sondern die Unternehmung als zentrale Institution des modernen Kapitalismus betrachtet und sie mit der soziokulturellen Entwicklung verbunden. Diese Tradition fand jedoch kaum eine Fortsetzung. Die Soziologie hatte sich mit Unternehmen in erster Linie im Hinblick auf ihre Binnenstruktur und Organisationsdynamik beschäftigt und sich nicht mit der **„Außenseite" des Betriebs, der Unternehmung, wie sie in Markt, Gesellschaft, Staat auftritt**, befasst (Baecker 1993). Erst die Auseinandersetzung der neuen Wirtschaftssoziologie mit den institutionalistischen Ansätzen in der Ökonomie führte dazu, dass die Unternehmung als Marktakteur nun in der Soziologie Beachtung fand.

Die Unternehmung kann als ein an seiner eigenen Erhaltung und Entwicklung orientiertes Gebilde verstanden werden, das sich an Umweltbedingungen anpasst, Ressourcen einsetzt und Strategien entwickelt, um in einer Situation der Ungewissheit zu überleben (Swedberg 2003a, 88 ff). Organisationen sind nicht selbstgenügsam, sondern hängen von externen Ressourcen verschiedener Art ab, die sie im Austausch mit anderen Wirtschaftssubjekten wie Arbeitern, Lieferanten, Investoren etc. erwerben (vgl. Pfeffer/Salancik 1978). Sie suchen darüber hinaus den Markt durch Produktentwicklung, Absatzstrategien etc. zu erzeugen und zu lenken, was sie nicht so sehr in eine Beziehung mit den Konsumenten bringt, sondern mit anderen Unternehmen, die für sie Vermittlungsfunktionen erfüllen (Werbeagenturen, Marketinginstitute etc.). Überdies sind andere Unternehmen, die ähnliche Produkte bzw. komplementäre oder substituierbare Güter erzeugen, von großer Relevanz. In allen diesen Fällen stehen Firmen miteinander in einem räumlich-sozialen Bezug, der unterschiedliche Ausdehnung und Formen annehmen kann.

Die Beziehungen zwischen Unternehmen können also in vielfältiger Weise sachlich vorgeprägt sein, etwa in Form eines „supply-chain" oder sonstiger Kooperationsformen, aber auch in Form der Konkurrenz zwischen Firmen. Diese geben jedoch nur den Rahmen vor, in dem sich die konkreten Beziehungen und Kontakte abspielen.

Diese vielfältigen Bezüge rücken die Beziehungen zwischen den Unternehmen ins Zentrum der Aufmerksamkeit und lassen damit auch eine Betrachtung auf der Basis der Netzwerkanalyse als relevant erscheinen. Die neue Wirtschaftssoziologie hat den Verbindungen und Beziehungen zwischen Firmen besondere Beachtung geschenkt, wobei sie von der pragmatischen Annahme ausgeht, dass „die Wirtschaft" ohne die sozialen Beziehungen zwischen Betrieben nicht funktionieren könnte. Sie versucht daher zu zeigen, wie wichtig diese „sozialen" Aspekte für das Funktionieren der Märkte sind.

Zweifellos sind diese externen Relationen der Unternehmen für ihre Funktionserfüllung und ihre Positionierung im Markt von großer Bedeutung, was zwar bisher schon praktisch bewusst war, aber sie wurden als sachlich-wirtschaftliche Beziehungen verstanden. Demgegenüber verwiesen die neuen Wirtschaftssoziologen nun darauf, dass diese Beziehungen stets mit persönlichen, emotionalen, jedenfalls außerökonomischen Elementen verbunden sind und sich daher auch als „soziale" Beziehungen auffassen lassen. Die konkreten Merkmale der Marktbeziehungen zwischen Firmen weisen demzufolge eine Vermengung von ökonomischen und sozialen Aspekten und Motiven auf, handelt es sich doch stets um Kontakte zwischen Personen, die im Auftrag und für ihre Unternehmen auftreten.

Die Wirtschaftssoziologen interessieren an den „interfirm relations" vor allem die informellen Aspekte der Beziehungen. Durch wiederholte Interaktionen im Zuge von Geschäftskontakten kommt es zur Generierung informeller, persönlicher Beziehungen zwischen den Unternehmern und Managern verschiedener Firmen. Wenngleich Kapitalverflechtungen oder Produktionskooperationen damit verbunden sein können, so liegt der Fokus auf den informellen, persönlichen Beziehungen zwischen den Unternehmern und Managern verschiedener Firmen und deren jeweiligen sozialen Netzwerken. Solche Beziehungen entstehen auf allen Ebenen, auf denen es zu Transaktionen kommt, nicht nur zwischen den Unternehmensspitzen.

Die wirtschaftlichen Aktionen sind immer in soziale Beziehungen eingebettet. Diese schaffen Vertrauen, gegenseitige Verpflichtungen und Loyalität, ermöglichen darüber hinaus zusätzlichen Informationsgewinn, aber auch Einfluss, Macht und Prestige für die in diesen Beziehungsgeflechten besonders erfolgreich agierenden Individuen. Daraus entstehen Bindungen zwischen Unternehmen auch dort, wo es keine formalen Vertrags- oder Kapitalbeziehungen gibt. Diese können Machtunterschiede und Abhängigkeiten beinhalten, aber auch Kartelle und lose Koalitionen von Firmen darstellen, bei denen kein Unternehmen beherrschend ist. Wie Granovetter feststellte, ist dies bei ostasiatischen Unternehmensgruppen, etwa den japanischen „keiretsu", häufig zu beobachten, bei denen der Demonstration von Zusammengehörigkeit nach außen die entscheidende Bedeutung zukommt (Granovetter 2005a). Kapitalverflechtungen und Personalverflechtungen an der Spitze können damit verbunden sein, sie stellen aber wie auch die sachlichen Verbindungen nur die gegebenen formellen Bedingungen dar, die sich erst durch das konkrete Handeln zwischen Personen mit sozialen Aspekten füllen und erst dadurch auch wirtschaftlich wirksam werden.

Die Wirtschaftssoziologie wendet ihre Aufmerksamkeit auf die Beziehungen zwischen Unternehmen im Hinblick auf deren Auswirkungen auf die Marktperformanz. Das unterscheidet sie von den Studien über **„interlocking directorates"** und Kapitalverflechtungen, die darauf gerichtet waren, die Machtkonzentration in Händen einer Wirtschaftselite aufzuzeigen (Mintz/Schwartz 1985; Mizruchi/Schwartz 1992). Diese **elite- und machttheoretische Perspektive** hatte einen prominenten Vorläufer in der Studie von C. Wright Mills über die „Power Elite" aus den 50er Jahren (Mills 1956; 1990).

Mintz/Schwartz bedienten sich der Netzwerkanalyse, um die Personalverflechtungen auf der Ebene der „board directors" in der US-amerikanischen Wirtschaft zu untersuchen. Die „interlocking directorates" zeichnen sich dadurch aus, dass sie die Top-Executive-Positionen in den Unternehmensnetzwerken in wechselseitiger Verflechtung innehaben und dadurch auch den Zugang zu diesen Positionen kontrollieren sowie große Macht innerhalb der Branche oder Region in Bezug auf Strategien sowie die Kontrolle der Verbreitung von Innovationen und Informationen besitzen (Mintz/Schwartz 1985). Die „director networks" stellen eine zweite Ebene neben den „corporate networks" dar, wobei sich die beiden Netzwerkstrukturen gegenseitig verstärken und auch Regeln und Zwänge entwickeln, die langfristige Einflusssphären begründen (Bearden/Mintz 1992). Dabei zeigte sich, dass die Finanzinstitutionen im System der „interlocks" eine zentrale Position haben. Die Banken und Kreditinstitute üben dadurch eine nicht-direktive Führungsrolle durch die Kontrolle über den Kapital- und Kreditfluss aus, die eine Koordination der Unternehmensaktivitäten bewirkt.

Eine Reihe von vergleichenden Studien ergab typische Unterschiede zwischen dem „Latin"-System mit einem hohen Anteil von multiplen Direktoren und einer hohen Kommunikationszentralität der Positionen, dem angloamerikanischen System mit niedriger Kumulierung der Positionen und dem deutschen System mit seiner größeren Variationsbreite (Stokman/Ziegler/Scott 1985). Wie Stephen Hill für Großbritannien feststellte, spielen neben diesen Personal- und Kapitalverflechtungen aber auch persönliche Kontakte und Freundschaften eine große Rolle (Hill 1995).

Soziale Kohäsion und Integration der Wirtschaftselite stärkt die Macht, die mit den Verflechtungen verbunden sind, und lässt Rekrutierungskanäle und Aufstiegsschienen entstehen. Diese Beziehungsmuster ähneln vor allem in ihren vertikalen Aspekten **Klientelverhältnissen** mit ihrer Betonung der gegenseitigen Loyalität bei gleichzeitiger unterschiedlicher Positionierung (vgl. Eisenstadt/Roniger 1984). Die horizontalen Beziehungen hingegen zeigen Merkmale einer **Clan-Struktur der Wirtschaftselite** (Ouchi 1991). Die „Clans" mit ihrer Verschränkung von persönlichen und institutionellen Beziehungen bestimmen nicht nur die Personalbesetzungen in den Unternehmensspitzen, sondern haben auch Außenwirkungen, da die „multiple directors", die im Netz der Personalverflechtung zwei oder mehr Positionen bekleiden, auch zu den bevorzugten Ansprechpersonen für Interessenorganisationen, Parteien und öffentliche Körperschaften zählen, sofern sie nicht ohnehin selbst auch Positionen im politischen System innehaben. Die politische Parteiorientierung wirkt als ein starker „link" innerhalb der Clans, aber auch Herkunftskriterien oder gemeinsamer Schulbesuch („old boys networks") können konstitutiv für die engen Beziehungen sein. In Japan stellt vor allem das Absolvieren derselben Universität ein starkes Band dar, das zudem eine hierarchische Abstufung nach Abschlussjahrgängen erlaubt. Auch in Frankreich ist die Bedeutung des Bildungssystems für die Formierung der Wirtschaftselite eine besonders große und die Absolventen der „grandes écoles" stellen die Top-Manager der wichtigsten privaten und halböffentlichen Unternehmen. Sie zählen aber auch zu einer spezifischen Gruppe auf Grund ihrer Persönlichkeitsmerkmale und Fähigkeiten, die nur bedingt erlernbar und im Habitus der Klasse begründet sind (Bourdieu/Saint Martin 1978).

Die beiden Forschungstraditionen weisen faktische Überschneidungen auf, aber während für die neue Wirtschaftssoziologie die Perspektive der wirtschaftlichen Effekte dieser Beziehungsmuster dominiert, so dass Macht nur eines von vielen Merkmalen der sozialen Beziehungen ist, weisen die interlock-Studien klassen- und machttheoretischen Orientierungen auf (Bearden/Mintz 1992). Die Netzwerke von Firmen, die in der neuen Wirtschaftssoziologie untersucht werden, sind Informations- und Vertrauensbeziehungen. Die Netzwerke verbinden die Organisationen miteinander über den Markt hinweg, haben aber meist positive Auswirkungen auf die wirtschaftlichen Transaktionen und die Marktprozesse (Burt 1983).

Der Markt erscheint in dieser Sicht daher als ein vielschichtiges Gefüge, dessen primäre Beziehungen durch eine Fülle unterschiedlicher persönlicher, sozialer, politischer Netzwerkstrukturen überlagert und durchmischt sind.

In vielen Fällen moderner Organisationen zeigte sich, dass Hierarchie und Markt nicht die einzigen Formen sind, mit denen wirtschaftliche Transaktionen charakterisiert werden können. Die Erforschung konkreter Märkte zeigte, dass Firmen nicht nur untereinander bzw. mit ihren Lieferanten und Kunden längerfristige Beziehungen unterhalten, sondern darüber hinaus zahlreiche hybride Formen existieren, die irgendwo zwischen Markt und Hierarchie angesiedelt sind (Powell 1990). Diese wurden daher als **Netzwerke zu einem dritten Typ wirtschaftlicher Organisierung**, der definiert wurde „as any collection of actors ... that pursue repeated, enduring exchange relations with one another and, at the same time, lack a legitimate organizational authority to arbitrate and resolve dispute that may arise during the exchange." (Podolny/Page 1998, 59) Nach dieser Definition sind Netzwerke also längere Zeit bestehende Marktbeziehungen, die sich von „Markt" dadurch abgrenzen, dass letzterer als aus episodischen Kontakten bestehend interpretiert wird. Damit können Unternehmen bzw. die sie repräsentierenden Beziehungsnetze auch die Märkte konstituieren und modifizieren, denn der Markt selbst kann als ein temporär geschlossenes Netzwerk bestimmt werden. Im Vergleich zu „Markt" bieten längerfristige Beziehungen den Vorteil, Suchkosten zu ersparen, aber auch eine bessere Abstimmung in Bezug auf die Qualität wird betont. Im Vergleich zu hierarchischen Formen der Organisation wirtschaftlicher Leistungen werden Netzwerken bessere Lernfähigkeit zugeschrieben, weil eine größere Diversität von Informationsquellen genutzt und schneller auf neue Situationen umgestellt werden kann (vgl. Thompson 1991).

Die **Netzwerkkonzeption als Zwischenglied zwischen Hierarchie und Markt** erhielt eine empirische Relevanz durch die neue technologische Basis, die dezentrale Strukturen und flexible Spezialisierung ermöglichte und mit dem Begriff der „new economy" auch neue Organisationsformen implizierte. Netzwerkorganisation wurde zu einer neuen Bezeichnung für eine Form der Kooperation, die assoziativ und nicht-hierarchisch strukturiert ist. Im Bereich professioneller Berufe gab es das zwar schon seit langem, aber nun wurde diese Form auch für alle möglichen „start-up"-Betriebe vor allem im Sektor der neuen Medien – zumindest in ihren Anfangszeiten – interessant (Grabher 1993). Mit dem Begriff „soziale Netzwerke" verbinden sich vielfach Organisationsformen im Non-Profit-Sektor, aber auch Kooperationsformen von Klein- und Mittelbetrieben, durch die Machtunterschiede zu den Großunternehmen reduziert werden können. Auch die Restrukturierung vieler Großunternehmen erzeugt Netzwerkstrukturen dadurch, dass früher in der Organisation erbrachte Funktionen ausgegliedert („outsourcing") und an private Anbieter vergeben werden, zu denen dann mitunter längerfristige Beziehungen bestehen. Dies vor allem dann, wenn es sich um frühere Beschäftigte des Unternehmens handelt, die nach der Ausgliederung auf selbständiger Basis arbeiten.

Netzwerke umfassen mitunter sehr unterschiedliche Unternehmen, von Großunternehmen über mittelständische Zulieferbetriebe bis zu Solo-Entrepreneurs; sie sind daher nicht nur horizontale Kooperationsformen, sondern können auch vertikale Differenzierungen aufweisen mit großen Machtunterschieden. Sie beziehen nicht nur diverse Funktionen und sachliche Leistungen, sondern auch unterschiedliche Beschäftigungsformen mit ein und setzen sich über die konventionelle Differenzierung nach selbständig und unselbständig hinweg.

Da die Individuen in den einzelnen Knoten des Netzwerks über eine Vielzahl von für den Unternehmenszweck mehr oder weniger relevanten Beziehungen verfügen, werden diese zu **„social resources"**, so dass auch die persönlichen Kontakte der einzelnen Menschen in den Dienst des Wirtschaftserfolgs gestellt werden können. Die Fähigkeit, Netzwerke aufzubauen und zu nutzen, wird zu eine wichtigen Kompetenz von Mitarbeitern, Selbständigen, Unternehmern. Diese Sicht verändert auch die bisherige für die Industriegesellschaft so typische Trennung zwischen Arbeits- und Privatsphäre, aber ebenso das Verständnis davon, was ein Unternehmen in der sozialen Wahrnehmung ist.

Die Netzwerkperspektive erlaubt eine andere Sicht des Unternehmens als es die traditionelle Vorstellung von Organisationen und ihrer internen Struktur war. Unternehmen erscheinen als Beziehungsmuster, sie suggerieren offene Konturen und fließende Übergänge zwischen Organisation und Markt. Der Netzwerkbegriff steht daher für die Auflösung von Grenzen in den gegenwärtigen gesellschaftlichen Transformationsprozessen.

6.4   Soziale Beziehungen in typischen Märkten

Strukturelle Analysen von Märkten betrachten diese als Netzwerke sozialer Beziehungen zwischen Marktteilnehmern, primär Firmen, die als Konkurrenten, Lieferanten und Kunden auftreten. Der Markt verliert damit seine exklusive Konzentration auf die duale Struktur von Anbietern und Nachfragern und erscheint als eine Vielzahl unterschiedlicher, aber miteinander in vielfältigen Beziehungen stehenden Netzwerkmuster. „Markt" und „Netzwerk" sind zwei Perspektiven, die jeweils andere Beziehungen hervorheben: Einmal Angebots- und Nachfragestrukturen, zum anderen Kooperations- und Konkurrenzbeziehungen.

Der Marktaspekt in seinen sachlichen Bezügen impliziert Unterschiede der Strukturen und Beziehungen nach den Produkten, der Produktionsweise und den beteiligten Akteuren. Aus dieser Sicht lassen sich Unterschiede der sozialen Beziehungen zwischen verschiedenen Arten von Märkten feststellen: Produktionsmärkte, Auktionsmärkte, Finanzmärkte etc.

Einer der frühesten und einflussreichsten Beiträge zur Untersuchung der Märkte als soziale Strukturen war Harrison Whites Aufsatz „Where Do Markets Come from?" (White 1981). In „Markets from Networks" von 2002 führte er seinen stark an ökonomischen Konzepten orientierten Ansatz weiter aus, indem er ihn mit Granovetters Betonung der Einbettung in Netzwerkbeziehungen verband. Sein Ziel ist auf die Konstruktion von Modellen gerichtet, die jedoch realistisch die Bedingungen auf **Produktionsmärkten** wiedergeben sollen: „The models have roots in orthodox economic theory but insist on the realities of continuing profitability for firms and of local path dependence. They are models of interactive social constructions being carried out around us." (White 2002, 2)

Das Merkmal von Produktionsmärkten ist, dass die Firmen eine langfristige Bereitschaft zu kontinuierlicher Produktionstätigkeit aufweisen. In Produktionsmärkten findet sich in der Regel eine Situation, in der nur einige wenige Firmen tätig sind, und in der Beziehungen zwischen drei Teilnehmern bestehen: Zulieferer, Produzenten, Abnehmer, die durch die „flows" der intermediären Güter und Dienste und durch eine differenzierte upstream- und downstream-Orientierung der Marktprozesse bestimmt sind.

Produktionsmärkte weisen darüber hinaus eine Wettbewerbsstruktur auf, in der Firmen über qualitative Aspekte ihrer Produkte miteinander konkurrieren. White meint nun, dass sich Firmen in einer solchen Situation nicht an Schätzungen über eine amorphe „Nachfrage", sondern an ihren Konkurrenten orientieren. Die Produktionsfirmen kennen die Kosten für die Produktion einer bestimmten Menge ihres Produkts und versuchen ihre Erträge durch Bestimmung der zu produzierenden Menge zu maximieren. Dies drückte White in der Formel $W(y)$ aus, wobei y die produzierte Menge und W die Erträge sind. White stellte darüber hinaus fest: „A $W(y)$ market is both a construct, analogous to a grammar, and a tangible system of discourse, as well as an actor with ties to other markets." (White 2002, 143).

Märkte sind White zufolge soziale Konstruktionen, die durch die Aktionen von Firmen entstehen und wieder auf diese zurückwirken.

Der Markt ist nicht schon da, wenn Firmen auf ihm tätig werden, sondern Märkte und Firmen erzeugen einander wechselseitig. Angebot und Nachfrage „co-invent each other" und entwickeln sich als Nebenprodukte der Interaktionen, die Unternehmen unterhalten, um für ihr Produkt einen Markt zu schaffen.

Die Aufmerksamkeit der Firmen konzentriert sich nicht sosehr auf die Schätzung oder Schaffung der Nachfrage, sondern auf ihre Position im Markt relativ zu anderen Firmen, um eine Marktnische zu finden. Jeder Betrieb definiert seine Position in Bezug auf die der anderen Produzenten im Markt, was die gegenseitige Beobachtung der Unternehmen impliziert. Auf Grund der Orientierung am „signalling" der Firmen entstehen Marktprofile, die aus einer bestimmten Anzahl von Produzenten bestehen.

Märkte können daher als Rollenstrukturen gesehen werden, in denen die Firmen versuchen, ihre Rolle in Relation zu ihren Konkurrenten zu definieren und zu erhalten.

Der Produktionsmarkt zerfällt solcherart in spezifische Märkte der einzelnen Konkurrenten und deren supply- and demand-chains. Damit knüpfte White in gewisser Weise an Sraffas Vorstellung vom Markt der einzelnen Betriebe an.

Neben der Beobachtung der Konkurrenten wenden die Firmen daher auch der Kooperation im Netzwerk der Lieferanten und Kunden ihre Aufmerksamkeit zu.

Markt, Betrieb und Produkt verändern sich in Abhängigkeit voneinander; der einzelne Betrieb passt sich nicht autonom und isoliert an technische und nachfragebedingte Veränderungen an, sondern als Teil eines Netzwerks von „self-reproducing social structures among specific cliques of firms and other actors who evolve roles from observations of each other's behaviour" (White 1981, 518).

In Bezug auf die Firmenentscheidungen unterstellt White zwar Kosten-Nutzen-Rationalität, nimmt aber auch Ungewissheit insofern an, als erst die gegenseitigen Beobachtungen dazu führen, dass Firmen sich im Markt positionieren, also nicht für sich die beste Lösung anstreben, sondern eine, die ihre Umwelt „erlaubt".

White stellte dem „volatilen" Markt der Ökonomen daher das **Konzept relativ stabiler sozialer Beziehungen von Firmen in Produktionsmärkten** gegenüber; für ihn sind Märkte pfadabhängig, sie weisen aber auch differenzierte Eigenschaften in Bezug auf die Art der Konfiguration des Marktes auf. Den „Markt" im Sinne der ökonomischen Theorie gibt es seiner Meinung nach nicht, sondern Märkte können, wie schon Sraffa gezeigt hatte, nur im Plural existieren. Jeder einzelne Markt wird zu einem semiautonomen Akteur in einem Netz von Märkten. Jeder Markt kann daher als ein „Molekül" gesehen werden, das durch eine Reihe von Firmen konstituiert wird, die seine „Atome" darstellen.

Die Preise entstehen als Resultate der sozialen Konstruktionen der Akteure im Zuge ihrer innerbetrieblichen und außerbetrieblichen Transaktionen und enthalten damit in nuce die Information über die verschiedenen Konfigurationen.

White orientiert sich dabei an der französischen Ökonomie der Konventionen, die vier „regimes" unterscheidet: das „regime industriel", das „regime routier", das „regime domestique" und das „regime marchant" (vgl. Favereau/Lazega 2002), bezeichnete sie allerdings als „crowded", „explosive", „paradoxical" (paradox, weil steigende Produktionskosten mit sinkender Qualität einhergehen) oder „ordinary" (White 2002, 152 ff). Die Märkte können auch von einem Typ in den anderen überwechseln, worin sich ihre Veränderbarkeit manifestiert.

Whites Konzeption kann auch als ein ökonomischer Ansatz gesehen werden, der eben eine andere Sichtweise von Märkten vorschlägt. Elemente aus der Ökonomie wie vertrags-, agency- und transaktionskostentheoretische Aspekte werden mit soziologischen Konzeptionen verbunden, um das „interface" von Märkten und Firmen als soziale Struktur von Interaktionsprozessen abzubilden. Ökonomen, insbesondere neo-institutionalistische Ökonomen, sollten jedenfalls keine Schwierigkeiten haben, diese Konzeption als eine mögliche Variante zu akzeptieren, denn Whites Perspektive geht wie die der Transaktionskostentheorie von den Effizienz- und Gewinnbestrebungen der Firmen aus, betrachtet also auch die Wirtschaft aus dem Blickwinkel dessen, was die Interessen und Probleme der Unternehmen sind. Whites Konzeption erscheint Knorr-Cetina daher insofern problematisch, als sie „a clever sociological translation of economists' concerns" darstellt (Knorr-Cetina 2004, 141). Man kann dies im Hinblick auf die Erkenntnisziele der Sozialwissenschaften kritisieren, gleichzeitig muss man aber feststellen, dass eine derartige Sicht die „angebotsorientierte" Konzentration auf die „Unternehmenswirtschaft" in der Gegenwart reflektiert.

Sicherlich ist Knorr-Cetinas Feststellung zuzustimmen, dass Whites Konzentration auf Produktionsmärkte nicht als Erklärung für Märkte als solche verstanden werden darf, denn viele Märkte setzen sich nicht aus Produktionsfirmen und deren Netzwerken zusammen und es sind gerade diese, wie etwa die Finanzmärkte oder die Märkte im Kulturbereich, die beide in der Gegenwart von großer Bedeutung sind. Trotz dieser Kritik ist die Idee, Märkte als Strukturen aller beteiligten Akteure zu sehen und damit ihren Charakter als Beziehungsnetze und Handlungsfelder zu betonen, ein wichtiger Beitrag zur Erforschung dieser wirtschaftlichen Phänomene.

Eine der wenigen Untersuchungen über **Konsummärkte** haben DiMaggio/Louch (1998) unternommen; sie erkannten, dass Konsumenten durchaus häufig bei jenen Verkäufern kaufen, mit denen sie vorher bereits persönliche Beziehungen unterhielten. Dies begründeten sie mit dem Vertrauenseffekt, der durch die soziale Kontrolle auf Grund der Bekanntheit erreicht wird. Das Übervorteilen durch schlechte Qualität, verdeckte Mängel, überhöhte Preise ist in diesen Situationen mit negativen Sanktionen verbunden, die für den Verkäufer im Hinblick auf die Erhaltung seines lokalen Kundenstocks auch sehr unangenehme wirtschaftliche Folgen haben können. Insbesondere bei großen und riskanten Anschaffungen wenden sich Konsumenten daher gerne an bereits bekannte oder durch Freunde bzw. „opinion leaders" empfohlene Händler bzw. Produzenten. Für die Verkäufer ist die Situation insofern eine andere, da sie in vielen Fällen, allerdings mit Ausnahmen, Handelsgeschäfte mit Personen, mit denen sie persönliche Beziehungen unterhalten, eher zu vermeiden trachten; wenn eine besonders schwierige Transaktion mit einem Bekannten erfolgreich verlaufen ist, vermittelt dies jedoch im Nachhinein auch dem Verkäufer größere Befriedigung bzw. Selbstbestätigung, als wenn dies mit einem Unbekannten erfolgt wäre. Dadurch wird aber auch deutlich, dass soziale Beziehungen nicht nur zu Verkaufserfolgen führen, sondern auch umgekehrt Markttransaktionen die Qualität der sozialen Beziehungen beeinflussen. Diese Ergebnisse der empirischen Untersuchung von DiMaggio/Powell weisen darauf hin, dass der Einbettungsansatz auch auf Konsummärkte anwendbar ist.

Auktionsmärkte stellen typische „exchange markets" dar. Mit ihnen beschäftigte sich schon Leon Walras, denn Auktionen sind eine seit langem bestehende Form wirtschaftlicher Transaktionen. Walras ging allerdings von den Annahmen der Rationalität der Akteure, der Stabilität ihrer Präferenzen und der Absenz von Kollusion zwischen den Teilnehmern aus. Charles W. Smith konfrontierte diese Annahmen mit den Ergebnissen einer empirischen Untersuchung von realen Auktionen (Smith 1989) und fand, dass gerade diese Form von Märkten und Preisbildungsprozessen nicht den neoklassischen Voraussetzungen entspricht. Dies ist darin begründet, dass es sich bei Auktionen um konkrete soziale Situationen handelt, in denen anwesende Akteure offen bieten, was das Wettbewerbsverhalten durch die gegenseitige Beobachtung der Teilnehmer und durch soziale Interaktionen zwischen ihnen beeinflusst und verändert. Darüber hinaus zeichnen sich Auktionen durch eine große Vielfalt möglicher Formen aus, nicht nur je nach den Produkten, die versteigert werden, sondern auch nach den Spielregeln, die zur Anwendung gelangen, wie etwa der offene oder geschlossene Zugang zu den Auktionen, die mündliche oder schriftliche Form des Angebots.

Ein grundlegender Unterschied besteht zwischen Auktionen, auf denen Händler als Bieter auftreten, und jenen, die sich an das nicht-professionelle Publikum wenden. Dies hängt oft auch zusammen mit den Objekten, die ver- und ersteigert werden: Lebensmittel, Juwelen, Kunstobjekte, Pferde etc. Sind ausschließlich Händler beteiligt, die einander gut kennen, erfolgen die Zuschläge meist sehr rasch hintereinander nach nur wenigen Geboten, während Publikumsauktionen, vor allem solche, auf denen Liebhaberstücke versteigert werden, zahlreiche Gebote aufweisen und sehr lange dauern können. Kollusionen kommen daher vor allem bei Händlerauktionen vor, wobei die Kenntnis der Positionen und Spezialitäten der einzelnen Händler unter den Bietern für eine routinierte Abwicklung sorgt. Für die Händler spielt überdies nicht so sehr der erzielte Preis des Objekts an sich eine Rolle, sondern die Differenz zwischen diesem und dem wahrscheinlichen Weiterverkaufspreis.

Aber auch bei Publikumsauktionen treffen die neoklassischen Annahmen nicht zu, weil sich im Verlauf der Auktion zeigt, dass emotionale Elemente und gegenseitige Beobachtung eine große Rolle spielen. So kann es zu Kampfofferten zwischen zwei oder mehr prominenten Bietern kommen, bei denen es nicht um rationale Preisbildung auf der Basis fester Preisvorstellungen der einzelnen Bieter, sondern um Rang, Prestige und Reputation geht. Die Annahme stabiler Präferenzen trifft besonders für Publikumsauktionen nicht zu, in denen emotionale Elemente sowie der Wunsch nach Selbstbehauptung eine besonders große Bedeutung haben.

Auch die Differenz von Insidern und Outsidern spielt eine Rolle, da Außenseiter die vor allem bei Händler-Auktionen bestehende Hierarchie stören. Wenn sie nicht ausgeschlossen werden können, müssen sie meist einen höheren Preis zahlen als das Objekt nach Meinung der Insider wert ist. In den Auktionen werden daher auch Vorstellungen eines legitimen, fairen Preises offenbar, sowie die Bedeutung von kooperativen Beziehungen anstelle der Konkurrenzannahme. Status- und Machtunterschiede, die in der Situation meist als gegeben und fair angenommen werden, bestimmen die Marktprozesse auf Auktionen. Es kann aber auch zu Konflikten um Prestige und Reputation kommen, die dann nicht einfach als Konkurrenzkonflikte zu charakterisieren sind. Smith meinte daher:

„In summary, auctions are not so much a paradigm for the exchange of material goods among rational, knowing, self-interested actors as they are for a collective, highly emotional, groping process of assigning values and attributes to material goods." (Smith 1993, 184).

Eine andere Studie, die hier paradigmatisch angeführt wird bezieht sich auf den **Markt für unternehmensnahe Dienstleistungen**. Die Aufnahme und die Beendigung der Geschäftsbeziehungen zwischen Werbeunternehmen und ihren Kunden untersuchten Baker/Faulkner/Fisher (1998) als intertemporalen Marktprozess.

Wettbewerb, Macht und institutionelle Faktoren wurden dabei als Einflussfaktoren für die Kontinuität oder Lösung der Beziehungen zwischen den Geschäftspartnern erkannt.

Die „informal rules of exchange", die zu Beginn der Geschäftsbeziehung vereinbart werden, zeichnen sich durch Loyalität und Exklusivität aus, und die Beziehungen weisen häufig eine relativ lange Bestandsdauer auf, in deren Verlauf auch persönliche Aspekte eine stabilisierende Wirkung haben können. Der Markt für Werbedienste beruht daher auf exklusiven und loyalen Bindungen der Werbeunternehmen an bestimmte Kunden. Diese informellen und nur teilweise in den Werbeverträgen enthaltenen formellen Regeln können durch Veränderungen im Machtverhältnis oder das Auftreten von Konkurrenten in ihrer Wirkung gefährdet werden und zur Lösung der Beziehung führen. Die stabilen Bindungen können auch durch einen Machtzuwachs der Kunden geschwächt werden, so dass es zu Machtkämpfen zwischen Werbedienstleistern und Kunden kommt. Hingegen führten Machtzuwächse der Werbeunternehmen eher zu einer größeren Stabilität der Beziehungen. Kam es zu Machtkonflikten, so führte das weniger zu einer Auflösung der Beziehung als zu einer Änderung der Kontraktbedingungen. Die Autoren fanden, dass Wettbewerbsfaktoren wie Preise und Leistungen, die in ökonomischen Theorien besonders betont werden, den schwächsten Effekt in Bezug auf die Destabilisierung von Agenten/Kunden-Beziehungen hatten, während die informellen und formellen Regeln und die ihnen zugrunde liegenden Beziehungen sich als wirksamer erwiesen. Allerdings konnte auch eine Veränderung in Form der zunehmenden Legitimität von kurzfristigen Bindungen oder des Wechsels der Partner festgestellt werden, was als „transactionalization" bezeichnet wurde. Auslöser waren Informationen über Praktiken aus anderen Märkten bzw. das Auftreten neuer Kundenunternehmen, deren Strategie auf multiple und kurzfristige Beziehungen ausgerichtet war. Die Forscher beobachteten diesbezüglich in der Periode zwischen den 1970er und 1990er Jahren einen „trans-actional trend" im Bereich der unternehmensnahen Dienstleistungen, während in der gleichen Periode die exklusiven und dauerhaften Bindungen in Produktionsmärkten zugenommen hatten. Die Studie verweist daher auf Veränderungen, die einen Übergang in Bezug auf die interorganisationalen Beziehungen aufzeigten.

Der Rolle, die soziale Beziehungen und Netzwerke für Firmen spielen, die nach Finanzierungsmöglichkeiten suchen, widmete sich Brian Uzzi (1999) in einer seiner Untersuchungen. Er differenzierte zwischen der Ebene dyadischer **Beziehungen zwischen Firmen und Kreditgebern** und jener von Netzwerkbeziehungen. Auch traf er eine Unterscheidung zwischen „embedded ties", die durch die Einbettung der wirtschaftlichen Transaktionen in nichtwirtschaftliche, persönliche und soziale Kontakte und Beziehungen charakterisiert sind, und in „arms' length ties" oder „market ties", die durch die Reduktion auf sporadische, rein wirtschaftliche Interaktionen bzw. auf die Informationssuche in Netzwerken bestimmt sind und auch Elemente opportunistischen Verhaltens aufweisen können. Uzzi fand, dass „soziale" Beziehungen, die auf einem „social attachment" zwischen den Marktkontrahenten beruhen, sowie eine Mischung von **„embedded ties"** und **„arms' length ties"** in den Netzwerkkontakten die besten Chancen für Firmen bieten, Zugang zu Krediten zu günstigen Konditionen zu erhalten. Dieser Befund unterscheidet sich von Granovetters und Burts Betonung der „weak ties" als besonders bedeutsam für Erfolg bzw. Marktperformanz.

Besonders markante Forschungsobjekte der neuen Wirtschaftssoziologie stellen insbesondere **Finanz- und Kapitalmärkte** dar, repräsentieren sie doch geradezu den Idealtypus des „Marktes". In einer oft zitierten Studie untersuchte Wayne Baker (1984) die Preisbildung auf Wertpapiermärkten als Resultat des Maklerverhaltens, wobei er „bounded rationality" und

Opportunismus annahm. Er stellte fest, dass auch diese typischen „exchange markets" nicht homogen sind, sondern eine soziale Struktur aufweisen, die wirtschaftliche Folgen hat. Entgegen der Annahme des abstrakten Marktes der Ökonomie ist die tatsächliche Situation auf Wertpapiermärkten durch physisch anwesende „brokers" oder „traders" in konkreten Marktplätzen, durch face-to-face-Interaktionen und durch verbale Kommunikation charakterisiert. Die Art der Wertpapieroptionen bestimmt die Struktur des Marktes und die Kommunikation zwischen den Beteiligten. In manchen Märkten ist die Zahl der „brokers" oder „traders" gering, dann entsteht ein eng verbundenes Netzwerk mit klarer Kommunikation und übersichtlicher Situation, was sich auf Wertpapieroptionsmärkten in einer geringen Preisvolatilität auswirkt. Bei wachsender Größe kommt es zu Kommunikationsproblemen, die die Effektivität der Transaktionen reduziert, was im Gegensatz zur Annahme der Ökonomie steht, die bei wachsender Zahl der Teilnehmer von größerer Wettbewerbsintensität und Ausgeglichenheit des Marktes ausgeht. Tatsächlich jedoch zeigte sich in einer derartigen Situation, dass sich die Menge der Marktteilnehmer, die „macronetworks", in kleinere kommunikativ erreichbare und überschaubare Cliquen oder „micronetworks" spaltet. Informationen werden in diesen Gruppen weitergereicht und es kommt zu kooperativem Verhalten innerhalb der kleineren Gruppen.

Wayne stellte einen kurvilinearen Verlauf des Verhältnisses von **Marktgröße und Marktperformanz** fest, denn ab einer bestimmten kritischen Größe wird das Marktverhalten nicht wettbewerbsintensiver, sondern es kommt zu „price fixing", da dieses größere Profite verspricht. Dieses „paradox of large numbers" (Baker 1984, 804) wird beeinflusst durch die sozialen Beziehungen zwischen den Maklern und zwar durchaus in einem Ausmaß, das die Richtung und die Größe der Preisvolatilität der Wertpapiere dramatisch verändert und damit bedeutsame Konsequenzen für die Käufer und Verkäufer auf dem Wertpapiermarkt hat. Nach Meinung von Baker kann daran auch der **elektronische Handel von Wertpapieren** nicht viel ändern, wenngleich die soziale und räumliche Situation des Marktes eine andere ist als beim „floor trading". Dennoch bleibt Baker zufolge die Tatsache bestehen, dass der Markt sozial konstruiert wird, da die Akteure nur über begrenzte Rationalität verfügen, zu opportunistischem Handeln neigen und unter Ungewissheit handeln müssen, was allerdings neue Möglichkeiten des Missbrauchs eröffnet.

Die wirtschaftssoziologische Erforschung der Märkte und Geschäftsbeziehungen konzentriert sich auf die sozialen Beziehungen und ihren Einfluss auf die resultierenden Handlungen. Darin drückt sich aber auch das Verhältnis von Interessen und Normen aus. Während die neoklassische Theorie die Entstehung von Märkten auf die individuellen Interessenhandlungen zurückführt, betont die neue Wirtschaftssoziologie die Perspektive der **sozialen Konstruktion von Märkten**. Dabei können auch institutionelle Bedingungen nicht unberücksichtigt bleiben, allerdings werden sie nicht als gegeben betrachtet, sondern es wird angenommen, dass sie durch die Anwendung in spezifischen Situationen realisiert und an diese angepasst werden.

Ein Beispiel für die **wechselseitige Beziehung von Normen und Interessen** und für die Rolle von Vertrauen stellte Mitchel Y. Abolafias zwischen 1979 und 1992 in Wall Street durchgeführte Studie im Markt für Aktien, Anleihen und Futures dar (Abolafia 1996). Die „traders" auf diesen Märkten sind einerseits von ihrem Eigeninteresse bestimmt, andererseits von den Normen und Kontrollstrukturen, die sie als Kollektiv selbst ins Leben gerufen haben, um eine Ordnung aufrecht zu erhalten, die das Funktionieren dieser Märkte auf lange Sicht erlaubt. Diese Spannung zwischen den kurzfristigen und den langfristigen Interessen wird insbesondere in jenen Fällen sichtbar, in denen es zu auffallendem opportunistischem Verhalten einzelner kommt. Die Profitmaximierung ist zwar eine akzeptierte, sozial und kulturell definierte Strategie im Markt, vollzieht sich jedoch vor dem Hintergrund von Normen, Prinzipien und Konzeptionen der Gruppe. Individuelle und institutionelle Prozesse beeinflussen einander ständig wechselseitig und erzeugen auf diese Weise eine immer wieder modifizierte institutionelle Kontur des Marktes.

Abolafia zeigte auch, dass opportunistisches Verhalten nicht so sehr von rein individuellen Antrieben bestimmt ist, sondern von sozialen Bedingungen wie der Stärke und Effektivität von Netzwerken zwischen den Händlern, der Machtstruktur der verschiedenen Gruppen im Markt und der Existenz von institutionalisierten Regeln für Austausch, Sanktionen und Regulierungsinterventionen.

Märkte erscheinen in allen diesen Untersuchungen nicht als Abstraktionen, sondern als konkrete soziale Gebilde mit ganz unterschiedlichen Verhaltens- und Beziehungsmustern, aber auch Normen, Traditionen und Verhaltensregeln. Die Großhandelsmärkte für Obst und Gemüse, die Rindermärkte, der Kunstmarkt, die Schwarzmärkte für die verschiedensten Güter und Leistungen und sogar die Börsen sind **Interaktionsfelder von Akteuren, in denen intersubjektive Bedeutungen von angemessenen Preisen** entstehen. Abolafias Methode ist „ethnographisch"; sie ähnelt daher in gewisser Hinsicht Clifford Geertz' Vorgangsweise, der im Fall der „bazaar economy" Klientelismus und Feilschen als Instrumente der Informationssuche identifizierte; die Beziehungen weisen eine starke Personalisierung, aber auch eine charakteristische intime Gegnerschaft auf (Geertz 1992). Auch ethnographische Studien von Märkten in modernen Gesellschaften erbringen Aufschlüsse über die konkreten Beziehungen und Zusammenhänge. Abolafia nannte dies **„markets as cultures"**-Ansatz und wendete ihn an, um einen „native view of market culture" zu gewinnen (Abolafia 1998, 83).

Die durch die Tauschrelationen entstehenden gemeinsamen Orientierungen können die Realisierung der eigenen Interessen der Marktteilnehmer sowohl fördern als auch beschränken. Die Regeln entwickeln sich aus der Interaktion selbst, können dann formalisiert und institutionalisiert werden, aber da Märkte, insbesondere Finanzmärkte, ständig neue Situationen bieten, ist die Marktkultur auch immer in Veränderung begriffen. Die Verhaltensweisen und Handlungen sind Ausdruck einer „lokalen Rationalität", die auf den konkreten Mitteln beruhen, auf die die Marktteilnehmer ihre Entscheidungen gründen, und nicht auf einer als universell angenommenen Rationalität. Im konkreten Fall stellen diese Instrumente ritualisierte Gewohnheiten und stillschweigend angewandte Techniken dar, die in routinisierter Vigilanz und intuitiven Urteilen bestehen. Darüber hinaus zeigte sich, dass Machtverhältnisse, Reputation und Cliquen eine große Rolle spielen.

Das spezifische soziale und kulturelle Milieu des jeweiligen Marktes erlaubt und akzeptiert mehr oder weniger Opportunismus. Für Abolafia sind Märkte daher moralische Gemeinschaften, die aber jeweils unterschiedliche Standards von gegenseitigem Vertrauen und Engagement für das kollektive Interesse entwickeln und erhalten. Dies ist besonders stark in jenen Märkten, die auf persönlichem Kontakt zwischen den Teilnehmern beruhen, nimmt hingegen ab, wenn diese Kontakte über telekommunikative Medien erfolgen. Dann sind stärkere formelle Regelungen notwendig, die die Wirkung von persönlichem Vertrauen ersetzen oder ergänzen, aber die Wirkung von Macht, ungleicher Verteilung und Opportunismus nicht außer Kraft setzen.

Einen kulturellen Blick auf Märkte empfahl auch Viviana A. Zelizer, wobei sie diesen den instrumentellen Sichtweisen entgegen setzte (Zelizer 1988).

Der Markt ist demzufolge eine normative Struktur, in der Wertvorstellungen eine Rolle spielen. Diese beziehen sich nicht nur auf sozialmoralische Aspekte, denn auch Rationalität selbst ist eine Norm für das Verhalten auf Märkten. Die Transaktionen auf Märkten sind daher von außerökonomischen Werten und Normen beeinflusst, die sich im Handeln der Menschen zusammen mit den nutzenorientierten Aspekten manifestieren.

Zelizer hat diese ihre Sichtweise insbesondere in ihren Studien über die Entwicklung der Lebensversicherung in den Vereinigten Staaten demonstriert (Zelizer 1978; 1979).

Die angeführten Studien sind nur eine kleine Auswahl aus der Vielzahl der Untersuchungen über Märkte und Marktbeziehungen in der Wirtschaftssoziologie der Gegenwart und sollen die Betrachtungsweisen beispielhaft veranschaulichen. Sie zeichnen sich durch methodische Differenzierungen aus, so etwa zwischen Whites eher formaltheoretischer Behandlung der Produktionsmärkte und den empirischen, ethnographischen Studien von Smith, Baker und Abolafia. Auch berücksichtigen sie in unterschiedlicher Weise ökonomische Ansätze in ihrer eigenen Behandlung des Gegenstands, wobei es ihnen aber immer darum geht, die **„Einbettung" von Märkten und Unternehmenshandeln in die mikrosozialen Netzwerkstrukturen** zu betonen.

6.5 Grenzen der Mikrofundierung der Wirtschaftssoziologie

Die mikrosozialen Untersuchungen über die konkreten Beziehungsmuster und die Bedingungen ihrer Veränderung zwischen Firmen im Markt haben einen großen Fortschritt im Hinblick auf die empirische Erforschung der Art und Weise gebracht, wie „Wirtschaft" in der modernen Gesellschaft vor sich geht und welche Rolle soziale Aspekte dabei spielen. Sie haben die sozialen Strukturen der Wirtschaft auf der Ebene der mikrosozialen Beziehungen erst sichtbar gemacht.

Die neue Wirtschaftssoziologie geht von der Einbettung wirtschaftlichen Handelns in soziale Beziehungen aus, was zur Vermischung von „wirtschaftlichen" und „sozialen" Motiven führt. Letztere sind wesentlich stärker differenziert, denn sie können in traditionalen, loyalen, altruistischen Handlungsantriebe oder in Bestrebungen, den eigenen Status oder Einfluss und Macht durchzusetzen. Demgegenüber werden die wirtschaftlichen Motive mit dem Nutzenstreben identifiziert, welches mit mehr oder weniger Rücksicht auf andere verfolgt werden kann. Nimmt der Handelnde auch die Schädigung anderer in Kauf oder sucht er seinen Vorteil zu Lasten der Allgemeinheit, so wird dies als Opportunismus bezeichnet.

Die Annahme opportunistischen Verhaltens war von Williamson in die Diskussion eingebracht worden, der darunter Eigennutzstreben „mit List" verstand, das auch die Schädigung bzw. Übervorteilung anderer in Kauf nimmt. Für Granovetter hingegen reflektieren die Handlungsweisen zwar auch individuelle Interessen, aber nicht opportunistische Absichten der Übervorteilung oder des listigen Handelns. Dies kommt auch in seiner Diskussion des ökonomischen Institutionalismus von Williamson zum Ausdruck, in der er diesem vorwirft, das Absehen von Opportunismus oder regelrechter „malfeasance" der Individuen nur auf Kostengründe zurückzuführen, und meint: „it is then hard to imagine that everyday economic life would not be poisoned by ever more ingenious attempts at deceit" (Granovetter 1985, 489).

Granovetter verweist auf die allgemeine moralische Basis und auf formale Institutionen, die Betrug verhindern sollen. Während er wirtschaftliche Transaktionen nicht mit Opportunismus verband, spielt diese Annahme in vielen Studien der neuen Wirtschaftssoziologie eine Rolle. So differenziert etwa Uzzi in seiner Studie über die Finanzierungsbemühungen der Firmen die „embedded ties" von den „arms' length ties", die durch strategische Vorteilssuche und Opportunismus charakterisiert sind.

Für Granovetter sind soziale Beziehungen daher in erster Linie **zwischenmenschliche Beziehungen**, in die auch das rationale wirtschaftliche Handeln eingebettet ist und mit denen es sich vermischt. Das ist eine andere Auffassung von sozialen Beziehungen als die in der Soziologie übliche, die sie primär als durch Positionen und Rollen im sozialen Gefüge bestimmt sieht und von persönlichen Beziehungen differenziert.

Normen und Institutionen werden in den netzwerkorientierten Ansätzen nicht direkt behandelt, sondern müssen insofern vorausgesetzt werden, als sie erst durch das Handeln und die Interaktionen aktiviert werden. In den konkreten persönlichen Beziehungen zwischen den Menschen werden die Normen aktualisiert, gedeutet und angewendet. Dass die sozialen Beziehungen auch in Märkten nicht nur horizontaler Art sind, sondern Macht- und Statusunterschiede zwischen Individuen und Unternehmen reflektieren, kommt ebenfalls nur in geringem Maße zum Ausdruck. Der Fokus der Netzwerkansätze lässt darüber hinaus den Staat und die politischen und rechtlichen Institutionen, sowie die Strategien der Unternehmen und der Kapitalinvestoren außer Betracht bzw. setzt sie voraus.

Die Märkte werden als Produkte des Handelns von Unternehmen oder ihrer „agents" und deren Beziehungen gesehen. Diese Perspektive und die daraus folgende Vernachlässigung der Arbeitenden und der Konsumenten, war bedingt durch die Intention, soziologische Beiträge zur Erforschung der Wirtschaft zu liefern und zu zeigen, dass „all market processes are amenable to sociological analysis and ... such analysis reveals central, not peripheral, features of these processes" (Granovetter 1985, 505). Das implizierte aber auch, dass die Erkenntnisse aus der Analyse der sozialen Beziehungen relevant für wirtschaftliche Effizienz und Marktperformanz sein können und resultierte daher vielfach in der **Übernahme der Perspektive der Unternehmen.**

Diese Haltung war in ihrer Radikalität doch neu, denn davor hatte die Soziologie sich eher distanziert gegenüber den instrumentellen, an Effizienz und Rentabilität orientierten Zielen der Unternehmenswirtschaft verhalten. Man hatte soziale Voraussetzungen und institutionelle Rahmen aufgezeigt, aber nicht deren Analyse im Sinne ihrer Effizienzwirkungen angestrebt, sondern eher um zu zeigen, dass die Realität nicht den Annahmen der Wirtschaftstheorie entspricht und die Menschen von Werten, Gefühlen und Zwängen geleitet werden. Traditionell hatte man sich daher auch eher mit den Folgen wirtschaftlicher Entwicklungen auf die Gesellschaft, die Kultur, die Arbeitenden, die Menschen in ihrer Lebenswelt beschäftigt. Untersuchungen der sozialen oder ökonomischen Ungleichheit oder der negativen Folgen des Unternehmenshandelns finden sich daher kaum im Spektrum der Forschungsthemen.

Für viele Soziologen insbesondere im europäischen Kontext ist diese neue Wirtschaftssoziologie allzu sehr an den Perspektiven der Mikroökonomie orientiert, die sie als eine soziologische Reformulierung markt- und nutzenökonomischer Grundlagen erscheinen lassen. Der pragmatisch-instrumentelle Blickwinkel, unter dem soziale Beziehungen als nutzbar im Sinne einer Verbesserung der wirtschaftlichen Performanz der Unternehmen und als strategischer Faktor im Marktgeschehen betrachtet werden, wird daher eher kritisch gesehen.

Wie Krippner meint, gelingt es der neuen Wirtschaftssoziologie daher nicht, den Markt als konkrete Beziehungen in Situationen zu erfassen; er erscheint ihrer Meinung nach als ein asozialer Mechanismus, dessen „harter Kern" aus „rein" wirtschaftlichen Elementen besteht und der erst in soziale Beziehungen eingebettet werden muss (Krippner 2001). Dementsprechend passt die Charakterisierung, die Zafirovski in Bezug auf die Zielsetzung einer soziologischen Erklärung der Wirtschaft gibt perfekt auf die neue Wirtschaftssoziologie; er bestimmt sie nicht durch das Abgehen vom Marktmodell, sondern durch dessen Anknüpfen an die Dimension der Sozialstruktur: „**... a sociologic framework does not dismiss market logics ... but links them to social structural logics**" (Zafirovski 2003, 331).

Allerdings kann man auch einen ganz anderen Eindruck gewinnen. Gerade die von Granovetter geforderte genaue Erforschung der sozialen Elemente, die in Märkten beobachtet werden können, löst eigentlich den Markt auf in eine Vielzahl von situativ bedingten Aktionen und Interaktionen.

Der „Markt" wird daher nicht so sehr eingebettet als vielmehr zum Verschwinden gebracht; er wird zur selbstverständlichen Gegebenheit alltäglicher Wirtschaftstransaktionen.

Das trägt einerseits zu seiner Entmythologisierung bei, andererseits wird seine politisch-institutionelle Begründung nicht thematisiert. Der Markt ist aber auch eine gesellschaftliche Institution; auch wenn er durch die individuellen Akte erst zustande kommt, bedarf er der Ordnung für sein Funktionieren und der Kontrolle seiner Effekte. Der Einwand, der sich daraus gegen die ausschließliche Konzentration auf Unternehmen und Markthandeln ergibt, verweist auf die „Grenzen der Mikrofundierung wirtschaftlicher Effizienz" (Beckert 1997, 19 ff) nicht nur in Bezug auf die Wirtschaftstheorie, sondern auch im Hinblick auf die Wirtschaftssoziologie. Das bedingt die Notwendigkeit, auch wieder stärker die **makrosozialen Bedingungen** zu berücksichtigen.

7 Die institutionelle Einbettung der Wirtschaft

Mit dem Begriff der Einbettung kann sehr Verschiedenes verbunden werden. Granovetter und mit ihm ein großer Teil derer, die sich der Wirtschaftssoziologie zuwandten, hat die „ongoing social relations" betont. Für Polanyi hingegen hatte sich Einbettung nicht nur auf die Orientierung des wirtschaftlichen Handelns von Individuen auf ihre Gruppe oder Gemeinschaft, sondern auch auf die Kultur, die Institutionen und den politischen Kontext der Gesellschaft bezogen. Der Markt war für ihn nicht eine universale Logik der Wirtschaft, sondern abhängig von kulturellen, institutionellen und politischen Bedingungen des Sozialsystems.

Allerdings hat auch Granovetter auf die Bedeutung der Institutionen für das wirtschaftliche Handeln hingewiesen (Granovetter 1991), verstand sie aber als sozial konstruiert im Kontext der sozialen Beziehungen, in die die Handlungen von Individuen eingebettet sind. Anstelle der in der Soziologie lange vorherrschenden Sicht von Institutionen als langfristig das Verhalten orientierende Regel- und Rollenkonfigurationen, werden Institutionen dadurch auch als Gegenstand der Interpretation und Modifikation im Prozess des Handelns der Akteure verstanden. Dabei wirken im Unterschied zur ökonomischen Betrachtung nicht nur Kosten und Nutzenerwartungen, sondern auch „soziale" Motive und Ziele mit, die mit den wirtschaftlichen Intentionen einhergehen.

Die Einbettung der Wirtschaft bezieht sich über Netzwerke und Beziehungen auf der Mikroebene hinaus auf politische, kulturelle und kognitive Dimensionen (Zukin/DiMaggio 1990). Dabei verweist **„cognitive embeddedness"** darauf, dass die Denkstrukturen die wirtschaftlichen Vorstellungs- und Argumentationsformen bestimmen. **„Cultural embeddedness"** meint die Interpretationsmuster, die in einer bestimmten Kultur entwickelt worden sind und die als Glaubens- und Wertsysteme, Ideologien, Vorurteile, Stereotypen und Einstellungen auch in die ökonomischen Ziele, Strategien, Konzepte einfließen. Von besonderer Bedeutung sind dabei die Normen und Institutionen, die ökonomisches Handeln ermöglichen, aber auch limitieren. Zwischen kognitiver und kultureller Einbettung besteht ein enger Zusammenhang, weil erstere zu einem hohen Anteil soziokulturell vorgeformt ist. **„Political embeddedness"** bezieht sich auf die Macht- und Interessenkonflikte und die dadurch bestimmten politischen Strukturen der Gemeinwesen, in denen sich die wirtschaftlichen Aktivitäten abspielen und die mit den institutionellen Bedingungen in enger Beziehung stehen.

7.1   Institutionen in Ökonomie und Soziologie

In der Ökonomie war es im Zusammenhang mit den Transaktionskosten des Marktes zu einer Berücksichtigung von Institutionen gekommen; in der Wirtschaftsgeschichte wurde der Entstehung und der Veränderung von ökonomischen Institutionen im Hinblick auf den wirtschaftlichen Aufstieg Europas große Bedeutung zuerkannt (North/Thomas 1989). Auch in der Soziologie war es zu einer Belebung des institutionentheoretischen Ansatzes gekommen, zu einem **„soziologischen Neoinstitutionalismus"**, dessen Konturen auf Grund der großen Vielfalt der Forschungsrichtungen etwas unscharf sind (Maurer/Schmid 2002; Schmid/Maurer 2003; Hasse/Krücken 1999). Er zieht sich thematisch insbesondere durch die Organisationstheorien und die vergleichenden Untersuchungen des Kapitalismus und der Wirtschaftssysteme der Gegenwart. In der Wirtschaftssoziologie wird er auf die Ansätze bei Max Weber und teilweise auf jene von Durkheim zurückgeführt, ist aber auch von Polanyi und Parsons inspiriert.

Institutionen als Grundlagen wirtschaftlichen Handelns, nicht nur als Kostenfaktoren, erhalten auch in den ökonomischen Ansätzen des Neo-Institutionalismus Beachtung, so dass in diesem auch der Begriff der Einbettung Aufnahme gefunden hat. Williamson (2000) unterscheidet vier Ebenen der sozialen Analyse: Die Ebene der sozialen Einbettung in die Normen, Sitten, Traditionen, sodann die Ebene des institutionellen Kontexts im Sinne der formalen Regeln, dann jene der Führung („governance"), schließlich folgen die Regelungen der Ressourcenallokation und Beschäftigung. Während Ökonomen die oberste Ebene meist als gegeben voraussetzen, steigt doch das Bewusstsein bezüglich des Einflusses dieser auf die darunter befindlichen Ebenen, insbesondere auf das **Verhältnis zwischen den informellen Normen und den formellen Regelungen**. So zielt etwa Nee darauf ab, „to integrate a focus on social relations *and* institutions into a modern sociological approach to the study of economic behavior by highlighting the mechanisms that regulate the manner in which formal elements of institutional structures in combination with informal social organization of networks and norms facilitate, motivate, and govern economic action" (Nee 2005, 49). In dieser Sicht sind soziale Institutionen sowohl für die Ökonomie als auch für die Soziologie ein grundlegendes Erklärungsobjekt, sofern sich diese als Sozialwissenschaften verstehen (vgl. Schmid/Maurer 2003).

Die **Konvergenz von Ökonomie und Soziologie** hat allerdings zur Folge, dass über die Befassung mit den ökonomischen Konzepten und die Orientierung an ihnen Elemente der Marktlogik in die Soziologie Eingang finden. Während manche Kommentatoren dennoch für die Auseinandersetzung mit ökonomischen Theorien in der Soziologie bei gleichzeitiger Betonung der gesellschaftlichen Institutionen und Strukturen eintreten, befürworten andere wieder eine stärkere Distanzierung von der Ökonomie. Auf Grund der zentralen Rolle des Marktes und der Preistheorie in der Ökonomie bestehe etwa laut Giovanni Arrighi die Gefahr, Kapitalismus und Marktwirtschaft zu identifizieren, was einem historischen Verständnis beider Begriffe abträglich sei (in: Krippner et al. 2004, 126). Neil Fligstein meint in Bezug auf die Wirtschaftssoziologie: „… our field must finally come into its own: it is time to stop focussing on what economists think and to figure out what we think." (Fligstein 2002, 62).

Soziologen sollten Fligstein zufolge klarmachen, dass es eine Entscheidung darüber gibt, ob die sozialen Beziehungen die Profite für mächtige Akteure fördern oder ob sie der Verbesserung der Allokation gesellschaftlicher Ressourcen dienen sollen. Auch die institutionalistischen Analysen sollen in Fligsteins Sicht nicht vom Blickpunkt der Unternehmenseffizienz ausgehen, sondern von dem der gesellschaftlichen Ressourcen und Ziele. Unternehmen sind nicht isolierte Akteure; sie sind in gesellschaftlichen Strukturen und Kulturen verankert und haben Konsequenzen für diese, sodass Staaten und ihre Bürger auch das Recht haben, Forderungen an die Konzerne zu richten (Fligstein 2001, 232). Aus dieser Sicht gelangt Fligstein zu der Auffassung, dass die soziologische Analyse und die theoretische Behandlung durch eine normative Sicht ergänzt werden muss (2002, 73). Er plädiert für ein Wiederanknüpfen an Webers und Polanyis Behandlung der Institutionen im Kapitalismus, denn dies ermögliche auch die Differenzierung von Unternehmenszielen und Kapitalinteressen, die gerade in der Gegenwart sehr wichtig ist.

Auch Michael Burawoy und Fred Block betonen institutionelle und politische Perspektiven und beziehen sich dabei auf den Begriff der Einbettung, wie ihn Polanyi verstand (vgl. Krippner et al. 2004, 111). Sie heben besonders die politische Begründung der Institutionen des Kapitalismus und die Rolle des Staates hervor (Burawoy 1985; Block/Evans 2005). Gegen den vorherrschenden Marktfundamentalismus setzt Block die Konzeption einer „public sociology", die sich nicht in die Reihe der hoffnungsvollen Berater der Unternehmenswirtschaft stellt oder für die „scientific community" schreibt, sondern sich mit alternativen Konzepten an die Öffentlichkeit wendet (Block 2007). Damit klingen auch wieder Auffassungen von der Aufklärungsfunktion der Soziologie an, wie sie zu Beginn des vorigen Jahrhunderts geäußert worden waren.

Abgesehen von diesen Appellen an die **normative und alternative Rolle der Wirtschafts-soziologie** steigt das Bewusstsein, dass die Sozialwissenschaften sich nicht den herrschenden Anschauungen, soweit sie durch partikulare Interessen der Unternehmenswirtschaft und der Kapitalinvestoren dominiert werden, anpassen sollten. Das kann aber nicht bedeuten, dass sich Soziologen und Ökonomen wieder stärker voneinander distanzieren sollen. So groß der Einfluss mancher Ökonomen und ihrer Auffassungen auf Politik und Wirtschaft sein mag, so darf man doch Ökonomie und Wirtschaftsinteressen im Sinne partikularer Interessen nicht identifizieren. Die Ökonomie war traditionell noch stärker an Gemeinwohlaspekten orientiert als die Soziologie. Die Kenntnis der ökonomischen Denkweisen und Konzepte und der Dialog der Sozialwissenschaften sind daher wichtig, so dass die Soziologie sich auf ihren spezifischen Beitrag dazu konzentrieren sollte.

Dieser muss zunächst darin bestehen, das Verhältnis von Normen und Interessen wieder von der Gesellschaft her zu bestimmen.

7.2   Das Verhältnis von Normen und Interessen

In der Soziologie, für deren Konstitution der Begriff der Normen große Bedeutung hatte, wurden diese als kollektive Vorstellungen, die obligatorischen Charakter annehmen, definiert. Sie werden meist als **„soziale Normen"** bezeichnet, um sie von den gesetzlichen Normen, technischen Standards etc. abzugrenzen; mitunter werden sie auch als **informelle Normen** von den formellen Normen unterschieden, wobei unter formellen die meist durch den Staat erfolgte Setzung von Institutionen verstanden wird, während informelle Normen „von unten" entstehen und ihren Verpflichtungscharakter durch die sozialen Sanktionen der Umwelt erhalten. Wenn Max Weber meinte, wirtschaftliches Handeln sei „sinnhaft orientiert ... an Erwartungen, die gehegt werden auf Grund von Ordnungen" (Weber 1988a, 442), so bezog er sich auf beide Ursprünge der Normen, jene, die aufgrund der allgemeinen Verbreitung von Verhaltensmustern entstanden und jene, die vom Staat vorgegeben werden. Zwischen beiden muss eine enge Beziehung bestehen, sollen die formellen Normen wirksam und legitim sein.

Ob Normen und Institutionen ökonomisch rational oder effizient sind, stand in der Soziologie dennoch nicht zur Diskussion, da die gesellschaftliche Ordnung primär als in den Wertvorstellungen und Handlungsmustern der Menschen begründet verstanden wurde. Diese sind das Gegebene, an dem die staatlichen Regelungen und die Effekte wirtschaftlichen Handelns gemessen werden. Die ökonomische Betrachtung der Normen aus der Sicht eines individualistischen Rationalitätsbegriffs, der den Nutzungscharakter von Normen als Instrumente zur Effizienzsteigerung und Kostensenkung betont, geht von einer konträren Perspektive aus.

> Beckert hält dieser entgegen, dass soziale Normen nicht auf ökonomisches Maximierungshandeln reduziert werden können, sondern diesem gegenüber als autonom angesehen werden müssen (Beckert 1997, 55).

Er verweist damit auf die Tatsache, dass sich wirtschaftliches Handeln immer auf Strukturen und Institutionen, Werte und Normen stützt, aber diese Institutionen und Normen als vorgegeben angenommen werden müssen.

> Normen haben sich aus Wertvorstellungen und Zielsetzungen der Gesellschaft oder Gruppe, in der sie entstanden sind, entwickelt und unterwerfen das Handeln der Wirtschaftssubjekte daher der außerökonomisch begründeten Frage der Legitimität.

Normen und Institutionen stellen nicht nur Informationen über erwartbares Verhalten für Marktteilnehmer dar, sondern verweisen auf die Gemeinschaft, wie insbesondere Durkheim betont hatte. Er sah sie begründet in „Moral", Parsons bezeichnete sie als „Über-Ich". In der Soziologie wurde meist die durch Sozialisierung und Enkulturation bedingte weitgehend unbewusste, weil internalisierte Wirkung von Normen hervorgehoben, die erst in konkreten

Situationen als Obligation und Zwang zu einem bestimmten sozial akzeptablen Verhalten erfahren wird.

Normen und Interessen stehen in einer Beziehung zueinander, weil auch die Formulierung, Artikulierung und Durchsetzungsweise von Interessen durch die bestehenden Wertvorstellungen und Legitimierungsmuster der Gesellschaft beeinflusst werden.

Auch „reine" Eigeninteressen müssen daraufhin untersucht werden, ob sie in einer gegebenen Umwelt akzeptiert werden oder ob Probleme und Konflikte in Bezug auf ihre Manifestation zu erwarten sind. Interessen sind solcherart der aktive Ausdruck der Gesellschaftsstruktur, weil diese unterschiedliche Positionen, Funktionen und Anspruchsniveaus impliziert. Gleichzeitig loten die Interessenmanifestationen immer wieder aufs Neue die Grenzen dieser sozialen Strukturen aus und verändern sie dadurch. Für Swedberg ist daher die Beziehung von Interessen und Strukturen grundlegend für die wirtschaftssoziologische Perspektive (Swedberg 2003a, 74 ff).

Jon Elster verwies darauf, dass auch Markt, Rationalität und Eigeninteresse in gewisser Weise zu Normen geworden sind. Durch Prozesse der Institutionalisierung und Internalisierung sind daraus Dispositionen und Routinen entstanden. Daher kann das „Individuum" der Wirtschaftstheorie auch bereits als ein Resultat der Entwicklung von sozialen Wertvorstellungen interpretiert werden (Elster 1989). Der „homo oeconomicus" ist in diesem Sinn nicht nur hypothetisches Modell, sondern Idealbild des rationalen Menschen.

Die Gegensatzbildung von gesellschaftlichen Normen und individuellem Eigeninteresse ist, so betrachtet, aufhebbar und durch eine dynamische Wechselbeziehung zwischen beiden ersetzbar.

Auch in manchen ökonomischen Auffassungen, die die Genese von Institutionen auf das individuelle Zweckhandeln zurückführen, wird anerkannt, dass das Gleichverhalten von Individuen, das durch Vorbildwirkung, Imitation oder gleichartige Zwecke begründet sein kann, dazu führt, dass sich diese Regeln verfestigen und bewusst festgeschriebene Normen werden, die dann ihrerseits verhaltensleitend wirken sollen und in Situationen aktualisiert und interpretiert werden (O'Driscoll/Rizzo 1985). Auch der evolutionäre Ansatz von Nelson/Winter (1982) nimmt die Entstehung von Routinen an und begründet damit die Genese von Institutionen im Wirtschaftsleben. Routinen sind habitualisierte Verhaltensweisen, die sich gegenüber ihrer ursprünglichen Begründung in zweckhaften individuellen Handlungen verselbständigt haben.

Einen wichtigen neueren Ansatz stellt die französische Theorie der Konventionen dar. Auch hier wird Ungewissheit unterstellt, die die Annahme gemeinsamer Regeln nahe legt, wenn koordiniertes soziales Verhalten erfolgen soll. Die Betonung liegt auf der Ermöglichung von Koordination in der Wirtschaft durch Spielregeln für individuelles Handeln, Vereinbarungen zwischen Personen und Institutionen zur Regulierung kollektiven Handelns. **Konventionen** stellen Bezugsrahmen des Handelns dar, und ihre Entstehung und Veränderung sind Gegenstand der Betrachtung. Sie beruhen auf drei grundlegenden Institutionen: Sprache, Geld und Gesetz; diese sind auch die Basis für wirtschaftliches Handeln, denn es gibt keine individuelle Rationalität ohne Sprache, keine Marktwirtschaft ohne Geld und keine pluralistische Gesellschaft ohne Gesetze (Bessy/Favereau 2003). Konventionen beruhen daher auf diesen Institutionen und stellen soziale Konstruktionen dar, die koordiniertes Handeln vieler Akteure ermöglichen.

Auch die Tatsache, dass Individuen Regeln interpretieren und dass daher nicht nur die Erklärung, sondern das Verstehen der Regeln Grundlage der Ökonomie sein muss, kennzeichnet diese Theorie, deren explizite Intention auch die Entnaturalisierung der Ökonomie ist, d.h. die Aufhebung ihrer Reduktion auf Geld und Güter (Favereau/Lazega 2002; Biggart/Beamish 2003). Da Institutionen, Konventionen, Normen als endogene Faktoren der ökonomischen Erklärung aufgefasst werden, wird die enge Zusammenarbeit zwischen Ökonomie und Sozialwissenschaften angestrebt. Allerdings werden Normen und Konventionen in diesem Ansatz doch auf den effizienzorientierten Koordinierungsbedarf bezogen. Konventionen sind auf bestimmte Problembereiche der wirtschaftlichen Koordination bezogen, wie etwa die Konventionen der Qualität, die Konventionen der Arbeit oder der Produktion (Storper/Salais 1997).

Gesellschaft wird in dieser Sicht nicht als eine vorgegebene soziale Ordnung verstanden, Normen und Institutionen werden nicht als Ergebnisse sozialpolitischer Entscheidungen gesehen. Sie existieren in einer Vielzahl von pluralen Übereinkommen, die aber auch Resultat und Ausgangspunkt von Konflikten darstellen. Institutionen und Regeln unterliegen der ständigen Veränderung durch die Interaktionen und sozialen Prozesse der Konstitution von Koordination. Regeln wirken orientierend, sind aber selbst auch offen für zukünftige neue Entwicklungen. Allerdings können Konventionen zu Routinen werden und ihren hypothetischen Charakter dadurch vergessen lassen.

Konventionen implizieren aber auch „Berechtigungen" („justifications"), indem sie Prozesse der Kodifizierung, der Zertifizierung, Standardisierung und Regulierung beinhalten (Boltanski/Thévenot 1991). Dabei kommen dann Bewertungen und Zielsetzungen ins Spiel, die diesen Berechtigungsverfahren zugrunde liegen. Werte spielen auch im Umgang der Individuen mit den Konventionen eine Rolle, denn der Wirtschaftsakteur muss zunächst die konventionellen Rahmen kennen, um das Handeln der anderen zu verstehen, und in diesem Prozess erfolgt auch eine Bewertung auf der Basis seiner Interpretation der Konventionen. Daher kann Wert nicht auf den individuellen Eigennutzen reduziert werden, denn dieser muss sich immer auch in einen kollektiven Rahmen einfügen, in dem es stärkere und schwächere Zwänge gibt. Zwischen Normen als vorgegebenen formellen Regeln und den Routinen und Konventionen, die sich im Prozess der wirtschaftlich-sozialen Transaktionen herausbilden und verändern, besteht zwar eine Verbindung, weil die ersteren ohne Berücksichtigung der faktischen Spielregeln nicht effektiv sein können, aber die Praktiken dürfen ihrerseits auch nicht grundsätzlich gegen Recht und Gesetz verstoßen.

In Bezug auf die **wirtschaftliche Entwicklung** hat die Differenzierung zwischen formellen und informellen Normen eine besondere Bedeutung. Während die formellen Normen in vielen Entwicklungsländern durch die westlichen Staaten beeinflusst, und in vielen Fällen eingeführt worden waren, treffen sie auf traditionelle informelle Regeln, die mit ersteren oft inkompatibel sind. Die Einhaltung der formellen Normen hängt daher von ihrer verbreiteten Kenntnis, von dem Grad der Integration der Menschen in das Gemeinwesen, von der Effektivität staatlicher Kontrolle sowie vom Ausmaß der informellen Wirtschaftsaktivitäten und der Möglichkeit, sie in die formelle Wirtschaft des Landes einzugliedern, ab. Auch Macht, soziale Distanzen und das Ausmaß der Armut sind Faktoren, die sich auf das Verhältnis von formellen und informellen Normen auswirken. In vielen Fällen ist die Einhaltung von Normen eine Frage, über wie viel Macht und Einfluss ein Akteur verfügt, so dass er mögliche Sanktionen nicht zu fürchten braucht. Ob sich ein Wirtschaftsakteur normkonform verhält, darüber befindet seine soziale Umwelt bzw. die zuständigen Organe; das aber reflektiert wieder die Macht- und Autoritätsstrukturen, die in einer Gesellschaft bestehen.

Normen, Institutionen und Interessen können sich sowohl auf Bedarfsdeckung als auch auf Austausch und auf Erwerb beziehen. „Ökonomische Institutionen" beschränken sich nicht auf jene, die sich auf die Gewährleistung des Markttauschs richten, sondern auf eine große Zahl anderer Normen und Institutionen, die Wirtschaft in ihrem umfassenden Verständnis, insbesondere im Hinblick auf die Sicherung der Kooperation zur Bedarfsdeckung und des Ausgleichs, regeln. Dies wird deutlich, wenn man sich die formellen Regeln vergegenwärtigt. Von Gewerberecht, Betriebsrecht, Handelsrecht, Konsumentenschutz, Arbeitsrecht, Kollektivvertrag etc. bis zu Standards der Qualitätssicherung, der Versorgungssicherheit usw. gibt es eine große Zahl von formellen Regelungen. Für die Sicherung der Tauschgerechtigkeit gibt es Handels- und Arbeitsgerichte, für den Erwerb Lohn- und Einkommensrecht, Zulassungs- und Niederlassungsbestimmungen, Freiheitsrechte in Bezug auf Mobilität, Berufsausübung etc. Darüber hinaus entstehen informelle Regeln, Routinen, Konventionen in allen diesen Bereichen. Aber auch die Interessen richten sich nicht ausschließlich auf Nutzen oder Gewinnerzielung, sondern beziehen sich auf Umfang und Dauer der Versorgung mit lebenswichtigen Gütern, auf die Grundsicherung, auf Ausbildung für zukünftige Erwerbschancen, auf Beseitigung von relativer Deprivation oder auf opportunistischen Vorteil, auf Lebensstandard, auf ein Einkommen, das „satisficing" ist, auf geringe Abgaben und Steuern, auf Spekulationsgewinne. Das alles sind wirtschaftliche Interessen, die wenn man sie auf Nutzenmaximierung reduziert, ihre Vielfalt einbüßen.

7.3 Innovationen und institutioneller Wandel in Organisationen

Die institutionalistische Erklärung von Organisationen und ihres Wandels geht davon aus, dass die normativen Zwänge und der Umgang der Akteure mit ihnen mehr Bedeutung für die Aktionen und Strategien der Wirtschaftssubjekte haben als die Orientierung an Effizienz. Die neo-institutionalistische Erklärung in der Soziologie hat starke Wurzeln in der US-amerikanischen Organisationsforschung (Hasse/Krücken 2005, 13). Dabei ging es vor allem um die Erklärung des Wandels, der Akzeptanz und Verbreitung von Innovationen in Organisationen und im Management.

Die Erforschung von Innovationen und Prozessen des Wandels in Organisationen wird immer wieder auf die Arbeiten von DiMaggio/Powell (1983) und Meyer/Rowan (1977) zurückgeführt. Letztere setzten an dem Aspekt der **Legitimität formal-rationaler Organisation** im Anschluss an Weber an. Da Normen und Institutionen auf die soziale Ordnung verweisen, folgt für Wirtschaftsakteure daraus die Notwendigkeit der Legitimierung ihres Handelns, wollen sie in dieser Umwelt überleben und erfolgreich sein. Von der gesellschaftlichen Akzeptanz ihrer formellen Strukturen hängen für Wirtschaftsunternehmen die Sicherung und der Zugang zu Ressourcen, ihre eigene Stabilität und ihre zukünftigen Chancen ab. Es genügt daher nicht, dass Organisationen mit der Effizienz ihrer rationalen Strukturen argumentieren. Diese müssen auch mit den Vorstellungen ihrer gesellschaftlich-institutionellen Umwelt übereinstimmen. Daher übernehmen und verinnerlichen Organisationen die institutionellen Regeln der Umwelt und wandeln sie in Mythen um, um ihre Legitimität zu begründen.

Da Organisationen aber auch ihre praktischen Funktionen erfüllen müssen, verfolgen sie eine Strategie der losen Kopplung zwischen ihrer formellen Struktur und ihren tatsächlichen Aktivitäten. Über ihre strukturellen Prinzipien hinaus müssen Unternehmen auch für ihre Produkte und die Technologien und Arbeitsweisen, die sie dabei einsetzen, Akzeptanz schaffen; daher erfinden und verbreiten sie Leitbilder, Projektionen, Symbolwelten, die die „Einbettung" von Produkten, Techniken, Praktiken der Unternehmen im Hinblick auf die Arbeits- und Lebensstile der Menschen ermöglichen sollen.

> Sie schaffen Mythen neuer, zukünftiger, schöner Lebensweisen, die nicht nur schon Bestehendes akzeptabel und wünschenswert erscheinen lassen, sondern auch die Bereitschaft für Neuheit schaffen sollen, um den folgenden Innovationen den Boden zu bereiten.

Diese Mythen oder Leitbilder durchlaufen einen Zyklus von Erfindung, Konkretisierung, Verbreitung, Institutionalisierung und Niedergang; daraus entsteht eine **„Mythenspirale"** als „zyklischer Prozess der Strukturierung und Entstrukturierung des an Leitbildern orientierten wirtschaftlich-sozialen Handelns" (Deutschmann 1997, 56) neben den sachlichen Prozessen der Einführung neuer Prinzipien, Techniken, Produkte und Praktiken. Die Mythen beziehen sich auf einzelne Produkte oder Praktiken, können aber auch einen umfassenden technologischen Paradigmenwechsel und damit einhergehenden Wandel des industriellen Regimes vorbereiten und begleiten. In der jüngsten Vergangenheit wurde der Wandel der technologischen Basis der industriellen Produktion insbesondere in der Massenkonsumgüterindustrie durch die Umstellung auf elektronische Steuerungssysteme und flexible Spezialisierung von einem Prozess der Mythenverbreitung ergänzt. In dieser Sicht wird der institutionelle Wandel als ein Prozess des Lebenslaufs von Mythen begriffen, der sachliche Veränderungen mit jenen von Vorstellungswelten dynamisch verschränkt. Dass gerade in Bezug auf Organisationen von Mythen gesprochen wird, ist weniger erstaunlich als es zunächst den Anschein haben mag, wenn man an die Werbung für Produkte oder die Abfolge von immer neuen Organisations- und Managementkonzepten denkt.

In ihrer Studie über **Isomorphie im organisatorischen Wandel**, also über die strukturelle Angleichung von Organisationen, haben DiMaggio/Powell (1983) neben den Wettbewerbsgründen und den rationalen Effizienzüberlegungen „institutionelle Gründe" angeführt. Diese differenzierten sie in Zwang, Normen und Nachahmung. Zwang entsteht in diesem Verständnis durch die Einwirkung von Macht, wobei dabei insbesondere an staatliche Vorgaben, Gesetze, Rechtsbestimmungen, politische Zwänge, aber auch neue Richtlinien etwa in Bezug auf Frauenbeschäftigung oder Umweltbelange zu denken ist. Normative Isomorphie entsteht auf Grund des Drucks von Seiten der Berufsvereinigungen, durch professionelle Standards, Berufsschließungs- und Personaleinstellungsstrategien. Nachahmung ergibt sich durch die Tatsache, dass Unternehmen meist unter Bedingungen der Ungewissheit agieren müssen und in dieser Situation daher dem Beispiel erfolgreicher anderer Firmen, insbesondere ihrer Konkurrenten, folgen. DiMaggio/Powell sprechen hierbei von „mimetischer Isomorphie". Die drei institutionellen Faktoren vermischen sich in der Realität meist, weil **Verrechtlichung, Professionalisierung und Diffusionsprozesse** alle in Richtung auf Angleichung organisatorischer Strukturen oder des Unternehmenshandelns wirken.

Besondere Beachtung haben die mimetischen Prozesse in Bezug auf die Übernahme von Managementpraktiken und Organisationsprinzipien gefunden. Konzepte und Theorien der „Best Practice" im Management, der optimalen Einführung von Veränderungen in Organisationen, neuer Führungs- und Organisationsformen etc. sind in großer Vielfalt und relativ schneller Abfolge aufgetreten. Sie werden von Erwartungen der Effizienzsteigerung, der Erhöhung der Marktchancen und der Rentabilität begleitet; sie enthalten Rezepte, aber auch „mythische" Elemente, werden mit Schlagwörtern und Suggestionen von Erfolg und Prestige verbunden. Immer neue Ideen von organisatorischen Praktiken von den Qualitätszirkeln über „lean management", „total quality management", Six Sigma, Benchmarking, Restruktuierung bis zu „knowledge management", „diversity management" usw. wurden entwickelt. Sie stellen Produkte von Anbietern von Unternehmensdienstleistungen, meist Beratungsfirmen, darüber hinaus aber auch von Business-Medien, der Konferenzindustrie etc., dar, die ihrerseits Marktinteressen damit verbinden (vgl. Kipping/Engwall 2002).

In dieser Situation wiesen Sozialwissenschaftler darauf hin, dass Entscheidungen in und von Unternehmen eben nicht rational an Effizienz orientiert sein können, sondern irrationales Verhalten darstellen, das auf **„Ansteckung" und Imitation** beruht. Abrahamson, Kieser und andere wiesen auf die Neigung der Manager hin, Modeströmungen zu folgen und damit „faddish cycles" auszulösen (Abrahamson 1991; Kieser 2002). Wenngleich sich durch den Diffusionsprozess charakteristische Verläufe in Bezug auf die Übernahme von Innovationen erkennen lassen, sind die Entscheidungen der einzelnen Firmen dennoch nicht notwendig als nicht-rational zu bezeichnen, da die konkreten Folgen von Innovationen gerade im Bereich von Organisations- und Managementmodellen nicht im Vorhinein abgeschätzt werden können. Der Druck durch den beschleunigten Wandel der technischen und wirtschaftlichen Bedingungen, unter denen Manager entscheiden müssen, lässt Nachahmung zur einzig möglichen Strategie für viele werden, um nicht hinter den anderen Firmen zurückzufallen. Dazu kommt der Erfolgsdruck, der durch die gestiegene Macht der Investoren, aber auch durch die eigenen Bestrebungen im Wettlauf um die Chancen auf enorme Einkommenssteigerungen erfolgreicher Manager im globalen Markt für Unternehmensführung bedingt ist. Das führte dazu, dass sich die Unternehmen mehr und mehr professioneller Unternehmensberater bedienen, um einerseits die Grundlagen für ihre Entscheidungen zu verbessern, andererseits um einen Teil ihrer Probleme auf externe Experten zu übertragen, um dadurch ihren eigenen kompetenten Umgang mit den Problemen zu beweisen; die Inanspruchnahme von professioneller Beratung ist solcherart zu einer normativen Erwartung an Organisationen geworden.

Während diffusionstheoretische Analysen meist auf die irrationalen Aspekte, die „Ansteckungs-" und Nachahmungseffekte hinweisen (Pastor/Meindl/Hunt 1998), betonen netzwerkorientierte Ansätze die strukturelle Positionierung (Burt 1987; Granovetter/Soong 1983). Institutionalistische Studien untersuchen die Voraussetzungen für die Einführung der Neuerungen, die in den institutionellen Kontexten, den Denk- und Verhaltensmustern und den formellen und informellen Normen bestehen. Strang/Meyer betonten etwa die **kulturelle Konstruktion** von Gemeinsamkeit zwischen den „adopters" und das Prestige, das die wissenschaftliche Begründung der Managementkonzepte im Hinblick auf die Annahmebereitschaft hat. Letzteres lässt die Entscheidungen, auch wenn sie faktisch auf Nachahmung beruhen, als rational und wissenschaftlich legitimiert erscheinen (Strang/Meyer 1993). Suchman hob die Formen der Erzeugung von Legitimierung neuer Praktiken und der Delegitimierung alter Verhaltensmuster hervor (Suchman 1995) und Tolbert/Zucker untersuchten die institutionellen Voraussetzungen der Veränderung formaler Strukturen im öffentlichen Sektor (Tolbert/Zucker 1983). Insbesondere für die Untersuchung der Bedingungen für die tatsächliche Implementierung einer Innovation erscheinen institutionalistische Erklärungen geeignet, weil sie auf den strukturellen Wandel der Organisationen, auf die Veränderung von Normen und Regeln in Unternehmen, Professionen, Staat und die Verbreitung durch curriculare Institutionalisierung der Innovationen in der Wirtschafts- und Managementausbildung verweisen (Zeitz/Mittal/McAulay 1999).

7.4   Die institutionelle Einbettung der Märkte

In institutionalistischer Sicht sind Märkte soziale Konstruktionen auf Grund gesellschaftlicher Regelung und Ordnung.

Unterschiede zu früheren institutionalistischen Betrachtungsweisen entstehen dadurch, dass die Institutionen der Gesellschaft nicht nur als begründet in Traditionen und langfristig wirksamen Wertvorstellungen und damit als vorgegeben, sondern in höherem Maße als früher als veränderbar und gestaltbar angesehen werden. Damit tritt auch die Rolle des Staates und der Politik als Instanz, die Normen und Institutionen schafft, die „den Markt" betreffen, ihn ordnen, lenken, behindern, stärker hervor.

Dem Markt im Sinne institutioneller Ordnungsvorstellungen zur Wirkung zu verhelfen, kann daher nicht heißen, ihn seiner Eigendynamik zu überlassen, beschränkt sich auch nicht nur auf die Beseitigung von Wettbewerbsbeschränkungen, sondern erfordert das regelsetzende Eingreifen des Staates.

In diesem Sinn stellt auch die Rede von „Markt vs. Staat" bzw. über Regulierung und Deregulierung eine Vereinfachung dar. **Deregulierung** bedeutet nicht weniger Regeln, denn „der Markt" weist eher einen gesteigerten Bedarf an Regelung und Ordnung auf, der sich auf die Überwachung der Einhaltung von Wettbewerbsbestimmungen, die Standardisierung von Qualität, die Evaluierung von Effizienz und Qualifikation, die Kontrolle des Erfolgs etc. bezieht. Wenn der Wettbewerb stärker wird, werden auch Macht- und Einkommensunterschiede und Ausgrenzungen häufiger, was wieder die Notwendigkeit für Schutz-, Ausgleichs- und Transferleistungen des Staates erhöht. Die Vorstellung, dass „weniger Staat" unmittelbar „mehr Markt" bedeutet, stimmt auch deshalb nicht, weil es zahlreiche andere Regulierungsformen gibt, die sich zwischen Markt und Staat schieben: Verbände verschiedener Art, die den Marktzutritt und -austritt zu regeln suchen; interne Regulierungen in den Organisationen mit Außenwirkungen; „Beherrschung" des Marktes durch Familien, Clans und Gruppierungen verschiedenster Art; Lobbyismus und wettbewerbsbeschränkende Wirkungen politischer Parteizugehörigkeiten; Regulierungen durch lokale Gemeinden etc. Alle diese intermediären, teilweise formellen, teilweise informellen Regulierungs„instanzen" sind historisch entstanden und werden nicht durch den einfachen Rückzug des Staates gleichzeitig beseitigt (Pirker 2004).

Die institutionelle Einbettung des Marktes wird, soweit sie dessen friedliche und effiziente Funktionsfähigkeit ermöglicht, als eine Voraussetzung für die wirtschaftliche Entwicklung und Prosperität von Nationen betrachtet, wobei auf die Vertrauensförderung von Geschäftspartnern und Investoren, die insbesondere in der globalisierten Wirtschaft von großer Bedeutung ist, verwiesen wird (Casson 1991; Fukuyama 1995; Gambetta 1988; Ripperger 1998). Die „Wirtschaft" selbst produziert Regelungen und Normen, etwa durch Zertifizierungen und Qualitätsstandards um die Sicherheit und das Vertrauen in Wirtschaftstransaktionen zu erhöhen, wofür sich spezielle Organisationen bilden wie Rating-Agenturen, Treuhandgesellschaften, Kontrollinstanzen etc. Durch diesen Bedarf an Regulierung entsteht aus dem Markt heraus wieder ein Markt für die Marktkontrolle wie es auch auf Grund der Ungewissheit zur Entstehung von Märkten für Unternehmensberatung und Managementinnovationen gekommen ist.

Die Fragen, auf die institutionalistische Analysen Antworten zu finden versuchen, sind unterschiedlich: Sie sind einmal auf die institutionellen Gründe für die Entstehung und Entwicklung von Unternehmen, Märkten und Wirtschaft, zum anderen auf die Probleme der Legitimität und der Macht von wirtschaftlichen Handlungen und von Marktakteuren gerichtet.

Der Wandel in den wirtschaftlichen Strukturen, seine Bedeutung für die Gesellschaft und die Transformation der sozialen Verhältnisse und gesellschaftlichen Strukturen hängen eng mit den Institutionen und der Kultur der Wirtschaft und deren Veränderung zusammen.

Die entstandenen Marktstrukturen und ihre institutionellen Grundlagen haben im Sinne der **Pfadabhängigkeit** Bedeutung für die nachfolgende Entwicklung der Wirtschaftstransaktionen. Die lenkende Wirkung in Bezug auf alle weiteren Prozesse zeigte sich etwa im Zuge der Institutionalisierung des Wohlfahrtsstaates, der Bedingungen schuf, die sich selbst reproduzierten. Sollen derartige Konstellationen der Regelungen und Konventionen geändert werden, so erfordert dies radikale politische Entscheidungen, kulturelle Legitimierungen derselben und tief greifende strukturelle Reformen. Dies zeigt sich in noch stärkerem Maße im Zuge der Ausbreitung kapitalistischer Wirtschaftsprinzipien und -aktivitäten in andere Kulturen und Gesellschaftssystemen, denn individualisiertes Eigennutzdenken und ökonomische Rationalität stellen einen sozial konstituierten Habitus dar und keine universelle Logik der Wirtschaft (vgl. Maurer 2006).

Im Sinne der **Feldtheorie** von Bourdieu weist auch die kapitalistische Wirtschaft unterschiedliche Formen des Habitus auf, die durch die jeweiligen Positionen in den sozialen Feldern geprägt sind. Ökonomische Felder stellen Märkte, Unternehmen und Haushalte dar; sie sind nicht konfliktfrei miteinander verbunden. Märkte sind Mittler zwischen Unternehmen und Haushalten auf der Grundlage von Geld, Berufestrukturen und Handel. Als soziale Felder umfassen sie die Akteure und Institutionen, wobei der Rolle des Staates und der Politik im Hinblick auf die Konstitution der Felder eine bedeutende Rolle zukommt. Die Felder weisen unterschiedliche Strukturmerkmale auf Grund ihrer historischen Entwicklung auf, typische Habitusformen und Strategien je nach den Positionen im Feld sowie Faktoren der Felddynamik und der Organisationsmerkmale der Unternehmen.

Unternehmen, Märkte, Haushalte werden als Konflikt- und Machtfelder aufgefasst, in denen die Akteure ihre eigenen Interessen und Dispositionen einsetzen, aber letztlich zur Stabilisierung und Reproduktion der Macht- und Klassenstrukturen beitragen.

Neil Fligstein (2001) übernahm Bourdieus Konfliktperspektive als Ansatzpunkt für eine Wirtschaftssoziologie, die sich von den neo-institutionalistischen ökonomischen und den sozialstrukturellen Netzwerkkonzepten unterscheidet, und auf dem Begriff des sozialen Feldes, der Perspektive der sozialen Konstruktion und einer institutionalistischen Sicht beruht. Er verbindet eine Orientierung an Interessenkonflikten mit einer an den Normen und Werten orientierten Erklärung sozialer Zusammenhänge. Interessen sind nicht einfach zweckrationale Nutzenorientierungen, sondern sie sind aus unterschiedlichen sozialstrukturellen Positionen bestimmte Zielorientierungen von Gruppen der Gesellschaft. Sie involvieren daher soziale Strukturen und daraus resultierende kollektive Konflikthandlungen. Normen wiederum sind nicht einfach durch Internalisierung sich selbsttätig reproduzierende Sozialisierungsinstrumente, sondern beruhen auf Interpretationen darüber, was gesellschaftlich akzeptabel und legitimierbar erscheint.

Auf der Basis der Verbindung dieser beiden Perspektiven, der Institutionen und der strukturellen Interessenkonflikte, entwickelt Fligstein eine **politisch-kulturelle Erklärung von Märkten**. Er sieht daher nicht die Beziehungen zwischen konkurrierenden Firmen und das Markthandeln der Unternehmen selber als bedeutsam für die Marktprozesse, sondern die institutionellen Bedingungen, die für stabile Marktkonstellationen maßgebend sind. Deren

Konstituierung erfolgt durch die großen Unternehmen und ihre Strategien, ihre internen Strukturen und die Machtverhältnisse zwischen ihnen sowie vor allem durch die Beziehungen zu den politischen Entscheidungsträgern.

Die Veränderung in Struktur und Strategie der großen Unternehmen spielen in Fligsteins Sicht eine besonders bedeutsame Rolle, was sich in seiner sozialhistorischen Studie über den Wandel der US-amerikanischen Unternehmen manifestierte (Fligstein 1990). Unternehmen sind selbst soziale Institutionen und beruhen auf institutionellen Bedingungen, sie agieren darüber hinaus in einem bestimmten Umfeld, das durch den gesellschaftlich-normativen und politischen Kontext bestimmt ist. Ihr Handeln ist daher in einen Bezug zu den allgemeinen Normen der Gesellschaft zu setzen und mit den Machtbeziehungen in der Gesellschaft zu verbinden (Fligstein/Freeland 1995). Insbesondere sind die Genese von Marktstrukturen und das Handeln von Unternehmen eng mit Staaten und politischen Systemen verbunden. Markt und Staat stehen sich daher nicht als unterschiedliche Formen wirtschaftlicher Organisation gegenüber, sondern sind immer aufeinander bezogen, was Fligstein als **„markets as politics"** (1996) kennzeichnet und als spezifischen Ansatz betrachtet, der Wirtschaft, Unternehmen und Markt aus ihrer Beziehung zum Staat erklärt.

Fligstein sieht die moderne Wirtschaft nicht nur durch die Beziehungen zwischen den privaten Wirtschaftssubjekten bestimmt, sondern insbesondere durch deren Beziehungen zum **Staat, der für die institutionellen und regulativen Bedingungen des Wirtschaftshandelns verantwortlich ist**. Kritisch gegenüber Ökonomie und neuer Wirtschaftssoziologie wendet er ein, dass das Problem der Ordnung der Wirtschaft weder durch den Marktmechanismus, noch durch dessen Soziologisierung als Netzwerkbeziehungen erklärt werden könne. Vielmehr komme es darauf an, welche Regeln, Normen, Institutionen geschaffen werden und worin die qualitativen Inhalte der Netzwerkbeziehungen bestehen sollen. Zu den relevanten Regelungen zählen

- die „property rights", der rechtliche Schutz des Eigentums und seiner Verwendung,
- die „governance structures", die legitime Muster von Wettbewerb und Kooperation darstellen,
- die „rules of exchange", die die Markttransaktionen regeln, sowie
- die „conceptions of control", die als die akzeptierten Vorstellungen hinsichtlich der Strategien und Praktiken der Unternehmen gelten können.

In allen diesen Normen und Regeln manifestiert sich nicht nur die Orientierung an Effizienz, sondern sie beruhen auf Zielen, Interessen und Werten, sind daher Objekte politischer Verhandlung und institutionell-staatlicher Verankerung und begründen kulturell-historisch unterschiedliche Formen dessen, was als legitime Wirtschaftsaktivität gilt.

Staat, Kapitaleigner und Arbeitnehmer sind die drei Gruppen, deren Beziehungen miteinander und deren jeweilige Position zueinander die Wirtschaft charakterisieren und die Bedingungen, die für die Funktionsfähigkeit der Märkte verantwortlich sind, bestimmen.

Die konstruktive Schaffung von „Märkten" durch das Zusammenwirken von Firmen, politischen und administrativen Institutionen und anderen Akteuren sieht Fligstein als eine zyklische Bewegung: „The underlying logic of our model can be stated simply: as problems and new circumstances arise, firms and other market actors will press governmental organizations, in-cluding legislators and courts, for rules to govern markets. To the extent that these organisations respond to the demands, new opportunities to expand markets will emerge. If market actors adapt their activities to exploit these new opportunities, then the feedback loop will be completed, and the cycle will begin anew." (Fligstein/Sweet 2002, 1213)

Welche der Gruppen dominiert bzw. welche Koalitionen gebildet werden, hat entscheidende Auswirkungen auf die Ausformung der Eigentumsrechte, der „governance structures" und der Regeln des Markttausches. Sie manifestieren sich in Steuergesetzen, im Aktienrecht und Kreditrecht, im Arbeitsrecht und den Regelungen der industriellen Beziehungen, in Patentrecht und Wettbewerbspolitik. Dabei können institutionelle Regelungen, die eingeführt werden, direkt bestimmte Firmen oder Gruppen begünstigen. Fligstein gelangt solcherart zu idealtypischen Konfigurationen: Dominiert die Gruppe der Kapitaleigner wie unter den gegenwärtigen Bedingungen in den USA, so werden die Eigentumsrechte gestärkt, die Führungsstrukturen für Grossunternehmen und Kapitaleigner vorteilhaft gestaltet und die Marktregelung im Sinne der Ermöglichung und Erleichterung von Fusionen und Kapitalgewinnen gestaltet. Demgegenüber sieht Fligstein in Deutschland einen Kapital-Arbeits-Kompromiss, in Japan eine Koalition von Kapital und Staat und in den skandinavischen Staaten eine Koalition zwischen Staat und Arbeitnehmern vorherrschen.

Er sieht daher divergierende Entwicklungen im Kapitalismus der Gegenwart, da es auf die jeweilige Konstellation der Beziehungen von Staat, Unternehmen und Arbeitnehmerschaft ankommt.

Allerdings stellte Fligstein doch die weitgespannte Diffusion der Ideologie des „shareholder value"-Prinzips fest, das in den Voraussetzungen der USA gründet, sich aber weltweit verbreitet (Fligstein 2001, 147 ff).

7.5   Globalisierung und die Einbettung des Kapitalismus in Wirtschaftssystemen

Im Gefolge der „Globalisierung" wuchs seit den 90er Jahren des vergangenen Jahrhunderts das Interesse an Vergleichen von Wirtschaftssystemen mit Blick auf die institutionellen und kulturellen Faktoren, die für den wirtschaftlichen Erfolg von Nationen und Regionen verantwortlich sein können.

Dabei ging es nicht mehr um Vergleiche zwischen „sozialistischen" und „kapitalistischen" Systemen, sondern um die Diskussion über Konvergenz oder Divergenz als Folge der Ausbreitung des Kapitalismus. Die relevanten Fragestellungen sind daher einmal die, ob und in welchem Ausmaß es zu einer globalen Angleichung der Wirtschaftsysteme oder zu divergenten Formen kommt, und zum anderen, ob es institutionelle und kulturelle Formen gibt, die sich als mehr oder weniger erfolgreich in Bezug auf wirtschaftliche Entwicklung und Prosperität erweisen.

Im Hinblick auf die erste Frage kommt es darauf an, worauf sich die **„Globalisierung"** bezieht: auf die Ausbreitung der neuen Technologien, auf die internationale Investitionsaktivitäten, auf die Politik-Wirtschafts-Beziehungen, auf die industriellen Beziehungen, auf die Verbreitung der institutionellen Voraussetzungen, wie sie Eigentumsrechte und Vertragsrechte im westlichen Kapitalismus darstellten, auf die Diffusion von Managementinnovationen, auf die Verbreitung individualistischer Denk-, Verhaltens- und Lebensformen usw.

Die **Konvergenzthese** war ursprünglich im Zuge der Probleme der industriellen Entwicklung und „Modernisierung" der 50er und 60er Jahre aufgetaucht. Sie war auf die Annahme bezogen, dass sich im Zuge der Ausbreitung der industriellen Produktionsweise zunächst in den sozialistischen Staaten, dann im Verlauf ihrer industriellen Entwicklung auch der Gesellschaften der dritten Welt, Angleichungstendenzen in Bezug auf die politisch-demokratischen Aspekte, die Institutionen und die Wertesysteme manifestieren würden. Dies wurde auch durch Rostows Konzept der Stufen der Industrialisierung untermauert (Rostow 1978), aber auch durch die evolutionistische Sichtweise der strukturfunktionalistischen Theorie der Industrialisierung, die einen einförmigen Entwicklungspfad prognostizierte, der zu Strukturen führen würde, wie sie die USA und in abgestufter Weise die anderen „westlichen" Länder bereits hatten, suggeriert (Kerr et al. 1966). Zwar hatten schon Ogburn (1969) und Gerschenkron (1962) darauf verwiesen, dass diese Entwicklung nicht zu einer gleichförmigen Veränderung der Systeme in allen ihren Aspekten führen würde und dass insbesondere die Spätentwicklung selbst unterschiedliche Bedingungen und damit differente Entwicklungskonstellationen bedinge. Aber erst in Eisenstadts Konzept der „multiple modernities" zeigte sich die Einsicht in die unterschiedlichen Voraussetzungen und Wege der Modernisierung (Eisenstadt 1979).

Kritik war auch vor allem von Seiten der **Dependenztheorien** gekommen, die von der Abhängigkeit der Entwicklungsländer vom Westen ausgehen. Wallersteins Theorie des Weltsystems beruhte auf der Feststellung eines geopolitischen Ungleichgewichts, das durch die Abhängigkeiten der Länder an der Peripherie und Semipheripherie von den Kernländern des Westens bestimmt sei und die Unterentwicklung fördere statt sie zu mindern (Wallerstein 1979). Die Ausbreitung des Kapitalismus hatte in der Sicht von Samir Amin zu charakteristischen Merkmalen der wirtschaftlichen Formation in den peripheren Regionen geführt: Zum Vorherrschen eines agrarischen Kapitalismus, zur Entstehung einer lokalen Handelsbourgeoisie im Gefolge der Auslandsinvestitionen, zu einer eigentümlichen bürokratischen Entwicklung und einer unvollkommenen Proletarisierung; diese Merkmale führten zu einer persistenten Marginalisierung (Amin 1976, 333).

Auch nationale Unterschiede waren betont worden, etwa in Alfred Chandlers Differenzierung **sozialer Typen des Kapitalismus**: dem „managerial capitalism" in den USA, dem

„personal capitalism" in Großbritannien und dem „cooperative capitalism" in Deutschland (Chandler 1990). In Bezug auf die institutionellen Merkmale der Wohlfahrtsstaaten war es ebenfalls zu vergleichenden Studien gekommen, die Typen von „welfare states" feststellten (Esping-Andersen 1990).

Die neue Konvergenzthese entstand zum einen auf der Grundlage der Wirkungen der mikroelektronischen Revolution sowie im Gefolge des Zusammenbruchs des realen Sozialismus. Letzteres erweckte in vielen den Glauben an den Kapitalismus als dem einzigen Weg zu wirtschaftlicher Entwicklung und Wohlstand. Dies wurde überdies gefördert durch die Argumente des „Staatsversagens", die in den wichtigsten Ländern der westlichen Welt eine Wende hin zum „Markt" auslösten, was gemeinhin als „Neoliberalismus" bezeichnet wird. International kam es zum Abbau von Handelsschranken und den im „Bretton Woods"-Abkommen institutionalisierten Begrenzungen des internationalen Geld- und Kapitalverkehrs. Damit schien der Kapitalismus zum globalen Schicksal geworden zu sein.

> Die neue Konvergenzthese stützt sich daher nicht nur auf das technologische Argument, dass sich auf die globale elektronische Kommunikationsvernetzung beruft, sondern auch auf die Globalisierung des Kapitals und die Folgen für die soziopolitischen und institutionellen Arrangements der Arbeits- und Produktionsbeziehungen.

Die Globalisierungsdiskussion brachte ein gesteigertes Interesse an Vergleichen von Wirtschaftssystemen hervor, wobei die Intentionen der Untersuchungen zwischen der Feststellung von Unterschieden in der Ausformung des Kapitalismus in den einzelnen Ländern und dem Aufzeigen von effizienten Institutionen variieren. Durch die Orientierung vieler Studien an der theoretischen Basis der Institutionenökonomie und der politischen Ökonomie rückten die institutionellen Kontexte in den einzelnen Ländern ins Zentrum der Aufmerksamkeit. Damit wurden die vergleichenden Studien der institutionellen Grundlagen der Wirtschaftssysteme zu einem der Hauptinteressen neo-institutionalistischer Ökonomen und Soziologen. North zeigte, dass Institutionen die wirtschaftliche Leistung bestimmen und fragte sich, wie effiziente Institutionen entstehen (North 1992, 164). Auch Williamson betonte die Institutionen im Hinblick auf die wirtschaftliche Effizienz.

> Obwohl ökonomische und soziologische Studien eine große Ähnlichkeit ihrer theoretischen und methodischen Grundlagen aufweisen, lassen sich Nuancierungen im Hinblick auf die Rolle, die die Effizienzperspektive spielt, aufzeigen.

Die institutionelle Ebene der empirischen Vergleiche rückte neben den transnationalen Aspekten insbesondere die Struktur und Ordnung der Branchen und regionalen Märkte, die rechtliche Konstitution und soziale Positionierung von Unternehmen, die Regeln für die Beziehungen zwischen Arbeit und Kapital, die sozialen Kanäle der Beziehungen zwischen Großunternehmen, Staat und Verbänden in den Blickpunkt. Die dabei feststellbaren Regelungen und Strukturen auf den unterschiedlichen Ebenen erweisen sich häufig als kongruent oder komplementär, so dass sie ein konsistentes Wirtschaftssystem darstellen. „Wirtschaftssystem" bezeichnet dabei nicht mehr die ideologisch-politischen „Welten" des Kapitalismus oder Sozialismus, sondern die konkreten Strukturen und Funktionen der institutionellen und politischen Konstellation. Auch der Begriff des „Kapitalismus" erhielt vielfach eine andere Bedeutung als er früher gehabt hatte; er dient in sachlicher Weise als Konzeption für die **institutionell-politische Organisation der Wirtschaft**. Aus diesem Grund kam es auch wieder zu einer verbreiteten Verwendung des Begriffs in der Literatur, insbesondere im Rahmen des vieldiskutierten Ansatzes der „varieties of capitalism" (Hall/Sokice 2001).

Der als **„varieties of capitalism"** bekannt gewordene Ansatz knüpft an den Diskussionen über den Neo-Korporatismus und die Systeme der Arbeitsbeziehungen und Produktionssysteme an, die den Inhalt der „industrial relations"- bzw. der Verbändeforschung darstellten, und orientiert sich auch an der französischen Regulationstheorie. Die theoretische Grundlage kann aber in erster Linie in der Anwendung der neo-institutionalistischen Theorie auf makroökonomische Vergleiche gesehen werden. Der Fokus ist daher auf Unternehmen und ihren Umgang mit den für ihr Handeln relevanten Institutionen gerichtet. Nach eigener Aussage sucht der Ansatz Brücken zwischen „business studies" und vergleichenden politischökonomischen Untersuchungen zu schlagen (Hall/Soskice 2001, 5), um die Bedeutung des Beitrags, den Unternehmen für die nationalen Ökonomien leisten, hervorzuheben (Hall 2006, 184).

Die Annahme, dass unter den derzeitigen Bedingungen der Globalisierung der Markt und seine Grundlagen die einzige effiziente Form der wirtschaftlichen Koordination ist, wird zurückgewiesen. Da keine Gesellschaft jemals den vollkommen freien Markt eingeführt hat, kann auch nicht davon ausgegangen werden, dass jede Abweichung davon als Ineffizienz zu betrachten ist. Unternehmen können auch unter anderen als reinen Wettbewerbsbedingungen effizient funktionieren, was sich in vielen Fällen, in denen kooperative Bedingungen herrschen, bereits gezeigt hat.

Hall/Soskice unterscheiden **„liberale Marktwirtschaften"** wie die USA, Großbritannien, Australien, Canada, Irland, bei denen die Angebots- und Nachfragebedingungen und die Wettbewerbsbeziehungen für die Koordinierung wirtschaftlicher Aktivitäten besonders typisch sind, und **„koordinierte Marktwirtschaften"** wie Deutschland, Österreich, Japan, Schweiz, Niederlande, Schweden, Finnland u. a., die auch auf strategischer Koordination beruhen. Zwischen diese polaren Typen schieben sich Frankreich, Italien, Spanien, Portugal, Griechenland und die Türkei, die von den Autoren als **„mediterraner Mischtypus"** gekennzeichnet werden (Hall/Soskice 2001, 19 ff). Das Ziel ist es zu erklären, „warum institutionelle Arrangements, die stärker auf Kooperation als auf Wettbewerb beruhen, selbst unter geänderten weltwirtschaftlichen Bedingungen weiterhin ökonomisch effizient sind" (Hall 2006, 182).

Im Zusammenhang dieses Ansatzes werden Institutionen als Ressourcen verstanden, die von Unternehmen genutzt werden können. Sie stellen interpretierbare, verhandelbare und modifizierbare Erwartungsmuster dar, deren Ausgestaltung für die Akteure so wichtig sind, dass sie ihre Interessen im Kontext strategischer Interaktionen einzubringen suchen. Diese Prozesse strategischer Interaktionen zwischen den relevanten Wirtschaftsakteuren werden als zentral für das Verständnis von Institutionen angesehen. Sie umfassen Verhandlungen, Konflikte und Kollusionen zwischen den wirtschaftlichen Gruppen. Die Akteure sind aber nicht nur

Firmen, sondern auch der Staat und die verschiedenen zuständigen Behörden, die Arbeitnehmerverbände, die Unternehmerverbände, Branchenverbände, Berufsvereinigungen, Investoren, Banken, Arbeitnehmer.

Die Beziehungskomplexe, die für die Koordinierungsprobleme besonders wichtig sind, umfassen insbesondere die industriellen Arbeitsbeziehungen, die Institutionen und Organisationen der Berufsausbildung, die „corporate governance" und die Beziehungen zwischen den Firmen sowie innerhalb der Organisationen.

Alle diese institutionellen Bezüge stellen in der akteurzentrierten Sicht des Ansatzes Ressourcen für Unternehmen dar (Hall/Thelen 2006).

Alle diese Normen- und Beziehungskomplexe haben auch eine Geschichte, sie sind gewordene Strukturen, aber „… this implies that the institutions central to the operation of the political economy should not be seen as entities that are created at one point in time and can then be assumed to operate effectively afterwards." (Hall/Soskice 2001, 13). Wie schon Galbraith vor einigen Jahrzehnten festgestellt hatte, wird das Machtgleichgewicht zwischen den Akteuren als einer der wichtigsten Faktoren betrachtet, die den institutionellen Konstellationen Dauerhaftigkeit verleihen (Hall 2006, 189). In jedem Fall sind es jedoch die Interessen und Ziele der beteiligten Akteure, die sowohl für den Bestand als auch für den Wandel der institutionellen Arrangements ausschlaggebend sind, während „nichts darauf hindeutet, dass Prozesse institutionellen Wandels in erster Linie durch das Interesse an der ökonomischen Gesamtleistung vorangetrieben werden" (Hall 2006, 195). Verteilungsgesichtspunkte spielen höchstens dann eine Rolle, wenn Parteien in den Wahlen Stimmen für sich gewinnen wollen. Hall kommt zu der ernüchternden Erkenntnis, dass Reformen, die für das Land weitreichende Folgen haben können, oft nicht dadurch zustande kommen, weil sie sich positiv auf die Menschen auswirken, sondern weil sie den Interessen einflussreicher Gruppen entsprechen bzw. Resultat ihrer strategischen Interaktion darstellen.

Der Ansatz geht dennoch von relativ stabilen nationalen Mustern aus, die auf **komplementären institutionellen Strukturen** beruhen. Auf ihrer Grundlage soll es möglich sein, systematische Unterschiede in Unternehmensstrategien zwischen Staaten, die in den institutionellen Strukturen ihrer politischen Ökonomien bestehen, vorherzusehen. So sind bestimmte Firmenstrategien erwartbar, wenn das System der industriellen Beziehungen, die governance-Beziehungen, die Berufsausbildung und die Firmennetzwerke diese oder jene Form und Funktionsweise aufweisen. Allerdings müssen die Unternehmen den Kontext berücksichtigen; so ist es in kooperativen institutionellen Kontexten besser, Innovationen schrittweise einzuführen, während in liberalen Marktwirtschaften radikale Veränderungen möglich sind.

Es wird betont, dass diese komplementären institutionellen Strukturen nicht leicht zu verändern sind, auch wenn die Globalisierung einen gewissen Druck in Richtung auf Angleichung ausübt. Die **Veränderungen der institutionellen Kontexte** müssen auch differenziert gesehen werden; wenngleich sich bestimmte Reformen, Neuinterpretationen und Abweichungen in den einzelnen Staaten ausmachen lassen, die in Richtung auf Liberalisierung zu verweisen scheinen, so ist diese Bezeichnung doch zu global, denn in vielen Fällen wurden manche

Dinge dem Markt überlassen, andere wieder nicht und wieder andere sogar noch stärker kontrolliert.

Hinsichtlich der Betonung der Stabilität der institutionellen Arrangements hat sich Kritik erhoben; insbesondere in Bezug auf das deutsche Modell wurden dessen Veränderungen in den letzten Jahrzehnten hervorgehoben (Streeck/Thelen 2005). Vergleichende Studien wurden vor allem zu den Systemen der Arbeitsbeziehungen unternommen (Crouch 1993; Müller-Jentsch 1986; Streeck 1998). In diesen wurde zwar auf die unterschiedlichen institutionellen und politischen Bedingungen in den einzelnen Staaten hingewiesen, daraus aber vor allem Schlussfolgerungen über den Spielraum der autonomen Regelung der Arbeitsbeziehungen durch die Verbände des Arbeitsmarktes und über den Einfluss der Verbände auf den Staat im Neokorporatismus gezogen. Im Zuge der Deregulierung der Arbeitsmärkte und der Schwächung der Gewerkschaften durch die neuen Beschäftigungsformen und die hohe Arbeitslosigkeit verschob sich das Machtverhältnis von Kapital und Arbeit zugunsten von ersterem (Lash/Bagguley 1988; Müller-Jentsch 1988).

Demgegenüber ist die Intention der Vertreter des „varieties of capitalism"-Ansatz darauf gerichtet, Anhaltspunkte für Unternehmensentscheidungen zu bieten, um die Unterschiede zwischen den institutionellen Typen bewerten zu können. Der Vergleich der institutionellen Kontexte soll **„comparative institutional advantages"** zu entdecken helfen, die unterschiedlich günstige Möglichkeiten für Unternehmen darstellen. Das mag dafür verantwortlich sein, dass eher die Aspekte der Beständigkeit stärker betont werden, um die Unterschiede zwischen den Systemen herauszuarbeiten. Die institutionellen Muster in den einzelnen Staaten verändern sich unter dem Einfluss der globalen Wirtschaft, aber sie tun dies unter Bedingungen der Pfadabhängigkeit. Der institutionelle Wandel ist ein teilweise endogener Prozess, der sich aus Abweichungen bzw. Neuinterpretationen im Kontext der strategischen Interaktionen und durch Reform von Seiten oder mit Förderung des Staates entsteht. Die Art des Wandels und seine Initiatoren haben wiederum unterschiedliche Auswirkungen in den differenten institutionellen Kontexten, wobei auch zu beachten ist, dass die Prozesse strategischer Interaktion „institutional interaction effects" zur Folge haben, die nicht beabsichtigt waren. Darüber hinaus sind auch die Machtverhältnisse zwischen den großen Firmen, dem Staat und den Arbeitnehmern für die Koordinierung der Wirtschaftsaktivitäten bestimmend (Hall/Thelen 2006, 6/7).

Auch in einer anderen Untersuchungsreihe standen die Unternehmen im Mittelpunkt. Richard D. Whitley und sein Team untersuchten **„business systems"** in Europa und Ostasien (Whitley 1992; 1994). „Business systems" bezeichnet Whitley als „particular arrangements of hierarchy-market relations which become institutionalised and relatively successful in particular contexts" (Whitley 1994, 6). Sie sind durch die Strukturen und Formen der Koordination und Kontrolle charakterisiert, wie sie auf Grund des institutionellen Kontexts und der Arrangements zwischen den wichtigsten Akteuren auf den Charakter und das Handeln der Unternehmen in den verschiedenen Branchen in den einzelnen Staaten einwirken und Unterschiede hervorrufen.

Whitley legte die Betonung stärker auf die internen Beziehungen in den Unternehmen und meinte, unterschiedliche traditionelle Formen von Autorität und Kontrolle in den Firmen und die Regelung der Arbeitgeber-Arbeitnehmer-Beziehungen spielten eine große Rolle. Die

Tatsache, dass die Formen der Beziehungen zwischen den Kapitaleignern, Managern und Arbeitenden sowie ihren Interessenorganisationen von Land zu Land verschieden sind, bewirkt auch unterschiedliches Handeln der Unternehmen (vgl. Whitley/Kristensen 1997). Die Unterschiede auf der Ebene der Unternehmensorganisation und -führung, der Beziehungen zwischen den Unternehmen in der Branchenorganisation, der Institutionen und Organisationen des Arbeitsmarktes sowie auf der Ebene der staatlichen Regelungen und Interventionen verbinden sich zu spezifischen Systemen, die auch seiner Meinung nach eine große Resistenz gegen Veränderungen bewirken.

Whitley erachtete daher den Einfluss der Globalisierung auf den Charakter und das Handeln der Firmen nicht als signifikant, denn selbst dort, wo es zu Veränderungen kommt, bleiben die jeweiligen „business systems" in ihren Grundstrukturen bestehen; es kommt daher zu einem **pfadabhängigen Wandel**. Das gilt insbesondere für jene Systeme mit großem inneren Zusammenhalt und starker Position des Staates, die auch durch ausländische Investitionstätigkeit nicht wesentlich beeinflusst werden. Auch die Aktivitäten der multinationalen Unternehmen erhöhen in seiner Sicht zwar den Wettbewerb zwischen den Staaten, aber sie führten nicht zu einem neuen transnationalen System der Koordination und Kontrolle (vgl. Morgan/Kristensen/Whitley 2001).

Whitley betonte ähnlich wie Hall/Soskice die **soziale Konstruktion der „business systems"** als Konstellationen von Wirtschaftsakteuren und ihren Beziehungen zueinander und hob die Kontinuität dieser Formen in den einzelnen staatlichen Kontexten hervor. Auch er ist der Auffassung, dass die Marktkräfte und insbesondere jene, die im globalen Markt auftreten, keine Tendenz zur Angleichung der Systeme der wirtschaftlichen Koordination und Kontrolle zur Folge hätten. Insbesondere dem Staat weist er eine besondere Rolle in Bezug auf die Aufrechterhaltung der Unterschiede zu, weshalb die Frage nach der Effizienz der Institutionen mehr in den Hintergrund tritt, während die soziale Konstruktion von wirtschaftlichen Institutionen stärker betont wird. Die Internationalisierung stellt in dieser Sicht nur einen Aspekt in der Entwicklung und dem Wandel der Systeme wirtschaftlicher Organisation und institutioneller Kontexte dar (Whitley 2000, 136).

Ein drittes Beispiel für die Vergleiche von Wirtschaftssystemen stellen die Untersuchungen über **soziale Produktionssysteme** in Hollingsworth/Boyer (1997) dar. Sie beschäftigen sich mit der sozialinstitutionellen Einbettung von Produktionssystemen, mit den Konstellationen von Markt- und Nicht-Marktkoordination, die sich rund um die in den Betrieben bestehenden technisch bedingten Arbeits- und Organisationsformen entwickeln. Diese sozialen Konfigurationen bestehen aus dem System der Arbeitsbeziehungen, dem Berufsausbildungssystem, der Managementausbildung, der internen Struktur der Großunternehmen und den Branchenstrukturen, den vertikalen Beziehungen zwischen den Firmen, den Finanzmärkten, dem Staat, seiner Organisation und Politik. Über diese auch von Whitley und Hall/Soskice angeführten institutionellen Konstellationen hinaus erwähnen Hollingsworth/Boyer aber auch die Vorstellungen über Fairness und Gerechtigkeit, die auf beiden Seiten der Arbeitsmarktparteien vorhanden sind, die spezifischen sozialen Gewohnheiten und Traditionen, Normen, Moralprinzipien, Regeln und Gesetze. Die komplementären institutionellen Beziehungen bilden eine komplexe soziale Konfiguration, die zwar in gewissem Maße anpassungsfähig an äußere Zwänge ist, gleichzeitig aber einen eigenen Stil beibehält. Dieser manifestiert sich in einer bestimmten Rhetorik, einem spezifischen Verhalten und in den Wertvorstellungen der Akteure.

Die Einbettung der Wirtschaft in die Gesellschaft weist daher eine komplexe Verästelung der Institutionen auf allen Ebenen auf, die die Autoren als „nestedness" bezeichnen (Boyer/Hollingsworth 1997, 470).

Daher kommen auch Boyer/Hollingsworth zu der Überzeugung, dass der Globalisierungsprozess nicht in einer Konvergenz, sondern in der Koexistenz unterschiedlicher sozialer Systeme der Produktion resultieren wird.

Der „social systems of production"-Ansatz betont nicht die Effizienz der Institutionen als Ressourcen der Unternehmen, sondern weist auf die Koordination „of how to manufacture and distribute goods" und die Unterschiede, die diesbezüglich beobachtbar sind, hin. Die Orientierung an den sozialen Produktionssystemen bringt diesen Ansatz in die Nähe der französischen Regulationsschule (Aglietta 1987; Boyer 1987) und deren Differenzierung von „régimes" als **Systeme technisch-ökonomischer Produktion, institutionell-politischer Arrangements und des normativen Kontexts**. Die Regulationsschule verwies insbesondere auf das fordistisch-keynesianische Regime der Akkumulation zwischen 1950 und 1970, das die Grundlage für die volle Ausformung der industriellen Massenproduktion darstellte. Diese Phase in der Entwicklung des Kapitalismus geriet dann im Laufe der 70er Jahre in eine Krise, woraus sich jedoch noch kein neues Regulationsregime entwickelte. Zwar war auf die „flexible Spezialisierung" (Piore/Sabel 1984) hingewiesen worden und auch die „new economy" mit ihren dezentralen und unbürokratischen Organisationsformen schien auf eine neue Produktionsweise hinzudeuten, die aber ebenfalls in die Krise schlitterte. An die Stelle einer neuen Organisation des Kapitalismus schien ein „disorganized capitalism" (Lash/Urry 1987) zu treten.

Das gegenwärtige Produktionsregime zeichnet sich daher durch eine Vielfalt der Formationen aus: Neben den Produktionssystemen der prä-fordistischen flexiblen Produktion des Handwerks, der fordistischen Massenproduktion und der flexiblen Spezialisierung entwickelte sich eine **„diversifizierte qualitätsorientierte Massenproduktion"** als neue Form. Diese Systeme bestehen gleichzeitig nebeneinander, sie stellen in der Sicht von Hollingsworth/Boyer nicht Gegensätze oder aufeinander folgende Phasen dar, sondern werden als **komplementäre Systeme** aufgefasst; sie reflektieren die Tatsache, dass es stets grundsätzlich unterschiedlich zusammengesetzte Koordinationsweisen gibt. Dennoch weisen sie jeweils ganz bestimmte soziale Charakteristika und Formen wirtschaftlicher Koordination auf. Märkte und Hierarchien entsprechen der Massenproduktion, während flexiblere Formen der Produktion sich besser in mehr kooperativen und informellen Koordinationsweisen entfalten.

Die Koordination erfolgt auf verschiedenen Ebenen: der regionalen, nationalen, transnationalen und globalen Ebene. Auf jeder Ebene sind die Koordinationsmechanismen verschieden: Autorität, formelle Normen, Wettbewerb, Solidarität, Reziprozität, Verpflichtung, Vertrauen sind unterschiedlich stark wirksam auf den verschiedenen Ebenen und nehmen teilweise auch unterschiedliche Bedeutung an (z. B. Vertrauen in Gesetze = Rechtssicherheit vs. Vertrauen auf Grund persönlicher Beziehung).

Die Unterschiede nationaler institutioneller Systeme werden zwar auch in dieser Sicht betont, aber gleichzeitig festgestellt, dass in der Gegenwart ein epochaler Wandel vor sich geht, der die Autonomie der Nationalstaaten untergräbt und die Machtebene auf die transnationale bzw. die globale Ebene verschiebt. Aber auch auf den anderen Ebenen kommt es zu neuen Entwicklungen, so etwa werden auf der regionalen und lokalen Ebene Netzwerke, Clan- und Gemeinschaftsbildung stärker, wobei den informellen sozialen Normen wieder mehr Gewicht zukommt, da den flexiblen Produktionsformen die neoliberale Ausrichtung am Markt nicht entspricht. Der rasche Wandel macht auch eine stärkere institutionelle und kulturelle Einbettung der sozialen Produktionssysteme der diversifizierten qualitätsorientierten Massenproduktion auf der nationalen Ebene notwendig. Auf der transnationalen Ebene bestehen einige Assoziationen und Institutionen, die die Koordination ermöglichen, wenngleich insbesondere die Organisationen des Arbeitsmarktes schwach ausgebildet sind; auf der globalen Ebene sorgen nur einige Übereinkommen und internationale Organisationen für eine minimale Regelung wirtschaftlicher Transaktionen. Darüber hinaus begünstigen mächtige Staaten jene trans- bzw. internationalen Regime, die für ihre Firmen und Branchen und deren globalen Erfolg förderlich sind. Da die Erkenntnis Platz gegriffen hat, dass „institutions matter" und Wirkungen auf die Effizienz und den wirtschaftlichen Erfolg von Unternehmen und Staaten haben können, kommt es zu internationaler Konkurrenz in Bezug auf Institutionen, die soziale, politische und auch kulturelle Folgen für die Gesellschaften haben.

In der Institutionenanalyse im Anschluss an Weber sah Nicole Biggart die Möglichkeit, Organisationen als **Strukturen ökonomischer Herrschaft** auf der Basis kultureller Bedingungen zu beschreiben (Biggart 1997). Ihre Betonung der institutionellen Analyse für die Erklärung der wirtschaftlichen Organisationsformen orientiert sich weitgehend an Weber, da dadurch insbesondere nicht-westliche Wirtschaften besser im Hinblick auf die Beziehung zwischen den geistig-kulturellen und den materiellen Bedingungen untersucht werden können (Orrù/Biggart/Hamilton 1997). Die historische Perspektive erlaubt es darüber hinaus, die Dialektik von Struktur und Handeln sichtbar zu machen, und gleichzeitig die institutionelle Einbettung wirtschaftlichen Handelns in ethischer, sozialstruktureller und praktischer Hinsicht aufzuzeigen (Biggart 1997, 29).

Im Zuge der Wirtschaftsvergleiche kam es zu einer Renaissance des Kapitalismusbegriffs, wobei dieser entweder als Synonym für Marktwirtschaft oder aber als Ausbreitung des „westlichen" Wirtschaftssystems verstanden wird. Seine sozialen und politischen Grundlagen werden nicht problematisiert.

Kapitalismus wird nicht als eine feststehende Konstellation institutionell-politischer und kulturell-historischer Faktoren gesehen, sondern als vielfältig in Bezug auf seine Koordinationsformen.

Der globale Kapitalismus erscheint durch kulturelle Differenzen modifiziert, aber gleichzeitig verliert er deshalb nicht seine spezifische Ausformung im Rahmen der jeweiligen Wirtschaftskultur, sondern diese wird sogar verstärkt (Berger/Huntington 2002).

Wie Beckert feststellt, geht es darum zu bestimmen, welche institutionellen Regelungen „richtig" sind (Beckert 2006b, 431), aber das muss sich nicht notwendig auf Effizienz im Sinne der Unternehmenserfolge oder der Kapitalinvestoren beziehen. Wenn Normen und Institutionen nicht im Sinne der weiteren gesellschaftlichen Akzeptanz und Legitimität aufgefasst werden, sondern als strategische Variable, so werden gesellschaftliche Normen und Gemeinwohl Beurteilungskriterien unterworfen, die auf partikularen Interessen beruhen.

7.6 Kulturelle Ressourcen und wirtschaftliche Entwicklung

Auch die kulturelle Einbettungsdiskussion weist häufig eine instrumentelle Sichtweise auf, so dass Aspekte wie Religion, Mentalität, Wertvorstellungen und -haltungen, Traditionen als Ressourcen betrachtet werden, die eingesetzt werden können, um Vorteile im internationalen Wettbewerb der Unternehmen, Staaten und Regionen zu erreichen.

Im Zuge der transnationalen Ausweitung der Aktivitäten der multinationalen Unternehmen und der Globalisierung im Sinn von weltweiten Kooperationen kam es zu einer starken Nachfrage nach **interkultureller Managementkompetenz** und nach Beratung in Bezug auf interkulturelle Geschäftsanbahnung und -abwicklung. In diesem Zusammenhang ist die bekannte Untersuchung von Geert Hofstede zu erwähnen, die in einer Art **Landkarte kultureller Einstellungen** resultierte. Er bezeichnete Kultur als „the collective programming of the mind" (Hofstede 1980), was schon darauf hindeutet, dass er die Wirkung der Kultur auf die Verhaltensweisen und Einstellungen der Individuen zu messen versuchte. Dazu entwickelte er ein Konzept von fünf Kulturdimensionen: power distance, individualism, masculinity versus femininity, uncertainty avoidance long-term orientation.

Während Hofstedes Untersuchung die Zusammenhänge zwischen nationalen Kulturen und Unternehmenskulturen untersuchte, war die Frage, wie die Kultur die wirtschaftliche Entwicklung und Leistung beeinflusst, seit jeher eine häufig diskutierte. Dabei muss selbstverständlich an Max Webers „Wirtschaftsethik der Weltreligionen" und die Protestantismusthese erinnert werden. An sie knüpft immer wieder auch die Aufmerksamkeit an, die den kulturellen Faktoren wirtschaftlicher Entwicklung der nicht-westlichen Länder zuteil wird. So war die Tatsache, dass Japan als erstes Land außerhalb Europas und Nordamerikas mit dem Westen gleichziehen, ja, ihn in gewissen Fällen sogar überholen konnte, lange Zeit mit kulturellen Argumenten in Verbindung gebracht worden. Diese **„kulturelle" Erklärung** war auch in Japan selbst die vorherrschende Sicht, weil damit die „Japaneseness" gegenüber den Einflüssen durch die Übernahme von Technologien, Praktiken, Institutionen aus dem Westen hervorgehoben und erhalten werden konnte (Shimada 2007; Dore 1987), wenngleich die politischen und ökonomisch-sozialen Faktoren zumindest ebenso wichtig waren (vgl. Abegglen/Stalk 1985; Francks 1992).

Die wirtschaftlichen Erfolge der „Tigerstaaten" in Südostasien in den 80er Jahren des vergangenen Jahrhunderts belebten die Diskussion über den **Konfuzianismus** und seine Bedeutung für die Wirtschaftsmentalität. In ihm ortete man Elemente, die die Funktion, die Weber der Veralltäglichung der protestantischen Ethik zugeschrieben hatte, übernehmen konnten. Auch der wirtschaftliche Erfolg einiger Regionen in Lateinamerika bzw. das Zurückbleiben anderer afrikanischer und lateinamerikanischer Staaten ließ sich mit Bezug auf kulturelle Merkmale erklären. So wurden die Unterschiede zwischen den katholischen und protestantischen Regionen und Gruppen in Beziehung zu ihren wirtschaftlichen Leistungen gebracht (Berger 1987; Berger/Huntington 2002). Der Einfluss des **Protestantismus** in Lateinamerika, Afrika und Südkorea schien sich günstig auf die wirtschaftliche Entwicklung auszuwirken.

Insbesondere die Bereitschaft und Fähigkeit zur Entwicklung und Übernahme von Innovationen technologischer, organisatorischer und ökonomischer Art wurde mit kulturellen Argumenten verbunden. Dabei zeigte sich allerdings auch, dass sich die Bedeutung und Funktion der Innovationen, wenn sie in der neuen sozialen Umwelt implementiert werden, änderte und die Techniken und Praktiken durch die kulturellen Einflüsse modifiziert werden, so dass man sogar eine Lokalisierung der global verbreiteten Techniken, Produkte, Praktiken feststellte.

Kultur als Grundlage für wirtschaftlichen Erfolg thematisierte auch Fukuyama (1997) und verwies darauf, dass Vertrauen, welches als wichtig für Geschäftsbeziehungen erkannt worden war, kulturell begründet ist und in unterschiedlichen Kulturen daher eine differente Bedeutung und Funktion aufweist.

Wo die Gruppenorientierung stark ausgeprägt, internalisiert und kulturell legitimiert ist, kommt es zu einer anderen Art von Vertrauen; diese ist auf die in traditionellen Gruppen bestehenden vertikalen Beziehungen begründet und auf kulturellen Werten der Gruppe. In solchen Kulturen herrschen oft Patron-Klienten-Beziehungen, die eine vertikale Ordnung mit sozialemotionaler und kulturell-legitimer Bedeutung stützen. Vertrauen in diesen Fällen ist etwas ganz anderes als Vertrauen in horizontalen Beziehungen. Da in vielen Entwicklungsregionen des Südens solche vertikalen Beziehungen vorherrschen, bezieht sich Vertrauen in diesen Gesellschaften zwar auf die Mitglieder der eigenen Gruppe, nicht jedoch auf Außenstehende bzw. Personen aus anderen Gruppen. Generell kann man sagen, dass die horizontalen Netzwerkbeziehungen, mit denen sich die Wirtschaftssoziologie vorrangig beschäftigt, typisch für westliche Gesellschaften sind, aber in anderen Gesellschaften nicht dominieren.

Im Hinblick auf die Wirkungen der Globalisierung im Sinne einer **kulturellen Homogenisierung** der Welt wurde bald klar, dass es gerade kulturelle Faktoren sind, die eine solche nicht zulassen, und vielmehr eine **kulturelle Einbettung und damit Modifikation des Kapitalismus** zu beobachten ist. Auch wenn sich westliche Lebensstile und Konsumweisen in vielen Ländern der Erde im Zug ihrer wirtschaftlichen Entwicklung ausbreiten und Managementpraktiken, Technologien und Organisationskonzepte im Gefolge von Niederlassungen multinationaler Konzerne, joint-ventures oder der Transformation der eigenen Wirtschaftsformen übernommen werden, zeigen sie kulturelle Spezifika bzw. werden in ihren Formen oder in ihrer Bedeutung verändert. Man kann daher von einer Einbettung der Wirtschaft in die Kultur sprechen, auch jener Teile der Wirtschaft, die sich in direktem Kontakt und Austausch mit den internationalen Strömungen befinden. Dazu gehören die Wirtschaft und die Lebensformen, wie sie in den großen Städten und den modernen Wirtschaftsregionen der Welt bestehen. Hier kann man von einer Einbettung im Sinn der modernen Netzwerkkonzepte und gleichzeitig der wechselseitigen Beeinflussung der lokalen und der globalen Kultur sprechen. Es betrifft zum Großteil nicht die ländlichen Gebiete, in denen noch eine Einbettung der Wirtschaft in die Kultur im Sinne von Polanyi als Unterordnung wirtschaftlicher Aspekte unter die Orientierung an der Gruppe vorherrscht, oder in denen, wo die Verelendung groß ist, Anzeichen der Auflösung sowohl der wirtschaftlichen als auch der sozialen Strukturen bemerkbar sind. Über diesen beiden Ebenen aber hat sich doch eine weitgehend **entbettete globale Kultur** entwickelt, die sich allerdings auf die moderne Elite in den Finanz- und Technologiezentren der Welt beschränkt.

In vielen Studien über die Einbettung der Wirtschaft in die Kultur wurde ein undifferenzierter Begriff der Länderkulturen als permanente „standards" kollektiven Bewusstseins verwendet. Dabei wird der dynamischen Wechselbeziehung und Verschränkung kultureller und wirtschaftlicher Handlungen und Prozesse und den Differenzierungen innerhalb der einzelnen Länder zu wenig Bedeutung beigemessen, sondern die langfristigen Verhaltensmuster, Wertvorstellungen und Denkweisen wurden mit Hilfe eines Begriffsrasters kategorisiert. Solcherart konnte auch nicht auf die konkreten wechselseitigen Beziehungen zwischen den verschiedenen Einflussfaktoren wirtschaftlichen Handelns und ihrer besonderen historischen Entwicklung eingegangen werden. „Kultur" wurde vielmehr zu einer statischen kategorial definierten Hintergrundfolie zur Orientierung der Unternehmen im Hinblick auf ihre globalen wirtschaftlichen Transaktionen.

Kultur wurde auch vielfach im Descartesschen Sinn als Gegensatz zu „Vernunft" und in der Folge zu „Wirtschaft" gesehen. Dieser traditionelle Kulturbegriff hat durch die große Bedeutung der Wirtschaft und ihre Durchdringung aller Lebens- und Denkweisen eine Veränderung erfahren.

Wirtschaft, Technik, Wissenschaft sind zentrale Inhalte der modernen Kultur, die damit auch eine Dynamisierung erfuhr; sie wird nicht mehr ausschließlich mit langfristig bestehenden Denk- und Verhaltensweisen identifiziert, sondern genauso mit der Emergenz und Konstruktion von neuen Vorstellungen, Symbolen, Sichtweisen der sich rasch wandelnden Bedingungen des Lebens.

Der postmoderne Kulturbegriff orientiert sich an Kultur als sich ständig verändernder Vielfalt der „flows" von Zeichen, Signalen, Informationen, die eine „complex overlapping, disjunctive order" (Appadurai 1987) darstellen. Diese an der Kulturökonomie orientierte Vorstellung ist zwar sehr suggestiv, sie betrifft aber doch nur einen Aspekt oder eine Dimension des Kulturellen, das heute so vielgestaltig und vielfältig ist wie nie zuvor. Genauso komplex und multidimensional sind daher auch die Verschränkungen zwischen der Wirtschaft und der Kultur, so dass die Metapher der Einbettung kaum als adäquat dafür angesehen werden kann.

7.7   Abschließende Bemerkungen

Die obige kurze Darstellung und Diskussion der Ansätze, die sich mit der institutionellen Einbettung der Wirtschaft und den Vergleichen der Wirtschaftssysteme beschäftigen, zeigt einige Besonderheiten dieser Analysen auf. Zum einen erscheint die thematische Ausrichtung an der Globalisierungsdebatte im Hinblick auf Konvergenz oder Divergenz bei den Wirtschaftsvergleichen bemerkenswert, weil sie auf die Beeinflussbarkeit der sozialwissenschaftlichen Forschung durch allgemein verbreitete Schlagwörter und Themenvorgaben hinweist. Zum anderen manifestieren sich darin auch die beständigen Problemstellungen und Denkstrukturen der Sozialwissenschaften seit der Dissoziation des „Sozialen" von der Wirtschaft. Die Wiederanknüpfung zwischen beiden Dimensionen, die durch die innerwissenschaftlichen Differenzierungen und einzeldisziplinären Objektdefinitionen und Erkenntnisperspektiven begründet wurden, erweist sich als umständlich und schwierig.

Der Begriff der Einbettung, der als Krücke dient, wirft mehr Fragen auf, als er zu lösen vermag.

Die Behandlung organisatorischen Wandels belegt die bekannte Differenz von rationalem Managementhandeln und nicht-ökonomischen, daher nicht-rationalen Aspekten und führt dazu in sich vieldeutige Begrifflichkeiten wie die Mythen ein. Die vergleichenden Untersuchungen führen zwar in verdienstvoller Weise die konkreten Gruppen und Verbändestrukturen, die gesetzlichen und politischen Bedingungen und die Strategien der Konzerne in den verschiedenen Ländern vor Augen, aber sie tun dies mit einer einseitigen Orientierung daran, was aus globalwirtschaftlicher Sicht wichtig ist und reduzieren die Wirtschaft dabei auf die großen multinationalen Unternehmen, die Staaten und ihre Politik, sowie die nationalen Systeme des Interessenausgleichs zwischen den großen Gruppierungen.

Die Studien zur Einbettung „des Kapitalismus" in die nicht-westlichen Kulturen erweisen die Problematik der Bestimmung der Wirtschaftsordnungen und -systeme in vergleichenden Kulturanalysen. Daher werden einzelne Aspekte wie bestimmte Einstellungskonstrukte oder Faktoren wie Religion in einen Bezug zu wirtschaftlicher Entwicklung gesetzt und dies erfolgt weniger zum Zwecke der Erklärung unterschiedlicher kultureller Ausformungen des Wirtschaftsprozesses in langfristiger Sicht, sondern im Hinblick auf den Beitrag zum Wirtschaftserfolg von Akteuren in interkulturellen Settings oder zum Wirtschaftswachstum der Länder.

8   Die Folgen der wirtschaftlichen Transformation der Gesellschaft

Die bisher in keineswegs Vollständigkeit beanspruchender Weise präsentierten Ansätze sind Grundlagen für und teilweise selbst Gegenstand einer weiteren Perspektive der sozialwissenschaftlichen Behandlung der Wirtschaft, die sich mit den Folgen von Veränderungen befasst. Dies kann nicht ohne die Analyse der Wirtschaft auskommen (Stinchcombe 1983), aber die Diskussion von Folgen stellt jedenfalls eine notwendige Ergänzung dar.

Aus der Perspektive der Folgen des Übergangs von der vormodernen zur modernen Gesellschaft, von der vorindustriellen zur industriellen Gesellschaft, waren die klassischen Sozialanalysen entstanden. Sie waren darauf gerichtet, die Sozialstrukturen und Kulturmuster der neuen gesellschaftlichen Ordnung Begriffe und Theorien zu fassen, etwa den Wechsel von der stratifizierten zur funktional differenzierten Gesellschaft. Aus dieser Vision der zukünftigen Ordnung konstruierten sie auch die Komponenten für die Analyse ihrer Gegenwart.

Diese Sicht des **Übergangs in eine neue Gesellschaft** inspirierte auch die zahlreichen Ansätze, die sich mit der Bestimmung der Aspekte jener sozialen Ordnung, wie sie sich in der Gegenwart herauszubilden scheint, befassen.

So entstanden die Befunde der postindustriellen Gesellschaft, der postmodernen Gesellschaft, der postkapitalistischen Gesellschaft, der Risikogesellschaft, der Informations- oder Wissensgesellschaft, der Erlebnisgesellschaft, der Netzwerkgesellschaft usf.

Sie sind ein Hinweis darauf, dass die Zukunft sich der Erkenntnis weitgehend entzieht, dafür aber die Sicht der Gegenwart bestimmen kann. Da es auch wieder sehr unklar geworden ist, was denn „Gesellschaft" überhaupt meint, sind derartige Entwürfe zwar faszinierend und anregend, sagen aber wenig über konkrete Prozesse aus.

Leon Festinger hat in seinem Essay über die Entwicklungsgeschichte der Menschheit festgestellt, dass zwar immer wieder Lösungen für Probleme gefunden wurden, die **Konsequenzen der Problemlösungen** jedoch nicht vorhergesehen wurden (Festinger 1985). Das scheint insbesondere auf die moderne Zeit zuzutreffen, die zwar eine scheinbar selbsttätige Maschine der Bedarfsdeckung, des Austauschs und der Bereicherung geschaffen hat, deren Folgen und deren Funktionsweise die Menschen aber nicht mehr kontrollieren. Dasselbe lässt sich über die Technologie sagen, die zwar bis dahin Unvorstellbares vollbringen hilft, aber eigentlich nicht wirklich beherrschbar ist und eventuell in einer artifiziellen Intelligenz resultieren kann, die die Menschheit ins zweite Glied zurückweist. Wenn man es gerade als Aufgabe der Wissenschaften und insbesondere der Sozialwissenschaften ansieht, nicht nur Probleme zu lösen, sondern auch die Folgen von Veränderungen, die auf unser Handeln zurückgehen, vorauszusehen, ist das sicher eine allzu ehrgeizige Sicht. Dennoch muss sie gerade von den Sozialwissenschaften versucht werden, die sich sonst nur in den Dienst verschiedener Mächte und deren partikularen Problemen stellen würden.

„Folgen der Wirtschaft" meint die Wirkungen, die das Handeln, das auf Bedarfsdeckung, Austausch und Bereicherung gerichtet ist, auf die Menschen in ihren Lebensumständen hat. Damit sind keine Zukunftsentwürfe verbunden, sondern Hinweise darauf, wie und in welchem Ausmaß die Hoffnungen, die mit der modernen Wirtschaft und ihrer Ökonomie verbunden wurden, erfüllt wurden oder ob die damit verbundenen Transformationen etwa zu unbeabsichtigten Folgen geführt haben.

Die Fragen nach den Folgen beziehen sich im Hinblick auf die Bedarfsdeckung darauf, wie weit diese erfüllt werden kann, ob der Hunger aus der Welt verschwunden ist, ob die Güter und Dienste, die wir kaufen können, auch die sind, die wir brauchen. Was diese Güter für uns bedeuten, was Geld bedeutet, welche Folgen die Globalisierung und Informatisierung für die sozialen Beziehungen, für die gesellschaftliche Solidarität, für die Kultur haben. Wenn wir uns dem Austausch zuwenden, so bezieht sich die Perspektive der Folgen auf die Frage der Tauschgerechtigkeit in der Beziehung von Kapital und Arbeit in weltweiter Hinsicht oder in Bezug auf das Problem der Bedürfnisse und des Ausgleichs zwischen ihnen und den Interessen und damit auf die Latenz von sozialen Konflikten. Schließlich sind insbesondere die Folgen der derzeitigen Ökonomie der Bereicherung, wie sie in den globalen Geld- und Kapitalmärkten symbolisiert ist, von Relevanz; sie bestehen in wachsender ökonomischer Ungleichheit in den Gesellschaften und weltweit, aber auch in der kulturellen Legitimierung und positiven Sanktionierung von Reichtum in einem Großteil der Welt, der eine neue Armut nicht nur ökonomischer, sondern vor allem auch sozialer und politischer Art entspricht. Auf alle diese Folgen kann hier nicht eingegangen werden, manche sind schon lange Gegenstand der Diskussion und Forschung. So kann hier nicht auf die Probleme des Hungers in der Welt eingegangen werden oder auf die Umweltgefährdung; die Bedürfnisproduktion in der industriellen Marktwirtschaft wurde bereits oft behandelt und ebenso die Frage des „Rechts auf den vollen Arbeitsertrag" und die sich daraus ergebenden Konsequenzen.

Im Folgenden können daher nur einige wenige Aspekte berührt werden; sie betreffen zum einen die Perspektiven, die eine sozialwissenschaftliche Behandlung der sozialen Kosten anstelle jener des sozialen Kapitals eröffnen, zum anderen wird die prägnanteste Konsequenz der gegenwärtigen Bereicherungsökonomie, die wachsende Ungleichheit, welche sich in mehrfacher Hinsicht entwickelt, behandelt.

8.1   Das Problem der sozialen Kosten

Nach den Vorstellungen der neoklassischen Markttheorie und den Annahmen des Modells kommt es zum Gleichgewicht und zur Bestimmung des Preises, ohne dass negative Effekte entstehen. Die normative Gleichsetzung von Marktgleichgewicht mit dem Gemeinwohl in Form der „maximum aggregate satisfaction" wurde aber auch nicht von allen Ökonomen vorbehaltlos akzeptiert. Schon Sismondi hatte auf die Kosten wirtschaftlichen Wandels hingewiesen (in: Kapp 1963, 32 f). Marshall hatte bereits den Begriff der **„externalities"**, der externen Effekte des Marktes, verwendet und damit auf die Tatsache hingewiesen, dass die Wirtschaftstätigkeit auch unbeabsichtigte Effekte in anderen Bereichen der Gesellschaft hat. In der Ökonomie ist der Begriff der „externalities" eng mit dem des Marktversagens, ein soziales Optimum zu erreichen, verbunden. Pigou und andere Ökonomen suchten daher die Externalitäten in der neoklassischen Analyse zu berücksichtigen.

Coase ging ebenfalls vom Begriff der sozialen Kosten aus und meinte, dass der Markt, würde er nach den Annahmen der Theorie funktionieren können, keine Kosten verursachen würde. Tatsächlich sind die realen Bedingungen aber so, dass der Markt nicht in diesem Sinn arbeiten kann, so dass es zu sozialen Kosten kommt.

Er interpretierte diese als jene Kosten, die für die Funktionsfähigkeit des Marktes aufgewendet werden müssen.

Sie erwachsen teilweise dem Staat durch die Institutionen, die für die Kontrolle und Sicherung der Marktfreiheit und für das effiziente Funktionieren sowie für die Ausgleichung der „externalities" notwendig sind, teilweise erwachsen sie den Marktteilnehmern, insbesondere den Unternehmen, in Form der Transaktionskosten des Marktes; er bezeichnete sie daher auch als die Kosten des Betriebssystems „Markt" (Coase 1960).

William Kapp verwendete den Begriff der „sozialen Kosten", um die **negativen Wirkungen des Handelns privatwirtschaftlicher Unternehmen auf die Allgemeinheit** zu kennzeichnen. Er wies darauf hin, dass die Firmen auch ohne über Monopol- bzw. Oligopolvorteile zu verfügen, in der Marktwirtschaft einen Teil der gesamten Kosten der Produktion auf die Gesellschaft überwälzen (Kapp 1963). Soziale Kosten entstehen dadurch, dass „der Markt" die Minimierung der Kosten der Unternehmen, die sich in niedrigen Preisen niederschlagen, honoriert. Kosten, die auf Grund von gesundheitlicher Schädigung der Arbeitenden, Umweltschäden wie Luft- und Wasserverschmutzung, Landschaftsschäden etc. bzw. durch die Sanierung dieser Schäden oder ihre Verhütung entstehen, gehen zu Lasten des Staates und verursachen öffentliche Ausgaben, die von der Allgemeinheit zu tragen sind.

Verschiedene Schwierigkeiten sind mit dem Begriff der sozialen Kosten als jenen Aufwendungen, die durch privatwirtschaftliche Verursacher für die Allgemeinheit entstehen, verbunden. Als Kosten in kalkulierbaren monetären Größen können sie meist nicht erfasst und auch nicht dem jeweiligen Verursacher zugerechnet werden. Außerdem würden die Unternehmen die dadurch gestiegenen Kosten über die Preise auf die Konsumenten überwälzen, sofern es der Markt erlaubt; sollten sie dies auf Grund der Marktlage nicht können, würden sie vermutlich ihre Tätigkeit aufgeben müssen, was wieder Arbeitsplätze und Einkommen gefährdet. Dass die Produzenten alle von ihnen verursachten Kosten selbst tragen, das ist vermutlich in einem marktwirtschaftlichen System gar nicht möglich bzw. würde zu gravierenden Versorgungsmängeln führen. Auch in einer dezentralen Planwirtschaft können soziale Kosten nicht vermieden werden, denn auch Staatsbetriebe können Umweltschäden und negative Auswirkungen auf die Menschen verursachen.

Die Frage der sozialen Kosten berührt die Stellung der Unternehmen als gesellschaftliche Institutionen. Die **gesellschaftliche Verantwortung von Unternehmen** wird gegenwärtig stark diskutiert, erfreut sich großer Beachtung und zahlreicher Initiativen auch von Seite der Unternehmen bzw. der Unternehmensverbände. Allerdings ist nicht klar, wieweit es sich dabei um die Auslösung einer Mythenspirale handelt, die die Unternehmen zwingt, sich „freiwillig" zur gesellschaftlichen Verantwortung zu bekennen, um daraus Sozialkapital zu lukrieren, das wieder in ökonomisches Kapital überführbar ist (Hiß 2005) oder sich darin eine „Moralisierung des Marktes" (Stehr 2007) manifestiert.

Die Problematik der sozialen Kosten ist in der Gegenwart dadurch verschärft, dass es nicht nur der Gütermarkt ist, dessen Wettbewerbslage verlangt, dass Firmen ihre Produktionskosten niedrig halten, sondern dazu auch der Druck von der Seite der Financiers, insbesondere der Aktienbesitzer bzw. –verwalter kommt, deren weitgestreute und weltweite Investitionsmöglichkeiten hohe Dividenden und hohe Aktienkurse des einzelnen Unternehmens erzwingen. Das manifestiert sich in der Gegenwart in organisatorischem Reengineering, in „just-in-time"-Produktion zur Minimierung der Lagerkosten, im „downsizing" durch Personalreduktion, im Druck auf die Löhne, in der Intensivierung der Arbeit und der Verlängerung der Arbeitszeiten, sowie im Druck auf die Politik zur Steuersenkung und zur Senkung der Lohnnebenkosten. Durch die Orientierung an den Wertzuwächsen sind die Unternehmen gezwungen, Kosten auf den Staat und die Gemeinden, die Zulieferer, die Kunden und Konsumenten, die Arbeitnehmer bzw. die Selbständigen zu überwälzen. Prekär ist die Situation der abhängigen Selbständigen, der klein- und mittelbetrieblichen Zulieferer und der Arbeitnehmer, die im konjunkturellen Aufschwung ihrer jeweiligen Branche zwar noch ihre Position einigermaßen halten können, aber in Abschwungsphasen als erste in Schwierigkeiten kommen.

Michel Callon hat darauf hingewiesen, dass den negativen sozialen Kosten auch **positive Externalitäten** gegenüber stehen, die etwa durch die Forschung und Entwicklung in den Unternehmen entstehen (Callon 1998). Den sozialen Kosten privater Wirtschaftstätigkeit müssen daher auch soziale Nutzen in Form der Sozialisierung privater Leistungen (z. B. technische Erfindungen in einem Betrieb, die später Allgemeingut werden) entgegen gehalten werden. Das Ziel muss es Callon zufolge sein, die „externalities" messbar zu machen, was allerdings schwierig erscheint. Auch ohne die sozialen Kosten messbar machen zu können, ist ihre Existenz jedoch unzweifelhaft vorhanden, aber es geht nicht so sehr um die Feststellung von Geldsummen, sondern um Entscheidungen in Bezug auf die Einkommensumverteilung zwischen niedrigen Löhnen, hohen Preisen für Konsumenten oder hohen Steuerquoten.

Vielfach wird der Staat als Adressat für die Übernahme der sozialen Kosten und für den Ausgleich der Externalitäten mit den Mitteln seiner Steuerpolitik oder anderer Maßnahmen angesehen. Polanyi hatte dies allerdings nicht nur im Sinne einer Schadensbegrenzung verstanden, sondern als aktive Sozialpolitik in Verfolgung sozialer Ziele, die die Hauptaufgabe des Staates in seiner Sicht war (Polanyi 1925).

Soziale Kosten waren daher für ihn die öffentlichen Ausgaben, die der Staat für die Realisierung der sozialen Ziele im Interesse der Allgemeinheit aufwendet.

Dies entsprach seiner Vorstellung eines funktionellen Sozialismus, der Markt und Staat vereinen sollte. Diese Sichtweise ließ sich in Ansätzen noch in der Epoche des Wohlfahrtsstaates ausmachen, in der die öffentlichen Ausgaben für Sozialpolitik noch durchaus positiv bewertet wurden. In der Folgezeit allerdings änderte sich diese Einschätzung unter dem Eindruck des „globalen Wettbewerbsdrucks" und der „ökonomischen Sachzwänge"; die sozialen Ziele traten zurück und wurden zu rhetorischen Versprechungen in Wahlzeiten.

Bei der Frage der sozialen Kosten handelt es sich daher nicht nur um die Verluste und Schäden, die Arbeit und Produktion an menschlichen und natürlichen Ressourcen verursachen, die Transaktionskosten des Marktes oder die externen Effekte der Unternehmen, sondern um massive Veränderungen der gesellschaftlichen Kosten- und Einkommensstrukturen. Auch hier wäre ein wichtiger Ansatzpunkt für die Entwicklung einer **Kostensoziologie** gegeben, die aber auch politisch-ökonomische Perspektiven miteinschließen muss.

Da die Staaten und ihre Regierungen gleichzeitig mit den Wettbewerbsverschärfungen für die Unternehmen versuchen, die eigenen Kosten zu reduzieren, kommt es in der Ausgabenstruktur der Staaten zu massiven Veränderungen, die der Aufarbeitung durch eine **Fiskalsoziologie** (Backhaus 2007) harren. Die Folge ist eine Erhöhung der Unsicherheit der Menschen, die die Hauptlast der Kostenminimierungsstrategien der Arbeitgeber und der Reduktion der sozialpolitischen Ausgaben des Staates zu tragen haben.

Die Sichtweise auf die „sozialen Kosten" der Wirtschaft ist in der gegenwärtigen sozialwissenschaftlichen Diskussion nicht sehr weit verbreitet, ganz im Gegensatz zur Intensität, mit der der Begriff des Sozialkapitals diskutiert wird.

Aber gerade in der Gegenwart haben sie eine besondere Brisanz, wobei es allerdings nicht mehr nur um die Verursachung von Kosten durch die Unternehmen geht, sondern auch um jene Folgen, die aus politischen Entscheidungen erwachsen, welche „dem Markt" und „dem Kapital" den Vorrang vor den sozialen Zielen einräumen.

Sie resultieren in einer Schwächung der sozialen Stabilität und Sicherheit in Gesellschaft und Arbeitswelt, in dem Zwang zur immer schnelleren Ersatzbeschaffung auf Grund des technologischen Wandels und der damit bedingten Abschöpfung des verfügbaren Einkommens der Arbeitenden, in der Ausbeutung immer neuer angeblicher Bedürfnisse der Konsumenten und den negativen Auswirkungen auf die Umwelt.

Die sozialen Kosten sind nicht allein ein Problem der Verantwortung der Unternehmen, noch berühren sie nur die bezifferbaren monetären Aufwendungen, die durch Gesundheits- und Umweltschäden entstehen; dahinter stehen vielmehr bedeutende Fragen in Bezug auf gesellschaftliche Entscheidungen über politische Zielsetzungen bzw. die Berücksichtigung von sozialen und kulturellen Konsequenzen der politischen Maßnahmen und wirtschaftlichen Entscheidungen.

8.2   Gesellschaftliche Folgen des Kapitalismus

Die Folgen der allgemeinen Ausbreitung des Kapitalismus, des Markttauschs und der Geldwirtschaft waren Thema wichtiger klassischer Werke der Sozialwissenschaften. Besonders hervorzuheben ist hier Karl Marx und seine Charakterisierung der Folgen des Kapitalismus, die er in der Ausbeutung und Entfremdung der Menschen sah, sowie seine Überzeugung, dass der Kapitalismus zwangsläufig Krisen produziere und sich schließlich selbst zerstören würde. Das Bild, das er dabei von der kapitalistischen Gesellschaft und ihrer zukünftigen Entwicklung zeichnete, wurde zwar zum quasi-religiösen Dogma, was aber nicht die wichtigen Hinweise auf die Funktionsweise und die Folgen des Kapitalismus, wie sie in seiner Zeit erkannt werden konnten, schmälert. Grundlegend war seine Einsicht in die Tatsache, dass Wirtschaft, Gesellschaft und Staat eine Einheit bilden, und das gibt sein Begriff der historischen Konstellation des Kapitalismus wieder. Wirtschaftliche Veränderungen sind nicht zu trennen von gesellschaftlichem und staatlich-politischem Wandel.

Max Weber und Werner Sombart hatten sich mit den kulturellen und historischen Bedingungen befasst, die den Aufstieg des Kapitalismus in Europa ermöglichten, dabei aber auch wesentliche Hinweise geliefert über die Folgen, etwa in Bezug auf die Umkehrung der Beziehung von Macht und Reichtum bzw. jene des Rationalisierungsprozesses, was sich mit dem oft thematisierten Begriff Webers vom „ehernen Gehäuse" der Bürokratie verbindet.

Zahlreich waren die Befunde und Analysen, die auf die moralischen und kulturellen Folgen des Kapitalismus bzw. der modernen Markt- und Geldwirtschaft hinwiesen. Durkheim hatte in seiner Selbstmordstudie die wachsende Anomie der Gesellschaft und ihre Manifestationen im Leben der Menschen für den Verlust der normativen Bindungen und Orientierungen im Gefolge der wirtschaftlichen und sozialen Veränderungen verantwortlich gemacht. Eine der eindringlichsten Analysen, die sich mit den Kulturfolgen der Geldwirtschaft beschäftigten, war Georg Simmels „Philosophie des Geldes", in der er geradezu die „Tragödie der Kultur" beschwor (Simmel 1900).

Schumpeter hatte die schöpferische Zerstörung als Grundlage des Kapitalismus durch die Innovationen, die er als den Motor der wirtschaftlichen Entwicklung kennzeichnete, hervorgehoben (Schumpeter 1911). Später dann betonte er die moralischen Folgen des erfolgreichen Kapitalismus, die er in der Erosion der Einstellungen und Verhaltensmuster, die seinen Aufstieg begründet hatten, erblickte. Überhaupt sah er die Entwicklung des Kapitalismus in seinen späteren Werken sehr pessimistisch, nicht nur indem er Marx insofern folgte, als er ständige Krisen und Konjunkturzyklen als Wesensmerkmal des Kapitalismus feststellte, dessen Niedergang er befürchtete.

Jede Wirtschaftsweise hat auch zerstörerische Effekte, da natürliche Ressourcen vernichtet werden, und zwar entweder durch Konsum oder durch Produktion neuer Güter. Wirtschaft wird in der Regel durch die Identifikation mit „Produktion" nur positiv verstanden, so dass ihre destruktive Seite nicht offenbar wird, obwohl sie in der Geschichte der Menschheit häufig mit Kämpfen und Kriegen, mit Versklavung und Ausbeutung, mit Vergeudung, Zerstörung und Verwüstung einher ging (Bataille 1985). Wirtschaft hat immer auch eine negative Seite, denn sie zerstört Ressourcen und ihre eigenen Produkte durch den technologischen Wandel, durch den Wandel der Konsumweisen und Lebensstile und durch die Bedeutung, die dem Krieg noch immer zukommt. Diese Sicht auf die **destruktive Seite der Wirtschaft** (Clausen 1988) findet in der Gegenwart ihre Fortsetzung in den Befunden der Zerstörung der Ressourcen und der Gefährdung des gesamten Planeten.

Thorstein Veblen hatte neben der Verschwendung auf Grund der „conspicuous consumption" auch die Beeinträchtigung der technisch möglichen Effizienz und Produktivität durch das Profitstreben kommentiert (Veblen 1921). Die Effizienzsteigerung der Produktion wird in seiner Sicht durch die technisch-organisatorische Entwicklung, der die Ziele und Motive der Techniker und Ingenieure gelten, ermöglicht, während die Kapitalisten, die Financiers und Spekulanten, die daran interessiert waren, die Profite möglichst hoch zu halten, Produktivitätssteigerungen verhindern. Sowohl das Auseinanderfallen von Management und Eigentum in den Großunternehmen als auch die Dominanz des Finanzkapitals bedingten in Veblens Meinung zu seiner Zeit Effizienzverluste, da dadurch Entscheidungen zustande kamen, die nicht an der Erzeugung größerer Mengen von billigen Gütern orientiert waren, was im Interesse der Allgemeinheit gewesen wäre.

Verschiedene Probleme sind auch in der Gegenwart in einer Vielzahl von sozialwissenschaftlichen Studien angesprochen worden, die die Folgen des modernen Kapitalismus, seiner Produktionsweise und der Auswirkungen des Rentabilitätsstrebens auf die Arbeit und das Leben der Menschen behandeln. Richard Sennett beschäftigte sich wiederholt mit den Kulturfolgen des modernen Kapitalismus, insbesondere den Wirkungen auf den „flexiblen Menschen", und erkannte das „Gespenst der Nutzlosigkeit" als eine besonders belastende Folge der gegenwärtigen Betonung von Effizienz und Kapitaldominanz (Sennett 2005, 71 ff). Ulrich Becks Begriff der „Risikogesellschaft" (Beck 1986) wurde zu einem viel gebrauchten Schlagwort und seine Befunde der „schönen neuen Arbeitswelt" der „Bastelexistenzen" trifft die Individualisierung der Risiken in der modernen Arbeitswelt (Beck 1999; Beck/Beck-Gernsheim 1993). Nachdem Harry Braverman schon in den 70er Jahren auf die Ausdehnung der Taylorisierung auf alle Berufe hingewiesen hatte (Braverman 1980), zeigte George Ritzer (1993) die „McDonaldisierung", die Wirkungen der Standardisierung und Taylorisierung im Dienstleistungssektor, auf. Pongratz/Voß (2003) konstatierten den Übergang zum „Arbeitskraftunternehmer" und Manfred Moldaschl (2002) verwies auf die „Subjektivierung" der Arbeit. Robert Castel konstatierte die Persistenz der „sozialen Frage", in Bezug auf welche sich seit den Anfängen der Diskussion nur Metamorphosen, aber keine Lösungen abzeichneten (Castel 2000).

Zahlreich sind die Untersuchungen der Folgen der organisatorischen Restrukturierungen, der Arbeitsmarktentwicklung, der Transformation in den Staaten Mittel- und Osteuropas, auf die hier nicht weiter eingegangen werden kann (z. B. Lavigne 1999). Die Entwicklung der Informationstechnologie und Telekommunikation und ihre Wirkungen auf die Gesellschaft, die Globalisierungsfolgen, die Befunde und Diskussionen über die Folgen der Wirtschaft auf die Umwelt und die Ressourcen sind Gegenstand zahlreicher Studien und Diskussionen in allen Bereichen der Sozialwissenschaften (z. B. Castells 1996).

Seltsamerweise jedoch haben diese Folgenanalysen, selbst wenn sie ernst genommen werden, kaum zu Diskussionen über die Wirtschaftsweise selbst geführt, und wenn dann in von der dominanten Diskursebene abgetrennten Enklaven der „Globalisierungsgegner". Die breite Diskussion über alternative Wirtschaftsformen und die Kritik des Kapitalismus, die zur Zeit des Wohlfahrtsstaates geäußert wurde, ist einer allgemeinen Akzeptanz des Gegebenen gewichen. Und das obwohl die Ungerechtigkeiten, Risiken, Schäden heute eher größer sind, als sie es früher waren, und Bedarfsdeckung und Ausgleich in der Wirtschaft den Bereicherungsinteressen unterworfen sind.

Der knappe Befund einer **neuen Bereicherungsökonomie**, wie sie im ersten Teil skizziert wurde, stützt sich auf die Eckpunkte der Deregulierung der Geld- und Kapitalmärkte, die den Übergang zu einem „Investorkapitalismus" (Useem 1996) gebracht haben, und dessen Beschleunigung durch die neue technologische Basis, die gleichzeitig eine bestimmte Art von „Wissen" zum primären Produktionsfaktor macht. Dies ging einher mit dem Rückzug des Staates aus der direkten Lenkung der Wirtschaft und aus der eigenen Wirtschaftstätigkeit, nicht jedoch in Bezug auf die staatliche Überwachung und Kontrolle der Aktivitäten. Letztere wirkt sich angesichts der Konkurrenz der Staaten um Investoren allerdings mehr als Einschränkung der Bürger und zu Lasten der Arbeitenden aus. Dies zeigt sich insbesondere auch als Folge der Bemühungen um die Privatisierung der Funktionen des öffentlichen Sektors und die „Durchflutung" der restlichen Bereiche, die noch unter öffentlicher Verwaltung verbleiben, wie etwa das Bildungs- und Gesundheitswesen, mit Marktprinzipien.

8.3   Die neue Ungleichheit

Zu den wohl wichtigsten Folgen der Entwicklungen der letzten Jahrzehnte gehört das Anwachsen der **ökonomischen Ungleichheit**. Die Ungleichheit in den gegenwärtigen Gesellschaften hat verschiedene Ausformungen, zum einen handelt es sich um die ökonomischen Differenzen in Bezug auf Einkommen und Vermögen, zum anderen hat sich die soziale Ungleichheit auf Grund der wachsenden Heterogenität der Soziallagen verändert, und schließlich zeigt sich auch eine neue politische Ungleichheit.

Der World Development Report der Weltbank für 2006 befasst sich mit dem Problem der Ungleichheit und zeigt die vielen Aspekte auf, in Bezug auf welche Differenzierungen sowohl innerhalb von Ländern als auch in globaler Perspektive bestehen. Das ist ein Beleg dafür, dass die Ungleichheit in der Welt in den letzten Jahrzehnten markant zugenommen hat, so dass sie sogar von dieser nicht unbedingt für ihre markt- und kapitalismuskritische Einstellung bekannten Institution thematisiert wird.

Die ökonomische Ungleichheit in der Welt ist gestiegen, weil die reichen Länder reicher geworden sind und die armen nicht im gleichen Ausmaß weniger arm bzw. nur die reichen Schichten in den einzelnen Gesellschaften ihre Einkommen überproportional steigern konnten. In globaler Sicht klafft daher zwischen den reichen und den armen Ländern eine Lücke (Milanovic 2005). Es kommt zum Phänomen der fehlenden Mitte, die sich negativ auf die Möglichkeiten auswirkt, die Differenz zwischen Arm und Reich zu überwinden (Garrett 2004).

Als Gründe für die wachsende Ungleichheit in globaler Hinsicht werden im Weltbankbericht niedriges Wirtschaftswachstum und Konjunkturschwankungen, aber auch wirtschaftliche Reformen durch Liberalisierung und Privatisierung, die langfristige Verteilungsumschichtungen und substanzielle Gewinne und Verluste für unterschiedliche Gruppen bedeuten können, angegeben. Der Bericht berücksichtigt nicht nur manifeste Einkommensunterschiede und Konsumstandards und den Grad der Betroffenheit bestimmter Problemgruppen und Regionen, sondern auch die Existenz von Chancen und die Bedingungen ihrer Wahrnehmung, die je nachdem positive oder negative Entwicklungen erwarten lassen. Im Vergleich der Länder spielen hier auch Indikatoren wie Lebenserwartung, medizinische Versorgung, Bildungseinrichtungen etc. eine große Rolle.

Der Weltbankbericht nimmt an, dass Wirtschaftswachstum sich in der Reduktion von **Armut** niederschlägt, aber weitverbreitete Armut die Chancen auf Wirtschaftswachstum reduziert, so dass ein circulus vitiosus besteht, die die Armutsbeseitigung in vielen Ländern verhindert. Die Diskussionen über die Wachstumselastizität der Armut zeigen allerdings ein sehr widersprüchliches Bild; während die einen darauf verweisen, dass bei steigendem Wirtschaftswachstum die armen Teile der Bevölkerung nicht entsprechend davon profitieren, der Anteil der Armen nicht wesentlich reduziert wird, zeigen andere Befunde die positiven Effekte hoher Wachstumsraten auf die Beseitigung von Armut (Freeman/Katz 1995; Morris/Western 1999; Firebaugh/Beck 1994).

Für die Autoren des Berichts ist Ungleichheit allerdings nicht per se ein Problem, sondern wird es dort, wo es eine ausgeprägte Präferenz für Gerechtigkeit gibt, wenn sie die Wirtschaftsleistung beeinträchtigt oder große Machtdifferentiale und soziale Konflikte hervorruft.

Es wird daher zwischen Armut und ökonomischer Ungleichheit unterschieden.

Erstere soll, da sie sich negativ auf das Wirtschaftswachstum auswirken kann, bekämpft werden, unabhängig davon, ob die ökonomische Ungleichheit hoch oder niedrig ist, wächst oder abnimmt. Allerdings hat sich seit 2005 die Stimmung, die durch den neoliberal bestimmten Washington-Consensus geprägt war, insofern geändert, als nun auch „equity", also Billigkeit bzw. Fairness, im Sinne der gesetzlich vorgesehenen Rechte, als wichtig für das Wirtschaftswachstum anerkannt wird. Damit ist nicht das Ziel der „Gleichheit" oder die Ablehnung von „Ungleichheit" verbunden, sondern eher das, was manchmal mit dem Begriff

„Chancengleichheit" bezeichnet wird. Mangel an „equity" kann soziale Konflikte begründen (Collier/Hoeffler 1998). Insbesondere der Hinweis auf die „Präferenz für Gerechtigkeit" bzw. für „Gleichheit" ist interessant, nicht nur, weil dies vermutlich eine Umschreibung für das Vorhandensein sozialistischer Ideologien und Strömungen sein dürfte, sondern weil Gleichheit oder Ungleichheit überhaupt zur Disposition gestellt werden.

Entsprechend dieser Logik muss man schließen, dass in der Gegenwart in vielen Gesellschaften eine **„Präferenz für Ungleichheit"** besteht. Sie drückt sich in der steigenden ökonomischen Ungleichheit sowohl in der Welt als solcher als auch in den entwickelten europäischen Ländern aus. In Bezug auf die Einkommensentwicklung in letzteren ist vor allem der Anstieg in den obersten Gruppen der Einkommensbezieher bemerkenswert, während der Großteil der Einkommen der Massen teilweise sogar einen Verlust in realen Größen erfährt und die Zahl jener, die unter die Armutsgrenze fallen, einen Anstieg aufweist.[14]

Interessant ist auch die unterschiedliche Situation der **Einkommensentwicklung** von Selbständigen und Unselbständigen. Eine erwartbare stärkere Streuung im Bereich der Selbständigen verbindet sich mit der Tatsache, dass sowohl die sehr reichen Unselbständigen als auch die sehr reichen Selbständigen sich weiter von den anderen Einkommensschichten absetzen.[15] Noch eindrucksvoller sind die Zahlen für die Verteilung der **Geldvermögen**, die in den letzten Jahren weit stärker gestiegen sind, als die Arbeitseinkommen.[16] Internationale Studien prognostizieren, dass sich dieser Trend in den nächsten Jahren weiter fortsetzen wird.[17] Dabei handelt es sich zum größten Teil um Gewinne aus Finanzinvestitionen. Diese haben in den letzten Jahrzehnten bedeutend zugenommen, was zu einer Verschiebung in Bezug auf die Quellen des Reichtums geführt hat, denn bis etwa 1970 war die Vererbung von Geldvermögen die vornehmlichste Grundlage des Reichtums.

Unter den Gewinnern der Einkommens- und Vermögensentwicklung befinden sich auch die Top Manager der großen Unternehmen, die CEOs der „global player". Diese erhalten besonders hohe Remunerationen in den USA, aber Europa ist dabei, langsam aufzuholen. Dabei ist die Zusammensetzung der Einkünfte interessant, denn es zeigt sich, dass nur sehr wenige von den Top-CEOs den Großteil ihres Einkommens als Gehalt beziehen. Die Mehrzahl erzielt ihre hohen Einkünfte aus Bonuszahlungen für gute „performance" des Unternehmens, sprich:

---

[14] In Österreich lebten 2003 290.000 Menschen in absoluter Armut, 930.000 wurden als arm eingestuft und 43% der Menschen verfügen nur über einen niedrigen oder sehr niedrigen Lebensstandard (ÖGPP 2004).

[15] Ein Survey auf der Basis der deutschen Einkommenssteuerdaten (Merz 2004) zeigte neben den hohen regionalen Differenzen zwischen Ost und West (98 % der reichsten Deutschen leben in den alten Bundesländern, während sich nur 2% in den neuen finden) einige bemerkenswerte Fakten: Insgesamt verdienten die obersten 10% der Einkommensskala 28 mal so viel wie die untersten 10%. Dabei ist aber vor allem interessant, dass die Einkommensverteilung der Selbständigen weitaus stärker streut als die der unselbständig Erwerbstätigen. Zwar verdienten die Selbständigen 1,82 mal so viel wie die Arbeitnehmer, aber das obere Zehntel der Selbständigen bekam 73 mal so viel wie das unterste Zehntel, während es bei den unselbständig Erwerbstätigen nur 30 mal so viel war.

[16] In Österreich zeigte sich auf Basis von AUTREICH ein Zuwachs der Geldvermögen zwischen 1997 und 2002 von 22,4 % während das Gesamtvermögen um 8 % stieg (Eizinger et al. 2005, 249).

[17] Der World Wealth Report 2004 prognostiziert einen konstanten Anstieg des Geldvermögens der sehr Reichen von 7 % pro Jahr bis einschließlich 2008.

hohe Dividenden und Aktienkurssteigerungen, sowie aus Aktienoptionen (Fortune No. 11, July 4, 2005). Dies verweist darauf, dass die Top Manager entschieden selbst großes Interesse an Kapitalgewinnen ihrer Unternehmen haben, über den Druck von Seiten der Aktionäre und der Investitionsmärkte hinaus.

Noch immer stellen die Einkommen und Vermögen der Reichen ein öffentliches Geheimnis dar (Huster 1997), obwohl selbst Berichte über die hohen Einkommen von Top-Managern kaum mehr Befremden auslösen, worin man auch eine gewisse durch Aufstiegshoffnungen genährte **Aufwärtssolidarität** der Ärmeren mit den Reicheren sehen kann (Rügemer 2002).

Die Entwicklungen in Bezug auf die wirtschaftliche Ungleichheit sind bemerkenswert, was jedoch von Seiten der Soziologie nur in geringem Ausmaß thematisiert wird. Vielmehr wird die Untersuchung ökonomischer Ungleichheit weitgehend den Ökonomen überlassen, wie Myles feststellt (Myles 2003). Sogar in Bezug auf intergenerationale Vermögensentwicklungen finden sich vor allem ökonomische Studien (z. B. Bowles/Gintis 2002) und nur wenige soziologische (Beckert 2004; Erikson/Goldthorpe 2002). Das erklärt sich auch auf Grund der Orientierung an und des spezifischen Verständnises von „sozialer Ungleichheit" das in der Soziologie entwickelt wurde.

Soziale Ungleichheit war in der Soziologie lange Zeit mit der sozialen Wertschätzung auf Grund von Beruf, Bildungsniveau und Einkommen verbunden worden. Sie konnte in Schichten erfasst und in der berühmten Zwiebelform mit der breiten Mittelschicht dargestellt werden. Reichtum, Macht und Ansehen waren auf Positionen und nicht auf Personen bezogen, was Parkin als „positional approach" bzw. als „structure of empty places" kennzeichnete (Parkin 1971). Der strukturelle Wandel dieser Positionsordnungen konnte auf Veränderungen der Klassenstruktur oder der technologischen Grundlagen der Arbeitsteilung in langfristiger Sicht zurückgeführt werden.

Traditionelle Ungleichheitskonzeptionen der Soziologie wiesen überdies dem Kriterium des Ansehens einen besonderen Stellenwert zu, denn auch Macht und Einkommen wurden unter dem Aspekt ihrer gesellschaftlichen Wertschätzung und der Einstufung im Sinn einer **Statusschichtung** behandelt, die primär am Ansehen des Berufs orientiert war. Doch die Inhalte und die Struktur der Berufe haben sich in der Gegenwart so stark verändert, dass Einordnungen von Berufen aufgrund ihres Status zwar noch in den Bereichen, in denen sich traditionelle Formen erhalten haben, möglich sind, aber nicht mehr in Bezug auf die neuen Berufe und Beschäftigungsformen, die laufend entstehen und sich verändern. Die Bedeutung der Berufe wandelt sich daher auch im Hinblick auf ihre Rolle als Lebensgrundlage und soziale Stellung der Menschen; sie sind nicht mehr „Lebensberufe", sondern Jobs, die man im Laufe des Lebens des Öfteren wechseln wird müssen. Der Beruf ist kein stabiles Statuskriterium mehr, denn die Berufestruktur verändert sich ständig, neue Berufe werden laufend „erfunden" und die Menschen wechseln zwischen ihnen. Auch die Ausbildung ist kein sicheres Statuskriterium mehr, weil sie ständig durch das Einziehen höherer Niveaus abgewertet wird, aber auch weil die Statusinkonsistenz zwischen Ausbildung, Beruf und Einkommen beträchtlich zunimmt.

Der rasche Wandel der Berufe und die Ausweitung der atypischen Beschäftigungsverhältnisse lassen die Sicht sozialer Ungleichheit als strukturelle Ordnung als nicht mehr den
Gegebenheiten der gegenwärtigen Veränderungen in Wirtschaft und Gesellschaft entsprechend erscheinen.

Zu unterschiedlich sind die Lebenslagen, Lebensstile, zu vielfältig die Kriterien, die zum
Vergleich herangezogen werden müssen. Die Klarheit und Einfachheit in der Darstellung
und Erklärung der vertikalen Ordnung der Gesellschaft, wie sie in den traditionellen Un-
gleichheitsstudien der Soziologie angenommen wurden, lässt sich gegenwärtig nicht mehr
aufrecht erhalten, weil die Grundannahmen, auf denen diese Perspektive struktureller Ordnung beruhte, nicht mehr zutreffend sind. Die positionalen Strukturen lassen aufgrund des
raschen Wandels der technologisch-organisatorischen und wirtschaftlich-politischen Bedingungen keinen längerfristigen Vergleich mehr zu. Das beseitigt keinesfalls das Problem der
Ungleichheit, diese wird aber dynamisiert und individualisiert. In dieser Situation wird die
Untersuchung der ökonomischen Differenzen des Einkommens und des Vermögens, insbesondere des Geldvermögens, zu einem wichtigen Indikator auch aus soziologischer Sicht, der
einen ersten Aufschluss über die Entwicklungen der Ungleichheit in den Gesellschaften gibt.

8.4   Inklusion/Exklusion

In den Sozialwissenschaften begegnet man heute häufig dem Begriffspaar von Inklusion und
Exklusion. Es hat sich innerhalb weniger Jahre durchgesetzt und wird von Rudolf Stichweh
eher auf außerwissenschaftliche Ursprünge im Bereich der politischen Diskussion zurückgeführt (Stichweh 1997). Das Begriffspaar Inklusion/Exklusion war zunächst im Zusammenhang mit dem Problem der Integration der Menschen am Rande der Wohlfahrtsgesellschaft
geprägt worden; so definierte Lenoir (1974) Exklusion als Deprivation in Bezug auf den
Anteil an Wirtschaftswachstum und -entwicklung. In gewissem Sinn entspricht der Tatbestand der Exklusion dabei dem, was in der sozialwissenschaftlichen Diskussion als Rand-
gruppenforschung eine gewisse Tradition hat. Allerdings hat die Verwendung von Exklusion
als Gegenbegriff zu Inklusion Konsequenzen, die **eine andere Sicht von sozialer Ungleichheit** implizieren.

Gegenwärtig hat sich die Bedeutung dieser Begriffe weit über die Randgruppenproblematik
hinaus erweitert. Das zeigt sich etwa in ihrer Verwendung in politischen Dokumenten, wo sie
sich auf die Beschäftigungsfähigkeit, die Fähigkeit zur Teilnahme am politischen Gemeinwesen und auf kulturelle Teilhabe auf der Grundlage neuer Kompetenzen, die in der „Wissensgesellschaft" erforderlich sind, beziehen. Diese Kompetenzen sind vor allem IT-
Kenntnisse, naturwissenschaftlich-technische Ausbildung mit mathematischer Orientierung
und Fremdsprachenkenntnisse. Insbesondere die IT-Kenntnisse nehmen dabei den Rang von
zusätzlichen neuen Kulturtechniken an (vgl. Council of the European Union 2001).

Während sich in politischen Texten die Begriffe von Inklusion und Exklusion primär auf die
Beschäftigungsfähigkeit beziehen, verallgemeinern die sozialwissenschaftlichen Diskurse

Inklusion/Exklusion auf die Existenz oder das Fehlen von sozialen Beziehungen (die meist auch als wichtig für Beschäftigung und Karriere betrachtet werden). Exklusion wird durch den Abbruch von Kommunikationen signalisiert (was eine besondere Bedeutung im Zusammenhang mit den elektronischen Medien und der weltweiten Vernetzung der Kommunikation annimmt) (vgl. Kronauer 2002). In ähnlicher Weise sieht auch der französische Soziologe Robert Castel Inklusion und Exklusion und weist darauf hin, dass letztere als „désaffiliation" im Sinne des **Verlusts von Beziehungen und Integration in Familie, Staat, Unternehmen** etc. verstanden werden muss (Castel 2000). Das Individuum fällt durch Exklusion damit aus der Gesellschaft heraus.

Aus systemtheoretischer Sicht wird das Begriffspaar Inklusion/Exklusion insofern relativiert, weil jeder Exklusion auf höherer Ebene eine Integration auf einer unteren Ebene zugewiesen wird, so dass die beiden Begriffe in Form einer **hierarchischen Opposition** (Stichweh 2000) miteinander verbunden sind. Exklusion aus einem Funktionssystem zieht nicht notwendig den Ausschluss aus allen anderen voraus, wobei Luhmann allerdings die Unfähigkeit, Zahlungen zu leisten bzw. zu empfangen, als Auslöser für die Ausschließung aus anderen Bereichen versteht. Damit erkennt Luhmann der Wirtschaft eine dominante Position innerhalb der Funktionssysteme der Gesellschaft zu, weil ökonomische Exklusion meist zur Folge hat, dass die Betreffenden von anderen funktionalen Subsystemen ebenfalls ausgeschlossen werden (Luhmann 1995, 237 ff).

Charles Sabel hat in Bezug auf die Verbindung von technischem Wandel und wirtschaftlich-organisatorischer Verwertung und ihrer Konsequenzen für den Arbeitsmarkt darauf hingewiesen, dass dies eine ganz andere Art von Ungleichheit als die, welche mit dem Konzept der Schichten- oder Klassenunterschiede verbunden ist, impliziert. Aber auch der Interessenkonflikt zwischen Kapital und Arbeit wird unterlaufen, denn es geht nicht mehr um Ausbeutung, sondern um **Ausschluss** („abandonment"): Er meint daher: ... „exploitation ... suggests that the losers in the new economy are insufficiently compensated for their contribution to production, whereas we have seen that what they are losing is the possibility to make *any* contribution to the economy." (Sabel 1991, 45). Damit bringt Sabel zum Ausdruck, dass die neue Ungleichheit nicht nur keine graduelle ist, sondern auch keine Struktur auf der Grundlage eines Interessengegensatzes mehr darstellt, sondern eine von „sozialem Sein oder Nicht-Sein".

Boltanski/Chiapello (1999, 383) sehen das Begriffspaar Inklusion/Exklusion nicht mehr mit Problemgruppen der Gesellschaft verbunden, sondern erblicken darin ein **sozialstrukturelles Substitut der Klassenanalyse**, das eine relativistische Sicht der Ungleichheit zur Folge habe (Boltanski/Chiapello 1999, 391). Inklusion erfordert daher nicht nur marktgängige Kompetenzen und Qualifikationen und Investitionen in das eigene Humankapital, sondern darüber hinaus auch das rationale Management der Beziehungen zum eigenen Nutzen. Ungleichheit wird damit nicht nur relativ, sondern individuell, was wieder auf die eigene „Schuld" der Betroffenen selbst verweist. Die Armen sind also nicht nur ökonomisch arm, sondern sie verfügen auch nicht über die „Produktionsmittel" der Wissens- und Netzwerkökonomie oder wissen sie nicht einzusetzen.

Die individuellen Kompetenzen bedürfen angesichts des raschen technologischen Wandels und der Veränderungen in wirtschaftlicher und institutioneller Hinsicht der ständigen Weiterbildung. Das lebenslange Lernen wurde zum allgemeinen Prinzip erhoben, welches die Grundlage darstellt, auf der sich die Menschen überhaupt erwarten können, in die Erwerbsgesellschaft inkludiert zu werden und dies sogar auf Dauer zu bleiben. Der Mensch in seiner personalen Ganzheit und Identität, nicht nur seine Arbeitskraft, wird zur Ressource und zum Reproduktionsfaktor des Kapitals. Der technische Wandel, der durch die Konkurrenz der Unternehmen und Staaten um Wettbewerbsvorteile vorangetrieben wird, setzt nicht nur die ständige Weiterbildung voraus, sondern darüber hinaus auch die aktive Beteiligung an der Erfindung neuer Erwerbschancen, neuer beruflicher Felder. Die Menschen werden mit Wirtschaftssubjekten identifiziert; sie sollen kreativ und risikofreudig und selbst für die optimale Vermarktung ihrer Kompetenzen verantwortlich sein. Arbeitslosigkeit und „Exklusion" bestrafen diejenigen, die sich nicht auf die Erfordernisse einstellen können oder wollen.

Inklusion und Exklusion sind nicht Begriffe, die sich auf soziale Strukturen beziehen, sie markieren nicht mehr bestimmte Gruppen oder Klassen in der Gesellschaft, und signalisieren daher die Wirkung eines individualistischen oder auch subjektivistischen Differenzierungsprinzips in den modernen Gesellschaften. Die geschichtete Gesellschaft des Industriesystems zerfällt damit in eine Vielzahl von unverbundenen und/oder einander verstärkenden bzw. kompensierenden Unterscheidungsmerkmalen, die auf der Fähigkeit oder Bereitschaft beruhen, mit der der Einzelne sich auf die Erfordernisse, die durch die kombinierte Logik von Markt, Technologie und Kapital bestimmt sind, einstellt und sie sich zu eigen macht.

Da sich die Differenz Inklusion/Exklusion nicht auf bestimmte personell identifizierbare Gruppen bezieht, wird durch diese Begriffe auch suggeriert, dass es keine kollektiven Interessen gibt. Exklusion kann daher auch nicht in der Weise, wie es die Differenz Kapital/Arbeit tut, einen gesellschaftlichen Konflikt begründen. Damit wird der Möglichkeit durch Organisierung in Form von Interessengruppen, die auf diesem Wege Einfluss auf die Gestaltung der Gesellschaft nehmen könnten, der Boden entzogen. Exklusion kann nur durch politische Maßnahmen der Förderung von Beschäftigungsfähigkeit und kultureller Teilhabe, die auch entsprechende aktive Bestrebungen der Betroffenen zur Folge haben müssen, beseitigt werden.

Die Begriffe Inklusion und Exklusion weisen eine **doppelte Hermeneutik** auf, indem sie zum einen auf Sachverhalte in der Wirklichkeit verweisen, zum anderen aber als programmatische Schlüsselwörter verwendet werden, die bestimmte Denk- und Verhaltensweisen hervorrufen sollen. Die Verwendung der Begriffe im Zusammenhang mit Maßnahmen, Handlungen, Entscheidungen erzeugt erst die den Begriffen entsprechende Wirklichkeit und delegitimiert die vorangehenden Strukturen und Vorstellungen. Soweit es sich um ihre Verwendung im sozialwissenschaftlichen Zusammenhang handelt, kann man dies auch als ein Moment der Selbstbeschreibung der Soziologie in ihrem Gegenstand bezeichnen, wie die systemtheoretische Sicht nahe legt. Wenn man allerdings berücksichtigt, dass diese Begrifflichkeiten direkten Einfluss in politischen Diskussionen und Maßnahmen haben, drängt sich die Frage nach den Folgen der Diffusion der mit diesen Kategorien verbundenen Konnotationen, Vorstellungen, Intentionen auf.

8.5 Wissensarbeiter, globale Eliten und der Rest der Menschheit

Die gegenwärtigen Unterschiede in Bezug auf Arbeit, Beschäftigung und Einkommen werden häufig damit in Zusammenhang gebracht, dass das **„Wissen"** als der führende Produktionsfaktor der post-industriellen Gesellschaft, die daher auch als Informations- oder Wissensgesellschaft bezeichnet wird, anzusehen ist.

Im Zuge des Transformationsprozesses der Industriegesellschaft nahm bereits seit Mitte des vergangenen Jahrhunderts die Beschäftigung im sekundären Sektor der industriellen Produktion ab, während diejenige im tertiären Sektor sich beträchtlich vergrößerte und sehr heterogen wurde. Der technologische Wandel, die Verwissenschaftlichung der Berufe und die Veränderungen in der Berufestruktur ließen Befunde über die Entwicklung zur „Dienstleistungsgesellschaft" oder auch zur „postindustriellen Gesellschaft" entstehen (Bell 1973; Touraine 1972). Seither hat die mikroelektronische Technologie nicht nur große Fortschritte und Veränderungen in der Produktion und in der Beschäftigungsstruktur gebracht; sie hat den Wandel in der Wirtschaft und in den Berufen inhaltlich und strukturell geprägt, aber auch die Veränderungsprozesse in den technisch-wissenschaftlichen Grundlagen und den wirtschaftlichen Ausprägungen stark beschleunigt. Die mikroelektronische Technologie hat die Industriegesellschaft der Gegenwart grundlegend sowohl in Bezug auf die Arbeitsbedingungen, die Beschäftigung und auch in Bezug auf das Konsumverhalten verändert. Noch stärker aber waren die Auswirkungen auf die Unternehmen, ihre Organisation und ihre Produktions- und Geschäftsstrategien und auf die Handelsbeziehungen, die sich in globalem Umfang ausweiteten und mit Hilfe der elektronischen Medien „vernetzten". Darüber hinaus wurde die Beherrschung der Kompetenzen, die zur Bedienung und Nutzung der neuen Technologien erforderlich sind, selbst zu einer neuen Kulturtechnik weit über den wirtschaftlich-beruflichen Bereich hinaus.

Das Wissen realisiert sich über Arbeit als Qualifikation und Kompetenz und führt zu einer Differenzierung in **„Wissensarbeiter"**, die an der Anhäufung immer neuen nutzbringenden Wissens arbeiten, und in die Masse der anderen Arbeitenden, die Drucker als „service workers" bezeichnete (Drucker 1993). Darunter fallen im Wesentlichen die Arbeiten und Dienste, die für die privaten Haushalte Leistungen erbringen. Ihre Arbeits- und Beschäftigungsbedingungen sind schlechter als die der Wissensarbeiter, atypische und prekäre Beschäftigungsverhältnisse nehmen zu, Arbeitslosigkeit ist relativ hoch und das Einkommen im Durchschnitt wesentlich niedriger als bei den Wissensarbeitern. Eine **neue Form eines dualen Arbeitsmarktes** scheint sich anzubahnen, der nicht mehr wie in den 60er Jahren durch die unterschiedlichen Bedingungen im Konsumgütermarkt für Großbetriebe und für Klein- und Mittelbetriebe bedingt ist, sondern durch die Spaltung in Bezug auf die Sektoren, in denen Wissen für die Wirtschaft, die Politik und die Unternehmen erzeugt wird und in jene, in denen Güter und Dienste für den Konsum bereit gestellt werden.

Der technische Wandel und seine ökonomische Verwertung haben tiefgreifende Auswirkungen auf die Anforderungen der Arbeitenden mit sich gebracht, deren Kompetenzen, Qualifikationen und deren Arbeitseinsatz flexibilisiert, anpassungsfähig und ständig veränder- und erweiterbar sein müssen. Darüber hinaus bewirkt dies auch eine andere Einstellung zur Arbeit und zur eigenen Arbeitskraft; es genügt nicht, sie gegen Lohn für eine bestimmte Zeit zu „verkaufen" und dem Arbeitgeber für dessen Nutzung zur Verfügung zu stellen, sondern der Input von Elementen einer unternehmerischen Haltung in Bezug auf die Präsentation, das Angebot, den Einsatz und die Entwicklung der Arbeitskraft als „Kapital" wird erforderlich. Auch der Arbeitnehmer wird zu einem **„Arbeitskraft-Unternehmer"** (Pongratz/Voß 2003), der eigenverantwortlich und ökonomisch rational, eben als Unternehmer, über sein Humankapital verfügt. Unternehmerisch, innovativ, kreativ und flexibel zu sein, dient aber nicht (nur) der Selbstverwirklichung der Person der Arbeitenden, sondern dies wird zum Zwang, der sich in Erwartungen und Anforderungen manifestiert.

Gleichzeitig mit diesen ambivalenten Suggestionen einer „schönen, neuen Arbeitswelt" wächst auch das Heer der unter prekären Lebens- und Arbeitsbedingungen existierenden Menschen. Darüber hinaus wurde offenkundig, dass die Autonomie und Selbstverwirklichung auch im zentralen Bereich der Wissensgesellschaft, der „new economy", nicht wirklich gegeben ist. Vielmehr machen die Flexibilität und Mobilität des Arbeitens eine stärkere Kontrolle des Erfolgs notwendig. Dafür müssen die Kriterien standardisiert werden, nach denen die Leistung beurteilt wird, und diese unterwerfen die Arbeitenden einer eingehenden Überwachung durch unpersönliche und scheinbar objektive Kontrollinstrumente (Mikl-Horke 2007, 195 ff).

Die „Wissensarbeiter" stellen die besser bezahlten und weniger von Arbeitslosigkeit bedrohten Gruppen von Arbeitenden dar. Sie sind auch jene, deren Zuordnung als unselbständige bzw. selbständig Beschäftigte schwierig ist, weil viele von ihnen als Solo-Entrepreneurs arbeiten. Ihre Lebensumstände können durch atypische Arbeitsformen charakterisiert sein, aber sie werden jedenfalls als die die neue Phase der wirtschaftlich-technischen Entwicklung repräsentierende Gruppe gesehen. Zwischen ihnen und den Beschäftigten in den Niedriglohnsektoren klafft eine Lücke, die sich ständig zu vergrößern droht.

Die globalen Veränderungen haben über die Effekte, die etwa große Investitionen, multinationale Unternehmen, Spekulationen und davon ausgelöste Finanzkrisen auf die wirtschaftliche Situation ganzer Staaten haben bzw. in vielen Ländern auslösen können, auch Auswirkungen auf die sozialen und politischen Prozesse in den einzelnen Gesellschaften. So etwa kann man davon sprechen, dass es gegenwärtig durch die Orientierung am internationalen Wettbewerb und die Durchflutung aller Bereiche mit Marktelementen eine Präferenz für Ungleichheit gibt, die sich zum einen in politischen Maßnahmen zur „Elite"förderung im Bildungssystem, zum anderen in Marktargumenten zur Rechtfertigung hoher Einkommen ausdrückt. Erstere wird mit der Notwendigkeit von wissenschaftlich-technischen Innovationen, die Wettbewerbsvorteile ermöglichen, begründet, zweiteres mit den globalen Angebots- und Nachfragestrukturen auf dem globalen Markt für Unternehmensführung erklärt.

Die elitefördernde Politik und die Marktkräfte bei den Spitzenverdienern erzeugen eine **individualisierte Ungleichheit**, die dadurch auch gegen Kritik immunisiert wird. Sie kann einerseits durch „Leistung" bzw. „Erfolg" legitimiert werde und damit in die Eigenverantwortung der Individuen verwiesen werden, andererseits ist sie jedoch durchaus politisch und ökonomisch in einer Weise begründet, die sich der Beeinflussung durch die einzelnen entzieht. Auch der Begriff der Leistung, der schon immer ein Lieblingsvokabel von Befürwortern der

Marktwirtschaft war, hat sich gewandelt; war damit in der Industriegesellschaft der Vorperiode vor allem die Umstellung auf eine Statusschichtung nach Ausbildung, Beruf, Einkommen gemeint, so ist darunter heute unternehmerische Innovations- und Risikofreudigkeit, Erfolg im internationalen Wettbewerb bzw. hohe Einstufung in diversen Rankings und Evaluationen zu verstehen (Hartmann 2002). Leistung geht über Beschäftigungsfähigkeit als der Mindestausstattung in der **„Wissensgesellschaft"** hinaus und sondert endgültig die Spreu vom Weizen. In dieser Weise wird die wachsende Ungleichheit zwischen den Einkommen, Vermögen und den Chancen der Menschen dem Protest und der Kritik entzogen, quasi immunisiert, indem sie mit Leistung, Sachzwängen und Markteigendynamik legitimiert und gleichzeitig in Standardisierungsverfahren rationalisiert und scheinbar objektiviert wird. So entsteht eine aus der Psychologie bekannte widersprüchliche Erwartungsstruktur, eine double bind-Situation, denn auf der einen Seite hängt der Erfolg von subjektiven Arbeitsinputs ab, auf der anderen Seite von Kontrollen, Evaluierungen und standardisierten Erfolgsmessungen. Die Konsequenz ist, dass trotz der elitistischen Orientierung und der Betonung der individuellen Leistung nicht so sehr Kreativität und Autonomie entstehen, sondern Ausgrenzung, Bewährungsdruck und existentielle Verunsicherung nicht nur bei den Geringqualifizierten, sondern sogar in der Elite selbst steigen.

Das Bild der Elite hat sich bereits wieder gewandelt. War die neue Elite zunächst mit den idealistisch gezeichneten Sozialformen der „new economy", einer sympathischen Jeans und T-Shirt-Lässigkeit und der schöpferischen Freiheit der IT-Profis in kleinen assoziativen Organisationen verbunden worden, so machte diese Vision einer an Wallstreet-Yuppies orientierten Vorstellung von Elite Platz. Die Aktienjongleure, Hedge-Fonds-Manager, die Börsenmakler und Finanzgenies sind die Stars der wirtschaftlichen Szene und sie weisen eine globale Präsenz auf.

Schon in den 80er Jahren versuchten Klassentheoretiker die **Entstehung einer neuen Kapitalistenklasse** aufzuzeigen. Tom Bottomore meinte, diese „capitalist class" sei sowohl ökonomisch, politisch und kulturell dominant und stelle daher tatsächlich eine Klasse im Sinne von Marx dar (1989, 10). In ihrem Zentrum sah Maurice Zeitlin (1989) die „Finanzkapitalisten", die durch die Interpenetration des industriellen, kommerziellen und finanziellen Kapitals auf Grund der Verflechtungen zwischen diesen und durch die dominante Rolle der Banken und Finanzinstitutionen charakterisiert sind. Ihre Macht erblickte auch er nicht nur in der Verfügungsgewalt über das ökonomische Kapital begründet, sondern in dem Einfluss, den sie durch ihre personalen Verflechtungen, durch ihre Netzwerke ausüben können. Diesen Verflechtungen haben sich die sog. „interlock studies" gewidmet und aufgezeigt, welche Querverbindungen zwischen den Top Managern der Firmen bestehen (Mizruchi/Schwartz 1992).

Die Macht, die durch die internationalen Wirtschaftsaktivitäten, die Kapitalverflechtungen und die interlocking directorates begründet ist, manifestiert sich in einer Macht zur Veränderung, nicht einer der Bewahrung. Dies kann man auch aus Leslie Sklairs Befund der aktiven „globalizing activities" der Top-Manager der bedeutendsten transnationalen Unternehmen herauslesen (Sklair 2001), zu dem er aufgrund von Interviews mit den CEOs der Fortune Global 500s gelangte. Dabei legten diese ein klares Bekenntnis zur aktiv verfolgten Globalisierung ab. Sklair hob hervor, dass hinter der Globalisierung Akteure stehen, die durch ihre

Aktionen in und zwischen Institutionen, über die sie Kontrolle haben, den Prozess betreiben. Während die Sicht der Globalisierung als eines sich selbst steuernden Prozesses verbreitet wird, werden „globalizing practices" identifizierbarer Akteure eingesetzt.

Zu diesen **Akteuren der Globalisierung** zählt er über die CEOs der großen multinationalen Produktionsunternehmen und die Chefs der global agierenden Handelsfirmen hinaus auch hochrangige Bürokraten und Politiker, Professionals und Repräsentanten von Medien (Sklair 2001, 17). Sklair sieht in ihnen eine **„transnational capitalist class"**, eine identifizierbare Gruppe von Personen, die eine gemeinsame Ideologie haben und deren Kontrolle sich nicht nur auf das eigene Unternehmen beschränkt, sondern die Einfluss auf die nationale und internationale Politik ausüben und auch die Richtung der Veränderungen beeinflussen.

Zwischen diesen Akteuren der Globalisierung und den Managern und Unternehmern in vielen Firmen und Branchen besteht ein großer Unterschied, da diese die Globalisierung nicht als so positive Entwicklung erleben, sondern als Druck und Abhängigkeit. Auf diese Zweiteilung innerhalb der Unternehmenswirtschaft hat auch Neil Fligstein hingewiesen (Fligstein 2001). Die Differenzierung und die Ungleichheit unter den Unternehmen ist stark gestiegen; zwischen ihnen gibt es große Unterschiede nicht nur in Bezug auf ihre finanzielle und wirtschaftliche Situation, Größe und Eigentümerverhältnisse, sondern auch in Bezug auf Macht und Abhängigkeit, Zielsetzungen, Selbstverständnis und Prioritäten. Wenngleich Fligstein selbst die Klassenrhetorik nicht explizit verwendet, wird doch klar, dass auch er eine **Kluft zwischen der „globalizing elite" und dem Rest der Wirtschaft** feststellt.

Fligsteins Hauptargument beruht aber darauf, dass die Politik selbst aktiv an den Veränderungen beteiligt war. Für ihn sind es nicht eigendynamische Marktprozesse oder rein ökonomische Gründe, die den Wandel der Wirtschaftsweise bestimmten, sondern er weist der Politik große Bedeutung zu für die derzeitige neoliberale Globalisierung, waren es doch politische Maßnahmen in UK und USA, die die Deregulierung, die Rücknahme des Staates und die Entmachtung der Gewerkschaften einleiteten. Eine bedeutsame Rolle spielte dabei insbesondere die Abschaffung des Bretton Woods Systems. Dies verlieh dem Kapital eine so dominante Rolle, dass es sich über nationale Ziele hinweg zu setzen in der Lage war, was mit dem Prinzip des „shareholder value" zur Maxime der Unternehmenskonzeptionen wurde (Rappaport 1998). Das resultierte im Anstieg der internationalen Macht der USA, die daher ein Interesse hatten, die Globalisierung und Liberalisierung auch in anderen Staaten zu fördern, während diese dadurch in ihrer Autonomie eingeschränkt wurden (Fligstein 2001, 220f; Fourcade-Gourinchas/Babb 2002).

Die Veränderungen in den Unternehmen, in der Politik und Verwaltung, in der Beschäftigung und in der Art und Weise, wie die Märkte funktionieren, entstehen nicht nur durch die Interdependenzen der weitgehend von regulativen Barrieren befreiten globalen Märkte, sondern werden auch durch die Ziele, die Interessen und die Handlungen von Akteuren in Politik, Wirtschaft und Gesellschaft bewusst gefördert. Diese Individuen oder Gruppen haben durchaus unterschiedliche Absichten und Interessen, verfolgen vielleicht auch idealistische Ziele, aber sie haben damit Prozesse in Gang gesetzt, die weitreichende Folgen haben.

Akteure definieren sich nicht notwendig durch ihre Intentionen, sondern durch die Effekte ihres Handelns. Sie müssen auch nicht notwendig Macht über („power over") andere haben, es genügt, wenn sie über „power to" (Law 1991) verfügen, also Prozesse in Gang setzen können. Gill/Law (1989) treffen eine ähnliche Unterscheidung zwischen der direkten Macht des Kapitals durch die Ausübung von Kontrolle und der strukturellen Macht des Kapitals durch seine indirekten Wirkungen. In dieser Sicht drückt sich in den politischen Maßnahmen der Selbstbeschneidung des Staates die Macht des Kapitals über diesen aus.

Den Einfluss dieser Entwicklungen auf viele Bereiche des Lebens, insbesondere aber auf die Demokratie und das Recht, bezeichnet der Politikwissenschaftler Stephen Gill als „disciplinary neo-liberalism" (Gill 1995). Auch er sieht dahinter manifeste Ziele, Interessen und Aktionen und meint **ein politisches Projekt zur Konstitutionalisierung von Ungleichheit** zu entdecken. Seine Merkmale sind die systematisch betriebene „Entpolitisierung" ökonomischer Prozesse, d.h. das Entziehen insbesondere der internationalen Geld- und Finanztransaktionen aus der politischen Kontrolle. Mit anderen Worten bedeutet dies auch das Ineffektivwerden jeglicher Wirtschafts- oder Kapitalmarktpolitik, soweit diese gegen die Interessen der Konzerne und Finanzinstitutionen gehen. Damit wird eine Sozialpolitik, die an der Verbesserung der Lebens- und Arbeitsbedingungen der Menschen orientiert ist, zumindest sehr erschwert, wenn nicht überhaupt zugunsten des harten Wettbewerbs der Staaten um Standorte der „global players" aufgegeben bzw. auf „welfare"-Maßnahmen zurückgestuft, die immerhin noch notwendig sind, um geschäftsschädigendes Elend und Unruhen zu vermeiden.

Mit den sozialen Folgen einher geht daher auch ein politisches Problem, denn der Macht der Globalisierungsakteure steht die Ohnmacht des Souveräns der demokratischen Staaten gegenüber. Damit scheint das Argument, das C. Wright Mills schon mit seinem Befund der „Power Elite" (1956) in Bezug auf die USA verband, in neuer Art aufzutauchen, nämlich die Ohnmacht des Volkes in der modernen Demokratie durch die Verflechtung der Macht der politischen, militärischen und wirtschaftlichen Eliten nunmehr in weltweitem Maßstab. Das „Volk" der globalisierten Welt wird zur globalen „multitude" (Hardt/Negri 2000), das amorph, aber in sich heterogen ist, und damit unfähig, seinen Willen in organisatorischer Form zu bündeln. Hardt/Negri sehen ein „Empire" durch die Globalisierung entstehen, das sich von früheren dadurch unterscheidet, dass es offen und allumfassend ist und kein „außen" besitzt.

Die Staaten entledigen sich ihrer wirtschaftlichen Grundlagen im Sinne der Privatisierung, da sich die Politiker fast aller Parteien und Ideologien auf die Meinung eingeschworen haben, dass nur der Markt „Effizienz" gewährleistet. Obwohl dies eine unbewiesene und unbeweisbare Annahme ist, setzen die Staaten auf Privatisierung jener Bereiche, die als Ballast aus den Zeiten des Wohlfahrtsstaats und der Gemeinwirtschaft betrachtet werden. Allerdings ist politische Macht ohne wirtschaftliche Macht undenkbar, so dass dies faktisch in der Aufgabe einer speziellen „politischen" Politik resultiert. Wohl mögen die Politiker meinen, dass die Unternehmenswirtschaft und ihr unaufhörliches Wachstum auch das Gemeinwohl sichere, aber die Globalisierung des Kapitals bedeutet, dass die Politik des einzelnen Staates nur mehr in sehr beschränktem Umfang Maßnahmen setzen kann, um die Gewinne, Löhne, Abgaben und Steuern der Unternehmen im Land zu halten. Vielfach ist unter diesen Bedingungen nur mehr eine Politik möglich, die von den großen Unternehmen und Kapitalinvestoren akzeptiert und als vorteilhaft angesehen wird. Standortentscheidungen von Investoren fallen jedoch nach Kriterien, die die Staaten kaum vorhersehen und lenken können (Kühl 2002).

Die Beziehung zwischen Wirtschaft und Gesellschaft wird zu einer von „economic ends, social means" und die vormals empfohlene „Repropriation" des Staates (Goldscheid 1917), damit dieser im Interesse des Volkes funktionieren könne, wird durch die „expropriation of the state" (Bauman 1998, 65 ff) ersetzt. So transformiert sich der Staat gegenwärtig wieder in den reinen Steuerstaat, dessen Steuerpolitik überdies unter dem Druck des Standortwettbewerbs zugunsten von Kapital und Konzernen ausfallen muss. Was bleibt ist die Notwendigkeit, eigene Ressourcen des Landes zu fördern, um selbst „global players" hervorzubringen, die im internationalen Wettbewerb bestehen können. Das wiederum verstärkt den Druck auf die einheimischen Unternehmer und Manager, auf die Arbeitnehmer und auch auf jene Sektoren, die für das Wirtschaftswachstum als grundlegend angesehen werden, wie der Bereich der Forschung und Entwicklung.

Die politikwissenschaftliche Kritik spricht vom **Ende der konventionellen Politik** und von der Entwicklung einer Weltordnung, in der die Freiheit der Interessensverfolgung der transnational agierenden Unternehmen und der Investoren die beherrschenden Prinzipien der Politik und des Rechts, und diese damit der „effective sovereign" (Gill 2002, 60) werden. Die Politik wird abhängig von der Wirtschaft, sie kann nicht mehr als ein autonomes Funktionssystem gesehen werden, und die demokratischen Wahlen werden mehr und mehr zu inhaltsleeren und alternativlosen Ritualen. Vielleicht noch gravierender ist die Veränderung in Bezug auf das Recht, dessen rasche Umschlagszeit unter politisch-ökonomischen Zielsetzungen den bisherigen Charakter des Rechts als Basis sozialer Gerechtigkeit mit Bestand und Vertrauenswert verändert. Darüber hinaus greifen die nationalen Regelungen nicht in Bezug auf die internationalen Transaktionen der „global actors", so dass diese in weiten Bereichen im rechtsleeren Raum agieren können. Das „kapitalistische Projekt" der Globalisierung mit seiner Verbindung von ökonomischer und politischer Macht kann nur durch eine effektive „global governance" im Sinne einer supranationalen Ordnung auf der Basis von Recht und Konsensus über Grundwerte ins Positive gewendet werden. Das aber scheint angesichts der derzeitigen geopolitischen Situation als eine unrealistische Vision. Vielmehr werden geopolitische Machtkonstellationen und deren Verschiebungen, wie sie durch den Aufstieg Chinas, aber auch durch die weitere Entwicklung der Weltpolitik der USA charakterisiert sein werden, die Koordinaten für den Rest der Welt vorgeben.

8.6   Abschließende Bemerkungen

Die Perspektive der Folgen setzt auch die Differenzierung von sozial, politisch, kulturell und wirtschaftlich voraus, allerdings nicht im Sinne von individuell-rational vs. normorientiertkollektiv, da sie sich stärker an makroökonomischen Entwicklungen orientiert, die immer zugleich soziale, kulturelle und politische Veränderungen darstellen. Es kommt nur darauf an, von welcher Seite die Initialzündung und Lenkung des Transformationsprozesses erfolgt. Diesbezüglich sind unterschiedliche Standpunkte zu verzeichnen: Die einen sehen den Anstoß von der Technologie und ihrer Verwertung im Produktionsprozess ausgehen, die anderen von den Interessen des global fluktuierenden Kapitals, wieder andere heben die politischen Entscheidungen hervor, die die Liberalisierung bewirkt haben. Es ist wahrscheinlich, dass das Zusammenwirken aller dieser Anstöße den Prozess antreibt und zu einer Situation geführt hat, in der alle Beteiligten sich getrieben fühlen, auch jene, die die Veränderungen begrüßen und aktiv daran teilnehmen.

Auf die negativen Folgen von Wirtschaftswachstum, „Exit-Kapitalismus" (Kühl 2002) und das Anwachsen von Armut und Ungleichheit hinzuweisen, ist nicht populär, denn die einen haben sich an Wohlstand und Konsumrausch gewöhnt und die anderen wollen es sich nicht nehmen lassen, danach zu streben. Auch Sozialwissenschaftler denken und forschen gegenwärtig daher lieber über die Einbettung der Wirtschaft in die sozialen Beziehungen und die Institutionen und wie man diese für Wachstum, Erfolg und Wohlstand nutzen bzw. ändern sollte. Dies auch, weil sich die Folgen nur in wenigen Fällen exakt feststellen und den Verursachern oder den Verursachungsfaktoren zuschreiben lassen. Auch besteht hinsichtlich denkmöglicher Alternativen eine bemerkenswerte Absenz von Visionen. Selbst wenn etwa die Deregulierungspolitik unangenehme Wirkungen zeitigt, so erweist sich die Rücknahme der Liberalisierung der Kapitalmärkte als wesentlich schwieriger als es die Abschaffung der Regeln war.

Auch die zweifellos in den letzten Jahrzehnten gewachsene ökonomische Ungleichheit hat zunächst relativ wenig Beachtung gefunden, zumal sie nicht mehr mit den Konzeptionen sozialer Ungleichheitsforschung der Vergangenheit befriedigend verbunden werden kann. Stattdessen greifen Argumente Platz, die Ungleichheit als sachlich notwendigen Tatbestand mit positiven Auswirkungen auf Wirtschaft und Gesellschaft thematisieren und das „unternehmerische Selbst" (Bröckling 2007) und die Leistung der Wissenseliten zu fördern vermag. Die **Politik der Ungleichheits-(sprich: Elite-)Förderung** tritt mit dem Argument auf, dass ständige Innovationen in Forschung und Entwicklung und das Erringen von Vorteilen im globalen Wirtschaftswettbewerb unabdingbar seien.

Die sozialen Kosten im Sinn der negativen „externalities" werden zwar in Bezug auf Umweltprobleme auf höchster Ebene immer wieder diskutiert, über zaghafte Alibiaktionen, die mehr der politischen Legitimierung dienen als der tatsächlichen Schadensbekämpfung gelangte man aber kaum hinaus. Die Maßnahmen, die gesetzt wurden, entstanden mehr aus freiwilligen Initiativen denn aus koordinierten politischen Vorgangsweisen. Das „Jahrhundertprojekt" Sozialstaat und die autonome Verfolgung von sozialpolitischen Zielen mit den dadurch entstehenden sozialen Kosten im Sinne von Polanyi sind wohl ohnehin auf längere Sicht nicht mehr zu retten (Zinn 1999).

9 Die symbolisch-kulturelle Formkraft des Kapitalismus

Die bedeutsamste Erscheinung des neuen globalen Kapitalismus ist jedoch seine kulturelle Wirkung. Nicht nur wurde mit lange bestehenden Traditionen und Konzeptionen gebrochen, sondern auch aktiv Einfluss ausgeübt, wie die Menschen ihre Welt sehen sollen, um die Veränderungen durchsetzen zu können und sie gleichzeitig als legitim erscheinen zu lassen. Dabei spielen die Magie des Geldes und seine Verselbständigung in den globalen Finanzmärkten eine wichtige Rolle, aber auch die „Kulturproduktion" und die moralische Rechtfertigung von Bereicherung und Benachteiligung sowie die kulturelle Inszenierung von Veränderung.

Wirtschaft hat immer schon eine starke Formkraft in Bezug auf Glauben, Werte und die Handlungsantriebe der Menschen ausgeübt, immerhin ist sie als Praxis des Lebens und Überlebens von elementarer Bedeutung, so dass die Güter und das Geld symbolischer Ausdruck der jeweiligen sozialen Welt- und Sinnwahrnehmungen wurden. Dazu gesellte sich in der modernen Gesellschaft die magische Sicht des Marktes als eigendynamischer Mechanismus. In der Gegenwart wird dies insbesondere in Bezug auf die Finanzmärkte wieder deutlich.

Die kulturelle Formkraft der Wirtschaft zeigt sich auch in jenen Bereichen, die scheinbar wirtschaftsfern sind, etwa in der Kunst, der Religion oder der Wissenschaft. Dies nicht nur durch deren Unterwerfung unter Wettbewerbs- und Effizienzgesichtpunkte, sondern auch aufgrund ihrer Inanspruchnahme für die Erzeugung eines „neuen Geistes des Kapitalismus", der die Bereicherungsökonomie legitimiert und gegen Kritik immunisiert.

9.1 Soziale Symbolik und kulturelle Bedeutung des Geldes

Die Ambivalenz des Geldes zeigte sich schon in seinen Anfängen. Verschiedene Dinge erfüllten als Geld differente Funktionen und Zwecke wie sakral-rituelle, magische Funktionen (Totengeld, Opfergeld), soziale Ziele (Prestigegeld, ritueller Tausch etc.) oder Zwecke des ökonomischen Austauschs. Maurice Godelier etwa fand in seinen Untersuchungen in Neuguinea einen grundsätzlichen Unterschied zwischen Geld, das für die Befriedigung von Bedürfnissen eingesetzt wurde, und Geld, das zugleich in sich kostbare Dinge umfasste, und zum Fetisch wurde (Godelier 1993).

Die unterschiedlichen Geldformen hingen über die Geschichte der verschiedenen Kulturen hinweg eng mit den soziopolitischen Bedingungen zusammen. Die Münzregale waren ein wichtiges Herrschaftsinstrument; die Münzen dienten unterschiedlichen Zwecken, Goldmünzen der Repräsentation, Silbermünzen dem Handel, das schwarze Kupfergeld dem Alltagsgebrauch der kleinen Leute (Vilar 1984). Die große Bedeutung, die dem staatlichen Notenbankgeld heute noch zukommt, verweist zugleich auf die Entstehung des modernen Staates und der absolutistischen Herrschaft. Die Einführung von Papiergeld, der Übergang zu Plastikgeld und zu e-money symbolisieren die soziale und kulturelle Bedeutung des Geldes als weitgehend unsichtbares Medium der wirtschaftlichen Transaktionen, das sich nicht mit Vorstellungen von „Besitz", sondern mit jenen des „Vermögens" und „Verfügens" verbindet.

Entgegen der neoklassischen Sicht von Geld als Tauschmittel hatte John Maynard Keynes auf dessen Funktion als Wertaufbewahrungsmittel, als Vermögensform, hingewiesen. Auf der Grundlage von Studien alter Geldformen war er zu der Überzeugung gelangt, dass nur der in Kontrakten vereinbarte Geldstandard, also die in Schuldtiteln vorkommende Währung, Geld im eigentlichen Sinn ist (Keynes 1930). Er definierte damit Geld durch die Gläubiger/Schuldner-Beziehung und nicht durch den Tausch als solchen, bei dem auch andere Dinge als Geld zum Einsatz gelangen können. Diese Auffassung vom Geld ist eine bei Keynes allerdings nicht weiter verfolgte institutionalistische Perspektive, da hierbei die Vertragsbeziehung zur Grundlage der Erklärung von Geld dient. Geld stellt Michel Aglietta zufolge eine **gesellschaftliche Konvention** dar, durch die das notwendige Vertrauen in die Funktionsfähigkeit des Geldes mitproduziert wird. Er verweist darauf, dass Geld die Lösung von den subjektiv bewerteten Objekten des Tausches ermöglicht. Durch die Abstraktion und die Mediation der einzelnen Tauschvorgänge durch Geld wird der Warenaustausch objektiviert, er wird zur Zahlung, die durch symbolische Garantien ermöglicht wird (Aglietta 1987, 181).

Wie schon Aristoteles bewusst war, hat die Grenzenlosigkeit, die das Geld vermittelt, tiefgreifende Veränderungen der Verhaltensweisen, der Vorstellungen und der zwischenmenschlichen Beziehungen zur Folge. „Wo Geldwirtschaft entsteht, verändert sich der Mensch", meint Binswanger und schreibt: „Indem alle Produkte unter dem Geldaspekt erscheinen, lösen sich die Bande, welche die Produktion ursprünglich an die – begrenzte – Natur gebunden hatten: Die Natur erscheint im Bereich der Geldwerte auf einmal ebenso unendlich vermehrbar wie das Geld selbst." (Binswanger 1998, 111). Das hat nicht nur Auswirkungen für die Ausbeutung der Natur, sondern auch insofern, als sich das Geld von der Produktion und von den Gütern löst, für deren Erzeugung und Erwerbung es notwendig ist. Damit transformiert sich die Wirtschaft grundlegend, sie erscheint in vielen ihrer Teile nicht mehr an die Probleme der materiellen Versorgung der Menschen gebunden, sondern verselbständigt sich als Zweck der Akkumulation von Geld.

Erst zu Beginn des 20. Jahrhunderts war die Geldwirtschaft als Grundlage der modernen Gesellschaft so wichtig geworden, dass Geld als Symbol für die Form sozialer Beziehungen und als Deutungskriterium der Kultur aufgefasst werden konnte. Die außerökonomische Bedeutung des Geldes wurde in Georg Simmels „Die Philosophie des Geldes" von 1900 thematisiert. Geld sah Simmel als **Symbol der Form der modernen Gesellschaft**, der Rationalisierung und Formalisierung der Beziehungen und der damit verbundenen Entfremdung wie Befreiung des Individuums.[18] Gleichzeitig begründet das Geld durch seine Allgegenwärtigkeit eine sachliche Verbindung unter den Menschen. Simmel erkannte aber auch die Tendenz des Geldes, zum Selbstzweck im Erwerbsstreben der Menschen zu werden.

Geld versinnbildlichte für Simmel die Transformation des Denkens von einem an Substanzbegriffen hin zu einem an Relations- bzw. Funktionsbegriffen orientierten. Alle Dinge erfahren in der Geldkultur eine **quantifizierende Abstraktion**, unterliegen der Rechenhaftigkeit und erleiden auch eine Nivellierung und Homogenisierung durch das „akineton kinoun" (das unbewegte Bewegende), das solcherart Gottesfunktionen annimmt, insofern als es die höchste Abstraktion darstellt, zu der die praktische Vernunft aufgestiegen ist.

Ausgehend von der Deutung der modernen conditio humana als durch Rationalisierung und Entfremdung gekennzeichnet wurde das Geld zum Symbol für den Stil des Lebens, der durch die Kultur der Dinge, die Herrschaft der Technik, die Erhöhung der Geschwindigkeit, die Mobilisierung der Werte charakterisiert ist. Simmel sah die Tragödie der Kultur darin, dass es zu einem Auseinandertreten der subjektiven und der objektiven Kultur kommt, denn die einzelnen haben keine Möglichkeit mehr, die Kultur ihrer Gesellschaft zu ihrer eigenen zu machen.

An den Strukturfunktionalismus von Parsons anknüpfend, definierte Heinemann den Geldgebrauch als eine **Form der Kommunikation**, die der Auslösung, Steuerung und Anpassung ökonomischen Verhaltens im Hinblick auf die Koordination und Integration im Rahmen des gesellschaftlichen Subsystems Wirtschaft dient (Heinemann 1987; 1993). Für Luhmann sind Zahlungen die spezifische Form der Kommunikationen im funktional ausdifferenzierten Wirtschaftssystem. Er schloss in gewisser Weise an Simmel an, weil Geld bzw. Zahlungen als **Element der Ausdifferenzierung des Sinnsystems Wirtschaft** aufgefasst wird. Luhmann hob neben der symbolischen Generalisierung des Geldes auch dessen „diabolische" Generalisierung in gesellschaftlich-kritischem Sinn hervor, denn das, „was verbindet, und das, was trennt, wird aneinander bewusst" (Luhmann 1988, 258/9). Bei Habermas wird das Geld neben der Macht als den Medien des Systems den Medien der Lebenswelt, Sprache und Interaktion, gegenüber gestellt, damit quasi aus der Lebenswelt ausgeklammert und in diese nur über deren Kolonialisierung durch das Erwerbssystem wieder eingeführt.

Anthony Giddens meint, dass Geld nicht nur ein spezifischer Typus symbolischer Zeichen im Rahmen von abgehoben agierenden Systemen sei, sondern ein **innerer Bestandteil des modernen Lebens in der Gesellschaft**. Er weist die Gleichsetzung des Geldes als Medium mit Macht und Sprache zurück, weil die beiden letzteren keine spezifischen sozialen Formen, sondern innere Wesensmerkmale des gesellschaftlichen Handelns überhaupt seien (Giddens 1995, 35). Geld versteht Giddens wie Simmel als Entbettungsmechanismus, wobei die durch moderne Geldwirtschaften ermöglichte Entbettung weit größere Ausmaße als je zuvor annehme. In modernen Wirtschaften nimmt der Großteil der Geldtransaktionen **eine „Form reiner Informationen** an, die als Ziffern gespeichert auf einem Computerausdruck erschei-

---

[18] Reddy meint allerdings, dass die Verbindung von Geldwirtschaft und individueller Freiheit eine liberale Illusion darstellte, die die gleichmachende Funktion quantitativer Messung mit Genauigkeit und Gerechtigkeit zwischen den Menschen identifizierte (siehe Reddy 1987).

nen" (Giddens 1995, 38). Giddens sieht daher Simmels Deutung des Geldes als Symbol der modernen Gesellschaft als heute erst wirklich zutreffend an. Allerdings kann eine solche Darstellung nicht mehr nur die ontologischen Implikationen des als Einheit gedachten Geldsystems hervorheben, sondern muss auf die Vielfalt der Wahrnehmungen und Deutungen des Geldes durch die Menschen in ihren alltäglichen Beziehungen und die Wechselwirkungen zwischen Geld und Kultur abstellen.

Viviana A. Zelizer knüpft an die Auffassung François Simiands an, der davon ausging, dass es auch in modernen Gesellschaften einen extra-ökonomischen, sozialen Gebrauch von Geld gäbe, der sakrale, magische, rituelle und symbolische Bedeutung habe. Sie kritisiert die noch immer vorhandene Übernahme der (markt)ökonomischen Bestimmung des Geldes in der Soziologie und die Beschränkung seiner Relevanz auf den ökonomischen Bereich. Durch die Bestimmung des Geldes als rein objektives und einheitliches Medium des Austausches wurde die **soziale Signifikanz des Geldes** ausgeklammert. Zelizer löst Geld aus dem Bezug auf den Markt und meint: „A sociology of money must ... dismantle a powerful and stubborn utilitarian paradigm of a single, neutral, and rationalizing market money. It must show that money is a meaningful, socially constructed currency, continually shaped and redefined by different networks of social relations and varying systems of meanings" (Zelizer 1992, 1304). Durch den Gebrauch wird bestimmt, was Geld ist; sein spezifisches Merkmal ist daher das der Unbestimmtheit.

In ihrer Studie über die Lebensversicherung (Zelizer 1978) stellte Zelizer Einstellungen zum Problemkreis Geld und Tod in einen Zusammenhang. Lange Zeit war die ablehnende Haltung, menschliches Leben oder Menschen überhaupt in Geld zu bewerten, ein Hindernis für die Akzeptanz von Lebensversicherungen. Nicht nur wurde Geld dafür als zu profan angesehen, sondern es gab auch Vorstellungen eines magischen Zusammenhangs zwischen dem geldmäßigen Versichern des Lebens und dem dadurch eventuell heraufbeschworenen Verlust des Lebens. Dem Geld wurden hier also **magische Qualitäten** zugeschrieben. Erst der Wandel der Attitüden in diesem Bereich machte das Wachstum der Lebensversicherungen möglich. Aber noch lange mussten Lebensversicherer ihr Geschäft mit quasi-religiösen Symbolen umgeben und ökonomische Begriffe vermeiden. Zelizer schloss daraus, dass Geld nicht allein ökonomische Bedeutung hat, sondern immer auch Kristallisationsbezug von kulturellen und strukturellen Faktoren ist.

Das Geld verlor im Zuge seiner Entwicklung zwar immer mehr seine stoffliche Gestalt als Viehgeld, Münzgeld, Papiergeld und wurde zum Plastikgeld und e-money der Gegenwart, aber seine symbolische Funktion blieb erhalten. Geld hat auch in der modernen Form soziale Symbolik und magische Wirkung; diese kann in Form der **Geldillusion** von Konsumenten oder Anlegern bestehen, d.h. der Orientierung an rein nominellen Wertangaben, so dass die realen Preisentwicklungen und die substantiellen Werte nicht berücksichtigt werden, oder als **Geldschleier** unter der Annahme, dass die nominellen Werte nur die substanziellen Werte abbilden.

Geld ist auch nicht nur auf das offizielle Währungsgeld reduzierbar, was sich darin zeigt, dass verschiedene „Währungen" außerhalb des Banken- und Kreditsektors, etwa Gutscheine, Bonusmarken, Anrechtscheine, Mitgliedsausweise, die zu Leistungen berechtigen etc. existieren, die als Beispiele für die **Schaffung von Geld außerhalb des staatlichen Geldes** gelten können. Die Zigarettenwährung der Häftlinge ist ein bekannter Fall von privater Geldproduktion. Allerdings können auch Staat oder staatliche Behörden vielfältige Geldformen erzeugen, z. B. Bezugsscheine oder Rationierungsmarken in administrierten Wirtschaften oder im Rahmen von Fürsorgesystemen. Andere Dinge wie Repräsentativ- oder Gedenkmünzen, Briefmarken und ähnliche Dinge sind häufig anzutreffende Geldsubstitute, die aber darüber hinaus spezifische Bedeutungen, spezifische Akteure und Verwendungsszenarien repräsentieren.

Hinter den sprachlichen Formen von Bestechungsgeld, Erpressungsgeld, Trinkgeld, Taschengeld, Haushaltsgeld, Lohn, Honorar, Prämien, Spendengeld, Urlaubsgeld usw. verbergen sich **soziale Beziehungsmuster, institutionelle Strukturen und soziale Werte** (Zelizer 1994, 26). Die Menschen „markieren" gewissermaßen Geldbeträge nach ihrer Verwendungswidmung, mitunter auch nach ihrer Herkunft, wie etwa bei unverhofft eingetroffenem Geld durch Gewinn oder Erbschaft. Geld bestimmter Herkunft wird oft bestimmten Verwendungen vorbehalten, mitunter moralisch bewertet wie im Fall des „schmutzigen" Geldes, des Blutgeldes etc. Unterschiedlich bezeichnetes oder gewidmetes Geld wird mit der Behandlung oder Kontrolle durch bestimmte Personen verbunden und verweist auf deren Rolle und Status. Die Verwendung von Geld im privaten Bereich reflektiert die Struktur der Familienbeziehungen, die Generationenunterschiede, das Verhältnis von Männern und Frauen und ihre wechselseitige Wahrnehmung und Interpretation (Zelizer 1992). Obwohl Geld in Familienbeziehungen eine große Rolle spielt (Erbschaft, Alimente, Entscheidungen über Geldausgeben und -anlegen, Entlohnung von mithelfenden Familienmitgliedern etc.), ist dieser Aspekt des Geldes relativ wenig behandelt worden.

Die Definition des Geldes als „rein rationales" Medium ist ein Reflex seiner ökonomischen Funktionsdeutung. Der Umgang mit Geld, der sich anhand der Beobachtung des Verhaltens und der Deutungen der Menschen im Alltag zeigt, ist hingegen nicht nur rational und die Bedeutung des Geldes nicht „rein wirtschaftlich". Nicht nur begründen Geldbesitz und -verwendung soziale Beziehungen und vermitteln Macht und Ansehen, sondern als Medium der Kommunikation ist Geld auch involviert in die dabei vor sich gehenden wechselseitigen Deutungs- und Aushandlungsprozesse in Bezug auf die Stellung und die Rolle der beteiligten Personen.

> Die Übergabe bzw. Entgegennahme von Geld ist immer auch begleitet von einer sozialen Symbolik in Bezug auf Macht und Status, Freiheit und Abhängigkeit, Opportunismus und Vertrauen (Mikl-Horke 2001b).

Ganßmann kritisiert demgegenüber die Auffassung von Geld als Interaktionsmedium, da dies seine Reduktion auf die soziale Dimension und das Verbergen des Markttausches bedeute (Ganßmann 1996b). Die Vernachlässigung der sachlichen Dimension reduziert das Geld und damit die Wirtschaft auf einen symbolischen Prozess, während es vielmehr um die Menge, die Art und die Qualität der Güter und Leistungen und um die Maßnahmen und Vorkehrungen der Menschen in Bezug auf ihre Lebenssicherung gehe, und dies erfolge für die überwiegende Mehrzahl über Arbeit. Ähnlich kritisiert Kellermann die Geldideologie, die suggeriert, dass Geld allein schon das Problem des Hungers, der Entwicklung und des wirtschaftlichen Wachstums lösen könne. Tatsächlich ist Geld aber nur **ein Organisationsmittel für die Arbeit**, die Gebrauchswerte zur Sicherung und Verbesserung der Lebensbedingungen schafft (Kellermann 1991, 59).

So hatte auch Marx gemeint, die Waren werden nicht durch das Geld kommensurabel, sondern umgekehrt, da alle Waren ihren Wert in vergegenständlichter menschlicher Arbeit haben, können ihre Werte in derselben spezifischen Ware gemessen werden. Geld steht für das **immanente Wertmaß der Waren, die Arbeitszeit**. Für diese von der Produktion und der Arbeit ausgehende Werttheorie sind sowohl Markt als auch Geld nur sekundär bedeutsam, wenn sie auch unter kapitalistischen Bedingungen als Gegebenheiten angenommen werden müssen. Das Kapital, obwohl es in Geld ausgedrückt wird, ist eigentlich die Menge der Waren bzw. die in ihnen verkörperte Arbeit, wie Paul Mattick meinte: „Damit Geld als Kapital wirksam werden kann, muss es aufgehört haben, Geld zu sein, d.h. es muss in Produktionsmitteln und Arbeitskräften angelegt werden ..." (Mattick 1976, 10).

9.2   Die Kultur des Finanzkapitalismus

Die Geldillusion oder Geldmythologie lässt einen eigenen Bereich der Geld-Schöpfung entstehen, der abgelöst ist von Tauschprozessen gegen Waren und von Arbeit und Produktion. Ins Zentrum der Wirtschaft rücken das Bankensystem und der Geldmarkt, die durch ihre Rolle in Bezug auf Kredit und Sparen einen Geldmechanismus schaffen, der von den Entscheidungen der einzelnen gelöst wird und damit auch die **Geldparadoxie** entstehen lässt, nämlich dass Geld zugleich im Überfluss vorhanden und knapp ist (Baecker 1993).

Sobald ein von der Produktion losgelöstes Finanzkapital auftritt, bestehe die Gefahr der Selbstzerstörung des Geldes, meinten Rudolf Hilferding (1968) wie Ludwig Mises (1933), allerdings aus ganz unterschiedlichen Perspektiven. Eine Entwicklung, wie sie in der Gegenwart durch Deregulierung und Globalisierung der Finanz- und Geldmärkte aufgetreten ist, und in deren Loslösung von den Güter- und Leistungsbewegungen resultierte, war in diesem Ausmaß und mit einer derartigen Dynamik noch nicht vorstellbar.

> Der Selbstzweckcharakter des Geldes wurde in neuer und enorm gesteigerter Weise im gegenwärtigen Finanzkapitalismus realisiert. Geldwirtschaft hat eine neue Bedeutung erhalten als Geld, das nicht mehr investiert wird, um Produktion zu ermöglichen und allen Produktionsfaktoren Einkommen zu verschaffen, sondern allein um seiner eigenen Vervielfachung willen.

Für Baecker stehen die Banken im Zentrum dieses Geldsystems (1991). Anders als Luhmann und Baecker meint Baker (1984), es seien nicht die Banken, auch nicht die Zentralbank, die im Kern des Geldsystems stehen, sondern die Nicht-Bank-Finanzinstitutionen, die professionellen Finanzorganisationen und deren Entscheidungen. Sie bestimmen Geld und Geldformen durch die Macht, die sie ausüben. Die Geldsphäre löst sich erst durch sie aus ihrer Bindung an die Produktionsperspektive und erweitert sich dadurch auf Bereiche, die nicht mit dem Güter-Markttausch oder der Warenproduktion zu tun haben, sondern eine eigene selbst-reproduktive Sphäre der Geldtransaktionen, der Finanzgeschäfte darstellen.

Als ein essentielles Merkmal des Geldes sieht Nigel Dodd das **Ideal der unbeschränkten Ermächtigung** („empowerment"), das das Geld suggeriert (Dodd 1994). Der Gebrauch des Geldes vollzieht sich innerhalb von „monetary networks", die die institutionellen Praktiken und organisatorischen Prinzipien bestimmen. Auf der einen Seite erfordert die Unbe-schränktheit und Akzeptanz des symbolischen Mediums ein allgemeines Vertrauen; auf der anderen Seite steht Geld für tiefgehende soziale Konflikte und ist strukturell gebunden an die ungleiche Verteilung von Reichtum und Macht in der Gesellschaft. Die Informationen, die in Geldtransaktionen enthalten sind, entstammen nicht den Objekten bzw. Medien selbst, die gerade auf Grund der deregulierten Finanzmärkte und den elektronischen Kommunikations-techniken noch unbestimmter geworden sind, sondern den zugrundeliegenden Netzen sozia-ler Beziehungen.

In der sozialen Struktur des Marktes treffen Akteure mit unterschiedlicher Ausstattung an Macht und Geld aufeinander, die mächtigeren im Zentrum, die weniger mächtigen an der Peripherie des Marktes. Die Kernakteure bestimmen durch die Mittel, die sie einsetzen, was als Geld zu gelten hat. Geld wird daher als soziale Konstruktion verstanden und die Veränderungen der Sozialstruktur bestimmen auch die Definitionen des Geldes.

Der globale Kapitalmarkt erscheint durch seine Befreiung von nationalstaatlichen Grenzen und institutionellen Beschränkungen als Idealtyp eines freien Preisbildungsmechanismus, wie ihn die ökonomische Theorie voraussetzt. In diesem Sinn unterscheidet er sich auch von den Geld- und Kapitalmärkten früherer Zeiten, wie Saskia Sassen argumentiert und damit anderen Ansichten widerspricht, die davon ausgehen, dass die heutigen Kapitalmärkte nur Phasen in der Entwicklung darstellen, die ähnliche internationale Konstellationen etwa am Ende des 19. Jahrhunderts oder in der Zwischenkriegszeit schon hervorgebracht hatte (Sas-sen 2005). Gegenwärtige Finanztransaktionen zeichnen sich überdies durch „digitization" aus, was ihre Geschwindigkeit, Vielfalt und Menge sowie die Zahl der Partizipierenden mit dezentralisierten, aber simultanen Zugriffen, beträchtlich erhöht. Dies hat auch zur Entwick-lung von globalen Finanzzentren geführt, Orten, an denen sich die Finanzinstitutionen, Bör-sen und Makler sowie ihre Einrichtungen konzentrieren.

Unterschiede zu früheren Epochen hoher internationaler Finanzaktivitäten sind auch die starke Konzentration der Marktmacht in Händen der Finanzinstitutionen wie Pensionsfonds, Versicherungsunternehmen etc., die Entstehung einer Vielzahl von hochspekulativen institu-tionellen Investoren wie die Hedge Fonds und die Explosion an neuen Finanzprodukten. Dies hat wieder Entwicklungen in anderen Bereichen der Wirtschaft zur Folge, etwa die raschen Veränderungen der Eigentümerstrukturen durch Firmenübernahmen und Beteiligungen der Finanzinstitutionen sowie von Fusionen zwischen Finanzdienstleistern und von Allianzen oder Übernahmen auch im Bereich der Börsen. Das führt zu einer starken Konzentration innerhalb des Sektors der Finanzmarktinstitutionen sowie zur räumlichen Ballung in be-stimmten Regionen, etwa in den „global cities" und den off-shore Finanzzentren (Sassen

2001). Die Gewinnmöglichkeiten, die die Geld- und Kapitalmärkte bieten, führt auch dazu, dass selbst Produktionsunternehmen sich diesen Geschäften als eine neue Sparte ihrer Aktivitäten zuwenden; dies führt zusätzlich zur Globalisierung des Handels und der Produktion zu einer weiteren Schwächung nationaler Bindungen der globalen Unternehmen und zur ständigen Veränderung der Eigentümerstrukturen der Unternehmen. Sassen spricht daher von einer **„financialization of economies"**, die auch die Verstärkung der Orientierung der staatlichen Politiken an der Logik der Finanzmärkte zur Folge habe. Das sowie die Notwendigkeit, für die globalen Zentren und die in ihnen arbeitenden professionellen Eliten lokale Ressourcen zur Verfügung zu stellen, kennzeichnet Sassen als doppelte Einbettung in oder Ausrichtung an diesen globalen Finanzmarktentwicklungen von Seiten der Gesellschaften, der Staaten und der anderen Wirtschaftsbereiche.

Über den Produktions- und Konsumwelten der Wirtschaft hat sich durch die Deregulierung der Finanzmärkte und die Möglichkeiten der elektronischen Medien eine „Zirkulationssphäre des Kapitalismus" (Braudel 1986) entwickelt, die in verschiedener Hinsicht „global" ist. Sie erfasst nicht nur potentiell alle Gebiete der Erde, auf der sich ein Computer mit Internetanschluss befindet, sondern sie kann dies auch global „vergleichzeitigen". „As collective disembodied systems generated entirely in a symbolic space, these markets can in fact be seen as an icon of contemporary global high-technology culture" (Knorr Cetina 2006, 38). Sie unterscheiden sich von Finanzmärkten, wie sie schon lange bestanden, und teilweise auch weltweit agierten, eben durch diese **reflexive Konstitution in zeitlicher Hinsicht**, die sie als „timeworld" oder „flowworld" erscheinen lässt. Deren einzige physisch-räumliche Bezugspunkte sind Bildschirme, auf denen die Finanzströme projiziert werden, und ihre Konzentration in „global cities" als Brückenköpfe der „flowworld". Sie stellen, so argumentiert Knorr Cetina, nicht mehr Netzwerkstrukturen dar, die räumlich verankert sind, sondern **zeitlich entgrenzte und entmaterialisierte Projektionen, die sofortige Reaktionen nach sich ziehen, die sie laufend verändern**. Synchronisation der Beobachtung, Kontinuität derselben ohne Unterbrechung, zeitliche Unmittelbarkeit durch „real time"-Bedingungen für Transaktionen kennzeichnen sie (Knorr-Cetina/Bruegger 2002). Dies bedeutet nicht, dass die Finanzmakler nicht ihre sozialen Beziehungen und Netzwerke haben, über die auch Transaktionen abgewickelt werden, aber die elektronischen Systeme ermöglichen anonyme Handelssysteme, die „den Markt" konstituieren. Dieser „market on screen" weist eine spezifische Realität sui generis auf, die auf automatischen Anzeigen von Bestpreisen, rechnerischen Routinen und Anzeigen von Kursentwicklungen etc. beruht. Auf dem Bildschirm werden die vordem verstreuten Aktivitäten einer Vielzahl von Akteuren repräsentiert; er stellt daher nicht einfach ein technisches Medium dar, sondern steht für eine eigene und sich selbst erzeugende Dimension der Wirtschaft.

Die Kulturbedeutung des Geldes und der Geld- und Kapitalmärkte wird in der Gegenwart in sozialwissenschaftlichen Diskursen, aber auch im Alltag merkbar, etwa durch ihre mediale Präsenz und die Rolle, die es dadurch im Denken und Handeln der Menschen in den modernen Gesellschaften einnimmt. Während Geldthemen, Wirtschaftsnachrichten, Aktiennotierungen bis vor nicht allzu langer Zeit kein allgemeines Interesse hervorriefen, begegnen wir ihm in der Gegenwart in den Medien, in öffentlichen Diskussionen und Berichten immer wieder. Die Zahl von Zeitschriften, die Analysen von Börsenwerten, von Investitionsmöglichkeiten und Ratschläge für Geldanlagen enthalten, und von Fernsehsendungen, die ausschließlich über Geldthemen berichten, hat stark zugenommen. In den Zeitungen nehmen Finanz- und Wirtschaftsberichte heute einen größeren Raum ein, sind interessanter aufgemacht und werden offenbar durchaus nicht nur überblättert, um zum Sportteil zu kommen. Geldkurse und Wertpapiernotierungen sind zum Thema nicht nur für Experten, sondern für größere Gruppen der Gesellschaft, die nicht beruflich damit zu tun haben, geworden.

Die Aufmerksamkeit für Kursbewegungen und Börsenindices überträgt deren Schwankungen, Aufschwünge und Einbrüche, und damit eine quasi-hysterische Stimmung ständiger Veränderlichkeit in die Lebenswelten der Menschen.

In der Spekulationsökonomie wechseln Höhenflüge und Abstürze in rasender Folge und übertragen ihre Fieberkurven-Panik auf die allgemeine Stimmung, da die Bewegungen auf den Börsen meist nicht als unvermeidliche zyklische Schwankungen, sondern als Manifestationen von täglich möglichen Wirtschaftskrisen kommentiert werden.

9.3 Kultur der Waren und Ökonomie der Kultur

Die kulturanthropologischen und soziologischen Untersuchungen zur „materiellen Kultur" der modernen Gesellschaften haben zu einem neuen Interesse der Sozialwissenschaften am Konsum geführt, nunmehr nicht so sehr von der Seite des Kaufverhaltens her, sondern von der Seite der Güter und Waren und ihrer symbolhaften sozialen Bedeutung für die Menschen (Douglas/Isherwood 1978; Miller 1987). Der Umgang der Menschen mit den Dingen, die Bedeutungen und Sinnzuschreibungen, die sie der materiellen Umwelt verleihen, insbesondere die **soziale Bedeutung von Dingen, Gütern, Waren**, ist aus der Perspektive der soziokulturellen Veränderung von großem Interesse. Baudrillard bezeichnet den „Verbrauch" als eine charakteristische Modalität unserer technischen Zivilisation, die nicht auf Bedürfnisbefriedigung verweist, sondern auf ein aktives Verhältnis der Menschen nicht nur zu den Gegenständen, sondern auch in den sozialen Beziehungen sowie zur „Welt" (Baudrillard 1991, 243).

Güter sind Zeichen der Teilnahme oder Ausgrenzung, der Mitgliedschaft oder der Isolation; ihre Sprache ist Ausdruck von Wünschen, Interessen, Bedürfnissen, sozialen und kulturellen Differenzen. Selbst die Massengüter der modernen Industrie haben eine „Sprache", ihr Erwerb, Besitz und Gebrauch ist Ausdruck von Wünschen des Dazugehörens oder der Differenzierung. Sie werden zu kulturellen Artefakten, indem die Menschen sie in bestimmter Weise nutzen, sie mit Bedeutungen versehen.

Der **Transformationsprozess von Dingen in Waren** ist ein Vorgang, in dem Menschen bestimmte Deutungen und Zuschreibungen vornehmen. Die Güter haben unterschiedliche Bedeutung für diejenigen, die sie besitzen, erwerben, mit ihnen handeln, und symbolisieren damit auch die Veränderungen in den Beziehungen zwischen den Menschen, den Übergang von einer Vorstellungswelt in eine andere. Bereits Menger hatte darauf verwiesen, dass mit dem Wechsel zwischen Tauschwert und Gebrauchswert ein subjektiver Interpretationsprozess verbunden ist; die symbolische Bedeutung, die Güter für die Identität der Person, die Selbstdarstellung, die persönliche Geschichte, das soziale Ansehen und die Mitgliedschaft in Gruppen haben, lässt sie die Dinge bestimmen, die man behalten, die man eintauschen, die man schenken, die man wegwerfen will.

Dieselbe Sache tritt einmal als Ware, zum anderen als persönlich bedeutsames Objekt, als Mittel der sozialen Teilnahme oder der sozialen Distinktion auf.

Der Warencharakter eines Gutes ist perspektivisch, zeitlich begrenzt und durch die Marktbeziehung bestimmt.

Waren entstehen nicht nur durch ihr Auftreten auf dem Markt und die dadurch bestimmte Zuordnung von Preisen, sondern stehen symbolisch für einen Prozess, in dem es zu Bedeutungszuschreibungen und Umdeutungen kommt, so dass die „commodification/commoditization" nicht nur eine ökonomische Funktion darstellt, sondern einen komplexen Prozess, in dem Individuen ihre soziale und persönliche Umwelt deuten, ihre Stellung in und zu ihr bestimmen.

In der Wohlstandsgesellschaft richten sich die Bedürfnisse zunehmend auch auf **immaterielle Güter** wie Gesundheit, Bildung, Fitness, Selbstverwirklichung, Bewusstseinserweiterung etc. Das hat zur Folge, dass auch das, was landläufig unter „Kultur" verstanden wird, d.h. Musik, bildende, darstellende Kunst etc., aber auch Ideen, Wissen, Bildung, Religion, sogar Persönlichkeit, Gefühle, Beziehungen immer mehr in den Markt einbezogen werden. Bereits Marx hatte diese Umwandlung von immateriellen Gütern, sozialen Beziehungen, Gefühlen und Glauben in Waren gesehen und als konsequente Folge der Ausdehnung des Kapitalismus erklärt (Marx 1964, 69).

Kritische Studien hatten die Transformation der Kultur in Waren in der kapitalistischen Gesellschaft hervorgehoben; so hatten Theodor W. Adorno und Max Horkheimer die „Massenkultur" der Industriegesellschaft als Produkt der **„Kulturindustrie"** definiert (Adorno/Horkheimer 1988) und darin die durch die aggressive Vermarktung des industriellen Angebots begründete Abhängigkeit und Unmündigkeit der Menschen kritisiert. Kultur erhält, wie Marcuse (1979) meinte, einen affirmativen Charakter sowohl durch die Warenförmigkeit der Kultur in der kapitalistischen Gesellschaft als auch durch die mit dieser notwendig verbundenen Einbeziehung in die staatliche Verwaltung auf Grund von Förderungen und Kulturpolitik.

Während sich die kritische Intention dieser Sichtweise mit einer kulturpessimistischen und, wie manche meinen, elitären Auffassung verband (Steinert 2002), gehen die **„Cultural Studies"** davon aus, dass die modernen massenproduzierten Güter der Musik- und Kunstindustrie durch die Interpretation, Produktion und den Gebrauch der Menschen erst in ihrer kulturellen Bedeutung erzeugt werden (Hall 1986). Wie die Güter der modernen Lebensweise produziert und konsumiert werden, wie über sie gesprochen wird, welche Mechanismen ihre Verteilung und Nutzung bestimmen, das alles erzeugt „Kultur". Sie hat ihre eigenen Formen der Produktion und des Gebrauchs und Verbrauchs entwickelt. Die „Cultural Studies" tragen damit der Tatsache Rechnung, dass die Kultur, allen voran die Massenmedien, aber auch die Kunst, in der Gegenwart zu einem bedeutenden Wirtschaftssektor geworden ist, die überdies die Konsumenten in die Kulturproduktion mit einbeziehen.

Mit der Kulturproduktion und der ungleichen Verteilung der immateriellen Ressourcen hat sich Pierre Bourdieu beschäftigt. Er untersuchte den Kulturkonsum im Hinblick auf die Unterschiede der „Geschmackskultur". Im Kulturkonsum und den damit verbundenen Geschmacksurteilen manifestiert sich der Habitus der gesellschaftlichen Klassen. „Bildung", „Kultur", „Kultiviertheit", „Geschmack" verweisen auf die **kulturelle Dimension der gesellschaftlichen Ungleichheit**, auf die soziale „Distinktion" (Bourdieu 1982). Bourdieus Auffassung verknüpft die kulturelle Reproduktion der Klassen mit dem Verständnis von Kultur als Praxis, die sich in Handlungen manifestiert (Bourdieu 1998b).

Von der spezifischen Ökonomie des kulturellen Konsums ausgehend identifizierte Bourdieu dessen sozial differenzierende Wirkungen und machte diese Erkenntnis zur Grundlage einer an symbolischen Formen orientierten Theorie und Praxis gesellschaftlicher Ungleichheit. Wie das ökonomische Kapital können auch die Umgangsformen, die kulturellen und intellektuellen Ambitionen, die Bildung, der Lebensstil, der Besitz von Titeln und von wertvollen Kulturgütern eingesetzt werden, um einen bestimmten Nutzen zu erreichen und die soziale Distinktion zu erhalten; daher bezeichnete Bourdieu dies mit dem Begriff des **„kulturellen Kapitals"**. Bourdieu unterschied das durch Sozialisation und „Bildung" verinnerlichte „inkorporierte" kulturelle Kapital, das sich in Verhaltensdispositionen („Habitus") niederschlägt, das in Titeln und Zertifikaten institutionalisierte kulturelle Kapital und das in materiellen oder immateriellen Gütern wie Kunstgegenständen oder wissenschaftlichen Theorien bestehende objektivierte kulturelle Kapital (Bourdieu 1983).

Bourdieu weist dem ökonomischen Kapital zwar eine grundlegende Funktion insofern zu, als dieses ermöglicht, sowohl kulturelles Kapital als auch Sozialkapital zu erwerben. Das Sozialkapital versteht er ähnlich wie Coleman als Ressourcen, die aus einem Beziehungsnetzwerk resultieren. Es hat die Eigenschaft, das tatsächlich verfügbare Gesamtkapital zu multiplizieren (Multiplikatoreffekt). Individuen und Kollektive verfügen über eine bestimmte, aber sehr unterschiedliche Ausstattung mit ökonomischem, kulturellem und sozialem Kapital. Diese Unterschiede strukturieren die Gesellschaft; zwischen Sozialstruktur und Kapitalausstattung besteht daher ein wechselseitiger Zusammenhang. Ökonomischen Differenzen, Macht- und Statusunterschieden entspricht eine je unterschiedliche Ausstattung mit kulturellem Kapital, das seinerseits zur Erhaltung und Erweiterung von Reichtum, Macht und Ansehen eingesetzt wird.

Die einzelnen Kapitalsorten können ineinander übergeführt werden; Bourdieu bezeichnet dies als **Kapitalumwandlung**. Ein hohes kulturelles Kapital wirkt sich positiv auf die sozialen Beziehungen aus und kann auch zu einer Erhöhung des ökonomischen Kapitals führen. Erwerb und Einsatz jeder Kapitalsorte erfordert aber auch den Einsatz von Arbeit und persönlicher Leistung sowie die Investition von Geld und Gütern. Erwerb und Erhalt von Sozialkapital hängt von der Investition von materiellen und immateriellen Ressourcen ab, der

Aufbau von kulturellem Kapital macht den Einsatz von Ressourcen für den Erwerb von Bildung, von Titeln und von kultureller Reputation nötig. Der Einsatz von sozialem und von kulturellem Kapital wiederum fördert die ökonomischen Erwerbschancen, wenngleich dies häufig verschleiert erfolgt, d.h. unter scheinbarem Ausschluss des ökonomischen Kalküls. Der Kapitalaufbau und Kapitaleinsatz erfolgt unter Risiko, mitunter auch unter Ungewissheit. So ist es bei hoher Akademikerarbeitslosigkeit nicht sicher, dass das kulturelle Kapital auch in ein ökonomisches umgewandelt werden kann; aber der Einsatz von Sozialkapital kann dieses Risiko vermindern.

Wenngleich die Besitzverhältnisse in Bezug auf die einzelnen Kapitalsorten unterschiedlich verteilt sein können, also soziale und kulturelle Eliten nicht notwendig auch ökonomisch reich sein müssen, so weist die Verfügung über die verschiedenen Kapitalsorten doch eine Konzentration und wechselseitige Verstärkung an der Spitze auf, die die Klassendifferenzierung erhält und unterschiedliche Handlungsmöglichkeiten begründet. Handeln erfolgt im Rahmen von sozialen Feldern, die eine bestimmte Struktur und Logik aufweisen, die auf der Verteilung der Kapitalsorten beruhen und daher nicht nur funktional differenziert, sondern durch selbstreproduktive Macht- und Ressourcenungleichheit charakterisiert sind.

Auch in der Kunst, in der Wissenschaft, in Religion und Recht geht es um Interessen, Investitionen und um Kapitalakkumulation. Kultur als Ökonomie ist bei Bourdieu aber immer an die strukturelle Reproduktion rückgebunden. Dies unterscheidet seine Behandlung des sozialen und kulturellen Kapitals von dem entsprechenden Begriff in der institutionalistischen Ökonomie und der neuen Wirtschaftssoziologie. Der bei Bourdieu häufig verwendete Begriff der „Ökonomie" meint nicht die wissenschaftliche Disziplin und noch weniger die neoklassische Wirtschaftstheorie, sondern bezieht sich auf die Strukturen der Wirtschaft im Sinne eines an Marx und dem Strukturalismus orientierten Verständnisses.

Bourdieu suchte die Trennung zwischen Ökonomismus und Kulturalismus in der sozialwissenschaftlichen Argumentation zu überwinden; diesem Ziel sollte die Entwicklung einer **Ökonomie des symbolischen Tausches** dienen. Diese wendete er etwa auf die Sprache an, die er als Tauschprozess des Sprechens definierte (Bourdieu 1990). Die Formen der Sprachproduktion und -zirkulation erscheinen dann als Verhältnis der sprachlichen Habitusformen, die durch Ausdruck, Sprachfähigkeit, soziale Kompetenz etc. und den sozialen Strukturen der Sprach„märkte" bestimmt sind. Dabei spielt auch Macht eine Rolle im Sinn von herrschender bzw. sozial legitimierter Sprachverwendung und resultiert in „Sprachkapital", das Profit in Form sozialer Distinktion, aber auch materieller Vorteile ermöglicht. Zwischen Sprachmarkt und Bildungsmarkt besteht ein enger Zusammenhang, weil die sprachlichen Produkte der herrschenden Klasse auf letzterem dominieren.

Bourdieus Deutung der **Religion als Ökonomie** geht von der Perspektive der Kulturproduktion aus und weist Elemente marxistischer Akkumulations- und Ausbeutungslogik und der Weberschen Religions- und Herrschaftssoziologie auf. Dem liegt eine Sicht von Religion als Herrschaftsinstrument und als Reflex der Gesellschaft und ihrer Struktur zugrunde; sie reproduziert „in verklärter, also verkennbarer Form" die Struktur der herrschenden ökonomischen und sozialen Verhältnisse und rechtfertigt die Verteilung der Positionen in der gesellschaftlichen Ordnung (Bourdieu 2000, 67).

Religion als kulturelle Praxis ist durch die Glaubenshaltungen und Einstellungen der Menschen, der „Konsumenten" der religiösen Angebote, aber auch durch die Strategien der kulturellen „Produzenten" bestimmt. Das „religiöse Feld" ist durch die gegenseitigen Beziehungen von Priestern, Propheten und Laien abgesteckt. Das „religiöse Kapital", das ursprünglich auf alle Menschen aufgeteilt war, wurde von einer spezialisierten Gruppe von Priestern angeeignet. Das religiöse Interesse der Laien begründet die Notwendigkeit der Konkurrenz verschiedener Gruppen von Anbietern um die Rechtfertigung des Einflusses auf die Praxis und die Weltsicht der Laien und damit um die Macht zum Oktroyieren eines religiösen Habitus. Das Angebot der religiösen Spezialisten muss mit der Nachfrage nach religiösen Gütern zur Deckung gebracht werden.

Die Religionen agieren in einem Bereich, der von Staat, Zivilgesellschaft und Markt abgesteckt wird, was besonders deutlich in den Vereinigten Staaten hervortritt. In den USA hatten und haben die religiösen Bewegungen protestantischer Provenienz besonders große Bedeutung. Durch die zahlreichen Einwanderungsströme sind die USA aber auch eine multireligiöse Gesellschaft. Der religiöse Pluralismus und die aktive Werbung der Religionsgemeinschaften um den Aufbau und die Erweiterung ihrer Gemeinde ließ Aspekte der Konkurrenz auf einer Art „religious marketplace", auf dem sich „moral entrepreneurs" tummeln, hervortreten (Martin 1991). Dabei spielen auch die Funktionen, die die religiösen Gruppen neben den Funktionen für die Transzendenz- und Gemeinschaftsbedürfnisse der Menschen auch für die Wirtschaft erfüllen, eine bedeutsame Rolle. Sie sind etwa für den Aufbau von Vertrauen in Geschäftsbeziehungen bzw. die Kreditwürdigkeit von Personen von Bedeutung. Religion oder besser: die Mitgliedschaft in religiösen Gemeinschaften stellt eine Art symbolisches Kapital dar, einen Aspekt des Sozialkapitals, der auch für den Aufbau von Humankapital eingesetzt werden kann, wie schon Tocqueville, Weber und Coleman konstatierten.

Bourdieus Ökonomie der Religion ist nicht so sehr eine Kritik der Vermarktlichung der Kultur, sondern eine feldorientierte Analyse der Kulturwirtschaft, die davon ausgeht, dass auch immaterielle Ressourcen produziert, verteilt und konsumiert werden. Allerdings lebt seiner Meinung nach in dieser Welt der Kultur vielfach das vormoderne Wirtschaftsverständnis weiter, indem das, was tatsächlich passiert, nicht so benannt werden darf (Bourdieu 1976). Wenngleich es um Produktion, Markt und Preise geht, wird gleichzeitig suggeriert, dass es um Reputation, Schönheit, künstlerische Werte, jedenfalls nicht um kommerzielle Ziele oder schnöden Profit geht: „In this economic universe, whose very functioning is defined by a ‚refusal' of the ‚commercial' which is in fact a collective disavowal of commercial interests and profits, the most ‚anti-economic' and most visibly ‚disinterested' behaviours ... contain a form of economic rationality (even in the restricted sense) and in no way exclude their authors from even the ‚economic' profits awaiting those who conform to the law of this universe." (Bourdieu 1993, 75). Durch diese Ablehnung kommerzieller Interessen, d.h. „by concealing from themselves and others the interests at stake ..." wird erst ein symbolisches Kapital, „the means of deriving profits from disinterestedness", aufgebaut, das die ökonomische Verwertung ermöglicht bzw. fördert.

Die Ökonomie der symbolischen Güter beruht darauf, Wertvorstellung und Glaubenshaltungen zu produzieren, die die Produktion von Kultur als nicht-ökonomisch begründet, und gerade damit ihre ökonomische Wertzuschreibung legitimiert.[19]

Bourdieus Theorie der Kulturproduktion gibt sehr gut die Ambivalenz und Widersprüchlichkeit der Eigen- und Fremdeinschätzung wirtschaftlicher Akteure wieder, die aber nicht nur die Bereiche der Kunst, Literatur, Religion durchziehen, sondern die auch die profane Wirtschaft legitimieren. Auch sie hat sich mit Argumenten der Bedarfsdeckung und Versorgung, mit freiem Austausch gleichberechtigter Marktteilnehmer und dem Wirtschaftswachstum als Voraussetzung für Gemeinwohl verbunden, und gerade dadurch die Anerkennung und das Vertrauen errungen, was wieder Voraussetzung dafür ist, dass dabei die Bereicherungsinteressen befriedigt werden können. Dabei hat jedes Produkt seine eigene Art von symbolischem Kapital entwickelt: die Autoproduktion die Werte von Mobilität und Freiheit; die Telekommunikationsprodukte werden mit Appellen an Gefühle der sozialen Verbundenheit bzw. der weltweiten Vergemeinschaftung verbreitet; die Leistungen der Rechtsanwälte, Steuerberater, Wirtschaftsprüfer, Unternehmensberater usw. gehen mit dem Nimbus der strengen Rechtschaffenheit einher etc. Die praktischen Aspekte der Produktion, des Tausches und der Konsumption in der Wirtschaft verbinden sich immer und überall mit der Erzeugung von Glauben, Werten, Gefühlen, mit symbolischem Kapital, das die seltsame Eigenschaft hat, ökonomisches Desinteresse zu signalisieren und gleichzeitig damit den ökonomischen Erfolg zu ermöglichen.

9.4   Moral und der neue Geist des Kapitalismus

Nationalökonomen von Smith über Schumpeter bis Sen haben der Moral große Bedeutung als Grundlage der Wirtschaft des Kapitalismus zugemessen. Die klassische Nationalökonomie verband sich bei ihrer Entstehung mit einer moralischen Orientierung, weil sie mit Recht davon ausgehen konnte, dass der Markt und die Anerkennung der individuellen Interessenhandlungen der Menschen zumindest das Gemeinwohl eines größeren Teils der Menschen sichern konnte als die aristokratisch-feudale Gesellschaft. Seither wird für die Marktwirtschaft reklamiert, dass sie das Gemeinwohl, den Wohlstand, den Frieden, die Freiheit, die Demokratie etc. sichern bzw. erhöhen kann.

Die Ökonomie ging daher in ihren Ursprüngen von der Zielsetzung des Gemeinwohls, des „commonweal", aus. In weiterer Folge versuchte sie allerdings, diesen Begriff mit Hilfe der Konzeptionen der Wohlfahrtsökonomie oder der Ökonomie der Demokratie zu definieren.

---

[19] Die Negation des „Marktökonomischen" ist zwar im Feld der Kulturproduktion insbesondere seit dem 19. Jahrhundert stark ausgeprägt, aber das hat eine Reihe von Gründen, die auch in der historischen Entwicklung des sozialen Feldes Kunst und Kultur liegen und sich in diesem Verlauf immer wieder verändert haben; so war die Negation des Ökonomischen bei den Renaissancekünstlern keineswegs so stark, vielmehr war die profitable Verwertung eine bewusst in die Produktion integrierte Erwartung.

Da diese auf utilitaristischen Grundlagen aufbauten, gelang dies nicht, sondern es kam zur Umdeutung des Gemeinwohls im Sinne eines Kalküls von Public Choice oder von Pareto-Optimalität.

Die Notwendigkeit, den Gemeinwohlbegriff wieder explizit in die Sozialwissenschaften einzubeziehen, begründete Gerhard Colm damit, dass politische Entscheidungen und wirtschaftliche Handlungen Folgen für die Nachwelt haben, was etwa insbesondere in Bezug auf die Erhaltung der Ressourcen von Bedeutung ist, aber nicht durch die an gegenwärtigen Erfolgen orientierten Entscheidungen mitberücksichtigt werden kann (Colm 1968). Colm differenzierte neben ethischen Aspekten den soziologischen, den rechtlichen und den politischen Standpunkt in Bezug auf die **Bestimmung des Allgemeinwohls**: Metasoziologisch lässt sich dies durch die Tatsache begründen, dass es immer, auch in pluralistischen Gesellschaften, ein gewisses Maß an gemeinsamen Werten und Zielen gibt, die Grundlage der Gemeinschaft sind. Ohne diese gemeinsame Grundhaltung können Gesellschaften nicht überleben und Colm meinte daher, dass das Allgemeinwohl in diesem Sinn die lebensnotwendige Hypothese einer pluralistischen Gesellschaft sei. Es unterliegt zwar der ständigen Veränderung, aber die Diskussion darüber ist unabdingbar, insbesondere vom soziologischen Standpunkt, da zwischen den verschiedenen Gruppen der Gesellschaft variierende Vorstellungen von den wichtigen Bestandteilen des Gemeinwohls bestehen. Vom rechtlichen Standpunkt aus beinhalten die Gesetze die jeweiligen Auffassungen von Gemeinwohl, die den individuellen Interessenmanifestationen, die diesem zuwider handeln, entgegen gehalten werden. Ohne Gemeinwohlvorstellung ist das Rechtssystem einer Gemeinschaft nicht zu verstehen. Schließlich können Gemeinwohlaspekte, die von der Politik zu „öffentlichen Zielen" bestimmt werden, wie es etwa die Vollbeschäftigung war, auch zu Maßstäben der Beurteilung wirtschaftlicher Funktionen und Leistungen werden. Das Budget stellt in diesem Sinne den quantitativen Ausdruck des Allgemeinwohls, wie es die politischen Staatsziele festlegen, dar.

Der Begriff des Gemeinwohls ist jedoch, was seine Inhalte betrifft, überaus vieldeutig und hat eine lange Geschichte als politisch-sozialer Leitbegriff, in dem sich seine Bedeutung und seine Verwendung immer wieder geändert haben (Münkler/Bluhm 2001; Münkler/Fischer 2002). Vielfach war die Berufung auf das Allgemeinwohl von Politik und Wirtschaft durch andere Gründe als die Interessen oder Bedürfnisse der Bürger bestimmt, die aber durch Bezug auf den Gemeinschaftsnutzen legitimiert wurden. In der Soziologie wurde das Gemeinwohl durch den Begriff der **Moral** ersetzt, die im Sinne der Wertvorstellungen, wie sie sich in den Verhaltensmustern der Menschen äußerten, definiert wurde. Solcherart konnte sie als Objekt der empirischen Wissenschaft behandelt werden, ohne dass diese selbst Stellung beziehen musste. Fevre (2003) sieht in den klassischen Ansätzen aber immerhin noch die Sorge mitschwingen, dass die Eigennutzorientierung und die Marktrationalität die moralischen Grundlagen der Gesellschaft zerstören könnten. Diese kritische Tradition, die er bei einer Reihe von Sozialwissenschaftlern ortet, konnte sich in der Soziologie dennoch nie wirklich durchsetzen. Vielmehr kam es durch die Fehlinterpretation des Objektivitätspostulats als Rückzug der Soziologen aus dem Engagement für die Probleme der Welt einseitig zu einer Haltung der Distanzierung (Elias 1983). Fevre meint daher auch, dass die Wirtschaftssoziologie der Gegenwart zur Erfüllungsgehilfin der Managementtheorie und deren Orientierung an der Rationalisierung organisatorischer Prozesse im Interesse der Effizienzsteigerung wurde. Er kritisiert diese „colonization of sociology by economic rationality" (Fevre 18) und fordert eine Neubesinnung der Soziologie auf die **Beziehung von Wirtschaft und Moral**.

Die Orientierung an Moral wurde bereits von Bernard Barber gegen die Absolutsetzung des Marktes betont (Barber 1977) und Fragen der Bedeutung der moralischen Grundlagen für die Wirtschaft werden auch in der Gegenwart verstärkt diskutiert, wobei auch die Rolle der religiösen Ethiken besonders behandelt wird (Kubon-Gilke 2002; Held/Kubon-Gilke/Sturn 2007; Nutzinger 2003). Aber auch die Diskussion um die Beziehung zwischen **Ethik und Ökonomie** wurde wieder aufgenommen (Rothschild 1993; Waibl 1989). Vielfach wird die Notwendigkeit ethischer Reflexion angesichts der Auswirkungen des Marktes betont. Gerade in Zeiten, in denen die Macht des Marktes ihre volle Legitimität erreicht zu haben scheint, entsteht auch die Notwendigkeit einer ethischen Kontrolle dieser Kräfte, die nicht aus diesen selbst entstehen kann. Daher hat Hans Küng im Anschluss an Kenneth E. Boulding mit Bezug auf die Axiomatisierung von Sachzwängen durch Ökonomie und Politik einen Primat des Ethos gegenüber Ökonomie und Politik gefordert (Küng 1997). Hans Christoph Binswanger fasst auch die Ökonomie als ein System von Glaubensüberzeugungen von den selbst heilenden Kräften des eigennützigen Erwerbsstrebens und der unsichtbaren Hand des Marktes auf, der die Ethik entgegen gestellt werden müsse (Binswanger 1998).

Diskussionen über **Gerechtigkeit in Marktprozessen** (Berger/Baecker/Ganßmann/Münch 2003) oder die Ökonomisierung der Moral und des Rechts (Baurmann 1996) werden aber auch in der Absicht geführt, den rein logisch-mechanischen Charakter „des Marktes" zu betonen. Umgekehrt wird auch eine **„Moralisierung der Märkte"** (Stehr 2007) durch die Berücksichtigung ethisch-moralischer Aspekte in den Entscheidungen der Wirtschaftssubjekte festgestellt. Der Ausdruck „Moralisierung" ist dabei allerdings etwas merkwürdig, weil er eine Entwicklung, die durch die Einführung moralischer Aspekte in vordem amoralische Prozesse ausgelöst wurde, suggeriert. Aber wie schon Schumpeter angemerkt hatte, beruhte die kapitalistische Entwicklung auf bestimmten Tugenden der Unternehmer. Den homo oeconomicus gab es nur als Modellvorstellung der Ökonomie, während die konkreten Wirtschaftsakteure immer auch von moralischen Aspekten in ihren individuellen Handlungen geleitet werden.

Moral und Rationalität sind keine Gegensätze, nicht nur deshalb weil Rationalität zur Tugend der Marktwirtschaft geworden ist, sondern weil moralisches Verhalten den wirtschaftlichen Erfolg mitbestimmt oder ihn doch zumindest legitimiert. Ein unmoralisches Verhalten wäre auf längere Sicht nicht erfolgversprechend, wenn auf dauerhafte Geschäftsbeziehungen Wert gelegt wird. Wenn sich die Zeithorizonte der wirtschaftlichen Transaktionen zwischen Wirtschaftssubjekten aber verkürzen, wie das in der Gegenwart häufig der Fall ist, tritt das moralische Verhalten als Bedingung des Wirtschaftserfolgs in den Hintergrund. Gegengleich mehren sich die Diskurse über die Bedeutung des Vertrauensaufbaus als Ausdruck des Schwindens der moralischen Einbettung des Handelns. Wertrationales oder moralisches Handeln steht auch in jenen Auffassungen in keinem Gegensatz zu rationalem oder eigennutzorientiertem Tun, die wie Mises davon ausgehen, dass das konkrete subjektive Motiv unwichtig ist, solange sich das Handeln in Güter- und Geldbewegungen niederschlägt. Dann wird es irrelevant, ob das Handeln aus Opportunismus oder aus anderen Motiven erfolgt, denn auch mit kooperativem, solidarischem, altruistischem oder nur scheinbar selbstlosem Verhalten (Beckert 2006c) sind wirtschaftliche Effekte verbunden.

Auch wenn Wirtschaft das menschliche Handeln meint, das auf Bedarfsdeckung, Austausch und Erwerb gerichtet ist, so können Moral und ökonomische Rationalität keine Gegensätze sein, sondern müssen eng miteinander verbunden gesehen werden. Diese Verknüpfung macht aber auch beide ambivalent. Moral kann in Fairness und Redlichkeit, Gemeinwohlorientierung, altruistischem Verhalten, idealistischen Visionen oder individuellen ethischen Prinzipien bestehen, die direkt die Ziele der Handelnden bestimmen oder rechtfertigen, die aber auch als Mittel für andere Zwecke eingesetzt werden können, ohne dass diese genannt werden. Sie können überdies internalisierte soziale Werte darstellen, die das Handeln in bestimmte, in einer Gesellschaft und Kultur übliche Bahnen lenken. Allerdings stellt dies einen in der Soziologie beliebten Schluss von Verhaltensweisen auf soziale Werte „der Gesellschaft" dar.

Ökonomische Rationalität kann Opportunismus, Eigeninteresse oder „Wirtschaftlichkeit" bzw. logisches Abwägen von Zielen und Mitteln bedeuten und stellt diesbezüglich zum Teil selbst einen Wert in unserer Zivilisation dar, kann aber auch delinquentes Verhalten begründen. Auch ökonomische Rationalität kann Mittel zum Zweck oder selbst Ziel sein. Diese **Ambivalenz** drückt sich besonders deutlich in der heute so geläufigen Vokabel der „Effizienz" aus. Der Begriff bezieht sich eigentlich auf die Sparsamkeit im Mitteleinsatz, die „Wirtschaftlichkeit", wird aber gegenwärtig als Kennzeichnung eines Zieles verwendet, hinter dem sich ganz verschiedene Zwecke verbergen.

Der Markt als Interaktionsgefüge kann nicht moralisch sein, das können nur die Marktteilnehmer. Diese können vielfach auch moralisch handeln, und doch müssen die Effekte der Marktinteraktionen deshalb nicht positiv in Bezug auf Gemeinwohl oder Gerechtigkeit sein. Bestehen zwischen den Marktakteuren große Machtdifferentiale, so kann es zu Befunden über Defizite kommen, wenn man eine ethische Beurteilung anwendet.

Wenn man „Markt" als Nicht-Einmischung des Staates versteht, so kann dies eine ethische **Präferenz für Freiheit** zulasten von Gleichheit oder Gerechtigkeit bedeuten, auf der verallgemeinernden Identifikation von Markt mit Effizienz beruhen oder durch die Machtverhältnisse zwischen mächtigen Wirtschaftsgruppen und Staat bedingt sein. Aufgrund ihrer Macht und ihrer Bedeutung für das wirtschaftliche Schicksal vieler Menschen werden in der Gegenwart vor allem die großen Unternehmen als Bezugsgruppen der Ethik gesehen. Allerdings bedeutet dies auch, dass die Wirtschaftselite die Inhalte und die Richtung der Ethik weitgehend bestimmen können. Die Wirtschaftsethik wird zunehmend als **Unternehmensethik** verstanden (Wieland 1999), die in der Corporate Social Responsibility resultieren soll, der sich die Unternehmen „freiwillig" unterwerfen (Hiß 2005), allerdings nach Maßstäben, die sie selbst erstellen und die meist auch zu ihrem „wirtschaftlichen" Nutzen sind (Wieland/Conradi 2002).

Der Kapitalismus als Wirtschaftssystem unterscheidet sich von Marktwirtschaft insofern, als damit ein Vorrang der Bedeutung eines Produktionsfaktors und der Eigentümer bzw. Verfügungsberechtigten desselben verbunden ist. Unter den gegebenen sozialen und politischen Bedingungen bedeutet dies faktisch einen Vorteil an Macht und Ansehen für jene, die Kapital besitzen, und sich dadurch auch Einkommens- und Vermögenszuwächse sichern können. Dann kann man unter Anwendung eines moralischen Prinzips, das sich durch eine hohe Präferenz für Gleichheit auszeichnet, den Kapitalismus als ein System beurteilen, das Ungleichheit voraussetzt. Etwas anderes ist die moralische Bewertung der Folgen dieses Systems, die immer auch eine solche der Handlungen der Akteure impliziert. So meint die Feststellung der Notwendigkeit der „Zähmung des Kapitalismus" (Beckert 2006b) in der Gegenwart, dass die Akteure, also Kapitaleigner, Top-Manager und Politik nicht bereit oder fähig sind, die Funktionsweise des Kapitalismus so zu steuern, dass das Ergebnis als ethisch akzeptiert gelten kann. Dann bleibt nur der Appell an Solidarität und zivilgesellschaftliches Engagement oder aber die Erzeugung von Legitimität durch die aktive Beeinflussung der Wertvorstellungen, Wahrnehmungen und der Weltdeutungen der Menschen.

Der Begriff der „sozialen Konstruktion" der Wirklichkeit in den soziologischen Diskursen geht von der Vorstellung von im Interaktionsprozess der Menschen selbst entstehenden Deutungen und Bedeutungen aus. In diese Wahrnehmungs- und Deutungsprozesse kann aber auch aktiv eingegriffen werden, um sie so zu lenken, dass die Intentionen der Akteure als berechtigt anerkannt werden. Darauf hatte etwa schon Pareto mit seinem Begriff der Derivationen hingewiesen (Mikl-Horke 2001a, 78 ff). Die jeweiligen wirtschaftlich-sozialen Konstellationen oder deren Veränderungen müssen sich, zumindest in sozialen Systemen, die sich als demokratisch, liberal und/oder „sozial" deklariert haben, mit Wahrnehmungsinhalten und Bedeutungsgehalten im Denken und Glauben der Menschen verbinden, die sie legitimieren.

Luc Boltanski/Eve Chiapello haben gestützt auf die Konzepte der „conventions" und der „justifications" der französischen Ökonomie wieder an die Diskussion um die moralische Basis des Kapitalismus angeknüpft. Sie konstatieren einen **Bruch in der Rechtfertigungskultur des Kapitalismus**, was sich im an Webers Kapitalismusstudie angelehnten Titel „Der neue Geist des Kapitalismus" ausdrückt (Boltanski/Chiapello 1999). Anders als Weber oder auch Schumpeter geht es ihnen aber nicht um das Aufzeigen der moralischen Grundlagen, sondern um die Rechtfertigungsideologie des modernen Kapitalismus.

Boltanski/Chiapello sehen den Kapitalismus als einen amoralischen Prozess unbeschränkter Anhäufung von Kapital durch Mittel, die formell friedlich sind, und der auf Lohnarbeit und Konkurrenz beruht. Er hat einen besonderen Legitimationsbedarf, denn er ist auf die Mithilfe großer Zahlen von Personen, die nicht oder nicht im entsprechenden Maße an seinen Erträgen beteiligt sind, angewiesen. Daher muss der Kapitalismus mit einer Idee verbunden werden, die die Profitsteigerung überhöht und rechtfertigt, und das nennen die Autoren den „Geist des Kapitalismus". Es ist eine Ideologie, die entwickelt wird, um das Engagement im kapitalistischen Prozess zu rechtfertigen und als dem allgemeinen Interesse dienend zu definieren. Gerade der Kapitalismus benötigt eine solche „Komplementärideologie" (Lenk 1984), um die benachteiligten Mitglieder der Gesellschaft durch die Verheißung von Vorteilen – etwa von Arbeitsplätzen oder Konsumchancen – dazu zu bringen, sich dennoch für seine Ziele einzusetzen.

Der Kapitalismus rechtfertigt sich, indem er Kritik assimiliert, inkorporiert, und sich daher immer wieder mit einem „neuen Geist" versieht. Dabei muss er sich auf die Gemeinschaft beziehen, was die Autoren mit dem Begriff der „polis" ausdrücken. Dies wirft auch die Frage der Möglichkeit einer sozialwissenschaftlichen Kritik auf, die nicht wie die kritische Theorie von einem Idealzustand ausgehen muss, sondern sich auf die von den Akteuren selbst vorgebrachten Argumente stützt. Zu diesem Zweck untersuchten Boltanski/Chiapello einen umfangreichen Korpus von Managementtexten und analysierten diesen nach sechs Typen von Rechtfertigungsargumenten („cités"), die in den Phasen der Kapitalismusentwicklung unterschiedlich stark betont wurden. Sie beruhen etwa auf der positiv-wertenden Konnotation der Inspiration im Sinne künstlerischer Kreativität, der Autorität und dem Ansehen hierarchischer Position, der öffentlichen Anerkennung und Würdigung, der Repräsentation des gemeinsamen Willens, der Bereitstellung begehrter Güter und Leistungen und der Effizienz der Arbeit und ihrer Bedeutung für das Ansehen.

Verschiedene **Formen der Rechtfertigung** mussten im Laufe der Veränderung des kapitalistischen Prozesses gefunden werden, die den Menschen einen Grund boten, um sich aktiv zu beteiligen. Die Autoren unterscheiden drei Erscheinungsformen des „Geistes" des Kapitalismus je nach der historischen Stufe seiner Entwicklung: Die Rechtfertigungsideologie des Kapitalismus mit familialer Dominante; jene Legitimationsstrategie, die an der Verwaltung und dem Management großer integrierter Unternehmungen orientiert war, und die Hervorhebung der Effizienz als „cité" der Industrie, die sich in der gesamten, von den Autoren empirisch untersuchten Periode von den 60er Jahren bis zu den 90er Jahren als dominante Rechtfertigungsformel erhalten hat.

Diese Legitimationsideologien riefen auch verschiedene **Formen der Kritik** hervor: Die Sozialkritik im traditionellen Sinn beruhte auf der Betonung der dauerhaften Strukturen gesellschaftlicher Ungleichheit; sie war eine Kritik von Armut und Ausbeutung, und ihr Hauptträger war die Arbeiterbewegung. Sie herrschte in der Phase der Entwicklung der Industriegesellschaft vor, in deren Verlauf sich aber schließlich ein neuer Typus von Kritik entwickelte: Die „künstlerische" Kritik, deren Ursprung in der französischen Bewegung der 60er Jahre lag. Sie trat gegen die Uniformierung in der Massengesellschaft, die Disziplinierung und den geringen Gestaltungsspielraum in der Arbeitswelt auf. Ihre Ideale waren individuelle Autonomie und Freiheit, Einzigartigkeit und Authentizität. Sie war daher in diesen Punkten der Sozialkritik der Arbeiterbewegung genau entgegengesetzt.

Die Repräsentanten des Kapitalismus machten sich in der Folge einige der Elemente dieser Kritik zueigen, sie betonten Autonomie und Selbstkontrolle bei der Arbeit, führten Gruppenarbeit ein, wandelten die Autoritäts- und Hierarchiestrukturen in Richtung auf flachere und flexiblere Organisationsformen um, und konnten sich sogar der „Humanisierung der Arbeitswelt" rühmen. Damit erreichten sie gleichzeitig die Entkräftung beider Typen von Kritik, indem sie die eine inkorporierten, nahmen sie der anderen ebenfalls die Begründung. Der Niedergang der Sozialkritik manifestierte sich auch in dem zunehmenden Bedeutungsverlust der Gewerkschaften, so dass damit gleichzeitig auch die Entmachtung ihrer Gegner und die Freiheit zur Dekonstruktion der klassischen Strategien sozialer Schutzmechanismen und kollektiver Interessendurchsetzung errungen wurden.

Seit den 80er Jahren des vergangenen Jahrhunderts entstand daher eine **neue Form des „Geistes" des Kapitalismus**, der mit dem „schlanken" Unternehmen, mit atypischer, flexibler Beschäftigung und der Metapher des Netzwerks verbunden wird. Die neue Rechtfertigungslogik nennen Boltanski/Chiapello „cité par projets" und meinen damit, dass dabei die Mobilität und Flexibilität, die Vielzahl an Kontakten und Projekten und die Fähigkeit sie zu

generieren als Tugenden hervorgehoben werden. Ihre zentralen, immer wieder positiv betonten Begriffe sind „Netzwerke" und „Projekte". Damit werden Formen des Arbeitens und
Unternehmens bezeichnet, die sich mit der kurzfristig veränderbaren und flexiblen Nutzung
von sozialen Beziehungen und Ressourcen verbinden. Sie werden als den menschlichen
Bedürfnissen entsprechend charakterisiert, aber auch als eine erforderliche Kompetenz, die
man besitzen und entwickeln muss, um in der gegenwärtigen Wirtschafts- und Arbeitswelt
zu reüssieren. Davon ausgehend werden diese Merkmale zu generell positiv besetzten Attributen der Persönlichkeitsentwicklung, der sozialen Beziehungen und der sozialen Teilnahme
an der Gesellschaft. Die bisherigen Wertvorstellungen der Menschen werden einer Neuorien-
tierung unterworfen: Autonomie soll der Sicherheit vorgezogen, Bindung an Werte, Orte,
Berufe zugunsten der Beweglichkeit und Flexibilität in einer komplexen und unsicheren
Welt aufgegeben werden. Der Mensch muss sich in dieser immer wieder neu bewähren, sein
Instrument dafür sind Beziehungen, die aber immer nur auf Projekte bezogen und daher nur
kurzfristig relevant sind.

> Diese Projektorientierung ergänzt bzw. ersetzt die Ideologie der industriellen Produktion.
> Sie formt die Industriegesellschaft um in Richtung auf Netzwerkorientierung, ständige Ver-
> änderung und die positive Bewertung von Flexibilität und individueller Chancenfreiheit.

Boltanski/Chiapello argumentieren aus der Perspektive der Arbeit und der Produktionsweise
und stellen die Veränderungen der Industriegesellschaft in einen Bezug zu den Rechtferti-
gungsstrategien der Repräsentanten des Kapitalismus, als die sie die Manager der Unternehmen sehen. Diese selbst unterliegen aber am stärksten den ideologischen Formkräften des
Kapitalismus; sie müssen sich vorbehaltlos, d.h. ohne sich in Rollendistanz flüchten zu können, für die Sache, deren „agents" sie sind, einsetzen, wollen sie ihre Funktion erfüllen. Sie
werden mit zusätzlichen Interpretationszwängen konfrontiert, die nicht mehr auf die Legitimation des industriellen Kapitalismus gegenüber den Arbeitenden zielen, sondern auf jene
des Finanzkapitalismus gegenüber den Unternehmern und Managern selbst, gegenüber dem
Staat und den privaten Haushalten der Arbeitenden und Konsumenten. Der „Geist" des Finanzkapitalismus kommt mit Beschwörungsformeln vom „Kapitalismus für alle", von der
Wissensökonomie und vom kulturell eingebetteten Kapitalismus einher.

9.5   Mythen, Rhetorik, Ideologien

> Das Problem der Ökonomie ist nicht, inwieweit sie „tatsächlich" die moderne Wirtschaft
> erklären kann oder ob sie in die Gesellschaft oder die sozialen Beziehungen eingebettet ist,
> sondern welche Wirkung sie auf das Denken und Handeln der Menschen in der Gesell-
> schaft hat.

Unter dieser Perspektive, die er auch als „Anthropologie des Marktes" (Callon 1989, 50 f) bezeichnet, gelangt Callon zur Erkenntnis der **„embeddedness of the economy in economics"**; die Wirtschaft ist in seiner Sicht daher ein Produkt der Ökonomie und ihrer Institutionalisierung und Diffusion in der Gesellschaft (Callon 1989, 23).

Die Verbreitung von in Begriffen und Theorien enthaltenem Wissen über Wirtschaft verweist auf die Wirkung der Bildungsinstitutionen und der Managementpraxis. Aber auch die Medien haben durch die Diffusion von Begriffen und Bildern eine beträchtliche Bedeutung für die Verbreitung einer eigenen Diskursrealität der Ökonomie (Callon 1989), in deren Folge Rationalität im Sinne des Kosten-Nutzen-Kalküls zu einem Wert an sich wurde. Sie beeinflusst das Denken und Handeln der Menschen zwar nicht immer direkt, aber doch in der Weise, dass sie das Selbstverständnis und die Rationalisierung der Aktivitäten bestimmt.

Callon sah den Einsatz der Management- und Marketing-„tools" als Laborversuch für die Wirtschaftstheorie, dessen Ergebnisse auf deren Formulierung zurückwirken. Das Managementwissen hat überdies die Funktion eines Mediators zwischen der Wirtschaft und der Ökonomie. Märkte funktionieren daher durch die vereinte Einwirkung sowohl von Seiten der Praxis als solcher, als auch von Seiten der Wirtschaftstheorie. Die Ausbildung vieler Generationen von Managern, Buchhaltern, Marketingexperten etc. und die Anwendung der ökonomischen Theorien und Modelle sowie die Modifikationen derselben durch die Erfahrungen der Praxis haben die Fähigkeit und die Gewohnheit entstehen lassen, Kalküle zu konstruieren und als kalkulierender Wirtschaftsakteur aufzutreten.

Die Fähigkeit der **„calculativeness"** liegt nicht in der menschlichen Natur und ist auch nicht durch Kultur und Institutionen begründet. Die Fähigkeit und der Wille zur Kalkülbildung stehen unter dem Einfluss materieller, rechtlicher und monetärer Bedingungen, sind aber auch eine Folge der ökonomischen Theorie und ihrer praktisch-instrumentellen Umsetzung in Form von Rechnungs- und Bilanzierungstechniken, Management- und Marketingkonzepten. Gesellschaft und Markt sieht Callon daher als die Resultate eines Prozesses, in dem es zur Entstehung der Fähigkeit der Menschen kam, als Marktakteure aufzutreten, die Kosten und Nutzen abzuwägen vermögen.

Die Ökonomie bietet aber auch normative Vorstellungen, die ihr nicht nur kognitive und kulturelle Wirkungen verschaffen, sondern auch einen großen Einfluss auf die Politik (Rueschemeyer/Skocpol 1996; Hall 1989). So meint Blyth in Bezug auf die Wirkung auf den institutionellen Wandel:

„Economic ideas provide agents with an interpretive framework, which describes and accounts for the workings of the economy by defining its constitutive elements and ‚proper' (and therefore ‚improper') interrelations. Economic ideas provide agents with both a ‚scientific' and a ‚normative' account of the existing economy and polity, and a vision that specifies how these elements *should* be constructed. That is, economic ideas also act as blueprints for new institutions. In sum, ideas allow agents to reduce uncertainty, propose a particular solution to a moment of crisis, and empower agents to resolve that crisis by constructing new institutions in line with these new ideas." (Blyth 2002, 11).

Über die Wirkungen der Ökonomie auf die Werthaltungen und Denkformen der Menschen und durch diese auf ihr Handeln hinaus verbinden sich Geld, Markt und Kapital mit geradezu magisch-mythischen Vorstellungen. Die moderne Markt- und Geldwirtschaft hat, wie Binswanger meint, eine magische Wirkung auf Grund des mit ihr verbundenen **Versprechens der unendlichen Vermehrung, des ständigen Fortschritts**, der aber gleichzeitig von Menschenhand erzeugt wird. Diesbezüglich stellt er eine faustische Komponente im Kapitalismus fest; der Mensch setzt sich an die Stelle Gottes (Binswanger 1985). Die Wirtschaft wird zur Religion und die „Glaubensgemeinschaft der Ökonomen" ihre Priesterschaft (Binswanger 1998, 47 ff). Damit verweist er auch auf die **religiöse Funktion der Ökonomie als Heilsbotschaft**. Robert Nelson verweist auf den religiösen Charakter der Ökonomie, denn sie gibt im Gewande formal-mathematischer Theorie der Gesellschaft Wertgrundlagen und Glaubensmessages vor (Nelson 2001).

Auch Christoph Deutschmann sieht im Geld bzw. Kapital und seinem Versprechen des absoluten Reichtums eine Analogie zur Religion und ihrer Heilserwartung. Nicht nur enthält der Kapitalismus eine imaginäre Dimension und die Orientierung der Machbarkeit des Heils, sie hat auch, wie er meint, im Schumpeterschen Unternehmer ihren Magier gefunden (Deutschmann 1999, 124 f). Die kapitalistische Dynamik vollzieht sich daher als **zyklische Bewegung des Aufstiegs und Niedergangs von Leitbildern**, die von der ursprünglichen Vision des absoluten Reichtums geleitet werden und sich durch die kapitalistische Dynamik zur Mythenspirale entwickelt (Deutschmann 1999, 145 ff). Die Ausweitung des Kapitalismus zu einem globalen und umfassenden politischen, sozialen und ökonomischen System hat diesem einen endgültigen, einen eschatologischen Charakter verliehen.

Der Kapitalismus war seit jeher nicht nur mit bestimmten moralischen Voraussetzungen verbunden, sondern mit Mythen und Glaubensgrundsätzen. Benjamin Franklins Credo und Carnegies „Gospel of Wealth" fanden ihre Nachfolger in den Apologeten des „universellen Kapitalismus" (Taylor 1999) und in den „Evangelisten des Marktes" (Dixon 2000). Letztere argumentierten für den Marktliberalismus in der Art einer Heilslehre, die alle Probleme beseitigen und eine Epoche des Wachstums und des Wohlstands einleiten würde. Demgegenüber verband sich die Idee des universellen Kapitalismus mit der Vision einer liberalen Gesellschaftsordnung auf der Basis von „dispersed ownership", der breit gestreuten Verteilung des Eigentums an den Unternehmen in der Bevölkerung. Diese Idee hat in den USA eine relativ starke Verbreitung trotz der gerade in dieser Gesellschaft gleichzeitig bestehenden großen sozialen und ökonomischen Ungleichheit gefunden. Während ähnliche Konzepte in Europa auf beträchtliche Skepsis insbesondere von Seiten der Arbeitnehmerorganisationen treffen, verhilft der **Mythos des Reichtums** (Aldrich 1996), der hier sehr stark ist und relativ geringe Anfechtungen erfahren hat, diesen Vorstellungen einen breiten Widerhall.

Aber auch Gesellschaftsvorstellungen treten häufig mit dem Nimbus von Mythen auf. So stellte Baudrillard in Bezug auf die „Konsumgesellschaft" fest, dass diese ein Mythos sei: „it is *a statement of contemporary society about itself*, the way our society speaks itself. And, in a sense, the only objective reality of consumption is the *idea* of consumption; it is this reflexive, discursive configuration, endlessly repeated in everyday speech and intellectual discourse, which has acquired the force of *common sense*." (Baudrillard 1998, 193).

Diese Aussage kann für die **„Wissensgesellschaft"** in noch viel stärkerem Maße gelten, die zu einem der machtvollsten Mythen der Gegenwart geworden ist. Der Begriff der Wissensgesellschaft hat eine besondere Bedeutung dadurch erhalten, dass er mit positiven Konnotationen verbunden werden kann, die eine Orientierung an „Wissen" als primärem Produktionsfaktor suggerieren. Dabei spielt die Unbestimmtheit des Wissensbegriffs eine große Rolle. „Wissen" suggeriert Weisheit, aber auch Handlungskompetenz, Faktenwissen, aber auch „Bildung", und stellt jedenfalls einen Wert dar, der zunächst nichts mit Geld, Kapital, Profit etc. zu tun hat, ja diesen geradezu entgegen gehalten werden kann. Dies veranlasste etwa den Managementtheoretiker Peter Drucker dazu zu verkünden, dass es zur Entwicklung einer **„post-kapitalistischen" Gesellschaft** komme, in der Wissen an die Stelle des Kapitals als Wachstumsfaktor trete (Drucker 1993). Das Ende des oft kritisierten Kapitalismus mit seiner Betonung des monetären Gewinnstrebens wird damit in Aussicht gestellt und die Vision einer durch Wissen gelenkten Gesellschaft suggeriert. Mitunter werden damit auch idealisierte Vorstellungen einer „new economy" verbunden, die dezentral, nicht-hierarchisch und flexibel organisiert ist, also alles das, was die „old economy" mit ihrer Ausrichtung auf den großtechnologischen Massenkonsumgütersektor nicht ist. Wissen als Grundlage der Wirtschaft und der Gesellschaft wird mit Konnotationen verbunden, die auf die Abschaffung von Macht, Ausbeutung und Kontrolle und ihre Ersetzung durch Selbstbestimmtheit und Autonomie hindeuten.

Die Suggestionen, die mit dem Begriff der Wissensgesellschaft verbunden werden können, haben ihn besonders dafür prädestiniert, zum Leitbegriff der Politik zu werden, dessen Faszination sich auch die Sozialwissenschafter nicht zu entziehen vermögen. Nichtsdestoweniger ist mit einem Ende des Kapitalismus nicht nur nicht zu rechnen, sondern dieser hat in der Gegenwart erst seine volle Entwicklung erfahren durch die Deregulation der Kapitalmärkte, die Privatisierungspolitik und die Globalisierung.

Zutreffend ist jedoch, dass eine bestimmte Form des Wissens von großer Bedeutung im Rahmen dieses globalen Superkapitalismus ist, wenngleich das keineswegs heißt, dass das Geld-Kapital weniger wichtig geworden ist. Wachstum wird noch immer in Geldgrößen gemessen und nicht in Form von Wissenszuwächsen, auch wenn Begriffe wie „Wissensbilanz" dies suggerieren.

Die verschiedenen Formen des Wissens werden der Marktlogik des Kapitalismus unterworfen und zu Qualifikationen und Kompetenzen umgedeutet, die für die Performativität der Wirtschaft nützlich sind (Lyotard 1986). Was Wissen ist, das muss sich am wirtschaftlichen Erfolg beweisen; es muss sich auf dem Markt bewähren, und ist nur dann auch gesellschaftlich legitimiert. Damit kam es zu einer Verengung des Wissensbegriffs nicht nur auf das **wirtschaftlich nützliche Wissen, sondern auf vermarktbares Wissen**, das „sich rechnet", das daher die Ausgaben, die für seinen Erwerb und seine Vermittlung getätigt werden, rechtfertigt.

Das „Wissen", das zählt, ist zu einem beträchtlichen Teil **Informationswissen**, und nicht mehr in erster Linie Orientierungs- oder Bildungswissen und ist eng mit den Möglichkeiten der neuen Kommunikationstechnologien und des Internet verbunden. Es kommt daher auch vorzugsweise aus dem Computer bzw. benützt diesen, um im Informationszeitalter seine Reputation zuerkannt zu erhalten. Dieses Wissen ist kurzlebig, weil es in maschinenprozessierten Informationen, Daten etc. besteht; es muss daher nur bedingt in die Hirne hinein und dort lange Zeit gespeichert werden. Vielmehr müssen diese Gedächtnisinhalte immer wieder in immer kürzeren Abständen erneuert oder einfach aus der Hirnergänzungsmaschine, dem Computer, gezogen werden.

Für die Arbeitenden, die Lernenden und auch für die Konsumenten bedeutet dies, dass die Kenntnis und die Verfügung über die Technologie unbedingtes Erfordernis wird. Sie müssen sich immer neue Informationen beschaffen, um auf dem letzten Stand des „Wissens" zu bleiben. Arbeitnehmer müssen sich auf lebenslanges Lernen einstellen, um die sich ständig ändernden Qualifikationsanforderungen zu erfüllen. Ihr „Humankapital" verschwindet also von selbst, wenn sie es nicht immer wieder erneuern. Das „human resource"-Management hilft dabei, zu einem „empowerment" im Sinne des unternehmenswirtschaftlichen Nutzens zu kommen. Das hat bedeutsame Auswirkungen auf das Verständnis von Beruf und Berufsqualifikation, die sich in eine Menge immer wieder erneuerbarer Kompetenzen aufsplittert, die aber von der Nachfrage danach abhängig sind. Für die Unternehmen bedeutet es, dass sie sich flexibel an neue Technologien, neue Organisationsformen, neue Managementlehren, neue Produktentwicklungen etc. anpassen müssen. Jede noch so problematische Neuheit wird als Innovation angesehen, der man grundsätzlich positiv gegenüber stehen muss, will man nicht „von gestern" sein. Dies zeigt sich gerade bei Managementkonzepten, deren Vermarktung und Verbreitung durch die **„Wissensindustrie"** (Mikl-Horke 2005). Aber auch die Konsumenten werden durch die Vielfalt der immer wieder neuen Güter, die Bedürfnisse befriedigen sollen, von denen sie bislang nichts wussten, und durch den raschen Umschlag der Sortimente und der Qualitäten und Präsentationen der Produkte gefordert und vielfach überfordert. Das hohe Tempo der Veränderung, das durch die mikroelektronische Technologie, ihre Möglichkeiten und ihre eigenen kurzen Zyklen von Obsoleszenz und Innovation bedingt ist, überträgt sich auf die Arbeit in den Unternehmen, die organisatorischen Veränderungen, die Produktzyklen und den Wandel beruflicher Inhalte, auf den Gebrauch und den Verbrauch von Gütern und die Lebensstile der Menschen. Allerdings nicht von selbst, sondern durch die Entscheidungen und Handlungen von jenen, die sich als Akteure der Transformation sehen und ihre Sicht der Dinge öffentlich machen. Dazu kommen die Vermittler, die von der Verbreitung und Förderung dieser Veränderungsprozesse leben: die Medienmacher, die Berater, die „Experten".

Arbeitende, Manager, Konsumenten, sie alle sehen sich mit einer Vielzahl von Schlagwörtern, der Beschwörung von Mythen und Zukunftsvisionen, mit magischen Formeln und spezifischen Rhetoriken konfrontiert. Vorstellungen einer neuen, modernen Art zu leben, zu arbeiten, zu denken, zu managen etc. werden mit den verschiedensten Methoden verbreitet. Dazu findet eine bestimmte Rhetorik Verwendung, die mit Begriffen operiert, die zwar nicht genau definiert werden (können), aber positiv besetzte Visionen erzeugen.

George Orwell hat die „principles of Newspeak" im Appendix zu „1984" zutreffend beschrieben als „words deliberately constructed for political purposes" ... „intended to impose a desirable mental attitude upon the person using them" (Orwell 2003, 311).

Viele Begriffe haben eine solche Wirkung entfaltet bzw. werden unter dieser Intention verbreitet; sie umfassen neben dem Begriff der Wissensgesellschaft vor allem auch den der **Globalisierung**. Letzterer hat durch seine strategisch-argumentative Verwendung als Hinweis auf Sachzwänge, denen sich die Politik oder die Unternehmung zu beugen habe, den Charakter einer sich selbst erfüllenden Prognose; er lenkt die Handlungen in eine bestimmte Richtung, obwohl die inhaltliche Bedeutung des Terminus nicht eindeutig und damit auch die Realität und die historische Neuheit der Globalisierung nicht klar erwiesen ist (vgl. Trinczek 1999). Er ist ein gleichzeitig **deskriptiver und präskriptiver Pseudo-Begriff, der den Begriff der Modernisierung ersetzt hat** (Bourdieu 2005, 225). Sklair spricht in diesem Zusammenhang von der „culture-ideology", die von der globalen Kapitalistenklasse erzeugt und verbreitet wird (Sklair 2001).

Sowohl „Wissensgesellschaft" als auch „Globalisierung" sind Begriffe, deren Ambivalenz und Vieldeutigkeit sich ideal als rhetorischer Hebel zur Schaffung von Denk- und Verhaltenszwängen und neuen Selbstverständlichkeiten eignen. Daneben sind zahlreiche andere Begriffe und rhetorische Formulierungen wie Unternehmertum, Effizienz, Innovation, Elite in Verwendung, die in diesem Prozess positive Vorstellungen wecken sollen. Auf den Begriff der **Effizienz**, der heute für alle möglichen wirtschaftlichen Ziele steht, wurde schon verwiesen. Rothbard folgt der Kritik Rizzos (1979), indem er diesen Begriff als Mythos bezeichnet (Rothbard 1997, 266 ff). Er meint, dass von Effizienz zu sprechen nur Sinn macht, wenn man spezifiziert, wessen Ziele „effizient" erreicht werden sollen. Da die Ziele verschiedener Individuen oder gesellschaftlicher Gruppen differieren und mitunter auch konfligieren, ist der Verweis auf „Effizienz" als Wert an sich problematisch bzw. aussagelos. Die Rede von der Steigerung der Effizienz bezieht sich meist einseitig auf bestimmte Aspekte oder Interessen. So etwa bei Produktionsunternehmen auf die Minimierung der Kosten, insbesondere der Personalkosten, im Absatzbereich auf den Verkaufserfolg, im New Public Management auf die Einführung von Marktkriterien und „accountability", bei internationalen Finanzinvestoren auf die Rentabilität des Kapitals etc. Durch die Verwendung des Begriffs Effizienz, der eigentlich eine technisch-ingenieurwissenschaftliche Herkunft aufweist, wird eine Objektivität und Exaktheit suggeriert, die der tatsächlichen Verwendung widerspricht.

Auch das **Unternehmertum**, das unternehmerische Handeln, wird positiv bewertet und als allgemeine Tugend charakterisiert (Bröckling 2007). Nicht nur Unternehmensleiter sollen sie aufweisen, sondern auch Arbeitnehmer oder freiberuflich bzw. selbständig Erwerbstätige. Konsumenten sollen gewisse Züge unternehmerischen Handelns entwickeln, indem sie sich im immer unübersichtlicheren Markt der verschiedensten Anbieter zurechtfinden. Künstler, Wissenschaftler, Jobsuchende sollen sich als Unternehmer ihrer selbst erweisen. Aber auch Kirchen, Universitäten, Behörden und überhaupt alle Organisationen sollen unternehmerisch agieren. Diese Erwartungen werden durch die ständige Verwendung eines bestimmten Vokabulars, durch explizite Appelle oder durch indirekte Aufforderungen zu Eigenverantwortung, Risikobereitschaft, Einsatzfreudigkeit transportiert. Sie werden durch verschiedene Kanäle kommuniziert, finden sich in der Ratgeberliteratur, in sozialwissenschaftlichen Studien, in Management-Bestsellern, aber auch in den Diskursen von Politikern, Experten, Beratern, Managern. Auch in der Ökonomie, insbesondere der von der österreichischen Schule beeinflussten, findet sich die Betonung der Rolle des Unternehmers. Hayek und Kirzner haben die „alertness" als das herausragende Merkmal des Unternehmens gekennzeichnet, aber auch angemerkt, dass nicht alle Menschen, diese Fähigkeit haben oder die Bereitschaft dazu.

Als generelle Aufforderung und Voraussetzung für alle, besonders aber für jene, die von Maßnahmen, die für sie nachteilig sind, betroffen sind, wird diese Formel vom „Unternehmerischen" zur Rationalisierung der steigenden existenziellen Verunsicherung, der Prekarisierung der Arbeitswelt und des wachsenden Konkurrenzdrucks sowie der Krise des Sozialstaats. Mannheim hat dieses Bild des Unternehmers und seine Folgen für das Individuum als **„Sich-selbst-Riskieren im Wirtschaftshandeln"** bezeichnet, das einen Menschentypus hervorbringe, „dessen Element das experimentale Leben ist" (Mannheim 1964, 666/7).

Begriffe haben über die Tatsache, dass ihre sachliche Bedeutung sich im Gebrauch bildet und ihre Interpretation daher auf die Situation und die Positionen und Intentionen der Sprechenden bezogen werden muss, hinaus auch noch mögliche Wirkungen, die dazu benutzt werden können, Wahrnehmungs- und Deutungsprozesse zu lenken. Rhetorik hat Konsequenzen für die Deutung der Umwelt (Klamer/McCloskey/Solow 1990). Man kann in den geläufigen Begriffen, die gegenwärtig Wirtschaft und Gesellschaft charakterisieren sollen, die Erzeugung und Verbreitung von Mythen sehen (Deutschmann 1999), was sich auf ihre Vieldeutigkeit und Unbestimmtheit, die auf Glauben abzielt, bezieht.

Im Anschluss an Lenk kann man über den Mythencharakter hinaus auch ideologische Funktionen feststellen; und zwar sind sie nicht nur Rechtfertigungs- oder Komplementärideologien, sondern haben den Charakter einer Verschleierungsideologie, wenn nicht sogar einer Ausdrucksideologie angenommen, die blinden Glauben an die heilenden Kräfte des Marktes und des Wettbewerbs erzeugen soll (Lenk 1984).[20] Allerdings ist sie nur mehr bedingt einer bestimmten Gruppe in der Gesellschaft zuzuordnen, was sie von den Sozialideologien, wie sie sich im 19. Jahrhundert herausgebildet hatten, unterscheidet. Sie manifestiert sich vielmehr in Rhetoriken und Sprachgewohnheiten, die Mantra-ähnliche Wirkungen haben und von uns allen verwendet werden, weil wir sie als Kennzeichnung neuer Wirklichkeiten verstehen. Gerade weil ihr Bedeutungsgehalt vage und ambivalent ist, eignen sie sich dazu, allgemeine Verbreitung zu finden, weil jeder hineinlegen kann, was er will. Diese Rhetoriken diffundieren durch die kommunikativen Kanäle, aber sie werden von Akteuren auch bewusst lanciert, die ein Interesse an der Veränderung haben.

Um „dem Markt" in allen Bereichen politisch zum Durchbruch zu verhelfen, bedarf es der Erzeugung einer Kultur der Veränderung, die sich in Denk- und Verhaltensweisen und Wertvorstellungen niederschlagen soll, die Veränderung als das Normale akzeptierbar machen. Bei den gegenwärtigen Transformationsprozessen von Wirtschaft und Gesellschaft handelt es sich nicht nur um einen „von selbst" vonstatten gehenden kulturellen Wandel, sondern dabei wird auch aktiv gesteuerte „Kulturproduktion" betrieben, die bei den Adressaten bestimmte Verhaltens- und Denkweisen hervorbringen sollen.

---

[20]   Kurt Lenk differenzierte zwischen Rechtfertigungs-, Komplementär- und Verschleierungs-bzw. Ausdrucksideologien. Die letzten beiden suchen durch Beeinflussung mit Hilfe von Feindbildern oder anderen Mitteln die Wahrnehmung bzw. den Glauben der Massen zu lenken (siehe Lenk: 1984).

10 Conclusio

Wie soll nun, nach allem, was gesagt wurde, eine sozialwissenschaftliche Betrachtung und Erklärung der Wirtschaft aussehen?

Dies erfordert zunächst die Reflexion darüber, was wirtschaftliche Sachverhalte jenseits der marktökonomischen Vordefinitionen sind.

Am Beginn wurde deshalb ein Begriff von Wirtschaft eingeführt, der durch Problemstellungen bestimmt ist, wie sie in der langen Tradition der Diskurse über Wirtschaft in der Geschichte immer wieder thematisiert wurden. Dieser vorwissenschaftliche Begriff der Wirtschaft wurde durch drei Dimensionen oder Aspekte bestimmt: Bedarfsdeckung, Austausch, Erwerb bzw. Bereicherung, die sich einerseits in allen konkreten Gesellschaften in sachlicher Hinsicht vermischen, andererseits aber in den Diskursen differenziert werden. Am Beginn der modernen Ökonomie stand eine Konzeption von Wirtschaft, bei der alle drei Aspekte aufeinander bezogen wurden und einander ergänzten. Die Orientierung am Erwerb wurde so interpretiert, dass damit sowohl die Bedarfsdeckung der Gemeinschaft als auch der Ausgleich der Bedürfnisse und Interessen durch Austausch als erfüllbar angesehen werden konnten. Das hatte sich allerdings bald als Illusion herausgestellt, was aber nicht dazu führte, die Konzeption fallen zu lassen; diese wurde vielmehr als formales normativ-fiktives Modell definiert und damit gegenüber Vorwürfen, dass das Modell nicht der Wirklichkeit entspreche, immunisiert.

Der Rückgriff auf einen vorwissenschaftlichen Begriff von Wirtschaft erfolgte auch deshalb, um Wissenschaft als eine eigene Ebene mit spezifischen disziplinär-professionellen und methodisch-theoretischen Problemen hervorzuheben.

Die Sozialwissenschaften und die Ökonomie haben ihre eigene Sichtweise von Wirtschaft entwickelt, wobei die ersteren sich auf die empirischen Manifestationen „sozialer" Aspekte aus ihrer jeweiligen disziplinären Perspektive konzentrierten, während die letztere ein reines Modell der Wettbewerbswirtschaft entwarf. Die Unterschiede der Methode einerseits und die differenten Objektdefinitionen andererseits bestimmten die Auseinandersetzungen und die Arbeitsteilung zwischen Soziologie und Ökonomie. Die Konzentration auf die innerdisziplinären Probleme von Theoriebildung und Methode in den Sozialwissenschaften, insbesondere in der Soziologie, führte zu einer weiteren Distanzierung von der „Ökonomie", die selbst kaum mehr als Sozialwissenschaft begriffen wurde. Die Ökonomie erlangte eine exklusive Stellung in Bezug auf die Erklärung der Wirtschaft und ihrer Funktionsweise; ihre Fokussierung auf Markt und Rationalität prägte daher auch die Wahrnehmung und das Verständnis von Wirtschaft in der Soziologie.

Die **Ökonomie** beeinflusste immer wieder die politischen Entscheidungen und errang so hohe Prägekraft in Bezug auf die Wirklichkeit, zunächst in Form der neoklassischen Markttheorie und daran ausgerichteter liberaler Auffassungen, dann in Form des Keynesianismus in der Phase der Wohlfahrtsstaaten. Auch in der Gegenwart ist die Vorstellung vom Markt und seiner effizienten Wirkungen von großer Bedeutung für die Art und Weise, wie die Politik der Staaten die Wirtschaft sieht. Der Marktschleier verdeckt allerdings die tief greifenden **Neustrukturierungen der gesellschaftlichen Systeme** und die **Umdeutungen von Werten und Sinnbezügen**, die durch Macht- und Reichtumsinteressen bestimmt sind. Sie haben die gegenwärtige Wirtschaft auf der globalen Ebene in eine scheinbar selbst steuernde Bereicherungsökonomie verwandelt. Das hat zu wachsenden Ungleichheiten der Einkommens- und Vermögensverteilung in den einzelnen Staaten und in weltweiter Hinsicht geführt, die geradezu grotesk-frivole Ausmaße angenommen haben. Die Begünstigten sind die Top-Manager der großen Unternehmen, deren Interessen durch stock options und Erfolgsbonifikationen mit jenen der Kapitalinvestoren gleichgeschaltet wurden. Die Masseneinkommen hingegen stagnieren bzw. es erfolgt durch Arbeitsintensivierung, Prekarisierung der Beschäftigung und Reduktion der staatlichen Ausgaben für Sozialpolitik eine Verschlechterung der Situation der Arbeitenden und der von Armut und Arbeitslosigkeit Bedrohten.

Diese Entwicklung setzte schon vor geraumer Zeit ein, aber sie wird in vielen Fällen erst heute wirklich bewusst; nicht nur die Vertreter der Arbeitenden und die traditionellen Linksparteien haben sehr spät auf diese Situation zu reagieren begonnen, auch die Sozialwissenschaften haben sich zwar empirisch mit den Restrukturierungen in den Betrieben, mit den neuen Anforderungen an die Arbeitenden etc. beschäftigt, aber nur in geringem Umfang kritisch dazu Stellung bezogen bzw. vor den weiteren Folgen gewarnt, und wo sie dies taten, wurden sie nicht gehört. Zwar entwickelte sich eine neue Wirtschaftssoziologie und auch in der Ökonomie kam es zu Annäherungen an sozialwissenschaftliche Konzeptionen, aber die Orientierung dabei war zu einem großen Teil auf die Untersuchung der Möglichkeiten für die Steigerung der „Effizienz", der Wettbewerbsfähigkeit, der Kennziffern für den Unternehmenserfolg und das Wirtschaftswachstum und die dafür „richtigen" politischen Maßnahmen und Institutionen gerichtet.

Allerdings hat in diesem Zusammenhang auch die **Wirtschaftssoziologie** ihren Anspruch auf Kompetenz in Bezug auf Wirtschaft angemeldet und zu zeigen gesucht, dass die sozialen Beziehungen Relevanz für den wirtschaftlichen Erfolg haben und dass Investitionen in den Aufbau von Netzwerken und in Gesundheit und Ausbildung als Kapital, dessen Einsatz ökonomische Vorteile erbringt, zu sehen sind. Damit wiesen sie auf in Alltag und Wirtschaft bekannte Sachverhalte hin, die aber bislang eher negativ als Nepotismus oder Klüngelwirtschaft verstanden und meist nicht offen thematisiert wurden. Ihre Einbringung in die Erklärung wirtschaftlicher Beziehungen stellt solcherart einerseits ein Verdienst dar, andererseits erfolgte damit auch eine Umwertung durch die positive Sicht der instrumentellen Verwertung von persönlichen Kontakten und der Einbeziehung von bisher nicht ausschließlich nach ihrem ökonomischen Nutzen bewerteten Eigenschaften und Fähigkeiten.

Die **Einbettungsperspektive** strebt zwar die Verbindung von wirtschaftlichen, sozialen und kulturellen Bereichen an, indem sie Beziehungsnetzwerke, Institutionen, Religion etc. berücksichtigt, aber daraus folgt nicht sosehr eine soziale Erklärung der Wirtschaft, sondern eine wirtschaftliche Erklärung des Sozialen. Obwohl die „sozialen" Aspekte in die Betrachtung der Wirtschaft mit einbezogen werden, ist das Verständnis von Wirtschaft noch immer durch die Orientierung am Handlungsmodell der neoklassischen Wirtschaftstheorie bestimmt; „wirtschaftlich" wird mit individueller Eigennutzrationalität bzw. der Effizienzorientierung der ökonomischen Managementtheorien identifiziert, während „sozial" weitgehend von den in der Soziologie traditionell mitgedachten sozialstrukturellen Konnotationen von Ungleichheit befreit und auf „persönliche", „embedded" oder interpersonale Relationen bezogen wird.

Marktdynamik und wirtschaftliche Effizienz werden im modernen Einbettungsdiskurs als selbstverständliche Bezugskategorien vorausgesetzt. Dies geht so weit, dass zum Teil auch die Perspektive des typischen rationalen Akteurs der modernen Marktwirtschaft, des privatwirtschaftlichen Unternehmens in seinem Aspekt der Orientierung an Kapitalrentabilität, in die Soziologie übernommen wurde, was besonders in der Gegenwart der Fall ist, da Unternehmen und Investoren als die dynamischen Akteure der modernen Wirtschaft betrachtet werden.

> Die Soziologie der Wirtschaft sollte jedoch nicht einseitig von der Perspektive der Gewinnorientierung der Unternehmen ausgehen, weil diese nur für einen Teil der Wirtschaft repräsentativ ist.

Die zentrale Stellung, die Unternehmen und ihrem Markthandeln zuerkannt wird, erscheint als eine unreflektierte Übernahme der Sichtweise der angebotsseitigen Wirtschaftspolitik der letzten Jahrzehnte. Unternehmen beruhen nicht nur auf privaten Eigentums- und Verfügungsrechten, sie stellen keine vom Rest der Gesellschaft isolierten Gebilde dar, sondern sind gesellschaftliche Institutionen, an die sich daher auch Erwartungen von Seiten anderer Gruppen der Gesellschaft und der Gemeinschaft richten. Eine Soziologie der Märkte sollte sich daher den Beziehungen zwischen den einzelnen wirtschaftlichen Gruppen auf den verschiedenen Märkten, den wechselseitigen Einflüssen zwischen Politik und Unternehmenswirtschaft, und deren Auswirkungen auf die Lebensbedingungen der Menschen widmen.

Die Forschungen über die Netzwerkstrukturen und die Einbettung von Unternehmen in unterschiedlichen institutionellen Kontexten stellen einen wichtigen Beitrag zum Verständnis wirtschaftlicher Prozesse dar. Auch die durch die institutionalistische Perspektive der Einbettung begründete und an der Globalisierungsdiskussion orientierten Wirtschaftsvergleiche erbrachten aufschlussreiche Analysen der politisch-ökonomischen Strukturen in verschiedenen Gesellschaften. Allerdings wurden dabei häufig Institutionen in Bezug auf ihre Effizienzwirkungen beurteilt. Damit aber verkehrt sich die Intention, die Polanyi mit dem Begriff der Einbettung verband, in ihr Gegenteil. Dieser hatte zwar die Entbettung der modernen Wirtschaft durch die Politik des Liberalismus festgestellt, so dass ein eigendynamischer Marktmechanismus, wie ihn die Wirtschaftstheorie mit ihrem formalen Verständnis von Wirtschaft sieht, zu wirken schien, aber er sah auch die moderne Wirtschaft als einen institutionalisierten Prozess. Die Regelung der Wirtschaft durch Institutionen ist Aufgabe der Politik, die die sozialpolitischen Anliegen des Staates verfolgen und nicht auf die Effizienz der Unternehmen und des Marktes gerichtet sein soll. Die Dimension der Politik und des Staates kommt in der gegenwärtigen sozialwissenschaftlichen Beschäftigung mit Wirtschaft zu kurz:

> In institutionalistischen Analysen werden zwar die Konstellationen der industriellen Arbeitsbeziehungen und die Ausbildungssysteme berücksichtigt, aber in geringerem Umfang der Staat als Repräsentant des Gemeinwillens gesehen, der sich der Wirtschaft bedient, um soziale Ziele zu verwirklichen.

Die **Ausdifferenzierungsperspektive** betonte explizit die Trennung von „wirtschaftlich" und „sozial" als ein Kennzeichen moderner Gesellschaften. Allerdings ermöglicht die Einführung von Interdependenzen zwischen den Subsystemen und die Interpenetration der Elemente durch die Grenzprozesse in Parsons' Konzeption auch die Berücksichtigung anderer Aspekte und Bereiche, so dass deren wechselseitige Einflüsse im Rahmen der Theorieannahmen darstellbar werden. Demgegenüber erscheinen in der konstruktivistischen Sicht Luhmanns die Funktionssysteme wie die Wirtschaft als selbsttragende Realitäten, die sich selbst erzeugen. Die Wirtschaft wird zum System der Zahlungen, was zwar unzweifelhaft den Vorteil hat, dass damit Wirtschaft über die Konzentration auf den Markt hinaus auch auf Staat, Haushalte und Planwirtschaft erweitert werden kann. Aber gleichzeitig verstärkt diese Sicht der autopoietischen Zahlungen die in der Gegenwart aufgrund der Ablösung der Geld- und Kapitalmärkte von den produktiv-materiellen Dimensionen der Wirtschaft ohnehin dominierende Stellung des Kapitals gegenüber Staat und privaten Haushalten. Die Theorie verleiht den mythisch-magischen Akzenten und der Entfremdung der Wirtschaft von den Lebenswirklichkeiten und den Verstehensmöglichkeiten des Alltags wissenschaftssprachliche Form, in der die „Welt" nur die systemtheoretisch notwendige Differenzkategorie darstellt. Habermas' Betonung der Lebenswelt setzt zwar genau an diesem Problem an und kommt zu dem Schluss der Kolonialisierung der Lebenswelt, aber Wirtschaft wird auch hier einseitig mit dem Erwerbssystem, das auf dem Kommunikationsmedium Geld beruht, identifiziert.

Die **Perspektive der Folgen der Wirtschaft** orientierte sich zunächst in kritischer Weise an den sozialen Problemen des Kapitalismus der zweiten Hälfte des 19. Jahrhunderts und in der Phase des Aufstiegs des Industriekapitalismus, der auf Grund der technologischen Veränderungen und der internationalen Wirtschaftsaktivitäten gewisse Ähnlichkeiten mit der derzeitigen technologisch-ökonomischen Transformation aufweist. Während die Sozialkritik in der Zwischenzeit weitgehend einer Akzeptanz der marktwirtschaftlich-kapitalistischen Wirtschaftsweise gewichen war, wird in der Gegenwart das Bewusstsein, dass der neue globale Finanzkapitalismus die ökonomische Ungleichheit in der Welt und innerhalb der Gesellschaften ansteigen lässt, wieder stärker, ohne allerdings zu einer Sozialkritik in der ehemaligen Form zu werden.

Darüber hinaus kommt es zu einer Spaltung der Gesellschaft im Sinne der Differenz von Inklusion und Exklusion, die auch politische Folgen für die Demokratie hat, weil sie sich als wachsende Distanzierung zwischen den Akteuren der Globalisierung und der Wissensökonomie einerseits und den Betroffenen manifestiert.

Die Problematisierung von sozialen Kosten und die Erkenntnis, dass die Wirtschaft immer auch soziale und politische Folgen hat, erscheinen in der Gegenwart als eine wichtige Perspektive der Sozialwissenschaften.

Der gegenwärtige Kapitalismus hat aber auch eine starke kulturelle Wirkung entfaltet bzw. geht mit **neuen Legitimierungsgrundlagen und Wertsuggestionen** einher. In mancher Hinsicht kann man daher geradezu von einem Kulturbruch sprechen, wobei aber zwischen den von Politik, Beratungsindustrie und manchen Wirtschaftskreisen propagierten Sichtweisen und den Verhaltensmustern und Denkweisen der Menschen in ihren konkreten Lebensumständen differenziert werden muss.

Der Wertewandel kommt weniger in Form von Ideologien daher, sondern manifestiert sich in Sprache und Mythenbildung, deren Wirkung auf das Denken, die Wahrnehmungen der Umwelt und die Wertvorstellungen wesentlich umfassender und tief greifender sind als es Ideologien sein könnten, weil sie allgemeine Selbstverständlichkeiten erzeugen.

Insofern lässt der „neue Geist des Kapitalismus" wesentlich weniger Spielraum für Distanzierung, Protest oder Kritik; er geriert sich als Zeitgeist, der all jene, die ihm nicht folgen als „gestrig" abstempelt. Darin ähnelt er der Fortschrittseuphorie des 18. Jahrhunderts und auch jenem optimistischen Glauben an die wirtschaftliche Nutzung von Wissenschaft und Technologie im Aufbau der Industriegesellschaft am Ende des 19. Jahrhunderts. Seine Wirkung in der Gegenwart ist jedoch aufgrund der medialen Möglichkeiten heute ungleich größer.

Die **Sachzwangssuggestion** der globalen Interdependenzen, die Effizienzhysterie und der damit verbundene zwanghafte Intensivierungs-, Evaluierungs- und Innovationsdruck, die Fieberkurvenpanik, die rund um den gegenwärtigen Superkapitalismus entstanden ist, die Suggestionen der „Wissensgesellschaft" und der Autonomie und Kreativität in der Gestaltung des eigenen Arbeitens und Lebens, die Förderung elitärer Distanzierung innerhalb des Bildungssystems durch die gegenwärtige Präferenz für Ungleichheit, alles das wird in Rhetorik verpackt unter die Leute gebracht, um Akzeptanz für eine **Kultur der ständigen Veränderung** zu erzeugen. Deren Motor und Ziel besteht in der positiven Entwicklung von Indices, von Positionierungen in Rankings und in Indikatoren der Wirtschaftsleistung, die aus substanziell völlig unerklärlichen Gründen auf Aktiennotierungen abstellen.

Wirtschaft aus sozialwissenschaftlicher Perspektive zu betrachten kann sich nicht darauf beschränken, gegebene Bedingungen mit Hilfe immer weiter verbesserter Analysemethoden zu untersuchen und mittels begrifflich-theoretischer Sprachen zu „erklären". Vielmehr ist zu fragen, welche Intentionen, Voraussetzungen und Folgen all dies hat und wem es nützt, wer Handlungen setzt, die Auswirkungen auf andere haben, wie dies erfolgt und welche Ergebnisse angestrebt werden. In diesem Sinn müssen auch wirtschaftliche und politische Handlungen „verstanden" werden. Dies impliziert nicht Kritik im traditionellen Sinn der „Gesellschaftsveränderung", denn die Realutopie der sozialistischen Gesellschaft hat ihre Bedeutung eingebüßt und was „Vernunft" bedeutet, wird durch die Dominanz ökonomischer Rationalität überlagert. Wichtig ist jedoch gerade aufgrund der Entwicklungen in der Gegenwart das Aufzeigen von akteursbezogenen Absichten und Interessen, deren Begründung und Legitimierung, sowie ihrer direkten oder indirekten Wirkungen auf die Menschen in ihrem Leben und in ihrer wirtschaftlichen Situation.

Die Erforschung und Reflexion der Gründe und Wirkungen von politischen Entscheidungen, von Handlungen und ihren Zielen, impliziert auch die Identifizierung von Akteuren und Subjekten dieses Prozesses.

Wirtschaftliche Probleme sind immer zugleich soziale Probleme, denn es geht nicht um Indices oder Rankings, sondern um die Lebenslage und die Lebenschancen von Menschen. Das geht nicht ohne Einbeziehung einer ethischen Perspektive; diese zu formulieren sollte allerdings nicht den Consultants und den Top-Managern, die die schöne, neue Welt beschwören, überlassen bleiben. Peter Koslowski trifft in diesem Zusammenhang die bedeutsame Feststellung, dass die Eliten der Wirtschaft keiner Konkurrenz durch jene des Staates oder der Wissenschaft ausgesetzt sind (Koslowski 2000, 406). Jene, die sich als „Macher" der Wirtschaft, die demgegenüber eigentlich immer von allen Menschen gemacht wird, sehen, können nicht auch die Werte und Denkfilter mitliefern, nach denen man leben und handeln soll. Der Staat in seiner derzeitigen Form erscheint allerdings auch nicht wirklich als Alternative für die Sinn- und Zielgenerierung.

Daher erhebt sich die Frage, welche Rolle den Wissenschaften, hier insbesondere den Sozialwissenschaften, zukommen kann.

Nicht ein Umschwenken von der objektiv-sachlichen Erklärungsweise der Wissenschaft auf Werturteile ist damit verbunden, sondern die Reflexion über die Stellung und Aufgabe der Sozialwissenschaften in der Gesellschaft, denn die Diskussion über die Funktions- bzw. Erklärungsweise der Wissenschaft impliziert immer auch die Überlegung, was diese denn eigentlich leisten soll.

In der Zeit des Aufstiegs der Sozialwissenschaften waren die Diskussionen über die Ziele, denen diese dienen sollten, und über die Aufgaben, die sie in der Gesellschaft haben, heftig geführt worden. Der Akademisierungsprozess hatte diese Auseinandersetzungen und Reflexionen dann weitgehend beendet oder auf die erkenntnisphilosophische Ebene verlagert.

Wenngleich in den Sozialwissenschaften wichtige Erkenntnisse über die Erscheinungen der sozialen Welt erbracht wurden und werden, so mangelt es hingegen an Reflexionen über die eigene Aufgabe des Sozialwissenschaftlers in der Gesellschaft und über die autonomen Zielsetzungen der Sozialwissenschaften jenseits der Orientierung an Politik, medialer Öffentlichkeit, „der Wirtschaft" oder der Konventionen der „scientific community".

Die Sozialwissenschaften sind in besonderer Weise Wirklichkeitswissenschaften, wie Max Weber gemeint hatte, weil sie ihre Probleme immer wieder neu definieren auf der Grundlage der jeweiligen Wertbeziehung der Gegenwart. Damit muss aber auch eine Auseinandersetzung mit diesen Werten, vielleicht auch im Sinne der Verantwortungsethik, wie sie Weber verstand, verbunden sein, um die eigene Stellung und Aufgabe zu bestimmen.

Gerade die Sozialwissenschaften verändern sich nicht nur in Bezug auf die Fragen, deren Beantwortung sie sich widmen, zusammen mit der historischen sozialen Umwelt, sondern auch im Hinblick auf ihre Aufgaben und Zielsetzungen.

Peter Wagner hat dies in Bezug auf den Wandel der Sozialwissenschaften im Lauf der Entwicklung der Staaten gezeigt (Wagner 1990). Nunmehr ist dies auch im Hinblick auf die Entwicklungen und Veränderungen der wirtschaftlich-politischen Konstellationen zu leisten. So etwa ist nicht zu übersehen, dass gerade die Soziologie, oder zumindest wichtige Teile davon, in der Gegenwart keine Konjunktur hat, weil ihre traditionelle Denkweise und ihre Ansätze derjenigen der Marktapologeten nicht entspricht (Mikl-Horke 1999, 753 ff).

Sozialwissenschaften stellen nicht nur Forschungstechnologien und Theoriesprachen dar, sondern sind Praxisfelder in Gesellschaft und Staat, gesellschaftlich-kulturelle Institutionen, Professionen und Zielbereiche der Politik.

Der Wissenschaftsbetrieb ist ein politisch und wirtschaftlich wichtiger Teil der Gesellschaft und des Staates, der weitgehend öffentlich finanziert wird und dessen Vertreter und Institutionen auch öffentliche Anerkennung anstreben. Bourdieu (1998) definierte Wissenschaft daher als soziales Feld der Praxis, in dem zwei Kapitalsorten eine Rolle spielen: das „reine" wissenschaftliche Kapital, das aus der Reputation des Wissenschaftlers in der „scientific community" stammt, und das institutionalisierte wissenschaftliche Kapital, das mit dem System von Wissenschaft als Verwaltung einer Bildungsinstitution der Gesellschaft verbunden ist und das auf politisch-finanziellen Kontroll- und Lenkungsmöglichkeiten beruht.

Die Ausdifferenzierung der Wissenschaft als spezielles Sinn- und Begriffssystem, ihre Selbstbezüglichkeit und Selbstherstellung, wie sie von Luhmann (1990) so eindrucksvoll dargestellt wurde, beruht darauf, dass die Wissenschaftler im Rahmen der politisch-institutionellen Gegebenheiten Interesse an der Konstruktion von „Wissenschaftlichkeit" und damit der Berufsexpertise als Voraussetzung für die Anerkennung ihrer Professionalität haben. Die Konzentration auf Methodenentwicklung und Theoriebildung im Sinne des innerwissenschaftlichen Fortschritts war zweifellos eine wichtige und notwendige Voraussetzung, um wissenschaftliches Wissen von Alltagswissen abzugrenzen und die professionelle Expertise der Wissenschaftler hervorzuheben, aber dies muss auch mit der **Selbstreflexion als Praxisfeld und dessen Voraussetzungen und Wirkungen** verbunden werden, da sie sonst riskieren, als ein Instrument für die Legitimierung unterschiedlicher Interessen und Maßnahmen eingesetzt zu werden.

Die Sozialwissenschaften dürfen sich ihre Aufgaben, Ziele und Standards nicht durch politische Strategien, Ansprüche „der Wirtschaft", Kriterien von Rating- und Rankingagenturen und die Vorformulierung von Problemen durch die Medien einseitig diktieren lassen, da sie sonst gezwungen sind, sich laufend an die sich verändernden externen Erwartungen anpassen zu müssen. So wichtig diese „Anpassung" im Hinblick auf das Aufspüren und Analysieren von Objektentwicklungen ist, so wichtig ist auch eine gewisse Distanz gegenüber den Erwartungen in Bezug auf die Aufgabe und die Zielsetzungen der Wissenschaft. Selbst die innerhalb der „scientific community" formulierten Qualitäts- und Erfolgskriterien sind mit Vorsicht zu betrachten, da sie häufig durch Reputations- und Statusinteressen der Profession und durch die Formalisierungsmöglichkeiten, die die elektronischen Medien bieten, bestimmt sind, ohne diese nach ihrer Sinnhaftigkeit zu befragen.

Auf Grund der widersprüchlichen politischen Bestrebungen nach Wettbewerbsfähigkeit, guten Ratings in internationalen Vergleichen und der gleichzeitigen Reduktion der Staatsausgaben und der Erhöhung der Effizienz im öffentlichen Sektor durch New Public Management kommt das Bildungssystem unter Druck und muss sich selbst als „effizient" erweisen. In dieser Situation geraten die Wissenschaften unter den Druck, ihre „accountability" zur Rechtfertigung der in sie getätigten Investitionen auf der Grundlage von Indikatoren, die eine weitgehende Messbarmachung von Lehr- und Forschungsleistungen erfordern, nachzuweisen.

Wissenschaftssystem und Bildungssystem werden voneinander getrennt, ersteres wird als „Forschung und Entwicklung" für die ständigen und im Sinne der Wettbewerbsfähigkeit wichtigen Innovationen zu einem eigenen Funktionssystem, letzteres als Vermittlungsbereich von Kompetenzen und neuen Kulturtechniken, die in der modernen Arbeitswelt erforderlich sind, verstanden und hat möglichst „effizient" zu erfolgen, was wieder an Drop-out-Raten, Studiendauer und Kosten gemessen wird.

Die akademische Ausbildung wird einerseits im Sinne einer Massenproduktion organisiert, wobei die traditionellen Sozialstrukturen und universitären Kulturformen zerstört werden, während daneben bevorzugte elitäre Zentren geschaffen werden müssen, um die Grundlagen im Wettbewerb um Forschungsinnovationen zu schaffen.

Die projektorientierten Forschungsstile der Naturwissenschaften, nicht wie vordem „ihre Methode" im Sinne der Wissenschaftstheorie, werden zu Vorbildern für die Sozialwissenschaften und bestimmen die Arbeitsweise derselben. Die Einschätzung ihrer Ergebnisse richtet sich nach formalen und quantitativen Kriterien der Antragsvorbereitung und der Pro-

jektfinanzierung, wobei hoher Finanzbedarf mitunter als Zeichen seriöser Forschung miss-
verstanden wird.

Wissenschaft ist damit ein Arbeitsbereich geworden, in dem in besonders starkem Maße
die gegenwärtige Ambivalenz der Erwartungen an die Berufstätigen zwischen individueller
Autonomie und Kreativität einerseits und der Evaluation und Kontrolle der Erfüllung im
Sinne vorgegebener Kriterien offenkundig wird.

Wenn einerseits ständige neue Erkenntnisse und Innovationen gefordert werden, gleichzeitig
die Forschung durch diverse Standards, die es zu erfüllen gilt, kontrolliert wird, kommt dies
einer paradoxen Aufforderung gleich.

Die Begriffe verweisen auf den Wandel: „Wissenschaft" als autonomes System der Wahr-
heitsfindung wird ersetzt durch „Forschung und Entwicklung" im Sinne einer **politisch-
ökonomisch kontrollierten Forschungstechnologie**, deren Erkenntnisgewinn an Indikatoren, Rankings, Benchmarks etc. gemessen wird. Effizienz und Qualität geraten in ein prekä-
res Verhältnis zueinander, denn auf der einen Seite wird hohe Qualität und Leistung gefordert, auf der anderen Seite werden diese durch standardisierte Kriterien gemessen, die auch
die Mittel beeinflussen, die zur Verfügung stehen. Dadurch kommt es zu einem ständigen
Kostendruck, der in einer markanten Verschiebung der Prioritäten resultiert. Während Einsparungen im operativen Bereich des Bildungssystems erfolgen, kommt es zu einer zunehmen-
menden Verlagerung der Aufwendungen in Richtung auf Management und Verwaltung,
Beratung, Evaluierung und Monitoring, Akkreditierungen etc.

Die Unterwerfung der Wissenschaft unter die Logik des Marktes, die Verstärkung des Wettbewerbs, die Kosteneffizienz und die Ansprüche an Output im Sinne der Wissensbilanz
haben Auswirkungen auf die Arbeitssituation der Wissenschaftler, aber auch auf die Rolle
und die Bedeutung der Wissenschaft für die Gesellschaft.

Wissenschaft wird in dieser Situation ihrer Autonomie beraubt, während gleichzeitig den
Organisationen selbst Autonomie in Bezug auf die Verwaltung ihrer immer knapper be-
messenen finanziellen Mittel übertragen wird.

Während im Zuge der Entstaatlichungstendenzen der letzten Jahrzehnte die Universitäten als
Institutionen in die Autonomie entlassen wurden, wurde die Tätigkeit des Wissenschaftlers
ihrer Autonomie weitgehend beraubt oder anders ausgedrückt: Das Wissenschaftssystem
wurde unter politischem Druck am Wirtschaftssystem und an dessen Orientierung an Effi-
zienzerfordernissen neu orientiert. Die an Reputation im Sinne von Rankings, Indikatoren
und Evaluationen orientierten Ziele der Organisationen, in denen Wissenschaft betrieben
wird, dominieren die Inhalte und bestimmen die Form der Forschung.

Sozialwissenschaften können nur dann wirklich zu neuen Erkenntnissen gelangen, wenn deren Konturen nicht schon in den Anforderungen der Auftraggeber, der Finanzierungsinstitutionen oder den Konventionen und Indikatoren, unter denen wissenschaftliche Leistung beurteilt wird, mitgeliefert werden.

Dazu ist Autonomie, nicht im Sinne der finanziellen Verwaltung, sondern in Bezug auf die Arbeit der einzelnen Sozialwissenschaftler die unabdingbare Voraussetzung. Diese muss durch die Politik ermöglicht werden, aber sie muss auch in der Haltung der Sozialwissenschaftler selbst zum Ausdruck kommen, denn diese tragen Verantwortung nicht nur für ihre eigene Karriere, sondern auch für die Art und Weise, wie in der Gesellschaft über bestimmte Aspekte gedacht wird. Voraussetzung dafür ist die Reflexion und Diskussion über die eigene Aufgabe und Wirkung und die Einhaltung einer kritischen Distanz gegenüber dem, was Bourdieu den Machtdiskurs, die Ideenmacht in Bezug auf die Globalisierungsrhetorik nannte (Bourdieu 1998, 43), gegen die derzeitige Tendenz zur Glaubensproduktion in Bezug auf die Wirtschaft.

Bibliographie

Abegglen, James C./Stalks, George, jr. (1985): Kaisha: The Japanese corporation. New York: Basic Books.

Abell, Peter (2003): On the prospects for a unified social science: economics and sociology. In: Socio-Economic Review 1, 1-26.

Abolafia, Mitchel (1996): Making markets: Opportunism and restraint on Wall Street, Cambridge, MA-London, England: Harvard UP.

Abolafia, Mitchel (1998): Markets as cultures: An ethnographic approach. In: Callon, Michel (ed.): The laws of the markets. Oxford: Blackwell, 69-85.

Abrahamson, Eric (1991): Managerial fads and fashions: The diffusion and rejection of innovations. In: Academy of Management Review 16, 586-612.

Abrahamson, Eric/Fairchild, Gregory (1992): Management fashion: Lifecycles, triggers, and collective learning processes. In: Administrative Science Quarterly 44, 708-740.

Abrahamson, Eric/Fombrun, Charles J. (1992): Forging the iron cage: Interorganizational networks and the production of macro-culture. In: Journal of Management Studies 29, 175-194.

Acham, Karl (1978): Methodologische Probleme der Sozialwissenschaften. Darmstadt: Wissenschaftliche Buchgesellschaft.

Acham, Karl (1983): Philosophie der Sozialwissenschaften. Freiburg-München: Verlag Karl Alber.

Adorno, Theodor W. (Hg.) (1969): Der Positivismusstreit in der deutschen Soziologie. Neuwied-Berlin: Luchterhand.

Adorno, Theodor W./Horkheimer, Max (1988): Dialektik der Aufklärung. Frankfurt/Main: Fischer (urspr. 1947).

Aglietta, Michel (1987): A theory of capitalist regulation. London: Verso.

Aguilera, Ruth V./Rupp, Deborah E./Williams, Cynthia A./Ganapathi, Jyoti (2007): Putting the S back in corporate social responsiblity: A multilevel theory of social change in organizations. In: Academy of Management Review 32, 836-863.

Åkerlof, George A. (1984): An economic theorist's book of tales. Cambridge: Cambridge University Press.

Åkerman, Johan (1938): Das Problem der sozialökonomischen Synthese. Lund: C. W. K. Gleerup.

Albert, Hans (1967): Marktsoziologie und Entscheidungslogik. Neuwied-Berlin: Luchterhand.

Albert, Hans (1976): Aufklärung und Steuerung. Aufsätze zur Sozialphilosophie und zur Wissenschaftslehre der Sozialwissenschaften. Hamburg: Hoffmann & Campe.

Albert, Hans (1984): Die Einheit der Sozialwissenschaften. In: Topitsch, Ernst (Hg.): Logik der Sozialwissenschaften. 11. Aufl. Königstein/Ts.: Athenäum, 53-70.

Albert, Hans/Stapf, Kurt H. (Hg.) (1979): Theorie und Erfahrung. Beiträge zur Grundlagenproblematik der Sozialwissenschaften. Stuttgart: Klett-Cotta.

Alchian, Arman A./Demsetz, Harold (1972): Production, information costs and economic organization. In: American Economic Review 62, 777-795.

Aldrich, Nelson W. jr. (1996): Old money: The mythology of wealth in America. New York: Allworth Press.

Allen, Christopher S. (1989): The underdevelopment of Keynesianism in the Federal Republic of Germany. In: Hall, Peter A. (ed.): The political power of economic ideas: Keynesianism across nations. Princeton: Princeton University Press, 263-289.

Altvater, Elmar/Mahnkopf, Birgit (1996): Grenzen der Globalisierung. Ökonomie, Ökologie und Politik in der Weltgesellschaft. Münster: Westfälisches Dampfboot.

Altvater, Elmar/Mahnkopf, Birgit (2002): Globalisierung der Unsicherheit. Münster: Westfälisches Dampfboot.

Alvarez, José Luis (ed.) (1998): The diffusion and consumption of business knowledge. New York: St. Martin's Press.

Appadurai, Arjun (1987): The social life of things: Commodities in cultural perspective. Cambridge: Cambridge University Press.

Appleby, Joyce O. (1978): Economic thought and ideology in Seventeenth-Century England. Princeton: Princeton University Press.

Aretz, Hans-Jürgen (1997): Ökonomischer Imperialismus? Homo oeconomicus und soziologische Theorie. In: Zeitschrift für Soziologie 26, 79-96.

Aristoteles (1981): Politik (übersetzt von Eugen Rolfes). 4. Aufl. Hamburg: Felix Meiner Verlag.

Aristoteles (1985): Nikomachische Ethik (übersetzt von Eugen Rolfes). 4. Aufl. Hamburg: Felix Meiner Verlag.

Arrow, Kenneth J. (1951): Social choice and individual values. New York: Wiley.

Aspers, Patrick (1999): The economic sociology of Alfred Marshall: An overview. In: American Journal of Economics and Sociology 58, 651-667.

Attali, Jacques/Guillaume, Marc (1972): Anti-Economique. Paris: Editions PUF.

Axelrod, Robert (1984): Die Evolution der Kooperation. München: Oldenbourg.

Azar, Ofer H. (2007): Behavioral economics and socio-economics journals: A citation-based ranking. In: Journal of Socio-Economics 36, 451-462.

Backhaus, Jürgen G. (Hg.) (2007): Fiscal sociology: What for? Frankfurt/Main: Peter Lang.

Baecker, Dirk (1988): Information und Risiko in der Marktwirtschaft. Frankfurt/Main: Suhrkamp.

Baecker, Dirk (1991): Womit handeln Banken? Frankfurt/Main: Suhrkamp.

Baecker, Dirk (1993): Die Form des Unternehmens. Frankfurt/Main: Suhrkamp.

Baecker, Dirk (2006): Wirtschaftssoziologie. Bielefeld: Transcript.

Bagnasco, Arnaldo (1988): La costruzione sociale del mercato. Bologna: Il Mulino.

Baker, Wayne E. (1984): The social structure of a national securities market. In: American Journal of Sociology 89, 775-811.

Baker, Wayne E./Faulkner, Robert R./Fisher, Gene A. (1998): Hazards of the market: The continuity and dissolution of interorganizational market relationships. In: American Sociological Review 63, 147-177.

Balla, Balint (1978): Soziologie der Knappheit. Stuttgart: Enke.

Barber, Bernard (1977): Absolutization of the market. In: Dworkin, Gerald/Bernant, Gordon/Brown, Peter G. (eds.): Markets and morals. Washington-London: Hemisphere Publ. Corp.

Baron, James N./Hannan, Michael T. (1994): The impact of economics on contemporary sociology. In: Journal of Economic Literature 32, 1111-1146.

Bataille, Georges (1985): Die Aufhebung der Ökonomie. 2. Aufl. München: Matthes & Seitz.

Baudrillard, Jean (1991): Das System der Dinge. Über unser Verhältnis zu den alltäglichen Gegenständen. Frankfurt/Main: Campus.

Baudrillard, Jean (1998): The consumer society: Myths & structures. London: Sage.

Bauer, Leonhard/Eckert, Daniel (1996): Die „soziale Frage" more geometrico beantwortet. Zur sozialphilosophischen Motivation der Begründung der mathematischen Ökonomie durch Leon Walras. In: Österreichische Zeitschrift für Geschichtswissenschaften 7, 247-265.

Baumann, Zygmunt (1998): Globalization: The human consequences. Cambridge-Oxford: Polity Press.

Baurmann, Michael (1996): Der Markt der Tugend. Recht und Moral in der liberalen Gesellschaft. Tübingen: J. C. B. Mohr.

Bayertz, Kurt (Hg.) (1998): Solidarität. Begriff und Problem. Frankfurt/Main: Suhrkamp.

Bearden, James/Mintz, Beth (1992): The structure of class cohesion: The corporate network and its dual. In: Mizruchi, Mark S./Schwartz, Michael (eds.): Intercorporate relations. Cambridge-New York: Cambridge University Press, 187-207.

Beck, Ulrich (1986): Risikogesellschaft. Auf dem Weg in eine andere Moderne. Frankfurt/Main: Suhrkamp.

Beck, Ulrich (1999): Schöne neue Arbeitswelt. Frankfurt/Main: Campus.

Beck, Ulrich/Beck-Gernsheim, Elisabeth (1993): Nicht Autonomie, sondern Bastelbiographie. In: Zeitschrift für Soziologie 22, 178-187.

Becker, Gary S. (1963): Investment in human capital: A theoretical analysis. In: Journal of Political Economy 70, 9-49.

Becker, Gary S. (1976): The economic explanation of human behavior. Chicago: University of Chicago Press.

Becker, Gary S./Becker, Guity N. (1998): Die Ökonomik des Alltags. Tübingen: J. C. B. Mohr.

Beckert, Jens (1996): What is sociological about economic sociology: Uncertainty and the embeddedness of economic action. In: Theory and Society 25, 803-840.

Beckert, Jens (1997): Grenzen des Marktes. Die sozialen Grundlagen wirtschaftlicher Effizienz. Frankfurt/Main: Campus.

Beckert, Jens (2002a): Vertrauen und die performative Konstruktion von Märkten. In: Zeitschrift für Soziologie 31, 27-43.

Beckert, Jens (2002b): Von Fröschen, Unternehmensstrategien und anderen Totems. Die soziologische Herausforderung der ökonomischen Institutionentheorie? In: Maurer, Andrea/Schmid, Michael (Hg.): Neuer Institutionalismus. Zur soziologischen Erklärung von Organisation, Moral und Vertrauen. Frankfurt/Main: Campus, 133-147.

Beckert, Jens (2004): Unverdientes Vermögen. Soziologie des Erbrechts. Frankfurt/Main: Campus.

Beckert, Jens (2006a): Interpenetration versus embeddedness: The premature dismissal of Talcott Parsons in the new economic sociology. In: American Journal of Economics and Sociology 65, 161-188.

Beckert, Jens (2006b): Wer zähmt den Kapitalismus? In: Beckert, Jens/Ebbinghaus, Bernhard/Hassel, Anke/Manow, Philip (Hg.) (2006): Transformationen des Kapitalismus. Frankfurt/Main: Campus, 425-442.

Beckert, Jens (2006c): The ambivalent role of morality of markets. In: Stehr, Nico/Henning, Christoph/Weiler, Bernd (eds.): The moralization of the markets. New Brunswick-New Jersey: Transaction Publishers.

Beckert, Jens/Ebbinghaus, Bernhard/Hassel, Anke/Manow, Philip (Hg.) (2006): Transformationen des Kapitalismus. Frankfurt/Main: Campus.

Beckert, Jens/Eckert, Julia/Kohli, Martin/Streeck, Wolfgang (Hg.) (2004): Transnationale Solidarität. Chancen und Grenzen. Frankfurt/Main: Suhrkamp.

Beckert, Jens/Zafirovski, Milan (eds.) (2006): International encyclopedia of economic sociology. London, New York: Routledge.

Bell, Daniel (1973): The coming of post-industrial society. New York: Basic Books.

Berger, Johannes (2003): Sind Märkte gerecht? In: Zeitschrift für Soziologie 32, 462-473.

Berger Peter L. (1987): The capitalist revolution: Fifty propositions about prosperity, equality and liberty. Aldershot: Wildwood House.

Berger, Peter L./Huntington, Samuel P. (2002): Many globalizations: Cultural diversity in the contemporary world. Oxford: Oxford University Press.

Berit, Ernst/Kieser, Alfred (1999): In search of explanations for the consulting explosion. Scancor workshop. Stanford: Stanford University Press.

Bernal, Martin (1987): Black Athena: The afroasiatic roots of classical civilization. London: Vintage Books.

Bessy, Christian/Favereau, Olivier (2003): Institutions et économie des conventions. In: Cahiers d'économie politique 44, 119-146.

Bezemer, Jelle/Karsten, Luchien/Van Veen, Kees (2002): Understanding variations between management fashions: A comparison of the different institutional expressions of two management concepts. SOM Research Report 03g05 (http://som.rug.nl/).

Biggart, Nicole Woolsey (1997): Explaining Asian economic organization: Toward a Weberian institutional perspective. In: Orrù, Marco/Biggart, Nicole Woolsey/Hamilton, George (eds.): The economic organization of East Asian capitalism. Thousand Oaks, CA et al.: Sage Publications, 3-32.

Biggart, Nicole Woolsey (ed.) (2002): Readings in economic sociology. Oxford: Blackwell.

Biggart, Nicole Woolsey/Beamish, Thomas D. (2003): The economic sociology of conventions: Habit, custom, practice, and routine in market order. In: Annual Review of Sociology 29, 443-464.

Binswanger, Hans Christoph (1985): Geld und Magie. Deutung und Kritik der modernen Wirtschaft anhand von Goethes Faust. Stuttgart: Edition Weitbrecht.

Binswanger, Hans Christoph (1998): Die Glaubensgemeinschaft der Ökonomen. Essays zur Kultur der Wirtschaft. München: Gerling Akademie Verlag.

Blaug, Mark (1986): Economic history and the history of economics. New York: University Press.

Bloch, Marc (1998): Die wundertätigen Könige. München: Beck.

Block, Fred (1990): Postindustrial possibilities: A critique of economic discourse. Berkeley, CA: University of California Press.

Block, Fred (2003): Karl Polanyi and the writing of *The Great Tranformation*. In: Theory and Society 32, 375-306.

Block, Fred (2007): Confronting market fundamentalism: Doing „public economic sociology". In: Socio-Economic Review 5, 326-334.

Block, Fred/Evans, Peter (2005): The state and the economy. In: Smelser, Neil J./Swedberg, Richard (eds.): The handbook of economic sociology. 2nd ed. Princeton: Princeton University Press, 505-526.

Blyth, Mark (2002): Great transformation: Economic ideas and institutional change in the Twentieth Century. Cambridge: Cambridge University Press.

Bockmann, Johanna/Eyal, Gil (2002): Eastern Europe as a laboratory for economic knowledge: The transnational roots of neoliberalism. In: American Journal of Sociology 108, 310-352.

Boettke, Peter J./Storr, Virgil H. (2002): Post-classical political economy: Polity, society and economy in Weber, Mises and Hayek. In: American Journal of Economics and Sociology 61, 161-191.

Böhm-Bawerk, Eugen (1975): Macht oder ökonomisches Gesetz? Darmstadt: Wissenschaftliche Buchgesellschaft (urspr. 1914).

Boltanski, Luc/Chiapello, Ève (1999): Le nouvel ésprit du capitalisme. Paris: Gallimard.

Boltanski, Luc/Chiapello, Ève (2001): Die Rolle der Kritik in der Dynamik des Kapitalismus und der normative Wandel. In: Berliner Journal für Soziologie 11, 459-477.

Boltanski, Luc/Thévenot, Laurent (1991): De la justification: Les économies de la grandeur. Paris: Gallimard.

Bottomore, Tom/Byrm, Robert J. (eds.) (1989): The capitalist class: An international study. New York: University Press.

Boudon, Raymond (1998): Limitations of rational choice theory. In: American Journal of Sociology 104, 817-828.

Bourdieu, Pierre (1976): Entwurf einer Theorie der Praxis. Frankfurt/Main: Suhrkamp.

Bourdieu, Pierre (1982): Die feinen Unterschiede. Kritik der gesellschaftlichen Urteilskraft. Frankfurt/Main: Suhrkamp.

Bourdieu, Pierre (1983): Ökonomisches Kapital, kulturelles Kapital, soziales Kapital. In: Soziale Welt. Sonderheft 2, 183-198.

Bourdieu, Pierre (1987): Sozialer Sinn. Frankfurt/Main: Suhrkamp.

Bourdieu, Pierre (1990): Was heißt Sprechen? Die Ökonomie des sprachlichen Tausches. Wien: Braumüller.

Bourdieu, Pierre (1993): The field of cultural production. Oxford: Polity Press.

Bourdieu, Pierre (1998a): Vom Gebrauch der Wissenschaft. Konstanz: Universitätsverlag Konstanz.

Bourdieu, Pierre (1998b): Praktische Vernunft. Zur Theorie des Handelns. Frankfurt/Main: Suhrkamp.

Bourdieu, Pierre (1998c): Gegenfeuer. Wortmeldungen im Dienste des Widerstands gegen die neoliberale Invasion. Konstanz: UVK Universitätsverlag.

Bourdieu, Pierre (2000): Das religiöse Feld. Texte zur Ökonomie des Heilsgeschehens. Konstanz: Universitätsverlag Konstanz.

Bourdieu, Pierre (2005): The social structures of the economy. Cambridge-Malden, MA: Polity Press.

Bourdieu, Pierre/Saint Martin, Monique de (1978): Le patronat. In: Actes de la recherche en sciences sociales 20/21, 2-82.

Bowles, Samuel/Gintis, Herbert (2002): The inheritance of social inequality. In: The Journal of Economic Perspectives 16, 3-30.

Boyer, Robert (1987): La théorie de la régulation. Paris: Ed. La Découverte.

Boyer, Robert/Hollingsworth, Rogers J. (1997): From national embeddedness to spatial and institutional nestedness. In: Hollingsworth, Rogers J./Boyer, Robert (eds.) (1997): Contemporary capitalism: The embeddedness of institutions. Cambridge: Cambridge University Press.

Braudel, Fernand (1985/6): Sozialgeschichte des 15.-18. Jahrhunderts. 3 Bde. München: Kindler.

Braudel, Fernand (1986): Die Dynamik des Kapitalismus. Stuttgart: Klett-Cotta.

Braverman, Harry (1980): Die Arbeit im modernen Produktionsprozeß. Frankfurt/Main: Campus.

Brennan, Geoffrey/Buchanan, James M. (1993): Die Begründung von Regeln. Konstitutionelle politische Ökonomie. Tübingen: J. C. B. Mohr.

Breslau, Daniel (2003): Economics invents the economy: mathematics, statistics, and models in the work of Irving Fisher and Wesley Mitchell. In: Theory and Society 32, 379-411.

Briefs, Götz (1934): Betriebsführung und Betriebslehre in der Industrie. Stuttgart: Enke.

Bröckling, Ulrich (2007): Das unternehmerische Selbst. Soziologie einer Subjektivierungsform. Frankfurt: Suhrkamp.

Brunner, Otto (1968): Das „ganze Haus" und die alteuropäische „Ökonomik". In: Ders.: Neue Wege der Verfassungs- und Sozialgeschichte. 2. Aufl. Göttingen: Vandenhoeck & Ruprecht, 103-127.

Buchanan, James M./Tullock, Gordon (1962): The calculus of consent: Logical foundations of constitutional democracy. Ann Arbor: The University of Michigan Press.

Burawoy, Michael (1985): The politics of production. London: Verso.

Burawoy, Michael (2001): Neoclassical sociology: From the end of communism to the end of classes. In: American Journal of Sociology 106, 1099-1120.

Burghardt, Anton (1976): Allgemeine Wirtschaftssoziologie. München: Vahlen.

Burghardt, Anton (1980): Katholische Soziallehre. Anmerkungen zu ihren Konstanten und Variablen. In: Brusatti, Alois et al. (Hg.): Soziologie und Sozialpolitik. Berlin: Duncker & Humblot, 187-210.

Burnham, James (1942): The managerial revolution. London: Putnam.

Burt, Ronald S. (1983): Corporate profits and cooptation: Networks of market constraints and director-ate ties in the American economy. New York: Academic Press.

Burt, Ronald S. (1987): Social contagion and innovation: Cohesion versus structural equivalence. In: American Journal of Sociology 92, 1287-1335.

Burt, Ronald S. (1992): Structural holes: The social structure of competition. Cambridge, MA: Harvard University Press.

Burt, Ronald S. (2002): The social capital of structural holes. In: Guillén, Mauro F./Collins, Randall/England, Paula/Meyer, Marshall (eds.): The new economic sociology. New York: Russell Sage Foundation, 148-190.

Buß, Eugen (1985): Lehrbuch der Wirtschaftssoziologie. Berlin: deGruyter.

Callon, Michel (1989): La science et ses réseaux. Genèse et circulation des faits scientifiques. Paris: Ed. La Découverte.

Callon, Michel (1998): Introduction: The embeddedness of economic markets in economics. In: Ders. (ed.): The laws of the markets. Oxford: Blackwell, 1-57.

Camic, Charles/Gorski, Philip S./Trubek, David M. (eds.) (2005): Max Weber's economy and society: A critical companion. Stanford: Stanford University Press.

Campbell, John L. (2007): Why would corporations behave in socially responsible ways? An institutional theory of corporate social responsibility. In: Academy of Management Review 32, 946-967.

Carey, Henry Charles (1858-1860): Principles of social science. 3 Bde. Philadelphia: Lippincott.

Carnegie, Dale (1968): The gospel of wealth. In: The Annals of America 11. Chicago: Encyclopaedia Britannica, 222-226 (urspr. 1889).

Carruthers, Bruce G. (2000): Economy/society: Markets, meanings, and social structure. Thousand Oaks, CA: Pine Forge Press.

Carruthers, Bruce G./Uzzi, Brian (2000): Economic sociology in the new millennium. In: Contemporary Sociology 29, 486-494.

Caspari, Volker/Schefold, Bertram (Hg.) (1996): Franz Oppenheimer – Adolph Lowe. Zwei Wirtschaftswissenschaftler der Frankfurter Universität. Marburg: Metropolis.

Casson, Mark (1991): The economics of business culture. Oxford: Clarendon Press.

Castel, Robert (2000): Die Metamorphosen der sozialen Frage. Eine Chronik der Lohnarbeit. Konstanz: Universitätsverlag Konstanz.

Castells, Manuel (1996): The rise of the network society. Massachusetts-Oxford: Blackwell.

Chamberlin, Edward H. (1933): The theory of monopolistic competition. Cambridge, MA: Harvard University Press.

Chandler, Alfred D. (1977): The visible hand: The managerial revolution in American business. Cambridge, MA: The Belknap Press of Harvard University Press.

Chandler, Alfred D. (1990): Scale and scope: The dynamics of industrial capitalism. Cambridge, MA: The Belknap Press of Harvard University Press.

Clark, Charles Michael Andres (1992): Economic theory and natural philosophy. Brookfield: Edward Elgar.

Clausen, Lars (1967): Für den Markt als soziologischen Denkansatz. In: Jahrbuch für Sozialwissenschaften 18, 316-326.

Clausen, Lars (1972): Tausch. In: Jahrbuch für Sozialwissenschaften 23, 1-15.

Clausen, Lars (1988): Produktive Arbeit – destruktive Arbeit. Berlin-New York: deGruyter.

Clegg, Stewart R./Redding, S. Gordon (1990): Introduction. In: Dies. (eds.): Capitalism in contrasting cultures. Berlin-New York: Walter de Gruyter, 1-28.

Coase, Ronald H. (1937): The nature of the firm. In: Economica 4, 386-405.

Coase, Ronald H. (1960): The problem of social cost. In: Journal of Law and Economics 3, 1-44.

Coase, Ronald H. (1984): The new institutional economics. In: Journal of Institutional and Theoretical Economics 140, 229-231.

Coleman, James S. (1986): Individual interests and collective action. Cambridge: Cambridge University Press.

Coleman, James S. (1988): Social capital in the creation of human capital. In: American Journal of Sociology (Supplement) 94, 95-120.

Coleman, James S. (1990): Foundations of social theory. Cambridge, MA-London: Belknap Press of Harvard University Press.

Collier, Paul/Hoeffler, Anke (1998): On economic causes of civil war. In: Oxford Economic Papers 50, 563-573.

Colm, Gerhard (1968): Zum Begriff des Allgemeinwohls. In: Broermann, Johannes/Herder-Dorneich, Philipp (Hg.): Soziale Verantwortung. Festschrift für Goetz Briefs. Berlin: Duncker & Humblot, 23-34.

Council of the European Union (2001): Report from the Education Council to the European Council „The concrete future objectives of education and training systems". Ec.europa.eu/education/policies/2010/doc/rep_fut_oj_eu.pdf

Crouch, Colin (1993): Industrial relations and European state traditions. Oxford: Clarendon Press.

Crouch, Colin/Streeck, Wolfgang (eds.) (1997): Political economy of modern capitalism. London: Sage.

Cyert, Richard M./March, James G. (1963): A behavioral theory of the firm. Englewood Cliffs, N. J.: Prentice-Hall.

Daheim, Hansjürgen (1981): François Simiand. Ein empirisch-theoretischer Ansatz in der Wirtschaftssoziologie. In: Alemann, Heine v./Thurn, Hans Peter (Hg): Soziologie in weltbürgerlicher Absicht. Festschrift für René König. Opladen: Westdeutscher Verlag, 175-199.

Dahrendorf, Ralf (1977): Homo sociologicus. Ein Versuch zur Geschichte, Bedeutung und Kritik der Kategorie der sozialen Rolle. 15. Aufl. Opladen: Westdeutscher Verlag.

Deutschmann, Christoph (1997): Die Mythenspirale. Eine wissenssoziologische Interpretation industrieller Rationalisierung. In: Soziale Welt 47, 55-70.

Deutschmann, Christoph (1999): Die Verheißung absoluten Reichtums. Zur religiösen Natur des Kapitalismus. Frankfurt/Main: Campus.

Diamond, Jared (1998): Arm und Reich. Die Schicksale menschlicher Gesellschaften. Frankfurt: S. Fischer.

DiMaggio, Paul/Louch, Hugh (1998): Socially embedded consumer transactions: For what kinds of purchases do people most often use networks? In: American Sociological Review 63, 619-637.

DiMaggio, Paul/Powell, Walter W. (1983): The iron cage revisited: Institutional isomorphism and collective rationality in organizational fields. In: American Sociological Review 48, 147-160.

Dixon, Keith (2000): Die Evangelisten des Marktes. Die britischen Intellektuellen und der Thatcherismus. Konstanz: UVK Universitätsverlag Konstanz GmbH.

Dobbin, Frank (ed.) (2004): The new economic sociology. Princeton-Oxford: Princeton University Press.

Dodd, Nigel (1994): The sociology of money: Economics, reason and contemporary society. New York: Continuum.

Donaldson, Thomas/Preston, Lee E. (1995): The stakeholder theory of the corporation. In: Academy of Management Review 20, 65-91.

Dore, Ronald (1987): Taking Japan seriously: A Confucian perspective on leading economic issues. Stanford, CA: Stanford University Press.

Douglas, Mary (1991): Wie Institutionen denken. Frankfurt/Main: Suhrkamp.

Douglas, Mary/Isherwood, Baron (1978): The world of goods: Toward an anthropology of consumption. London: Allen Lane.

Drucker, Peter F. (1976): The unseen revolution: How pension fund socialism transforms America. London: Heinemann.

Drucker, Peter F. (1993): Post-capitalist society. New York: Harper Business Press.

Duby, Georges (1986): Die drei Ordnungen. Frankfurt/Main: Suhrkamp.

Dumont, Louis (1991): Individualismus. Zur Ideologie der Moderne. Frankfurt/Main: Campus.

Durkheim, Emile (1908): De la position de l'économie politique dans l'ensemble des sciences sociales. In: Journal des économistes 18, 113-115, 117-120.

Durkheim, Emile (1938): The rules of sociological method. New York-London: Free Press (urspr. frz. 1895).

Durkheim, Emile (1967): Soziologie und Philosophie. Frankfurt/Main: Suhrkamp.

Durkheim, Emile (1977): Über die Teilung der sozialen Arbeit. Frankfurt/Main: Suhrkamp (urspr. frz. 1893).

Durkheim, Emile (1991): Physik der Sitten und des Rechts. Vorlesungen zur Soziologie der Moral. Frankfurt/Main: Suhrkamp.

Eccles, Robert F./White, Harrison C. (1988): Price and authority in Inter-Profit Center Transaction. In: American Journal of Sociology 94, 17-51.

Eisenstadt, Samuel N. (1979): Tradition, Wandel und Modernität. Frankfurt/Main: Suhrkamp.

Eisenstadt, Samuel N./Roniger, Luis (1984): Patrons, clients and friends. Cambridge: Cambridge University Press.

Eisermann, Gottfried (1957): Wirtschaftstheorie und Soziologie. Tübingen: J. C. B. Mohr.

Eisermann, Gottfried (1964): Wirtschaft und Gesellschaft. Stuttgart: Enke.

Eizinger, Christian et al. (2005): Vermögensbildung und Reichtum in Österreich. In: Bericht über die soziale Lage 2003-2004. Wien: BMSG, 233-251.

Elias, Norbert (1983): Engagement und Distanzierung. Frankfurt: Suhrkamp.

Elster, Jon (1986): Rational choice. Oxford: Blackwell.

Elster, Jon (1989): The cement of society. Cambridge: Cambridge University Press.

Erbès-Seguin, Sabine (Hg.) (1995): Beschäftigung und Arbeit. Berlin: Sigma.

Erikson, Robert/Goldthorpe, John (2002): Intergenerational inequality: A sociological perspective. In: The Journal of Economic Perspectives 16, 31-44.

Esping-Anderson, Gösta (1990): The three worlds of welfare capitalism. Cambridge-Princeton: Polity Press.

Esser, Hartmut (1991): Alltagshandeln und Verstehen. Tübingen: J. C. B. Mohr.

Etzioni, Amitai (1988): The moral dimension: Toward a new economics. New York: Free Press.

Etzioni, Amitai (2003): Toward a new socio-economic paradigm. In: Socio-Economic Review 1, 105-118.

Etzioni, Amitai/Lawrence, Paul R. (eds.) (1991): Socio-economics: Toward a new synthesis. Armonk-New York: M. E. Sharp.

Eucken, Walter (1961): Nationalökonomie wozu? 4. Aufl. Düsseldorf, München: Küpper.

Eucken, Walter (1965): Die Grundlagen der Nationalökonomie. 8. Aufl. Berlin u. a.: Springer (urspr. 1939).

Faust, Michael (2002): Consultancies as actors in knowledge arenas: Evidence from Germany. In: Kipping, Matthias/Engwall, Lars (eds.): Management consulting: Emergence and dynamics of a knowledge industry. Oxford-New York: Oxford University Press, 146-163.

Favereau, Olivier/Lazega, Manuel (eds.) (2002): Conventions and structures in economic organization. Cheltenham: Edward Elgar.

Ferguson, Adam (1986): Versuch über die Geschichte der bürgerlichen Gesellschaft. Frankfurt/Main: Suhrkamp (urspr. 1767).

Festinger, Leon (1985): Archäologie des Fortschritts. Frankfurt/Main: Campus.

Fevre, Ralph (2003): The new sociology of economic behaviour. London: Sage.

Finley, Moses I. (1993): Die antike Wirtschaft. 3. Aufl. München: Deutscher Taschenbuchverlag.

Firebaugh, Glenn/Beck, Frank D. (1994): Does economic growth benefit the masses? Growth, dependence, and welfare in the Third World. In: American Sociological Review 59, 631-653.

Fischer, Karsten (2000): Gemeinwohlrhetorik und Solidaritätsverbrauch. Bedingungen und Paradoxien des Wohlfahrtsstaates. In: Prisching, Manfred (Hg.): Ethik im Sozialstaat. Wien: Passagen Verlag, 131-154.

Fligstein, Neil (1990): The transformation of corporate control. Cambridge, MA: Harvard University Press.

Fligstein, Neil (1996): Markets as politics: A political-cultural approach to market institutions. In: American Sociological Review 61, 656-673.

Fligstein, Neil (2001): The architecture of markets: An economic sociology of twenty-first-century capitalist societies. Princeton: Princeton University Press.

Fligstein, Neil (2002): Agreements, disagreements, and opportunities in the „New Sociology of Markets". In: Guillén, Mauro F./Collins, Randall/England, Paula/Meyer, Marshall (eds.): The new economic sociology. New York: Russell Sage, 61-78.

Fligstein, Neil/Freeland, Robert (1995): Theoretical and comparative perspectives on corporate organization. In: Annual Review of Sociology 21, 21-43.

Fligstein, Neil/Sweet, Alec S. (2002): Constructing polities and markets: An institutionalist account of European integration. In: American Journal of Sociology 107, 1206-1243.

Florian, Michael/Hillebrandt, Frank (Hg.) (2006): Pierre Bourdieu. Neue Perspektiven für die Soziologie der Wirtschaft. Wiesbaden: VS Verlag für Sozialwissenschaften.

Forstater, Mathew (2002): How the AJES got its mission statement: Adolph Lowe's plea for cooperation and constructive synthesis in the social sciences. In: American Journal of Economics and Sociology 61, 779-786.

Fortune No. 11, July 4, 2005

Fourcade-Gourinchas, Marion (2001): Politics, institutional structures, and the rise of economics: A comparative study. In: Theory and Society 30, 397-447.

Fourcade-Gourinchas, Marion (2003): Economic sociology and the sociology of economics. In: Economic Sociology. European Electronic Newsletter 4, 30-38. econsoc.mpifg.de/archive/esmar03.pdf

Fourcade-Gourinchas, Marion/Babb, Sarah L. (2002): The rebirth of the liberal creed: Paths to neoliberalism in four countries. In: American Journal of Sociology 108, 533-579.

Francks, Penelope (1992): Japanese economic development. London-New York: Routledge.

Frank, Jürgen (1983): Markt versus Staat. Zur Kritik einer Chicago-Doktrin. In: Ökonomie und Gesellschaft. Jahrbuch 1: Die Neoklassik und ihre Herausforderungen. Frankfurt/Main: Campus, 257-294.

Freeman, Richard B./Katz, Lawrence F. (1995): Differences and changes in wage structures. Chicago: University of Chicago Press.

Friedland, Roger/Robertson, Alexander F. (eds.) (1990): Beyond the marketplace: Rethinking economy and society. New York: deGruyter.

Friedman, David (1999): Der ökonomische Code. Wie wirtschaftliches Denken unser Handeln bestimmt. Frankfurt/Main: Eichborn.

Friedman, Milton (2002): Kapitalismus und Freiheit. Frankfurt: Eichborn.

Friedmann, John (1981): Life space and economic space: Contradictions in regional development. Los Angeles: University of California Press.

Fritz, Wolfgang/Mikl-Horke, Gertraude (2007): Rudolf Goldscheid – Finanzsoziologie und ethische Sozialwissenschaft. Münster: Lit-Verlag.

Fukuyama, Francis (1995): Trust. New York: Free Press.

Fukuyama, Francis (1997): Konfuzius und die Marktwirtschaft. Der Konflikt der Kulturen. München: Kindler.

Fulcher, James (2007): Kapitalismus. Stuttgart: Reclam.

Fürstenberg, Friedrich (1970): Wirtschaftssoziologie. 2. Aufl. Berlin: deGruyter.

Galbraith, John K. (1952): American capitalism: The concept of countervailing power. Boston: Houghton Mifflin.

Galbraith, John K. (1988): Die Entmythologisierung der Wirtschaft. Grundvoraussetzungen ökonomischen Denkens. Wien u. a.: Zsolnay.

Galbraith, John K. (2005): The economics of innocent fraud: Truth for our time. New York: Houghton Mifflin.

Gambetta, Diego (1988): Trust: Making and breaking of cooperative relations. Oxford: Blackwell.

Ganßmann, Heiner (1996a): Die Arbeitsteilung zwischen Ökonomie und Soziologie bei Franz Oppenheimer, Karl Mannheim und Adolph Lowe. In: Caspari, Volker/Schefold, Bertram (Hg.): Franz Oppenheimer und Adolph Lowe. Zwei Wirtschaftswissenschaftler der Frankfurter Universität. Marburg: Metropolis, 197-224.

Ganßmann, Heiner (1996b): Geld und Arbeit. Wirtschaftssoziologische Grundlagen einer Theorie der modernen Gesellschaft. Frankfurt/Main: Campus.

Garrett, Geoffrey (2004): Globalization's missing middle. In: Foreign Affairs 83, 84-96.

Geertz, Clifford (1992): The bazaar economy. In: Granovetter, Mark/Swedberg, Richard (eds.): The sociology of economic life. Boulder, Colorado: Westview Press, 225-232.

Gellner, Ernest (1990): Pflug, Schwert und Buch. Grundlinien der Menschheitsgeschichte. Stuttgart: Klett-Cotta.

Gerschenkron, Alexander (1962): Relative backwardness in industrial development. Cambridge, MA-London, England: Harvard University Press.

Giddens, Anthony (1984): Die Klassenstruktur fortgeschrittener Gesellschaften. Frankfurt/Main: Suhrkamp (engl. 1973).

Giddens, Anthony (1995): Konsequenzen der Moderne. Frankfurt: Suhrkamp.

Gill, Stephen (1995): Globalization, market civilization, and disciplinary neoliberalism. In: Millenium 23, 399-423.

Gill, Stephen (2002): Constitutionalizing inequality and the clash of globalizations. In: International Studies Review 4, 47-65.

Gill, Stephen/Law, David (1989): Global hegemony and the structural power of capital. In: International Studies Quarterly 33, 475-499.

Godelier, Maurice (1966): Rationalität und Irrationalität in der Ökonomie. Frankfurt: Europäische Verlagsanstalt.

Godelier, Maurice (1990): Natur, Arbeit und Geschichte. Zu einer universalgeschichtlichen Theorie der Wirtschaftsformen. Hamburg: Junius Verlag.

Godelier, Maurice (1993): Zahlungsmittel und Reichtum in verschiedenen Gesellschaftstypen und ihre Begegnung am Rande des Kapitalismus. In: Fillitz, Thomas/Gingrich, André/Rasuly-Paleczek, Gabrielle (Hg.): Kultur, Identität und Macht. Ethnologische Beiträge zu einem Dialog der Kulturen der Welt. Frankfurt: IKO Verlag für Interkulturelle Kommunikation, 51-70.

Godelier, Maurice (1999): Das Rätsel der Gabe. Geld, Geschenke, heilige Objekte. München: C. H. Beck.

Goldscheid, Rudolf (1911): Höherentwicklung und Menschenökonomie. Berlin-Leipzig: Klinkhardt.

Goldscheid, Rudolf (1917): Staatssozialismus oder Staatskapitalismus. Ein finanzsoziologischer Beitrag zur Lösung des Staatsschulden-Problems. Wien, Leipzig: Anzengruber-Verlag.

Goodwin, Neva (ed.) (1996): As if the future mattered: Translating social and economic theory into human behavior. Ann Arbor: University of Michigan Press.

Gottl-Ottlilienfeld, Friedrich (1925): Wirtschaft als Leben. Jena: Gustav Fischer.

Grabher, Gernot (ed.) (1993): The embedded firm: On the socioeconomics of industrial networks. London: Routledge & Kegan.

Granovetter, Mark (1973): The strength of weak ties. In: American Journal of Sociology 78, 1360-1380.

Granovetter, Mark (1985): Economic action and social structure: The problem of embeddedness. In: American Journal of Sociology 91, 481-510.

Granovetter, Mark (1988): Sociological and economic approaches to labor market analysis: A social structural view. In: Farkas, George/England, Paula (eds.): Industries, firms, and jobs: Sociological and economic approaches. New York: Plenum Press, 187-216.

Granovetter, Mark (1990): The old and the new economic sociology: A history and an agenda. In: Friedland, Roger/Robertson, Alexander F. (eds.): Beyond the marketplace. New York: deGruyter, 89-112.

Granovetter, Mark (1991): The social construction of economic institutions. In: Etzioni, Amitai/Lawrence, Paul (ed.): Socio-economics: Toward a new synthesis. Armonk and London: M. E. Sharpe, 75-81.

Granovetter, Mark (1992): Economic institutions as social constructions: A framework for analysis. In: Acta Sociologica 35, 3-11.

Granovetter, Mark (1993): The nature of economic relationships. In: Swedberg, Richard (ed.): Explorations in economic sociology. New York: Russell Sage Foundation, 3-41.

Granovetter, Mark (1995): Getting a job: A study of contacts and careers. 2nd ed. Chicago: University of Chicago Press.

Granovetter, Mark (2002): A theoretical agenda for economic sociology. In: Guillèn, Mauro/Collins, Randall/England, Paula/Meyer, Marshall (eds.): The new economic sociology. New York: Russell Sage.

Granovetter, Mark (2005a): Business groups and social organization. In: Smelser, Neil J./Swedberg, Richard (eds.): The handbook of economic sociology. 2nd ed. Princeton: Princeton University Press, 429-450.

Granovetter, Mark (2005b): The impact of social structure on economic outcomes. In: Journal of Economic Perspectives 19, 33-50.

Granovetter, Mark/Soong, Roland (1983): Threshold models of diffusion and collective behavior. In: Journal of Mathematical Sociology 9, 165-179.

Granovetter, Mark/Swedberg, Richard (eds.) (2001): The sociology of economic life. 2nd ed. Boulder: Westview Press.

Guillèn, Mauro/Collins, Randall/England, Paula/Meyer, Marshall (eds.) (2002): The new economic sociology. New York: Russell Sage.

Habermas, Jürgen (1973): Erkenntnis und Interesse. Frankfurt/Main: Suhrkamp.

Habermas, Jürgen (1981): Theorie des kommunikativen Handelns. 2 Bde. Frankfurt/Main: Suhrkamp.

Habermas, Jürgen (1982): Zur Logik der Sozialwissenschaften. Frankfurt/Main: Suhrkamp.

Hall, Peter A. (1989): The political power of economic ideas: Keynesianism across nations. Princeton: Princeton University Press.

Hall, Peter A. (2006): Stabilität und Wandel in den Spielarten des Kapitalismus. In: Beckert, Jens/Ebbinghaus, Bernhard/Hassel, Anke/Manow, Philip (Hg.): Transformationen des Kapitalismus. Frankfurt/Main: Campus, 181-204.

Hall, Peter A./Soskice, David (2001): An introduction to varieties of capitalism. In: Dies. (eds.): Varieties of capitalism. Oxford: Oxford University Press, 1-68.

Hall, Peter A./Thelen, Kathleen (2006): Institutional change in varieties of capitalism. http://www.northwestern.edu/rc19/Thelen.pdf

Hall, Stuart (1986): Cultural studies: Two paradigms. In: Collings, Richard/Curran, James/Garnham, Nicholas (eds.): Media, culture and society: A critical reader. London: Sage.

Hardt, Michael/Negri, Antonio (2000): Empire. Cambridge, MA: Harvard University Press.

Hartfiel, Günter (1968): Wirtschaftliche und soziale Rationalität. Stuttgart: Enke.

Hartmann, Michael (2002): Der Mythos von den Leistungseliten. Frankfurt/Main: Campus.

Hasse, Raimund/Krücken, Georg (2005): Neo-Institutionalismus. Bielefeld: transcript-Verlag.

Hayek, Friedrich A. (1937): Economics and knowledge. In: Economica IV, 33-54.

Hayek, Friedrich A. (1945): The use of knowledge in society. In: American Economic Review XXXV, 519-530.

Hayek, Friedrich A. (1949): Individualism and economic order. London: Routledge & Kegan.

Hayek, Friedrich A. (1978): New studies in philosophy, politics, economics and the history of ideas. Chicago: University of Chicago Press.

Hayek, Friedrich A. (1991): Die Verfassung der Freiheit. Tübingen: J. C. B. Mohr.

Hayek, Friedrich A. (2002): Competition as a discovery procedure. In: The Quarterly Journal of Austrian Economics 5, 9-23.

Hayek, Friedrich A. (2003): Der Weg zur Knechtschaft. München: Olzog (urspr. 1956).

Heilbroner, Robert L. (1969): Economic means and social ends: Essays in political economics. Englewood Cliffs: Prentice Hall.

Heimann, Eduard (1929): Soziale Theorie des Kapitalismus. Tübingen: J. C. B. Mohr.

Heimann, Eduard (1963): Soziale Theorie der Wirtschaftssysteme. Tübingen: J. C. B. Mohr.

Heinemann, Klaus (1972): Zum Verhältnis von Volkswirtschaftslehre, Wirtschaftssoziologie und politischer Ökonomie. In: Jahrbuch für Sozialwissenschaft 23, 301-320.

Heinemann, Klaus (1976): Elemente einer Soziologie des Markes. In: Kölner Zeitschrift für Soziologie und Sozialpsychologie 28, 48-67.

Heinemann, Klaus (1987): Probleme der Konstituierung einer Wirtschaftssoziologie. In: Ders. (Hg.): Soziologie wirtschaftlichen Handelns. Sonderheft 28 der Kölner Zeitschrift für Soziologie und Sozialpsychologie. Opladen: Westdeutscher Verlag, 7-39.

Held, Martin/Kubon-Gilke, Gisela/Sturn, Richard (Hg.) (2007): Normative und institutionelle Grundfragen der Ökonomik. Jahrbuch 6: Ökonomie und Religion. Marburg: Metropolis.

Helleiner, Eric (1994): From Bretton Woods to global finance: A world turned upside down. In: Stubbs, Richard/Underhill, Geoffrey R. D. (eds.): Political economy and the changing global order. New York: St. Martin's Press, 163-175.

Hennis, Wilhelm (1987): Max Webers Fragestellung. Studien zur Biographie des Werks. Tübingen: J. C. B. Mohr.

Hilferding, Rudolf (1968): Das Finanzkapital. Frankfurt: Europäische Verlagsanstalt (urspr. 1910).

Hill, Stephen (1995): The social organization of boards of directors. In: The British Journal of Sociology 46, 245-278.

Hillmann, Karl-Heinz (1988): Allgemeine Wirtschaftssoziologie. München: Vahlen.

Himmelstrand, Ulf (ed.) (1992): Interfaces in economic and social analysis. London: Routledge.

Hindess, Barry (ed.) (1977): Sociological theories of the economy. London: The Macmillan Press.

Hirsch, Fred (1976): Social limits to growth. Cambridge, MA: Harvard University Press.

Hirsch, Fred/Roth, Roland (1986): Das neue Gesicht des Kapitalismus. Vom Fordismus zum Post-Fordismus. Hamburg: VSA.

Hirsch, Paul/Michaels, Stuart/Friedman, Ray (1987): Dirty hands versus „clean models": Is sociology in danger of being seduced by economics? In: Theory and Society 16, 317-336.

Hirschman, Albert O. (1970): Exit, voice, and loyalty: Responses to decline in firms, organizations, and states. Cambridge: Harvard University Press.

Hirschman, Albert O. (1977): The passions and the interests: Political arguments for capitalism before its triumph. Princeton: Princeton University Press.

Hirschman, Albert O. (1989): How the Keynesian revolution was exported from the United States and other comments. In: Hall, Peter A. (ed.): The political power of economic ideas: Keynesianism across Nations. Princeton: Princeton University Press, 347-360.

Hiß, Stefanie (2005): Warum übernehmen Unternehmen gesellschaftliche Verantwortung? Ein soziologischer Erklärungsversuch. Frankfurt/Main: Campus.

Hobsbawm, Eric J. (1995): Das Zeitalter der Extreme. Weltgeschichte des 20. Jahrhunderts. München-Wien: Hanser.

Hodgson, Geoffrey M. (1988): Economics and institutions: A manifesto for a modern institutional economics. Philadelphia: University of Pennsylvania Press.

Hodgson, Geoffrey M. (2001): Capitalism in evolution: Global contentions – East and West. Cheltenham: Edward Elgar.

Hofstede, Geert (1980): Culture´s consequences: International differences in work-related values. Beverly Hills: Sage.

Hofstede, Geert (1991): Cultures and organizations: Software of the mind. New York: McGraw-Hill.

Hollingsworth, Rogers J./Boyer, Robert (Hg.) (1997): Contemporary capitalism: The embeddedness of institutions. Cambridge: Cambridge University Press.

Hollingsworth, Rogers J. /Müller, Karl H./Hollingsworth, Ellen J. (eds.) (2002): Advancing socio-economics: An institutionalist perspective. Lanham et al.: Rowman & Littlefield.

Holton, Robert J./Turner, Bryan S. (1986): Talcott Parsons on economy and society. London-New York: Routledge.

Holton, Robert J./Turner, Bryan S. (1989): Max Weber on economy and society. New York: Routledge.

Homans, George Caspar (1964): Bringing men back in. In: American Sociological Review 29, 809-818.

Homans, George Caspar (1972): Elementarformen sozialen Verhaltens. 2. Aufl. Opladen: Westdeutscher Verlag.

Homans, George Caspar (1974): Social behavior: Its elementary forms. New York: Harcourt Brace Jovanovich.

Horkheimer, Max (1968): Traditionelle und kritische Theorie (1937). In: Ders.: Kritische Theorie. Bd. II. Frankfurt/Main: Fischer, 137-191.

Huppes, Tjerk (ed.) (1976): Economics and sociology. Leiden: Martinus Nijhoff.

Huster, Ernst-Ulrich (Hg.) (1997): Reichtum in Deutschland. 2. Aufl. Frankfurt/Main: Campus.

Intute (2006): Social sciences. www.intute.ac.uk/socialsciences/

Ipl (Internet public library): Social sciences. www.ipl.org/div/subject/browse/soc00.00.00

Jensen, Michael C./Meckling, William H. (1976): Theory of the firm: Managerial behavior, agency costs, and ownership structure. In: Journal of Financial Economics 3, 305-360.

Jerusalem, Wilhelm (1926): Einführung in die Soziologie. Wien: Braumüller.

Jevons, William St. (1888): The theory of political economy. 3. Aufl. London: Macmillan.

Kant, Immanuel (1995): Der Streit der Facultäten. In: Ders.: Werke in sechs Bänden. Bd. 6. Köln: Köhnemann, 5-142.

Kapp, William K. (1963): The social costs of business enterprise. Bombay, New York: Asia Pub. House.

Kaufmann, Felix (1999): Methodenlehre der Sozialwissenschaften. Wien-New York: Springer (urspr. 1936).

Keister, Lisa A./Moller, Stephanie (2000): Wealth inequality in the United States. In: Annual Review of Sociology 26, 63-81.

Keizer, Pieter (2005): A socio-economic framework of interpretation and analysis. In: International Journal of Social Economics 32, 155-173.

Kellermann, Paul (1976): Herbert Spencer. In: Käsler, Dirk (Hg.): Klassiker des soziologischen Denkens. Bd. 1. München: Beck, 159-200.

Kellermann, Paul (1991): Gesellschaftlich erforderliche Arbeit und Geld. Über den Widerspruch von Erwerbslosigkeit und defizitärer Sicherheit der Lebensbedingungen. Klagenfurt: Kärntner Druck- und Verlagsgesellschaft.

Kellermann, Paul (1994): Bedürfnis, Arbeit, Geld und Paradigmata. In: Kellermann, Paul/Mikl-Horke, Gertraude (Hg.): Betrieb, Wirtschaft und Gesellschaft. Soziologische Lehrstücke, Botschaften und Polemiken. Klagenfurt: Kärntner Druck- und Verlagsanstalt, 87-117.

Kempski, Jürgen v. (1956): Sozialwissenschaft. In: Handwörterbuch für Sozialwissenschaften. Bd. 9. Göttingen: Vandenhoeck & Ruprecht, 617-626.

Kerr, Clark et al. (1966): Der Mensch in der industriellen Gesellschaft. Die Probleme von Arbeit und Management unter den Bedingungen wirtschaftlichen Wachstums. Frankfurt: Europäische Verlagsanstalt.

Keynes, John Maynard (1926): The end of laissez-faire. London: Hogarth.

Keynes, John Maynard (1930): A treatise on money. London: Macmillan.

Keynes, John Maynard (2002): Allgemeine Theorie der Beschäftigung des Zinses und des Geldes. 9. Aufl. Berlin: Duncker & Humblot (urspr. engl. 1936).

Kieser, Alfred (2002): Managers as marionettes? Using fashion theories to explain the success of consultancies. In: Kipping, Matthias/Engwall, Lars (eds.): Management consulting: Emergence and dynamics of a knowledge industry. Oxford-New York: Oxford University Press.

Kipping, Matthias/Engwall, Lars (eds.) (2002): Management consulting: Emergence and dynamics of a knowledge industry. Oxford-New York: Oxford University Press.

Kirchgässner, Gebhard (1991): Homo oeconomicus. Tübingen: J. C. B. Mohr.

Kirzner, Israel M. (1973): Competition and entrepreneurship. Chicago: The University of Chicago Press.

Kirzner, Israel M. (1992): The meaning of market process: Essays in the development of modern Austrian economics. London: Routledge & Kegan.

Kirzner, Israel M. (1997): Entrepreneurial discovery and the competitive market process: An Austrian approach. In: Journal of Economic Literature 35, 60-85.

Klamer, Arjo/McCloskey, Donald N./Solow, Robert M. (1988): The consequences of economic rhetoric. Cambridge: Cambridge University Press.

Kley, Roland (1992): F. A. Hayeks Idee einer spontanen sozialen Ordnung: Eine kritische Analyse. In: Kölner Zeitschrift für Soziologie und Sozialpsychologie 44, 12-34.

Klose, Alfred/Merk, Gerhard (Hg.) (1982): Bleibendes und Veränderliches in der Katholischen Soziallehre. Berlin: Duncker & Humblot.

Klump, Rainer (Hg.) (1996): Wirtschaftskultur, Wirtschaftsstil und Wirtschaftsordnung. Marburg: Metropolis.

Knight, Frank H. (1921): Risk, uncertainty, and profit. Boston: Houghton Mifflin.

Knorr-Cetina, Karin (2004): Capturing markets? A review essay on Harrison White on producer markets. In: Socio-Economic Review 2, 137-147.

Knorr-Cetina, Karin (2006): How are global markets global? The architecture of a flow world. In: Knorr-Cetina, Karin (ed.): The sociology of financial markets. Oxford: Oxford University Press, 38-61.

Knorr-Cetina, Karin/Bruegger, Urs (2002): Global microstructures: The virtual societies of financial markets. In: American Journal of Sociology 107, 905-950.

Knorr-Cetina, Karin/Preda, Alex (eds.) (2005): The sociology of financial markets. Oxford-New York: Oxford University Press.

Koch, Woldemar (1955): Die Bedeutung der theoretischen Ökonomik für die Allgemeine Soziologie. Tübingen: J. C. B. Mohr.

König, René (1978): Emile Durkheim zur Diskussion. München-Wien: Hanser.

Koselleck, Reinhart (1984): Vergangene Zukunft. Frankfurt/Main: Suhrkamp.

Koslowski, Peter (1993): Politik und Ökonomie bei Aristoteles. Tübingen: J. C. B. Mohr.

Koslowski, Peter (1998): Ethik des Kapitalismus. Tübingen: J. C. B. Mohr.

Koslowski, Peter (2000): Die Globalisierung und die Rolle der Wirtschaftsethik in der Unternehmens-führung. In: Mittelstraß, Jürgen (Hg.): Die Zukunft des Wissens. Berlin: Akademie-Verlag, 390-407.

Krauth, Wolf-Hagen (2001): Gemeinwohl als Interesse. Die Konstruktion einer territorialen Ökonomie am Beginn der Neuzeit. In: Münkler, Herfried/Bluhm, Harald (Hg.): Gemeinwohl und Gemeinsinn. Historische Semantiken politischer Leitbegriffe. Berlin: Akademie-Verlag, 191-212.

Krippner, Greta R. (2001): The elusive market: Embeddedness and the paradigm of economic sociology. In: Theory and Society 30, 775-810.

Krippner, Greta et al. (2004): Polanyi Symposium: A conversation on embeddedness. In: Socio-Economic Review 2, 109-135.

Kronauer, Martin (2002): Exklusion. Die Gefährdung des Sozialen im hoch entwickelten Kapitalismus. Frankfurt/Main: Campus.

Kubon-Gilke, Gisela (2002): Effizienz, Gerechtigkeit und die Theorie des guten Lebens. Marburg: Metropolis.

Kühl, Stefan (2002): Konturen des Exil-Kapitalismus. Wie Risikokapital die Art des Wirtschaftens verändert. In: Leviathan 30, 195-219.

Küng, Hans (1997): Globale Marktwirtschaft erfordert globales Echo. In: Brendle, Franz/Lefringhausen, Klaus (Hg.): Ökonomie und Spiritualität. Verantwortliches Wirtschaften im Spiegel der Religionen. Hamburg: eb-Verlag, 20-28.

Kutsch, Thomas/Wiswede, Günther (1986): Wirtschaftssoziologie. Stuttgart: Enke.

Lachmann, Ludwig (1971): The legacy of Max Weber. Berkeley: The Glendessary Press.

Lachmann, Ludwig (1991): Austrian economics as a hermeneutic approach. In: Lavoie, Don (ed.): Economics and hermeneutics. London: Routledge, 134-146.

Lamont, Michèle (1992): Money, morals, and manners. Chicago: University of Chicago Press.

Landes, David (1999): Wohlstand und Armut der Nationen. Warum die einen reich und die anderen arm sind. Berlin: Siedler.

Langholm, Odd (1992): Economics in the mediaval schools. Leiden: Brill.

Lash, Scott/Bagguley, Paul (1988): Arbeitsbeziehungen im disorganisierten Kapitalismus. Ein Vergleich von fünf Nationen. In: Soziale Welt 39, 239-259.

Lash, Scott/Urry, John (1987): The end of organized capitalism. Oxford: Polity Press.

Latour, Bruno (2005): Reassembling the social. Oxford-New York: Oxford University Press.

Lavigne, Marie (1999): The economics of transition: From socialist economy to market economy. 2nd ed. Basingstoke-London: Macmillan.

Law, John (1991): Power, discretion and strategy. In: Law, John (ed.): A sociology of monsters: Essays on power, technology and domination. London: Routledge, 165-191.

Lazear, Eward P. (2000): Economic imperialism. In: Quarterly Journal of Economics 115, 99-146.

Lenk, Kurt (1984): Ideologie. Ideologiekritik und Wissenssoziologie. 9. Aufl. Frankfurt/Main: Campus.

Lenoir, René (1974): Les exclus. Un françois sur dix. Paris: Seuil.

Lévi-Strauss, Claude (1981): Die elementaren Strukturen der Verwandtschaft. Frankfurt: Suhrkamp (urspr. frz. 1949).

Lévy-Garboua, Louis (ed.) (1979): Sociological economics. London: Sage.

Lie, John (1997): Sociology of markets. In: Annual Review of Sociology 23, 341-360.

Liljenberg, Anders (2005): A socio-dynamic understanding of markets: The progressive joining forces of economic sociology and Austrian economics. In: American Journal of Economics and Sociology 64, 999-1023.

Litvin, Daniel (2003): Weltreiche des Profits. München: Gerling Akademie Verlag.

Lowe (Löwe), Adolph (1935): Economics and sociology. London: Allen & Unwin.

Lowe (Löwe), Adolph (1965): On economic knowledge: Toward a science of political economics. Armonk-New York: M. E. Sharp.

Luhmann, Niklas (1981): Handlungstheorie und Systemtheorie. In: Ders.: Soziologische Aufklärung 3. Opladen: Westdeutscher Verlag, 50-66.

Luhmann, Niklas (1988): Die Wirtschaft der Gesellschaft. Frankfurt/Main: Suhrkamp.

Luhmann, Niklas (1990): Die Wissenschaft der Gesellschaft. Frankfurt/Main: Suhrkamp.

Luhmann, Niklas (1991): Am Ende der kritischen Soziologie. In: Zeitschrift für Soziologie 20, 147-152.

Luhmann, Niklas (1995): Inklusion und Exklusion. In: Ders.: Soziologische Aufklärung 6. Opladen: Westdeutscher Verlag, 237-264.

Lutz, Burkhart (1984): Der kurze Traum immerwährender Prosperität. Eine Neuinterpretation der industriell-kapitalistischen Entwicklung im Europa des 20. Jahrhunderts. Frankfurt: Campus.

Lyotard, Jean-François (1986): Das postmoderne Wissen. Graz-Wien: Böhlau.

Malewski, Andrzej (1967): Verhalten und Interaktion. Die Theorie des Verhaltens und das Problem der sozialwissenschaftlichen Integration. Tübingen: J. C. B. Mohr.

Manicas, Peter T. (1987): A history and philosophy of the social sciences. Oxford: Basil Blackwell.

Mannheim, Karl (1964): Über das Wesen und die Bedeutung des wirtschaftlichen Erfolgsstrebens. Ein Beitrag zur Wirtschaftssoziologie. In: Ders.: Wissenssoziologie, hg. v. K. H. Wolff. Berlin: Transcript, 625-687.

Mannheim, Karl (1995): Ideologie und Utopie. 8. Aufl. Frankfurt/Main: Klostermann.

Marcuse, Herbert (1979): Über den affirmativen Charakter der Kultur [1937]. In: Ders. (Hg.): Schriften 3. Frankfurt: Suhrkamp, 186-226.

Martin, David (1991): The economic fruits of the spirit. In: Berger, Brigitte (ed.): The culture of entrepreneurship. San Francisco, Cal.: ICS Press, 73-84.

Martinelli, Alberto/Smelser, Neil J. (eds.) (1990): Economy and society: Overviews in economic sociology. London: Sage.

Marx, Karl (1968): Das Kapital. Kritik der politischen Ökonomie. Band 1: Marx-Engels-Werke. Bd. 23. Berlin: Dietz (urspr. 1867).

Matis, Herbert (1981): Von der Glückseligkeit des Staates. Staat, Wirtschaft und Gesellschaft in Österreich im Zeitalter des aufgeklärten Absolutismus. Berlin: Duncker & Humblot.

Mattick, Paul (1976): Die Zerstörung des Geldes. In: Mattick, Paul/Sohn-Rethel, Alfred/Haasis, Hellmut G. (Hg.): Beiträge zur Kritik des Geldes. Frankfurt/Main: Suhrkamp, 7-34.

Maurer, Andrea (2006): Wirtschaftssoziologie als soziologische Analyse ökonomischer Felder? Bourdieus Beitrag zur Wirtschaftssoziologie. In: Florian, Michael/Hillebrandt, Frank (Hg.): Pierre Bourdieu. Neue Perspektiven für die Soziologie der Wirtschaft. Wiesbaden: VS Verlag für Sozialwissenschaften, 127-146.

Maurer, Andrea/Schmid, Michael (2002): Neuer Institutionalismus. Frankfurt/Main: Campus.

Mauss, Marcel (1990): Die Gabe. Form und Funktion des Austausches in archaischen Gesellschaften. Frankfurt/Main: Suhrkamp.

McKenzie, Richard B./Tullock, Gordon (1984): Homo oeconomicus. Frankfurt/Main: Campus.

Menger, Carl (1871): Grundsätze der Volkswirtschaftslehre. Tübingen: J. C. B. Mohr.

Menger, Carl (1883): Untersuchungen über die Methode der Socialwissenschaften, der Politischen Ökonomie insbesondere. Leipzig: Duncker & Humblot.

Merz, Joachim (2004): Reichtum in Deutschland. Mikroanalytische Ergebnisse der Einkommenssteuerstatistik für Selbständige und abhängig Beschäftigte. In: Perspektiven der Wirtschaftspolitik 5, 105-126.

Meyer, John W. (2005): Weltkultur. Wie die westlichen Prinzipien die Welt durchdringen. Frankfurt: Suhrkamp.

Meyer, John W./Jepperson, Ronald L. (2000): The „actors" of modern society: The cultural construction of social agency. In: Sociological Theory 18, 100-120.

Meyer, John W./Rowan, Brian (1977): Institutionalized organizations: Formal structure as myth and ceremony. In: American Journal of Sociology 83, 340-363.

Mikl-Horke, Gertraude (1997): Die materiale Dimension des Sozialen oder: Was wir aus der Erforschung der prähistorischen Hominisation für die Soziologie lernen können. In: Meleghy, Tamas/Niedenzu Heinz–Jürgen/Preglau Max/Traxler Franz/Schmeikal Bettina (Hg.): Soziologie im Konzert der Wissenschaften. Zur Identität einer Disziplin. Opladen: Westdeutscher Verlag, 159-172.

Mikl-Horke, Gertraude (1999): Historische Soziologie der Wirtschaft. München-Wien: Oldenbourg.

Mikl-Horke, Gertraude (2001a): Soziologie. Historischer Kontext und soziologische Theorie-Entwürfe. 5. Aufl. München-Wien: Oldenbourg.

Mikl-Horke, Gertraude (2001b): Geld – soziologische Interpretationen. In: Bachinger, Karl/Stiefel, Dieter (Hg.): Auf Heller und Pfennig: Beiträge zur Finanz- und Währungsgeschichte. Frankfurt-Wien: Ueberreuter, 13-39.

Mikl-Horke, Gertraude (2004a): Max Weber und Rudolf Goldscheid. Kontrahenten in der Wendezeit der Soziologie. In: Sociologica Internationalis 42, 265-286.

Mikl-Horke, Gertraude (2004b): Globalization, transformation and the diffusion of management innovations. In: Journal for East European Management Studies 9, 98-122.

Mikl-Horke, Gertraude (2005): Die Diffusion von Unternehmens- und Managementkonzepten als Aspekt der Globalisierung. In: Mayrhofer, Wolfgang/Iellatchitch, Alexander (Hg.): Globalisierung und Diffusion. London: IKO-Verlag, 7-58.

Mikl-Horke, Gertraude (2007): Industrie- und Arbeitssoziologie. 6. Aufl. München-Wien: Oldenbourg.

Milanovic, Branko (2005): Worlds apart: Measuring international and global inequality. Princeton: Princeton University Press.

Mill, John St. (1884): A system of logic. London: Longmans, Green.

Mill, John St. (1985): Der Utilitarismus. Stuttgart: Reclam (urspr. 1871).

Miller, Daniel (1987): Material culture and mass consumption. Oxford: Blackwell.

Mills, C. Wright (1956): The power elite. Oxford: Oxford University Press.

Mills, C. Wright (1990): The American business elite. In: Scott, John (ed.): The sociology of elites 1. Aldershot: Elgar, 265-299.

Mingione, Enzo (1991): Fragmented societies: A sociology of economic life beyond the market paradigm. Oxford: Blackwell.

Mintz, Beth/Schwartz, Michael (1985): The power structure of American business. Chicago-London: University of Chicago Press.

Mises, Ludwig (1933): Grundprobleme der Nationalökonomie. Jena: Gustav Fischer.

Mises, Ludwig (1949): Human action: A treatise on economics. New Haven, Conn.: Yale University Press.

Mises, Ludwig (1962): The ultimate foundation of economic science. Princeton, N. J.: D. Van Nostrand.

Mizruchi, Mark S./Schwartz, Michael (eds.) (1992): Intercorporate relations: The structural analysis of business. Cambridge: Cambridge University Press.

Moldaschl, Manfred (2002): Subjektivierung. In: Moldaschl, Manfred/Voß, G. Günter (Hg.): Subjektivierung von Arbeit. München-Mering: Hampp, 23-52.

Moore, Wilbert E. (1955): Economy and society. New York: Random House.

Morgan, Glenn/Kristensen, Peer Hull/Whitley, Richard (eds.) (2001): The multinational firm: Organizing across institutional and national divides. Oxford-New York: Oxford University Press.

Morris, Martina/Western, Bruce (1999): Inequality in earnings at the close of the twentieth century. In: Annual Review of Sociology 25, 623-657.

Mouw, Ted (2003): Social capital and finding a job: Do contacts matter? In: American Sociological Review 68, 868-898.

Müller-Armack, Alfred (1959): Religion und Wirtschaft. Geistesgeschichtliche Hintergründe unserer Lebensform. Stuttgart: Kohlhammer.

Müller-Jentsch, Walther (1986): Soziologie der industriellen Beziehungen. Frankfurt/Main: Campus.

Müller-Jentsch, Walther (1988): Flexibler Kapitalismus und kollektive Interessenvertretung. Gewerkschaften in der dritten industriellen Revolution. In: Ders. (Hg.): Zukunft der Gewerkschaften. Frankfurt/Main: Campus, 9-17.

Münch, Richard: Akademischer Kapitalismus. Die Zeit Nr. 40, 27.9.2007

Münkler, Herfried/Bluhm, Harald (Hg.) (2001): Gemeinwohl und Gemeinsinn. Historische Semantiken politischer Leitbegriffe. Berlin: Akademie-Verlag.

Münkler, Herfried/Fischer, Karsten (Hg.) (2002): Gemeinwohl und Gemeinsinn. Rhetoriken und Perspektiven sozial-moralischer Orientierung. Berlin: Akademie-Verlag.

Myles, John (2003): Where have all the sociologists gone? Explaining economic inequality. In: Canadian Journal of Sociology 28, 553-559.

Nakane, Chie (1970): Japanese society. Berkeley-Los Angeles: University of California Press.

Napoleoni, Claudio (1968): Grundzüge der modernen ökonomischen Theorien. Frankfurt/Main: Suhrkamp.

Napoleoni, Loretta (2004): Die Ökonomie des Terrrors. München: Kunstmann.

Nassehi, Armin (2003): Geschlossenheit und Offenheit. Studien zur Theorie der modernen Gesellschaft. Frankfurt: Suhrkamp.

Nau, Heino Heinrich (1996): Der Werturteilsstreit. Marburg: Metropolis.

Nee, Victor (2005): The new institutionalisms in economics and sociology. In: Smelser, Neil J./Swedberg, Richard (eds.): The handbook of economic sociology. 2nd ed. New York: Russell Sage Foundation, 49-74.

Nee, Victor/Ingram, Paul (1998): Embeddedness and beyond: Institutions, exchange, and social structure. In: Brinton, Mary C./Nee, Victor (eds.): The new institutionalism in sociology. Stanford: Stanford University Press, 19-45.

Nelson, Richard R./Winter, Sidney G. (1982): An evolutionary theory of economic change. Cambridge, MA: Harvard University Press.

Nelson, Robert H. (2001): Economics as religion: From Samuelson to Chicago and beyond. University Park: The Pennsylvania State University Press.

Neumann, John von/Morgenstern, Oskar (1944): Theory of games and economic behaviour. Princeton: Princeton University Press.

Norkus, Zenonas (2001): Max Weber and Rational Choice. Marburg: Metropolis.

North, Douglass C. (1992): Institutionen, institutioneller Wandel und Wirtschaftsleistung. Tübingen: J. C. B. Mohr.

North, Douglass C./Thomas, Robert Paul (1989): The rise of the Western world. Cambridge: Cambridge University Press.

Nutzinger, Hans G. (Hg.) (2003): Christliche, jüdische und islamische Wirtschaftsethik. Marburg: Metropolis.

O'Driscoll, Gerald P./Rizzo, Mario J. (1985): The economics of time and ignorance. Oxford: Blackwell.

Ogburn, William F. (1969): Kultur und sozialer Wandel. Neuwied-Berlin: Luchterhand.

ÖGPP (Österreichische Gesellschaft für Politikberatung und Politikentwicklung (2004): Armuts- und Reichtumsbericht für Österreich, Wien. www.politikberatung.or.at

Olson, Mancur (1968): Die Logik des kollektiven Handelns. Tübingen: J. C. B. Mohr.

Olson, Mancur (1991): Umfassende Ökonomie. Tübingen: J. C. B. Mohr.

Olson, Mancur (2002): Macht und Wohlstand. Tübingen: J. C. B. Mohr.

Opp, Karl-Dieter (1978): Das ökonomische Programm in der Soziologie. In: Soziale Welt 29, 129-154.

Opp, Karl-Dieter (2005): Methodologie der Sozialwissenschaften. Opladen: Westdeutscher Verlag.

Orrù, Marco/Biggart, Nicole Woolsey/Hamilton, Gary G. (1997): The economic organization of East Asian capitalism. London: Sage.

Orwell, George (2003): Nineteen Eighty-Four. Appendix: The principles of newspeak. New York: Plume, 309-323 (urspr. 1949).

Ossowski, Stanislaw (1973): Die Besonderheiten der Sozialwissenschaften. Frankfurt/Main: Suhrkamp.

Ouchi, William G. (1991): Market, bureaucracies, and clans. In: Thompson, Grahame et al. (eds): Markets, hierarchies and networks. London: Sage, 246-255.

Pareto, Vilfredo (1907): L'économie et la sociologie au point de vue scientifique. In: Rivista di Scienze I, 293-312.

Parkin, Frank (1971): Class inequality and political order. New York: Praeger.

Parsons, Talcott (1931): Wants and activities in Marshall. In: Quarterly Journal of Economics 46, 101-140.

Parsons, Talcott (1932): Marshall in relation to the thought of his time. In: Quarterly Journal of Economics 46, 316-347.

Parsons, Talcott (1935): Sociological elements in economic thought. In: Quarterly Journal of Economics 49, 414-453.

Parsons, Talcott (1937): The structure of social action. New York: McGraw-Hill.

Parsons, Talcott (1947): Weber's economic sociology. In: Weber, Max: The theory of social and economic organization (ed. with an introduction by T. Parsons). New York-London: Hodge, 30-56.

Parsons, Talcott (1951): The social system. Glencoe/Ill.: Free Press.

Parsons, Talcott (1991): The early essays (hrsg. von Charles Camic). Chicago: University of Chicago Press.

Parsons, Talcott/Shils Edward A. (1951): Toward a general theory of action. Cambridge, MA: Harvard University Press.

Parsons, Talcott/Smelser, Neil J. (1956): Economy and society. London: Routledge & Kegan.

Pastor, Juan Carlos/Meindl, James/Hunt, Raymond (1998): The quality virus: Inter-organizational contagion in the adoption of total quality management. In: Alvarez, José Luis (ed.): The diffusion and consumption of business knowledge. New York: St. Martin's Press.

Peukert, Helge (2004): Max Weber – precursor of economic sociology and heterodox economics? In: American Journal of Economics and Sociology 63, 987-1020.

Pfeffer, Jeffrey/Salancik, Gerald R. (1978): The external control of organizations. New York: Harper & Row.

Philippovich, Eugen v. (1893): Grundriss der politischen Ökonomie. Tübingen: J. C. B. Mohr.

Pierenkemper, Toni (1980): Wirtschaftssoziologie. Köln: Bund.

Piore, Michael (2003): Discussion of „Toward a new socio-economic paradigm": Society as a precondition for individuality, critical comments. In: Socio-Economic Review 1, 119-122.

Piore, Michael (2005): Neoliberales Ideal und neoliberale Realität in den USA. Politische Mobilisierung und neue Governanceregime am Arbeitsmarkt. In: Miller, Max (Hg.): Welten des Kapitalismus. Institutionelle Alternativen in der globalisierten Ökonomie. Frankfurt/Main: Campus, 227-239.

Piore, Michael/Sabel, Charles F. (1984): The second industrial divide: Possibilities for prosperity. New York: Basic Books.

Pirker, Reinhard (2004): Märkte als Regulierungsformen sozialen Lebens. Marburg: Metropolis Verlag.

Podolny, Joel M./Page, Karen L. (1998): Network forms of organization. In: Annual Review of Sociology 24, 57-76.

Polanyi, Karl (1922): Sozialistische Rechnungslegung. In: Archiv für Sozialwissenschaft und Sozialpolitik. Bd. 49. Tübingen: J. C. B. Mohr, 377-420.

Polanyi, Karl (1925): Die funktionelle Theorie der Gesellschaft und das Problem der sozialistischen Rechnungslegung. In: Archiv für Sozialwissenschaft und Sozialpolitik. Bd. 52. Tübingen: J. C. B. Mohr, 218-228.

Polanyi, Karl (1977a): The Great Transformation. Politische und ökonomische Ursprünge von Gesellschafts- und Wirtschaftssystemen. Wien: Europaverlag.

Polanyi, Karl (1977b): The livelihood of man. New York: Academic Press.

Polanyi, Karl (1979): Ökonomie und Gesellschaft. Frankfurt/Main: Suhrkamp.

Polanyi, Karl (2005): Über den Glauben an den ökonomischen Determinismus (1947). In: Ders.: Chronik der großen Transformation. Artikel und Aufsätze (1920-1947). Bd. 3 (hrsg. V. M. Cangiani/K. Polanyi-Levitt/C. Thomasberger). Marburg: Metropolis-Verlag, 325-334.

Pongratz, Hans J./Voß, G. Günter (2003): Arbeitskraftunternehmer. Berlin: Sigma.

Popper, Karl R. (1963): Conjectures and refutations. London: Routledge & Kegan.

Powell, Walter W. (1990): Neither market nor hierarchy: Network forms of organizations. In: Cummings, Larry L./Staw, Barry M. (eds.): Research in organizational behavior 12. Greenwich, CT: JAI Press, 295-336.

Powell, Walter W./Smith-Doerr, Laurel (2004): Networks and economic life. In: Smelser, Neil J./Swedberg, Richard (eds.): The handbook of economc sociology. 2nd ed. Princeton: Princeton University Press, 368-402.

Prendergast, Christopher (1986): Alfred Schutz and the Austrian School of Economics. In: American Journal of Sociology 92, 1-26.

Pribram, Karl (1912): Die Entstehung der individualistischen Sozialphilosophie. Leipzig: Hirschfeld.

Pribram, Karl (1998): Geschichte des ökonomischen Denkens. 2 Bde. Frankfurt/Main: Suhrkamp.

Putnam, Robert D. (2000): Bowling alone: Collapse and revival of American community. New York: Simon and Schuster.

Rappaport, Alfred (1998): Creating shareholder value. New York: The Free Press.

Reddy, William M. (1984): The rise of market culture. Cambridge: Cambridge University Press.

Reddy, William M. (1987): Money and liberty in Modern Europe. Cambridge: Cambridge University Press.

Reinhold, Gerd (Hg.) (1980): Wirtschaftssoziologie. München-Wien: Oldenbourg.

Ricardo, David (1994): Über die Grundsätze der politischen Ökonomie und der Besteuerung. Marburg: Metropolis (urspr. engl. 1817).

Ripperger, Tanja (1998): Ökonomik des Vertrauens. Tübingen: J. C. B. Mohr.

Ritzer, George (1993): The McDonaldization of society. Thousand Oaks/London/New Delhi: Pine Forge Press.

Rizzo, Mario J. (ed.) (1979): Time, uncertainty, and disequilibrium. Lexington: Lexington Books.

Robertson, Robbie (2003): The three waves of globalization. London, New York: Zed Books.

Robinson, Joan (1933): The economics of imperfect competition. London: Macmillan.

Robinson, Joan (1962): Economic philosophy. Harmondsworth: Penguin Books.

Robinson, Joan (1970): Freedom and necessity: An introduction to the study of society. London: George Allen & Unwin.

Robinson, Joan (1974): Ökonomische Theorie als Ideologie. Über einige altmodische Fragen der Wirtschaftstheorie. Frankfurt: Athenäum Fischer Taschenbuchverlag.

Rodrik, Dani (Hg.) (2003): In search of prosperity: Analytic narratives on economic growth. Princeton: Princeton University Press.

Röpke, Jochen (1970): Primitive Wirtschaft, Kulturwandel und die Diffusion von Neuerungen. Tübingen: J. C. B. Mohr.

Rostow, Walt W. (1978): The world economy. London: Macmillan.

Rothbard, Murray N. (1997): The logic of action: Method, money, and the Austrian School. Cheltenham: Edward Elgar.

Rothschild, Kurt W. (1986): Die Wiener Schule im Verhältnis zur klassischen Nationalökonomie. In: Leser, Norbert (ed.): Die Wiener Schule der Nationalökonomie. Wien-Köln-Graz: Hermann Böhlaus Nachf., 11-28.

Rothschild, Kurt W. (1993): Ethics and economic theory. Aldershot: Elgar.

Rueschemeyer, Dietrich/Skocpol, Theda (eds.) (1996): States, social knowledge, and the origins of modern social policies. Princeton: Princeton University Press.

Rügemer, Werner (2002): Arm und Reich. Bielefeld: Transcript.

Rüstow, Alexander (1945): Das Versagen des Wirtschaftsliberalismus als religionsgeschichtliches Problem. Zürich: Europaverlag.

Rüstow, Alexander (2004): Die Religion der Marktwirtschaft. Münster: Lit-Verlag.

Ryan, Alan (1973): Die Philosophie der Sozialwissenschaften. München: List.

Sabel, Charles (1991): Moebius-strip organizations and open labor markets: Some consequences of the reintegration of conception and execution in a volatile economy. In: Bourdieu, Pierre/Coleman, James S. (eds.): Social theory for a changing society. Boulder-New York: Westview Press, 23-53.

Sahlins, Marshall (1974a): Culture and practical reason. Chicago-London: University of Chicago Press.

Sahlins, Marshall (1974b): Stone age economics. London: Tavistock Publ.

Sahlins, Marshall (1999b): Zur Soziologie des primitiven Tauschs. In: Berliner Journal für Soziologie 9, 149-178.

Sassen, Saskia (2001): The global city: New York, London, Tokyo. Princeton: Princeton University Press.

Sassen, Saskia (2005): The embeddedness of electronic markets. In: Knorr-Cetina, Karin/Preda, Alex (eds.): The sociology of financial markets. Oxford: Oxford University Press, 17-37

Saurwein, Karl-Heinz (1988): Ökonomie und soziologische Theoriekonstruktion. Opladen: Westdeutscher Verlag.

Schäfer, Hans-Bernd/Wehrt, Klaus (Hg.) (1989): Die Ökonomisierung der Sozialwissenschaften. Frankfurt/Main: Campus.

Schefold, Bertram (1994): Wirtschaftsstile. Band 1: Studien zum Verhältnis von Ökonomie und Kultur. Frankfurt/Main: Fischer.

Schluchter, Wolfgang (1988): Religion und Lebensführung. 2 Bde. Frankfurt/Main: Suhrkamp.

Schmid, Michael/Maurer, Andrea (Hg.) (2003): Ökonomischer und soziologischer Institutionalismus. Interdisziplinäre Beiträge und Perspektiven der Institutionentheorie und -analyse. Marburg: Metropolis.

Schmitter, Philippe C./Lehmbruch, Gerhard (eds.) (1979): Trends towards corporatist intermediation. Beverly Hills, CA: Sage.

Schumpeter, Joseph A. (1908): Das Wesen und der Hauptcharakter der theoretischen Nationalökonomie. München-Leipzig: Duncker & Humblot.

Schumpeter, Joseph A. (1911): Theorie der wirtschaftlichen Entwicklung. Leipzig: Duncker & Humblot.

Schumpeter, Joseph A. (1915a): Wie studiert man Sozialwissenschaft? In: Schriften des Sozialwissenschaftlichen Akademischen Vereins in Czernowitz. Heft II. München und Leipzig: Duncker & Humblot.

Schumpeter, Joseph A. (1915b): Vergangenheit und Zukunft der Sozialwissenschaften. In: Schriften des Sozialwissenschaftlichen Akademischen Vereins in Czernowitz. Heft VII. München und Leipzig: Duncker & Humblot.

Schumpeter, Joseph A. (1950): Kapitalismus, Sozialismus und Demokratie. 4. Aufl. München: Francke.

Schumpeter, Joseph A. (1953): Aufsätze zur Soziologie. Tübingen: J. C. B. Mohr.

Schumpeter, Joseph A. (1965): Geschichte der ökonomischen Analyse. 2 Bde. Göttingen: Vandenhoeck & Ruprecht.

Schumpeter, Joseph A. (1987): Beiträge zur Sozialökonomik. Wien: Böhlau.

Schuppert, Gunnar Folke/Neidhardt, Friedhelm (Hg.) (2002): Gemeinwohl – Auf der Suche nach Substanz. Berlin: Edition Sigma.

Screpanti, Ernesto/Zamagni, Stefano (2005): An outline of the history of economic thought. 2nd ed. Oxford: Oxford University Press.

Sen, Amartya K. (1975): Ökonomische Ungleichheit. Frankfurt/Main: Campus.

Sen, Amartya K. (1982): On ethics and economics. Oxford: Blackwell.

Sen, Amartya K. (1985): Commodities and capabilities. Amsterdam: North Holland.

Sen, Amartya K. (1987a): Rational fools: A critique of the behavioral foundations of economic theory. In: Sen, Amartya: Choice, welfare and measurement. Oxford: Blackwell, 84-106.

Sen, Amartya K. (1987b): The standard of living. In: Sen, Amartya et al.: The standard of living: The Tanner lectures (ed. by Geoffrey Hawthorn). Cambridge: Cambridge University Press, 1-38.

Sen, Amartya K. (1992): Inequality Reexamined. New York-Oxford: Russell Sage-Clarendon Press.

Sen, Amartya K. (2000): Ökonomie für den Menschen. München-Wien: Hanser.

Sennett, Richard (2005): Die Kultur des neuen Kapitalismus. Berlin: Berlin-Verlag.

Shackle, George L. S. (1949): Expectations in economics. Concord, NH: Gibson Press.

Shimada, Shingo (2007): Die Erfindung Japans. Kulturelle Wechselwirkung und nationale Identitätskonstruktion. Frankfurt-New York: Campus.

Simmel, Georg (1900): Philosophie des Geldes. Frankfurt/Main: Suhrkamp.

Simon, Herbert A. (1955): A behavioural model of rational action. In: The Quarterly Journal of Economics LXIX, 99-118.

Simon, Herbert A. (1957): Models of man – social and rational. New York: Wiley.

Simon, Herbert A. (1993): Homo rationalis. Die Vernunft im menschlichen Leben. Frankfurt/Main: Campus.

Sklair, Leslie (2001): The transnational capitalist class. Malden: Blackwell Publishing.

Small, Albion W. (1905): General sociology. Chicago: The University of Chicago Press.

Small, Albion W. (1907): Adam Smith and modern sociology. Chicago: University of Chicago Press.

Smelser, Neil J. (1963): The sociology of economic life. Englewood Cliffs, N. J.: Prentice Hall.

Smelser, Neil J./Swedberg, Richard (eds.) (2005): The handbook of economic sociology (2nd ed.). Princeton: Princeton University Press.

Smith, Adam (1950): The wealth of nations. London-New York: J. M. Dent/E. P. Dutton (urspr. 1776).

Smith, Adam (1986): Theory of moral sentiments. Charlottesville, VA: Lincoln Rembrandt Pub. (urspr. 1759).

Smith, Charles W. (1989): Auctions: The social construction of value. New York: Free Press.

Smith, Charles W. (1993): Auctions: From Walras to the real world. In: Swedberg, Richard (ed.): Explorations in economic sociology. New York: Russell Sage Foundation, 176-192.

Sombart, Werner (1922): Der moderne Kapitalismus. 5. Aufl. 4 Halbbde. München-Leipzig: Duncker & Humblot.

Sombart, Werner (1930): Nationalökonomie und Soziologie. Jena: Fischer.

Spencer, Herbert (1876-1897): The principles of sociology. 3 Bde. New York: Appleton.

Sraffa, Piero (1926): The laws of returns under competitive conditions. In: Economic Journal, Dec. (urspr. 1912), 535-550.

Stehr, Nico (2001): Wissen und Wirtschaften. Die gesellschaftlichen Grundlagen der modernen Ökonomie. Frankfurt: Suhrkamp.

Stehr, Nico (2007): Die Moralisierung der Märkte. Eine Gesellschaftstheorie. Frankfurt: Suhrkamp.

Stehr, Nico/Henning, Christoph/Weiler, Bernd (eds.) (2006): The moralization of the markets. New Brunswick-New Jersey: Transaction Publishers.

Steinert, Heinz (2002): Kulturindustrie. Münster: Westfälisches Dampfboot.

Stichweh, Rudolf (1997): Inklusion/Exklusion, funktionale Differenzierung und die Theorie der Weltgesellschaft. In: Soziale Systeme 3, 123-136.

Stigler, Georg J./Becker, Gary S. (1977): De Gustibus Non Est Disputandum. In: American Economic Review 64, 76-90.

Stiglitz, Joseph (2002): Die Schatten der Globalisierung. Berlin: Siedler.

Stinchcombe, Arthur L. (1983): Economic sociology. Orlando: Academic Press.

Stokman, Frans N./Ziegler, Rolf/Scott, John (eds.) (1985): Networks of corporate power: A comparative analysis of ten countries. Cambridge-Oxford: Polity Press.

Stolting, Erhard (1986): Soziologie und Nationalökonomie. In: Papcke, Sven (Hg.): Ordnung und Theorie. Darmstadt: Wissenschaftliche Buchgesellschaft, 69-92.

Storper, Michael/Salais, Robert (1997): Worlds of production: The action framework of the economy. Cambridge, MA: Harvard University Press.

Strang, David/Meyer, John W. (1993): Institutional conditions for diffusion. In: Theory and Society 22, 487-511.

Streeck, Wolfgang (1997): German capitalism: Does it exist? Can it survive? In: Crouch, Colin/Streeck, Wolfgang (eds.): Political economy of modern capitalism. London: Sage, 33-54.

Streeck, Wolfgang (1998): Industrielle Beziehungen in einer internationalen Wirtschaft. In: Beck, Ulrich (Hg.): Politik der Globalisierung, Frankfurt/Main: Suhrkamp, 169-202.

Streeck, Wolfgang (2004): Braucht soziale Ordnung Solidarität? Einleitung. In: Beckert, Jens/Eckert, Julia/Kohli, Martin/Streeck, Wolfgang (Hg.): Transnationale Solidarität. Chancen und Grenzen. Frankfurt/Main: Suhrkamp, 221-224.

Streeck, Wolfgang/Thelen, Kathleen (eds.) (2005): Beyond continuity: Institutional change in advanced political economies. Oxford: Oxford University Press.

Stubbs, Richard/Underhill, Geoffrey R. D. (eds.) (1994): Political economy and the changing global order. Oxford: Oxford University Press.

Sturn, Richard (1997): Individualismus und Ökonomik. Marburg: Metropolis.

Suchman, Mark C. (1995): Managing legitimacy: Strategic and institutional approaches. In: Academy of Management Review 20, 571-610.

Swedberg, Richard (1987): Ökonomische Macht und wirtschaftliches Handeln. In: Heinemann, Klaus: Soziologie wirtschaftlichen Handelns. Sonderheft 28 der Kölner Zeitschrift für Soziologie und Sozialpsychologie. Opladen: Westdeutscher Verlag, 150-168.

Swedberg, Richard (1990): Economics and sociology. Redefining their boundaries: Conversations with economists and sociologists. Princeton: Princeton University Press.

Swedberg, Richard (1991): Major traditions of economic sociology. In: Annual Review of Sociology 17, 251-276.

Swedberg, Richard (ed.) (1993): Explorations in economic sociology. New York: Russell Sage Foundation.

Swedberg, Richard (1994): Joseph A. Schumpeter. Eine Biographie. Stuttgart: Klett-Cotta.

Swedberg, Richard (1998): Max Weber and the idea of economic sociology. Princeton: Princeton University Press.

Swedberg, Richard (1999): Max Weber as an economist and as a sociologist: Towards a fuller understanding of Weber's view of economics. In: American Journal of Economics and Sociology 58, 561-582.

Swedberg, Richard (2003a): Principles of economic sociology. Princeton: Princeton University Press.

Swedberg, Richard (2003b): The changing picture of Max Weber's sociology. In: Annual Review of Sociology 29, 283-306.

Swedberg, Richard (2005): Markets in society. In: Smelser, Neil/Swedberg, Richard: The handbook of economic sociology. 2nd ed. Princeton: Princeton University Press, 233-253.

Taylor, Kenneth B. (1999): The quest for universal capitalism in the United States. In: Halal, William E./Taylor, Kenneth B. (eds.): Twenty-first century economics: Perspectives of socioeconomics for a changing world. Basingstoke-London: Macmillan Press, 349-368.

Thelen, Kathleen (2001): How institutions evolve. New York: Cambridge University Press.

Thompson, Grahame (2004): Is all the world a complex network? In: Economy and Society 33, 411-424.

Thompson, Grahame et al. (eds.) (1991): Markets, hierarchies and networks. London: Sage.

Thünen, Johann Heinrich von (1990): Der isolierte Staat in Beziehung auf Landwirtschaft und Nationalökonomie. 3 Bde. Berlin: Akademie Verlag (urspr. 1910).

Thurow, Lester C. (1983): Dangerous currents: The state of economics. New York: Random House.

Tolbert, Pamela S./Zucker, Lynne G. (1983): Institutional sources of change in the formal structure of organizations: The diffusion of civil service reform. In: Administrative Science Quarterly 28, 22-39.

Tomer, John F. (2001): Economic man vs. heterodox men: The concepts of human nature in schools of economic thought. In: The Journal of Socio-Economics 30, 281-293.

Tomer, John F. (2007): What is behavioral economics? In: Journal of Socio-Economics 36, 463-479.

Topitsch, Ernst (Hg.) (1984): Logik der Sozialwissenschaften. 11. Aufl. Königstein/Ts.: Athenäum.

Touraine, Alain (1972): Die postindustrielle Gesellschaft. Frankfurt/Main.

Touraine, Alain (1973): Production de la société. Paris: Ed. du Seuil.

Touraine, Alain (2000): A method for studying social actors. In: Journal of World-Systems Research VI, 900-918.

Trigilia, Carlo (2002): Economic sociology: State, market, and society in modern capitalism. Oxford: Blackwell.

Trinczek, Rainer (1999): „Es gibt sie, es gibt sie nicht, es gibt sie, es ..." – Die Globalisierung der Wirtschaft im aktuellen sozialwissenschaftlichen Diskurs. In: Schmidt, Gert/Trinczek, Rainer (Hg.): Globalisierung. Soziale Welt Sonderband 13. Baden-Baden: Nomos-Verlag, 55-75.

Türk, Klaus (1987): Einführung in die Soziologie der Wirtschaft. Stuttgart: Teubner.

Ulrich, Peter (1986): Transformation der ökonomischen Vernunft. Bern: Haupt.

Useem, Michael (1996): Investor capitalism: How money managers are changing the face of corporate America. New York: Basic Books.

Uzzi, Brian (1997): Social structure and competition in interfirm networks: The paradox of embeddedness. In: Administrative Science Quarterly 42, 35-67.

Uzzi, Brian (1999): Embeddedness in the making of financial capital: How social relations and networks benefit firms seeking financing. In: American Sociological Review 64, 481-505.

Veblen, Thorstein (1921): The engineer and the price system. New York: Huebsch.

Veblen, Thorstein (1978): The theory of business enterprise. New Brunswick: Transaction books (urspr. 1904).

Veblen, Thorstein (1986): Theorie der feinen Leute. Eine ökonomische Untersuchung der Institutionen. Frankfurt/Main: Fischer (urspr. am. 1899).

Velthuis, Olav (1999): The changing relationship between economic sociology and institutional economics: From Talcott Parsons to Mark Granovetter. In: American Journal of Economics and Sociology 58, 629-649.

Veyne, Paul (1995): Die römische Gesellschaft. München: Fink.

Vilar, Pierre (1984): Gold und Geld in der Geschichte. München: C. H. Beck.

Wagner, Peter (1990): Sozialwissenschaften und Staat. Frankreich, Italien, Deutschland 1870-1980. Frankfurt/Main: Campus.

Waibl, Elmar (1989): Ökonomie und Ethik I-II. Stuttgart-Bad Cannstadt: frommann-holzboog.

Wallerstein, Immanuel (1974/1980/1989): The modern world-system. 3 Bde. San Diego-New York: Academic Press.

Wallerstein, Immanuel (1979): The capitalist world-economy. Cambridge: Cambridge University Press.

Wallerstein, Immanuel u. a. (1996): Die Sozialwissenschaften öffnen. Frankfurt/Main: Campus.

Ward, Benjamin (1981): Die Idealwelten der Ökonomen. Liberale, Radikale, Konservative. Frankfurt-New York: Campus.

Weber, Max (1924): Wirtschaftsgeschichte. Abriß der universalen Sozial- und Wirtschaftsgeschichte. 2. Aufl. München-Leipzig: Duncker & Humblot.

Weber, Max (1985): Wirtschaft und Gesellschaft. Tübingen: J. C. B. Mohr.

Weber, Max (1988a): Über einige Kategorien der verstehenden Soziologie. In: Ders.: Gesammelte Aufsätze zur Wissenschaftslehre. Tübingen: J. C. B. Mohr, 427-474.

Weber, Max (1988b): Die Grenznutzlehre und das „psychophysische Grundgesetz". In: Ders.: Gesammelte Aufsätze zur Wissenschaftslehre. Tübingen: J. C. B. Mohr, 384-399.

Weber, Max (1988c): Die „Objektivität" sozialwissenschaftlicher und sozialpolitischer Erkenntnis (1904). In: Ders.: Gesammelte Aufsätze zur Wissenschaftslehre. Tübingen: J. C. B. Mohr, 146-214.

Weber, Max (1988d): Roscher und Knies und die logischen Probleme der historischen Nationalökonomie (1903-06). In: Ders.: Gesammelte Aufsätze zur Wissenschaftslehre. Tübingen: J. C. B. Mohr, 1-145.

Weber, Max (1988e): Gesammelte Aufsätze zur Religionssoziologie I-III. Tübingen: J. C. B. Mohr.

Weber, Max (1990): Grundriss zu den Vorlesungen über allgemeine („theoretische") Nationalökonomie (1898). Tübingen: J. C. B. Mohr.

Weede, Erich (1991): Wirtschaft, Staat und Gesellschaft. Tübingen: J. C. B. Mohr.

White, Harrison C. (1981): Where do markets come from? In: American Journal of Sociology 87, 517-547.

White, Harrison C. (2002): Markets from networks: Socioeconomic models of production. Princeton: Princeton University Press.

Whitley, Richard D. (1992): Business systems in East Asia. London-Thousand Oaks-New Delhi: Sage.

Whitley, Richard D. (1994): Societies, firms and markets: The social structuring of business systems. In: Ders. (ed.): European business systems. London-Thousand Oaks-New Delhi: Sage, 5-45.

Whitley, Richard D. (2000): Divergent capitalisms: The social structuring and change of business systems. Oxford: Oxford University Press.

Whitley, Richard D./Kristensen, Peer Hull (1997): Governance at work: The social regulation of economic relations. Oxford-New York: Oxford University Press.

Wieland, Josef (Hg.) (1993): Wirtschaftsethik und Theorie der Gesellschaft. Frankfurt/Main: Suhrkamp.

Wieland, Josef (1999): Die Ethik der Governance. Marburg: Metropolis.

Wieland, Josef/Conradi, Walter (Hg.) (2002): Corporate Citizenship. Marburg: Metropolis.

Wieser, Friedrich von (1914): Die Theorie der gesellschaftlichen Wirtschaft. Tübingen: J. C. B. Mohr.

Wilbrandt, Robert (1926): Kritisches zu Max Webers Soziologie der Wirtschaft. In: Kölner Vierteljahresschriften 5, 171-186.

Williamson, Oliver E. (1975): Markets and hierarchies: Analysis and antitrust implications. New York-London: The Free Press.

Williamson, Oliver E. (1981): The economics of organization: The transaction cost approach. In: American Journal of Sociology 87, 548-577.

Williamson, Oliver E. (1990): Die ökonomischen Institutionen des Kapitalismus. Tübingen: J. C. B. Mohr.

Williamson, Oliver E. (1996): The mechanisms of governance. New York: Oxford University Press.

Williamson, Oliver E. (2000): The new institutional economics: Taking stock, looking ahead. In: Journal of Economic Literature XXXVIII, 595-613.

Winch, Peter (1958): The idea of a social science. London: Routledge & Kegan.

Wiswede, Günther/Kutsch, Thomas (Hg.) (1986): Wirtschaftssoziologie. Stuttgart: Enke.

Wolff, Jacques (1971): Sociologie économique. Sociologie de l'organisation économique. Paris: Cujas.

World Development Report (WDR) 2006. www.worldbank.org/wdr

World Wealth Report (2004). www.de.capgemini.com.servlet/PB/show/1358993/WWR04 .pdf

Yergin, Daniel/Stanislaw, Joseph (1999): Staat oder Markt. Frankfurt/Main: Campus.

Zafirovski, Milan (2003): Market and society: Two theoretical frameworks. Westport, Conn.-London: Praeger.

Zafirovski, Milan (2006): Parsonian economic sociology: Bridges to contemporary economics. In: American Journal of Economics and Sociology 65, 75-197.

Zeitlin, Maurice (1989): The large corporation and contemporary classes. New Brunswick, N. J.: Rutgers University Press.

Zeitz, Gerald/Mittal, Vikas/McAulay, Brian (1999): Distinguishing adoption and entrenchment of management practices: A framework for analysis. In: Organizational Studies 20, 741-776.

Zelizer, Viviana A. (1978): Human values and the market: The case of life insurance and death in 19th-Century America. In: American Journal of Sociology 84, 591-610.

Zelizer, Viviana A. (1979): Morals and markets: The development of life insurance in the United States. New York: Columbia University Press.

Zelizer, Viviana A. (1988): Beyond the polemics on the market: Establishing a theoretical and empirical agenda. In: Sociological Forum 3, 614-634.

Zelizer, Viviana A. (1989): The social meaning of money: Special monies. In: American Journal of Sociology 95, 342-377.

Zelizer, Viviana A. (1992): Money. In: Borgatta, Edgard F./Borgatta, Marie L. (eds.): Encyclopedia of sociology. New York: Macmillan.

Zelizer, Viviana A. (1994): The social meaning of money. New York: Basic Books.

Ziegler, Jean (1998): Die Barbaren kommen. Kapitalismus und organisiertes Verbrechen. München: C. H. Bertelsmann.

Zinn, Karl Georg (1999): Sozialstaat in der Krise. Zur Rettung eines Jahrhundertprojekts. Berlin: Aufbau-Verlag.

Zukin, Sharon/DiMaggio, Paul (1990): Structures of capital: The social organization of the economy. Cambridge: Cambridge University Press.

Sachindex

www.ingramcontent.com/pod-product-compliance
Lightning Source LLC
Chambersburg PA
CBHW081737270326
41932CB00020B/3298